广视角 · 全方位 · 多品种

权威 · 前沿 · 原创

皮书系列为

“十二五”国家重点图书出版规划项目

中国上市公司蓝皮书
BLUE BOOK OF
CHINESE LISTED COMPANIES

中国上市公司发展报告
（2014）

ANNUAL REPORT ON THE DEVELOPMENT OF CHINESE LISTED COMPANIES (2014)

中国社会科学院上市公司研究中心
主　编／许雄斌　张　平
副主编／于　静　张　磊

社会科学文献出版社
SOCIAL SCIENCES ACADEMIC PRESS (CHINA)

图书在版编目（CIP）数据

中国上市公司发展报告．2014/许雄斌，张平主编．—北京：社会科学文献出版社，2014.9
（中国上市公司蓝皮书）
ISBN 978-7-5097-6374-2

Ⅰ．①中…　Ⅱ．①许…　②张…　Ⅲ．①上市公司-经济发展-研究报告-中国-2014　Ⅳ．①F279.246

中国版本图书馆 CIP 数据核字（2014）第186898号

中国上市公司蓝皮书
中国上市公司发展报告（2014）

主　　编／许雄斌　张　平
副 主 编／于　静　张　磊

出 版 人／谢寿光
出 版 者／社会科学文献出版社
地　　址／北京市西城区北三环中路甲29号院3号楼华龙大厦
邮政编码／100029

责任部门／皮书出版分社（010）59367127　　　责任编辑／吴　敏
电子信箱／pishubu@ssap.cn　　　责任校对／王洪强
项目统筹／吴　敏　　　责任印制／岳　阳
经　　销／社会科学文献出版社市场营销中心（010）59367081　59367089
读者服务／读者服务中心（010）59367028

印　　装／北京季蜂印刷有限公司
开　　本／787mm×1092mm　1/16　　　印　　张／27.5
版　　次／2014年9月第1版　　　字　　数／445千字
印　　次／2014年9月第1次印刷
书　　号／ISBN 978-7-5097-6374-2
定　　价／98.00元

《中国上市公司蓝皮书》
编　委　会

《中国上市公司发展报告（2014）》主创人员

许雄斌　中航资本控股股份有限公司副总经理、中航证券有限公司董事长、中国社会科学院上市公司研究中心副主任

张　平　中国社会科学院经济研究所副所长、研究员

于　静　中航证券金融研究所副所长

张　磊　中国社会科学院经济研究所副研究员

摘 要

本报告在描述中国需求特征变化的典型化事实基础上，提出了经济增长从规模扩张阶段向着“需求—价值创造”阶段转变的企业创值时代的挑战。中国2014年预计人均GDP达到7000美元左右，集中需求的人口分布将逐步让位于“厚尾”需求。中国正在变化的市场需求特征要求我们更加充分地利用竞争性市场配置创新资源，高效满足日益多样化的市场需求，进而提升企业创值能力。为此，总报告提出了全面解构政府动员性市场体制的政策主张。《中国上市公司创值挑战和体制改革》运用社会网络分析方法证实了政府动员性市场体制严重损害创新资源配置效率和企业创值能力的弱点。该报告还特别强调由于ICT革命所提供的信息收集和处理技术，特别是互联网能够缓和创新活动中的信息不对称，降低交易成本，竞争性市场体制才得以充分发挥其节省信息传递成本的优势，有效配置创新资源。《中国上市公司价值评估》提出上市公司评估五因素模型，分别在财务业绩、估值与成长性、创值能力、公司治理与社会责任以及创新能力与战略资源这五个方面设立若干指标，对企业价值进行评估和排名，最终筛选出价值较高的上市公司，并形成中国创值漂亮100投资组合。互联网对形成竞争性市场体制的特殊影响得到部分专题报告的进一步充实。电子商务行业报告就提出云计算平台才是阿里巴巴和亚马逊等B2C开放平台的核心竞争力。这样的平台实质就是竞争性市场体制，能够同时为电商平台内部和外部企业提供资源配置的信息服务，并通过交易分成机制设计，实现竞争中的合作和共赢。TMT行业报告提出作为互联网思维的延伸，智能可穿戴设备可能成为未来的投资热点。此外，广电网的行政管制也构成了多媒体发展的重要障碍。银行业报告探讨了互联网金融兴起给传统银行业带来的第三方支付、金融产品代销以及货币基金和消费信贷等一系列冲击。商贸零售业报告提出采用 O2O 模式，实现线上与线下无缝对接对提升传统零售企业竞争力的意义。军工行业报告提出网络化组织同样影响到中国军队和军工改革。其余的专题报告还分别探讨了中国经济增长成本和风险上升给房地产、环保和医药行业以及新三板企业带来的投资机遇和挑战。

序

转型期的中国资本市场与上市公司

当前，中国经济正处于“减速换挡”的关键时期，经济增速放缓、各类矛盾凸显，经济增长方式迫切需要从追求数量粗放扩张转变为追求质量提高效率。而经济转型是否成功，最重要的标志，就是看社会经济资源配置效率是否有明显的提高。作为资源配置最重要的场所，资本市场的改革与发展，无疑成为人们当下关注的焦点。

自上海、深圳两个证券交易所成立以来，中国资本市场已有24年的发展历程。2014年是全面深化改革的开局之年，亦是中国资本市场建设加速的一年。为推动全面深化资本市场改革，国务院5月初印发了《关于进一步促进资本市场健康发展的若干意见》，成为新时期资本市场改革的纲领性文件。总体来看，资本市场对于经济转型的推动，主要体现在“整合”存量和“发现”增量两个方面。

资本市场对产业整合能发挥积极的作用。改革开放35年来，毋庸置疑，中国经济取得了巨大的成绩。但是，产业落后分散、产能过剩、技术创新能力不足等阻碍了中国经济的持续健康发展。以钢铁产业为例，我国钢铁企业有800家之多。按前四大钢铁企业在行业中占有市场份额的集中度指标CR4来比较，欧盟为90%，美国为53%，日本为75%，韩国为89%，俄罗斯为78%，而我国不到30%。广泛分散的小型钢厂，特别是很多低端钢厂，没有足够的资金和利润空间去提高技术和处理污染。通过发挥资本市场的推动作用，加快上市公司对优质资产进行并购重组，这对于解决产业集中度过低、资源浪费、环境污染、创新不足等问题具有重要意义。

资本的逐利性使其对于“增量”具有高度的敏感性，善于发现新兴市场，用市场的力量引导经济转型和升级。在中国经济转型的时代背景下，

2013 年市场存量资金大迁徙，抛弃传统行业，进入代表未来发展方向的新兴产业。由于新兴产业标的相对稀缺、市值较小、较高的成长预期，场内资金从传统周期性行业流向以创业板和中小板为代表的新兴行业，推升了相关行业的估值水平，演绎了传统行业单边下跌、新兴产业股票单边上涨的分化行情。

资本市场健全发展的根基在于上市公司。通过市场竞争、优胜劣汰，上市公司直接反映并影响着所在行业乃至总体经济的运行态势。目前，我国上市公司的数量已达 2500 余家。从上市公司入手，通过比较上市公司的价值创造能力，可以评判企业的成长状态及运行中遇到的问题，在防范风险的基础上发现行业发展的最新机遇。

中国社会科学院上市公司研究中心是中国社会科学院经济研究所与中航资本控股股份有限公司共建的研究机构，是面向市场的非实体性研究机构，以社会效益为主要目标，致力于我国上市公司的理论研究与发展预测。中心通过对当前中国上市公司的财务状况和价值评估，对我国上市公司发展状况进行了全面的调查研究，写出了《中国上市公司发展报告（2014)》。该报告呈现的资料和数据，对于研究经济转型时代背景下的中国资本市场发展状况和投资实践具有重要的借鉴意义。

首先，可以为投资者提供客观的决策依据。对于企业资产的现时价值进行正确的评估，是投融资和交易的前提，一项全面、科学、准确的研究才能保证投资者投资行为的合理性。

其次，帮助上市公司通过改善经营活动实现企业价值的最大化。合理评估企业价值有利于企业管理人员更好地了解公司的优势和劣势，通过优化资源配置实现效益提高。

最后，为兼并重组提供恰当的定价。在中国经济现阶段转型调整的背景之下，无论是上市公司还是非上市公司都将经历并购重组浪潮，而资产定价是上市公司并购重组的核心环节，为目标公司的资产进行合理和精确的定价，有助于企业并购重组活动的成功。

综上，资本市场是实现资源优化配置的重要舞台，是促进中国经济转型的重要突破口。《中国上市公司发展报告（2014)》以上市公司为切入点，在细分不同行业领域的基础上，分析目前上市公司的财务状况及创值能力。希望借此研究成果，进一步深化对中国当前资本市场的研究，并对投资者实践有所帮助。

是为序。

张卓元

目录

BⅠ 总报告

BⅡ 分报告

BⅢ 专题报告

BⅣ 附 录

皮书数据库阅读**使用指南**

CONTENTS

B I General Report

B II Research Report

B III Special Report

B IV Appendix

总 报 告

General Report

B.1

中国经济从规模供给转向“需求—价值创造”

——2014年经济转型和上市公司价值创造评估

张平 王习 张磊 符旸 张鹏*

摘 要：

本报告通过总结2013年一系列经验化事实，表明了中国传统的依靠规模扩张为主的经济增长方式已经走到尽头，2014年经济增长进入增速换挡期。宏观经济的基本情势的另一面是微观企业价值创造能力强弱的集中体现，纵向比较过去十多年中国上市公司及横向比较中美上市公司的资产收益率、偿债能力变化趋势，反映了中国企业传统负债扩张规模模式的终结及中美资产收益率差异可能导致中国跨期错配风险下隐性担保的信贷扩

* 张平，中国社会科学院经济研究所副所长、研究员，中国社会科学院研究生院教授、博士生导师；王习，中航证券金融研究所研究员；张磊，中国社会科学院经济研究所副研究员；符旸，中航证券金融研究所研究员；张鹏，中国社会科学院经济研究所博士后。

张提前结束，使中国经济增长面临着潜在的风险。幸运的是，通过分析创值漂亮100和沪深股市变化趋势差异，说明了中国企业的创值能力有了一定的提高，未来提升创值的空间依然很大。因此，未来中国企业创值能力的提升依赖于资本市场的建设，为使资本市场发展与企业创值能力更好地衔接，这就需要加强资本市场顶层制度设计，发展多层次资本市场体系，促进企业技术创新以提高企业的创值能力，推动中国经济从规模供给转向“需求—价值创值”。

关键词：

规模扩张　创值能力　制度建设

2013年以来一系列的典型化事实正在宣告中国完成了工业化，经济发展正从规模扩张的大生产阶段转向“需求—价值创造”阶段，这一转型包含着“减速换挡”，即“宏观机会主义”战略结束，占资源、扩产能、高负债让位于商业模式、知识技术和金融工具三大创新。国际化快速发展，全球套利加快，任何公司都需要经受国际化竞争力比较。无所不在的互联网引发了新产业革命的到来，这些都在彻底改变着世界经济格局、中国经济和企业发展态势。

根据国际经济发展阶段划分，低收入的标准在1000美元以下，中低收入组为1030～3830美元，中高收入组为4030～12460美元，高收入组为12480美元以上。我们依据收入阶段的需求分布特征绘制了图1，可以看出，阶段Ⅰ是指一国人均GDP突破1000美元的贫困陷阱后，人们的收入—消费开始出现加速增长，需求集中，最适宜进行大规模生产。大规模生产的主要任务是满足人们不断快速上升的需求，占资源、扩产能和高负债是唯一胜出的要旨，整体经济处于快速赶超的阶段，经济调控的核心是防止经济过热。阶段Ⅱ是指当一国人均GDP超过了3000美元进入中等收入阶段后，大规模需求依然较为强劲，但当超过中高收入即人均GDP达到8000美元以上，需求集中度出现了迅速和明显的下降，进入到“厚尾”阶段。随着多样化需求的不断提升，人们的物质需求下降，服务需求大幅上升，企业开始通过柔性生产、增加产品复杂

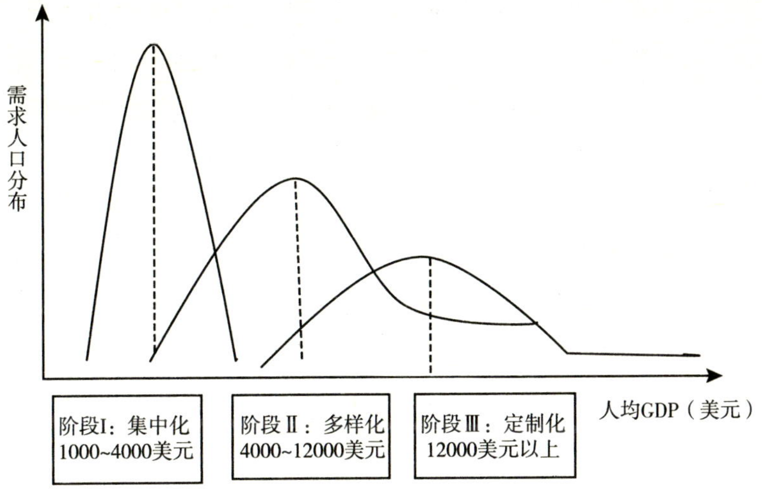

图1　经济发展阶段与需求人口分布特征

度来满足，经济增长从赶超速度向可持续增长回归，稳经济是宏观调控的核心目标。阶段Ⅲ是指一国人均 GDP 达到 12000 美元以上，进入高收入阶段，多样化需求在人均 GDP 突破 20000 美元后逐步转向更为定制化的需求，“长尾”的需求分布是其特征，服务业占比超过 70%，需要互联网的分散信息收集和处理、多样化创新、智能制造等新的生产方式来满足，制造全面转向由消费者定制需求到生产者智能制造的过程（CTOB）。

进入到中高收入阶段后，传统工业化的集中化、标准化、流程化、规模化和廉价化的大工业生产方式，也是一个高消耗自然资源的模式，其将逐步让位于分散、非标准化（定制化）、智能制造、非廉价化生产，走向对自然资源的节约型发展。物质生产的无限性与人生理需求的有限性必然会导致物质消费占人类消费支出的比重不断下降，而人的广泛精神需求和多层次体验成为需求主体。对于上述的理论总结有很多，突出的是广虚经济理论指出，人类发展必将从早期的“生产对象化”的物质时代转向“生活对象化”，即满足人们更为广泛的生活需求的时代，包含了大量生活虚拟化需求的价值，并映射出相对应的财富标志。[①] 当前美国把知识产权和 R&D 列入 GDP 创造核算中，正在转变人

① 林左鸣：《广义虚拟经济》，人民出版社，2010。

们有关财富标志观念。2014 年预计中国人均 GDP 达到 7000 美元左右，已经接近中高收入需求转变的状态，而国内发达地区已经全面进入了“厚尾”，甚至“长尾”区间。中国集中需求的人口分布将逐步让位于“厚尾”需求。当前中国已经出现了明显的“生活对象化”特征，服务业和商品多样性、复杂性和品质的需求越来越大和越来越高。

国际化、互联网带来的产业革命更将“需求—价值创造”凸显为这一转型阶段的时代主题，从“广虚”角度找到需求，并实现价值创造已经时不我待，上市公司更要适应转型带来的机遇和挑战。《中国上市公司蓝皮书》正是本着这一新视角来审视公司的价值创造。

一　2014 年经济展望：经验事实和趋势情景

2013 年中国 GDP 的增长速度达到了 7.7%，2014 年上半年 GDP 增长维持在 7.4% 的水平，预计全年 GDP 能超过增长的底线 7.2%，在 7.4% 左右。经济增长的趋势已经越来越明确地指向了经济增长进入了“换挡期”，其背后的逻辑基础和未来趋势值得我们深究。

2013 年以来，中国经济出现了一系列新的经验事实，这些经验事实预示着中国经济发展阶段大转变的开始。

（1）2013 年中国服务业占比超过了第二产业，2014 年这一趋势加快，第三产业占 GDP 的 46.6%，这表明中国经济工业化大规模制造时代的结束。当一国人均 GDP 超过 6500 美元的中高收入阶段，城市化率达到 54% 时，服务业超过第二产业是需求引致的必然结果。政府通过干预将传统农业部门的资源配置到工业部门，实现赶超的阶段结束，中国进入到以市场配置促进制造业和服务业创新和效率共同提升的阶段。

（2）2013 年中国 PPI 持续一年的负增长，2014 年其仍将继续上演负增长，产能过剩严重，制造业面临着全面的调整。当前存在大量仍然靠提高负债率来维持的“僵尸”企业，这加大了产业调整的难度，中国制造面临全面转型升级的压力，否则其在全球经济中将丧失竞争优势。

（3）2013 年中国进出口居世界第一，全球化水平空前提升，成为世界大国，其大国效应将直接影响世界市场的变化。随着今明两年人民币资本项目的不断开放，中国经济将进一步融入世界，但中国出口规模的增长速度会显著放慢。

（4）2013 年 10 月，美国、欧元区、英国、日本、瑞士、加拿大六大经济体签订了无限期、无限量货币互换条款，这是后危机时代强势货币完成联盟，宣告全球发达国家货币仍是全球财富的标志。

（5）2013 年中国出现了“钱荒”，而 2014 年中国经济又出现了汇率的大幅波动，人民币及人民币资产标的物的上升预期遭到动摇，以土地为核心资产的“财富标志”动摇。2014 年在没有任何调控政策出台的情况下，受到住房信贷和价格过高的影响，全国土地和房地产销售开始出现下降，房地产带动投资和土地财政的转折点到来。

（6）2014 年 GDP 增速低于全国平均水平的省份不仅涉及发达地区，也涉及中、西部地区，共 12 个省份，中国区域转移推动经济增长的空间在收窄。

（7）受无所不在的互联网的影响，新一轮产业革命已经席卷全球和中国经济，对服务业发展和制造业转型产生革命性影响。

这些经验事实表明中国到了阶段转化期，即经济增长速度“换挡”，从高速转向高效，“经济结构”从非均衡赶超向较为均衡的可持续发展转变，更为深刻的是生产方式发生根本性变化，即从微观到宏观追求“规模—效率”的贪大图洋式的规模化发展方式转向以需求为导向的“需求—效率”发展方式。传统上我们靠政府改革形成新的发展空间、努力占据新资源和扩规模、提高负债来促进企业和国家的发展，而现在经济减速、产能过剩、出厂价格通缩，腾挪空间受到挤压，这一条路到 2014 年彻底宣告结束，中国进入到以真实的需求为导向的创新获得效率的时期。

对这一阶段到来的描述有很多，中国社科院经济所中国经济增长前沿课题组用“结构性减速”系统地探讨了这一阶段发展的特征，计算得出 2014 ~ 2019 年经济增长的潜在增长率将下调到“6.4% ~7.9%”，并认为结构性减速不是周期性问题，而是有很多深层次的结构均衡矫正和体制建设问题，这些问题的解决将帮助中国转型。靠高效率替代高增长，技术进步、人力资本积累贡献加大，增长更为稳定，其速度与中国经济增长高峰期相比下降了近40%，中国经济增长速度保持在6%～8%成为新常态。

当然有关减速和未来速度的讨论有很多。比如，国务院发展中心课题组用难以跨越“制度高墙”来讨论中国经济增长减速到中速发展，即6%的水平；而北京大学的林毅夫、上海复旦大学的张军教授则将人均资本存量低、投资区间大作为佐证，更集中地探讨了中国未来存在高速经济增长的可能性，并由此论证了继续加大投资力度仍能托起经济高速增长，即8%的增长；李克强总理则强调经济增长进入次高速增长，经济增长的底线为7.2%；等等。

上文的经验事实已经充分表明在规模上扩张国内和国际边界都已经到头了，从产业结构上要效率也到头了，从空间上看也已经收窄了，资产价格上升预期在减弱，而要素价格并没有下降，稳定性受到国际冲击会变得更为敏感。不论如何争论，微观行为已经从盲目乐观主义转向“理性”。2014年企业一切都为了转型，房地产企业加快了并购以整合资源，即使是较为特殊的军工企业也在进行整合和升级，并购活动越来越活跃。总之，2014年企业进入到了大转型的一年，“机会主义”时代的占资源、扩产能和高负债正在成为历史。

2014年第一季度增长7.4%低于计划目标，从4月开始实行的“定向放松”和国际市场复苏对带动中国出口起到了一定的效果。6月中国采购经理人指数发布的PMI指数持续回升至51，物价有所反弹，上半年经济增长离目标值7.5%只差0.1个百分点，但全年仍不乐观。由于房地产价格下降，地方政府财政支出压力加大，投资继续减速，再加上经济减速直接压低工资增长，消费带动难，靠出口对经济有一定的拉动作用，但是很有限的。由于基数效应，下半年需要在更大的政策刺激下，才能保持7.4%的增长水平，2014年GDP增长将稳定在7.4%的增长水平。

需要着重指出的是，中国宏观调控政策空间同样受到挤压。稳定经济增长需要金融扩张，预计2014年增长达7.4%，社会融资总规模要超过20万亿元的水平，新增贷款超过10万亿元，中国经济的杠杆率水平会进一步上升，而由于房地产和制造业的下滑，中国政府的土地和税收收入情况都不乐观，政府财政刺激政策将难以持续。

表 1　2014 年上半年及全年主要国民经济指标预测

主要经济指标	2013 年全年统计值	2014 年上半年统计值	2014 年全年预测值
1. 居民消费价格（CPI）上涨率（同比,%）	2.6	2.3	2.3
2. GDP 实际增长率(同比,%)	7.7	7.4	7.4
3. 社会消费品零售总额名义增长率(同比,%)	13.1	12.1	11.8
4. 全社会固定资产投资名义增长率(同比,%)	19.6	17.3	17.8
5. 出口总额名义增长率(同比,%)	6.1	1.2	4.2
6. 进口总额名义增长率(同比,%)	5.5	1.5	3.1
7. 贸易余额(亿美元)	2592	1029	2150
8. M2 货币余额(同比,%)	13.6	14.7	14.5
9. 社会融资总规模(万亿元)	17.2	10.57	20.3

资料来源：中国经济增长前沿课题组测算。

中国的经济增长与股票市场的盈利增长高度相关，随着经济增长的减速，企业盈利增长速度明显下降，而且同步性过高，下降幅度要高于 GDP 增长幅度。这说明上市公司高度依赖于宏观经济的需求创造，并且当前宏观经济下降更有微观企业增速下降领引的特征。上市公司的发展不能脱离宏观经济，公司创造出价值和效率意味着中国的经济调整仍有很长的路要走。

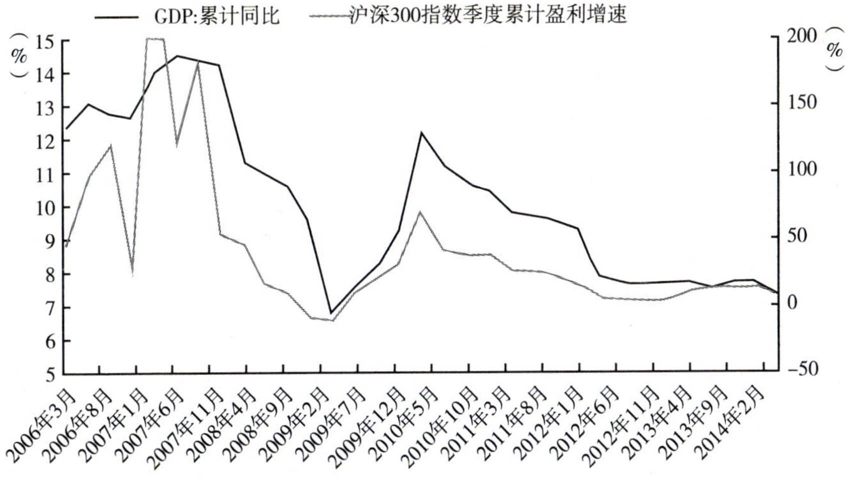

图 2　宏观经济与沪深股市走向

展望未来，经济增长速度在2015年后仍将继续下滑，结构性减速趋势明显，稳增长是宏观政策的长期任务。要在新的经济增长常态下进行转型，企业从规模扩张阶段向“需求—价值创造”阶段转变，商业模式创新、价值创造和金融工具利用成为决定企业命运的关键。只有上市公司盈利增长脱离GDP下滑趋势，微观引领宏观，中国转型才能称为成功。上市公司转型真实地奠定了国家经济转型的根本。

二　创值能力

上市公司作为市场经济条件下优胜劣汰、竞争力较强的企业，能够反映所在行业乃至总体经济的运行态势。我们从上市公司入手，通过比较上市公司的价值创造能力来评判企业的成长状态及其在运行中遇到的问题。持续成长的关键是企业具有持续的盈利能力。只有持续的盈利才能使上市公司具有不断创值的能力，其中所创造价值不仅包括会计上确认的收入的持续增加、资产规模的不断扩大等账面成分，还包括企业的创新能力增强、品牌效应、服务网络更加完善等路人皆知的企业“无形资产”，而后者恰恰是我们上文提到的决定中国企业和宏观经济转型向着效率和创新推动经济增长转变的关键。

我们对中国上市公司进行价值创造的全面评估，并将其与美国公司相比较，从纵深和横向对中国上市公司资产回报率、价值创造的因素进行分析，寻找中国上市公司的“漂亮100”。

1. 中国上市公司的资产回报率

中国上市公司的收益率差异在行业间表现得尤为明显，为了细分行业的差异，我们使用申万证券行业分类标准简单地将行业分为金融与非金融行业两类，计算过程中我们删除了ST股票，具体计算结果如表2和表3所示。概括而言，通过图3我们可以清晰地发现上市公司的ROE运行趋势：①非金融上市公司以净资产收益率衡量的资产回报率持续下降。资产回报率自2007年达到最高峰后开始下降，虽在2010年有所回升，但到2013年已经降至9.7%。此外，从盈利能力的其他指标看，总资产收益率ROA、销售净利率和经营利润率近年来的下降趋势都也十分明显。②金融上市公司的资产回报率稳定。资产回报率的高峰出现在 2004 年，达到 33.3%，在 2007 年又有过次高峰 23.9%，其后稳中趋降，但近年来仍远远高于非金融上市公司。

表 2　非金融上市公司盈利能力、影响因素

年份	净资产收益率（%）	总资产收益率（%）	资产负债率（%）	总资产周转率（次）	销售净利率（%）	企业利息负担（%）	经营利润率（%）	利息保障倍数	短期偿债能力（%）
2000	10.6	5.8	45.7	0.61	9.5	88.2	14.5	8.30	30.8
2001	8.0	4.3	46.1	0.59	7.3	86.1	11.6	7.10	30.2
2002	7.7	4.0	48.2	0.63	6.4	83.9	10.7	5.85	30.9
2003	10.4	5.3	49.3	0.7	7.5	88.9	11.4	7.56	31.7
2004	13.2	6.4	51.8	0.78	8.2	91.2	12.1	9.43	29.9
2005	13.2	6.1	53.8	0.85	7.2	90.5	10.9	9.58	30.3
2006	14.1	6.4	54.6	0.9	7.1	89.9	10.5	9.13	27.5
2007	15.5	7.2	53.6	0.9	8.0	90.9	11.5	10.34	23.6
2008	10.1	4.4	55.9	0.89	5.0	81.3	7.3	5.37	19.9
2009	10.6	4.5	57.3	0.76	5.9	86.0	8.6	7.49	22.8
2010	12.9	5.5	57.0	0.86	6.5	88.9	9.0	9.44	18.9
2011	11.7	4.9	58.0	0.89	5.5	86.2	8.1	8.07	14.0
2012	9.4	3.9	58.6	0.85	4.6	81.2	7.2	5.58	14.9
2013	9.7	4.0	59.1	0.83	4.8	81.9	7.4	6.12	14.6

资料来源：Wind 资讯。

表 3　金融上市公司盈利能力、影响因素

年份	净资产收益率（%）	总资产收益率（%）	资产负债率（%）	总资产周转率（次）	销售净利率（%）	企业利息负担（%）	经营利润率（%）	利息保障倍数	短期偿债能力（%）
2000	7.6	0.6	92.4	0.047	12.4	202.7	7.3	5.10	5.3
2001	6.0	0.4	93.3	0.045	9.0	204.5	5.6	4.03	6.2
2002	5.1	0.3	94.7	0.033	7.9	305.5	3.3	3.29	5.4
2003	23.2	0.4	98.3	0.039	10.0	1026.3	1.3	3.36	9.7
2004	33.3	0.6	98.2	0.042	13.6	2117.1	0.9	2.70	33.8
2005	11.8	0.6	95.1	0.039	14.8	3045.7	0.7	2.26	536.4
2006	11.8	0.7	94.0	0.042	16.8	1660.2	1.5	4.74	654.9
2007	23.9	1.2	95.0	0.051	23.3	1382.0	2.4	9.57	445.6
2008	15.5	1.1	93.0	0.05	21.8	1154.5	2.3	9.42	495.7
2009	16.8	1.1	93.3	0.042	26.8	1095.6	3.1	15.13	324.5
2010	17.0	1.2	92.8	0.044	27.6	1074.9	3.3	12.24	178.0
2011	17.5	1.3	92.7	0.045	28.1	1051.3	3.5	11.58	166.0
2012	16.9	1.3	92.6	0.045	27.9	1021.8	3.5	9.30	216.3
2013	17.1	1.3	92.4	0.046	28.1	1011.3	3.6	8.89	80.5

资料来源：Wind 资讯。

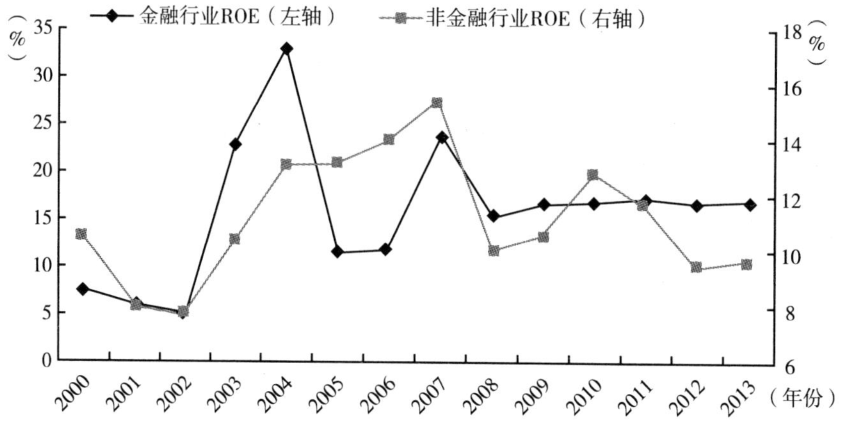

图 3　非金融行业和金融行业 ROE 对比分析

从资产负债率指标看，非金融上市公司负债率呈不断上升的趋势，从 2000 年的 45.7% 上升到 2013 年的 59.1%，而金融上市公司经历了先上升后下降的倒“U”形趋势，特别是 2003 年后呈不断下降的趋势，总体稳定在 90% 以上的水平。上市公司是中国信用等级高且可以通过上市和其他方式补充资本金的公司，其负债率却上升得很快，可见中国的企业负债水平偏高。李扬等通过国际比较研究认为，中国企业负债占 GDP 的比重在 2012 年就占了 113%，比世界平均水平高出一倍，且超过 OECD 国家 90% 的负债阈值。① 因此，企业负债不断上升可能带来的经济运行风险值得引起注意。

尽管非金融上市公司的负债率在不断攀升，但并未为其带来净资产收益率的持续改善，这说明企业运用负债杠杆扩张效率的能力在降低。图 4 是非金融行业净资产收益率 ROE 和总资产净利率 ROA 之差，从中我们也能发现两者之差在 2007 年之前不断上升而此后却基本上保持了下降的趋势，这也间接说明非金融上市公司在 2007 年之后负债扩张模式带来效率提升的空间在收窄。究其原因，依靠负债拉动效率的阶段正在成为历史，单纯靠扩大投资规模会带来越来越多的无效率投资，造成产能过剩。从表 2 的总资产周转率和销售净利率

① Cecchetti, Stephen Giovanni, Madhusudan S. Mohanty, and Fabrizio Zampolli, The Real Effects of Debt, Bank for International Settlements, Monetary and Economic Department, 2011.

的运行趋势就可以说明近年来提高杠杆并没有带来企业资产运营能力改善、化解企业库存和提高产品利润率。

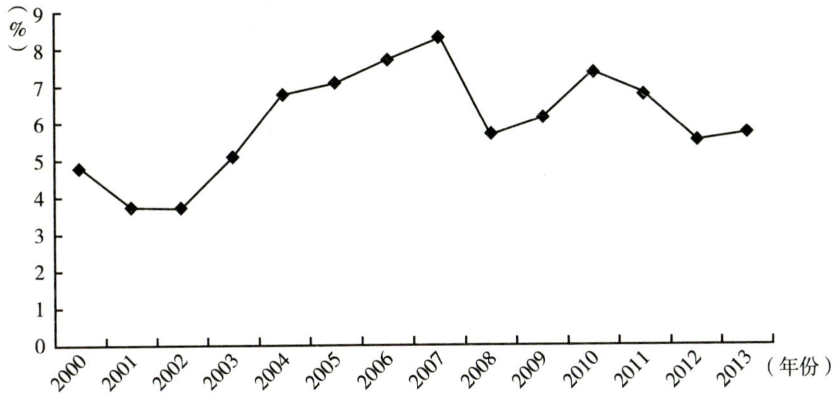

图4　非金融上市公司 ROE 与 ROA 之差

非金融上市公司资产负债率的提升无疑会加大企业的利息负担，表2中企业利息负担，即利润总额占息税前利润比重以及利息保障倍数也是在2007年达到高峰，但前者随后逐渐降低至2013年的81.9%而后者降低至2013年的6.12，这说明企业的利息负担在不断加重，企业债务的提高导致财务费用支出的增加挤占了企业的净利润空间。此外，利息支付更多地依赖于投融资活动产生的现金流，这无疑也会加大企业的短期偿债风险，这从表2的最后一列即经营活动产生的现金流量净额与流动负债之比的变化趋势中也能得到明证。

综上所述，通过对资产回报率及其影响因素的层层剥离分析可以发现非金融上市公司的高杠杆与低资产回报率之间存有内在联系。非金融上市公司高杠杆是依靠金融扩张和投资进行稳增长的后遗症，也是由中国以间接融资为主的金融结构所决定的，在经济高速增长的情况下并不易产生问题，然而当经济下滑时，各国通常的做法是降低杠杆，但中国由于政府软预算约束等制度特征，往往不是靠削减产能、降低杠杆来调整，而是靠增加负债来进行抵抗，这就加剧了产业调整的难度。当经济出现持续下滑，企业的负债一旦难以为继，部分行业和企业就会出现整体违约的情况，这将损害银行的资产负债表健康，进而对宏观经济产生影响并冲击金融市场，近两年出现的钢贸与铜融资困局就是典型的写照，过高的债务水平甚至会令企业陷入“债务通缩”和“资产负债表”衰退。[①] 低资产收益率表面上是宏观经济减速抑或产能过剩的结果，然而全社会企业拉高杠杆会造成无法进行企业的“清洁”，即淘汰落后企业会产生大量的“僵尸企业”（Zombie Firm）累积的风险。生产效率低下的“僵尸企业”在银行或政府的帮助下继续留在市场中所带来的问题就是挤占生产资源进而延迟经济整体效率提升和生产更新节奏，这是中国产能过剩又退不出来的重要原因，靠不断拉高杠杆来维持现在的增长模式会造成极大的扭曲。

2. 中国上市公司回报率的国际比较

随着全球经济一体化的深入发展，各国的经济依赖性不断增强。资本的逐利性使其流向回报率最高的地区。美国作为世界上技术最先进、市场经济发展最完善的发达国家，其宏观经济政策的调整对各国经济产生了巨大的影响，研究其上市公司资产回报率的高低可以窥见资本流动的趋势，这对于我国宏观经济的稳定和健康发展具有重要的意义。表4为我们根据美国纽交所、纳斯达克和美国证券交易所三大主板市场的上市公司财务数据计算的各年平均资产回报率及资产负债率。从资产回报率看，受到“9·11”事件以及互联网泡沫破灭的影响，无论金融还是非金融上市公司，净资产收益率都经历了急速下降的过程。以非金融上市公司为例，净资产收益率由2000年的9.7%突降到2001年的1.1%，2002年更是成为负值。随着美联储宽松货币政策的实施，2003年以来非金融和金融上市公司的净资产收益率分别一直不断上升至2006年的15.9%和14%。2008年以次贷危机为代表的全球金融危机爆发，股市一片哀鸿，净资产收益率受到较大的冲击，这突出地表现在金融行业，2008年金融上市公司的净资产回报率为-4.4%。相比金融行业而言，非金融行业遭受的冲击较小，尽管净资产收益率较危机前最高峰时下降了约1/3，但是2008年的ROE依然高达10.2%。特别是随着奥巴马新的经济刺激计划、多轮QE的推出，美国上市公司的资产回报率有所回升。2010年以来非金融上市公司净资产收益率均值达13.1%，这与中国净资产收益率呈不断下降的趋势形成了鲜明的对比。从资产负债率看，美国非金融和金融上市公司的资产负债率分别

① 费雪：《州和地方政府财政学》（第二版），中国人民大学出版社，2000。

基本上在60%和90%左右，变动幅度不大，并且在2008年金融危机以来非金融上市公司的资产负债率基本上呈下降趋势，这说明美国企业在杠杆比率下降的同时却保持了资产回报率的回升。

表4　美国上市公司创值能力

单位：%

年份	净资产收益率（ROE）	资产负债率	总资产收益率（ROA）	净资产收益率（ROE）	资产负债率	总资产收益率（ROA）
	非金融上市公司			金融上市公司		
2000	9.7	61.6	3.7	12.8	91.9	1.0
2001	1.1	62.7	0.4	8.7	92.1	0.7
2002	-1.5	65.7	-0.5	9.0	92.5	0.7
2003	11.0	63.5	4.0	12.6	92.2	1.0
2004	12.2	61.9	4.7	12.4	92.4	0.9
2005	13.8	61.7	5.3	13.2	92.6	1.0
2006	15.9	60.2	6.3	14.0	92.3	1.1
2007	15.1	60.2	6.0	10.7	93.1	0.7
2008	10.2	63.0	3.8	-4.4	93.6	-0.3
2009	12.0	60.4	4.7	4.4	91.9	0.4
2010	13.7	58.8	5.6	7.0	91.5	0.6
2011	14.2	59.7	5.7	6.5	91.4	0.6
2012	11.8	60.2	4.7	6.3	91.1	0.6
2013	12.6	59.9	5.1	7.6	90.0	0.8

资料来源：compustat数据库。

从表4中我们发现了一个令人担忧的事实——2011年以来美国的资产回报率一直高于中国，美国正在实现的经济复苏进一步加大了中国国家隐性担保下的信贷扩张支持企业资产扩张的难度。与中国非金融企业技术创新和相应的创值能力不足的状况不同，早在20世纪80～90年代，美国就在里根革命和ICT革命的共同作用下，形成了技术创新的网络模式，有效地解决了“创新市场从哪里来”的难题，实现了创新专业化分工和规模经济，成功地消化了创新成本，并分散了风险，切实提高了非金融企业的创值能力。美国也由此实现了技术创新驱动的经济增长。在技术创新中，美国最早采用的是线性模式，即所谓的Bush模式。Bush在总结二战期间美国科学研究的经验后提出有关技术创新的线性模式①。该模式通常在企业内部采用，从科学到经济的路径就像一条装配线，其源头始于基础科学家出于好奇心而不考虑实际应用的追求。然后，新知识就被放到传送带的起始端。随着传送带的转动，应用科学家（主要是工程师）接过这些基础知识并想方设法将其应用于实际当中。接下来，为私人企业工作的技术工人将应用科学转化为新产品和更好的生产流程。在最后阶段，通常还要通过企业内部分配渠道将产品销售出去。根据这些观点，发现新的基础科学知识是技术创新的首要环节。因此，Bush 提出政府应主要对基础研究进行资助和投资，致力于对大自然及其规律的一般认识和理解，而不考虑实际结果，从而创造（公共）知识，以供工业将其转化为实际应用。只有这样，才能最好地推动技术进步和经济增长。Bush 模式为战后大量增加对科学研究的公共资助奠定了理论基础。很显然，Bush 模式主要关注发明能力的培育，却忽略了“创新市场从哪里来”这一最为核心的问题，从而低估了将作为技术蓝图的发明转变为具有真实商业交易的创新的难度。正是由于 Bush 模式存在这样的弱点，美国二战以后对基础研究的公共资助尽管促进了技术进步，并使其一跃成为世界头号技术领先国，但技术创新并未成为其经济增长的主要动力。随着增长成本的不断提高，美国在 20 世纪 70 年代中后期还一度陷入产业国际竞争力下降和经济滞胀的窘境。美国这种经济增长欠佳状况直至经过里根革命与新的信息收集和处理技术共同作用进而形成技术创新的网络模式后，才得以改观。所谓技术创新的网络模式，就是在实现创新专业化分工的基础上，通过中介或网络平台来组织不同创新活动的合作。根据社会网络分析（Social Network Analysis）方法，网络节点参与者的福利随着距离的增加而递减，最有效率的技术创新网络要么是通过中介交易的星状网络，要么就是网络平台，参与者可以按照规则进行两两直接交易，这样能够最大限度地缩短信息传递距离，达到最高效用水平。显然，这样的交易中介或网络平台实质上就是竞争性市场机制。那么，形成技术创新的网络模式的目的就在于充分运用竞争性市场机制配置创新资源，弥补在企业内部采用线性模式横向信息流动的不足，促进不同创新活动的分工和合作，从而形成相应的市场

① Bush，Science：The Endless Frontier，US Government Printing Office，Washington，D. C.，1945.

结构，以获得技术创新的外溢效应。美国在20世纪80~90年代，一方面，通过里根革命理顺政府与市场的关系，加强知识产权保护，减少管制产生的贸易壁垒，促进配置创新资源的竞争性市场体制形成；另一方面，借助ICT革命提供的信息收集和处理技术，缓和创新活动中的信息不对称，降低交易成本，大大拓展竞争性市场体制配置创新资源的范围。正是得益于里根革命和ICT革命的共同作用，美国在20世纪80~90年代形成了技术创新网络模式，并由此获得知识的非竞争性和创新的外溢效应，绕过报酬递减的陷阱，最终实现技术创新驱动的经济增长。由此可见，美国至少领先中国一代人采用了技术创新的网络模式，并形成了相应的竞争性市场结构，从而实现了技术创新驱动的经济增长。美国金融部门集体犯错，特别是影子银行造成的债务过度扩张也曾引发2008年全球金融危机，对其企业资产回报率产生了严重的冲击。不过，由于技术创新的网络模式的采用以及竞争性市场结构的形成能够提高创新企业创值能力，确保其获得超额利润，随着经济和投资收缩调整的完成，美国企业的资产回报率回升至稳定状态完全可期。

考虑到中国已成为一个开放经济体，美国技术创新驱动的经济增长逐步恢复常态及其企业资产回报率的提高，可能导致人民币升值趋势逆转，加速资金向美国回流。这无疑会加速跨期错配风险爆发，造成国家隐性担保下的信贷扩张提前终止，迫使中国非金融企业进行去杠杆化的经济和投资收缩调整，并引发经济增速下降。很显然，中国即使想继续依赖国家隐性担保下的信贷扩张支持企业资产扩张也将举步维艰。

3. 中国创值的“漂亮100”和行业变革

中国部分企业的发展转型和创值能力建设已取得一定成效，这在根据本书企业创值模型选取的“漂亮100”股票中表现得尤为明显。我们参考各行业上市公司价值评估综合排名位于前30%的上市公司，并兼顾超配和低配的行业，选出最能代表本行业未来发展方向和盈利驱动的上市公司，构成如表5所示的漂亮100投资组合。将这100只股票按照A股流通市值加权，可以进一步形成漂亮100指数。如图5所示，从2010年年中开始，漂亮100指数同沪深300指数相比，其所代表的股票市场表现越来越突出，反映了创值能力不断得到提高。

表5 “漂亮100”

行业	相关受益公司
食品饮料	青岛啤酒、中炬高新、伊利股份、光明乳业、贵州茅台、承德露露、双汇发展、汤臣倍健、贝因美
家用电器	美菱电器、青岛海尔、格力电器、海信电器、华帝股份、老板电器
传　媒	华策影视、乐视网、蓝色光标
商业贸易	永辉超市、苏宁云商、广百股份、新华都
非银金融	中信证券、国金证券、招商证券、宏源证券、中国平安
休闲服务	中青旅、宋城演义、中国国旅
纺织服装	探路者、富安娜、罗莱家纺、海澜之家
国防军工	航空动力、中航电子、海特高新、中国卫星、北斗星通、四创电子
公用事业	碧水源、桑德环境、巴安水务
电气设备	国电南瑞、平高电气、许继电气、森源电气、阳光电源
汽　车	长城汽车、宇通客车、江淮汽车
建筑装饰	亚厦股份、中国建筑、金螳螂
计算机	用友软件、东方国信、航天长峰、海康威视
房地产	万科、保利地产、华夏幸福、金地集团、华侨城、北京城建
银　行	平安银行、兴业银行、浦发银行、招商银行
通　信	星网锐捷、科大讯飞
轻工制造	东港股份、奥瑞金
采　掘	惠博普、海油工程、广汇能源、恒泰艾普、潜能恒信
交通运输	宁沪高速、外运发展、大秦铁路
机械设备	美亚光电、中航电测、三一重工
农林牧渔	益生股份、圣农发展、金宇集团
建筑材料	国睿科技
电　子	立讯精密、歌尔声学
钢　铁	鞍钢股份、宝钢股份、新兴铸管、常宝股份、久立特材
医药生物	益佰制药、双鹭药业、科华生物
有色金属	赣锋锂业
综　合	复旦复华
化　工	上海家化

不过，由于平均水平偏低，中国企业创值能力仍有很大的提升空间，亟须继续转型，开拓新产品和新服务市场。如图6所示，2014年中国行业利润预期仍然是乐观的，但主营业务收入预期非常不乐观。行业变革越来越挑战中国

图 5　漂亮 100 指数与沪深 300 指数对比

资料来源：同花顺、Wind 资讯。

经济。随着服务业占比超过制造业，上市公司也在拼命地进行服务业转型，包括触网的转型互联网服务公司，娱乐服务转型，物流、金融、医疗、教育等开始了全面的服务业转型，很多传统制造业公司也将服务转型列为战略转变的一个重要方面。

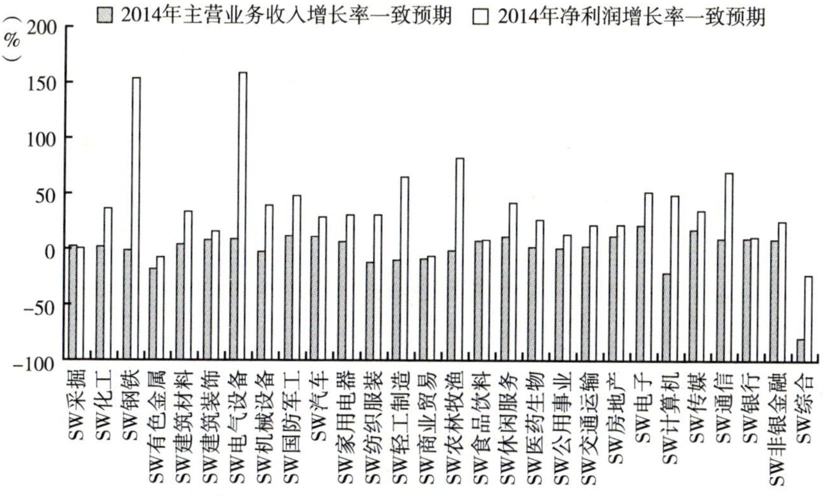

图 6　中国上市公司 2014 年主营收入和利润预期

总的来说，中国包括上市公司在内的企业技术创新和相应的创值能力差强人意。企业技术创新和相应的创值能力不足具有双重危害。一方面，在技术创新乏力的情况下，国家隐性担保下的信贷扩张支持的企业资产扩张只会进一步压低资产回报率，阻碍企业创值能力的提高，并最终引发经济增长停滞；另一方面，经济增长滑坡和市场竞争压力相结合还可能进一步诱发信贷或债务过度扩张，推高企业杠杆率，加剧跨期错配风险。这两方面的因素相互作用势必造成国家隐性担保下的信贷扩张支持的企业资产扩张难以为继，也加大了中国企业转型和创值能力建设的难度。

三 中国资本市场发展

根据前面的分析，国家隐性担保下的信贷扩张支持的企业资产扩张无助于提升其创值能力，亟须发展多层次的资本市场来弥补这一政府动员性金融体制缺陷。

1. 资本市场的效率与脆弱性

经过多年的发展，中国资本市场的资源配置效率有所提高，并在经济和企业转型中发挥了一定的作用。在中国经济转型的时代背景下，2013 年市场存量资金大迁徙，抛弃传统行业，进入代表未来发展方向的新兴产业。由于新兴产业标的相对稀缺、市值较小、较高的成长预期，场内资金从传统周期性行业流向以创业板和中小板为代表的新兴行业，推升了相关行业的估值水平，演绎了传统行业单边下跌、新兴产业股票单边上涨的分化行情。2013 年创业板估值水平 PE 上涨 60%，盈利水平上涨 13%，指数上涨 82.7%。从细分行业看，2013 年，中国经济增速维持在 7.5% 左右，传统周期性行业产能过剩，转型压力巨大。从表 7 可以看出，与传统经济增长相关的金融地产、原材料、能源等板块年度收益率排名靠后。与此相反，投资者增持了信息技术、医药卫生及可选消费行业等符合转型方向的行业股票，并获得了较好的收益。

然而，中国资本市场的脆弱性还是严重损害了资源配置效率以及对企业创值能力的建设。2005 年 7 月人民币升值，而后中国推动了股改，股票市场从 2005 年的 1000 点以下，快速上升，2006 年和 2007 年升幅均超过了 100%，2007 年更是达到 6000 点。2008 年遭受全球金融危机的冲击，中国股市也有所调整，

表6　沪深300指数年盈利增速、PE及年涨跌幅

项目	年盈利增速(%)	PE	年涨跌幅(%)
2006年	27.39	32.32	121
2007年	53.91	43.41	161.50
2008年	-8.01	12.93	-66.00
2009年	31.17	28.49	97.60
2010年	36.32	15.34	-12.50
2011年	16.84	10.45	-25.01
2012年	4.90	11.00	7.55
2013年	13.09	8.92	-7.65
2014年第一季度	8.91	8.23	-8.66

表7　2013年各行业市值、盈利增速、市盈率及收益率

板块名称	市值(万亿元)	市值占比(%)	盈利增速(%)	市盈率	收益率(%)
金融地产	8.44	31.12	15.04	6.36	-7.87
工业	4.3	15.86	9.42	17.44	10.29
能源	3.06	11.28	-1.11	10.82	-16.71
可选消费	2.79	10.29	24.07	19.66	28.19
原材料	2.57	9.48	48.56	24.66	-10.56
信息技术	1.74	6.42	54.68	45.19	60.87
主要消费	1.52	5.60	-3.38	20.04	0.03
医药卫生	1.41	5.20	14.21	36.47	40.30
公用事业	0.86	3.17	43.31	10.88	-0.12
电信业务	0.43	1.59	151.10	34.47	35.58

资料来源：Wind资讯。

2009年在宏观政策的刺激下中国股市大幅度上涨并接近100%。到2011年后，随着经济增速下滑，上市公司盈利增长也出现快速下滑，2011年至2014年第一季度，股市基本上一直处于下滑状态，符合人们对经济长期减速的理性预期。不过，从股市大起大落的情景看，除了国际金融危机冲击外，中国股票市场的巨大波动性反映其过高的脆弱性和所隐含的跨期错配风险，使得对企业创值能力的建设效果大打折扣。

2. 市场的制度建设

美国经验表明只有引入技术创新的网络模式，形成竞争性市场体制，才能有效激励企业持续进行技术创新，提升创值能力，并最终实现技术创新驱动的经济增长。作为竞争性市场体制的重要组成部分，多层次资本市场，特别是市场化运作基金以及创新网络交易平台发展无疑具有重要意义。具体地讲，市场化运作基金正是运用ICT革命提供的技术，缓和了创新活动中的信息不对称，对企业不同阶段的创新风险进行有效定价，实现创新专业化分工。与此同时，ICT革命提供的技术也降低了交易成本，扩大了通过市场化运作基金以及创新网络交易平台配置创新资源的范围，从而促进不同创新活动的合作。事实上，包括美国在内的OECD很多成员国的经验表明各种类型的私募（PE）和风险投资基金（VC）不仅通过注入风险投资资金和并购资助了中小企业的研发活动（比重高达20%），而且大型企业也借助市场化运作基金以及相应的创新网络交易平台实现了研发活动的调整：①企业重组内部研究开发业务以增大其对企业战略需求的贡献。②企业加大网罗企业之外开发的技术，部分实现研发活动的服务外包。③企业建立旨在对那些自身开发但又不能在企业内部充分利用的技术进行增值的计划。然而，世上没有免费的午餐，竞争性市场所具有的长尾特征在激励创新的同时，也加剧了市场的脆弱性。这一点在广泛存在投资行为模仿和传染的金融市场中表现得尤为明显。因此，仅仅加强金融机构资本充足性监管仍不足以抑制机构投资者道德风险泛滥和宏观跨期错配风险飙升，还需引入金融宏观审慎监管理念，进行必要的金融市场稳定性监管。事实上，正是由于缺乏机构和市场监管的有效配合，美国同样具有流动性创造职能的影子银行体系才造成债务过度扩张，并最终引发2008年的全球金融危机。

正是在这样的时代背景下，2014年成为中国资本市场建设加速的一年，希望多管齐下，核心是继续积极发展多层次资本市场、推动汇率和利率的市场化，表现在：①在资本市场发展上，积极进行顶层设计，涉及保护中小投资者权益，股票市场实行优先股，推动新的IPO体制，三板转板、鼓励股票期权创新，债券市场推动地方债的独立发行和资产证券化的发展等内容；②在开放上，自贸区试验和沪港通直接指向资本项下开放；③在积极推动利率市场化的同时，银行监管得到加强，特别是明确定义了影子银行风险；④互联网金融进入了全面“摸着石头过河”阶段；⑤国家引领上市公司并购浪潮。

（1）资本市场发展顶层设计

中小投资者是我国现阶段资本市场的主要参与群体，但由于处于信息弱势地位，其抗风险能力和自我保护能力较弱，合法权益容易受到侵害。为维护中小投资者的合法权益，2013 年 12 月，国务院办公厅出台了《关于进一步加强资本市场中小投资者合法权益保护工作的意见》。该意见强调对中小投资者保护的重要意义，提出了健全投资者适当性制度、优化投资回报机制、保障中小投资者知情权、健全中小投资者投票机制、建立多元化纠纷解决机制、健全中小投资者赔偿机制、加大监管和打击力度、强化中小投资者教育、完善投资者保护组织体系等九条意见。该意见的出台奠定了中国资本市场的改革与发展基础，有利于维护投资者信心，激发市场活力，并通过进一步转变政府职能，强化市场主体责任，推进监管转型。

表 8　中国资本市场顶层设计 I

文件名称	发布日期	发布部门	核心内容
《关于进一步加强资本市场中小投资者合法权益保护工作的意见》	2013 年 12 月	国务院	提出了健全投资者适当性制度、优化投资回报机制、保障中小投资者知情权、健全中小投资者投票机制、建立多元化纠纷解决机制、健全中小投资者赔偿机制、加大监管和打击力度、强化中小投资者教育、完善投资者保护组织体系等九条意见
《关于进一步促进资本市场健康发展的若干意见》（“新国九条”）	2014 年 5 月	国务院	提出到 2020 年，基本形成结构合理、功能完善、规范透明、稳健高效、开放包容的多层次资本市场体系，并从九个方面明确了进一步促进资本市场健康发展的总体要求和具体任务

2014 年 5 月 9 日，国务院印发《关于进一步促进资本市场健康发展的若干意见》，即“新国九条”。“新国九条”一方面是对中国资本市场的总体规划，另一方面则是对当前中国经济发展的深层次问题做出的全局性部署，具有重要意义。“新国九条”继续强调提高直接融资比重。在银行系统控制影子银行风险的同时，要解决实体经济的资金需求问题，这就需要直接融资发挥更大的作用。与此同时，大力发展股权融资也有利于经济整体债务杠杆水平和跨期错配风险下降。此外，“新国九条”还提出要推动混合所有制经济发展，这直接关系到经济结构调整与改革布局，体现了资本市场健康发展的重要意义。国企改革的一项重要任务就是发展混合所有制经济，激活国企活力，促进国企做大做强。而要发展混合所有制，必然需要民资的参与，这时健康成熟的资本市

场无疑将发挥重要的作用。而“新国九条”中提出的完善上市公司股权激励制度、完善退市制度等内容，也有助于提升市场效率，加快推进改革进程。

表 9　中国资本市场顶层设计Ⅱ

文件名称	发布日期	发布部门	核心内容
《关于开展优先股试点的指导意见》	2013 年 11 月	国务院	明确了优先股股东的权利与义务，对优先股发行与交易过程中的相关问题进行了规范，并提出加强组织管理和完善配套政策的相关措施
《优先股试点管理办法》	2014 年 3 月	证监会	一是上市公司可以发行优先股，非上市公众公司可以非公开发行优先股 二是三类上市公司可以公开发行优先股：其普通股为上证 50 指数成份股；以公开发行优先股作为支付手段收购或吸收合并其他上市公司；以减少注册资本为目的回购普通股的，可以公开发行优先股作为支付手段，或者在回购方案实施完毕后，可公开发行不超过回购减资总额的优先股 三是上市公司发行优先股，可以申请一次核准分次发行 四是公司非公开发行优先股仅向本办法规定的合格投资者发行，每次发行对象不得超过 200 人，且相同条款的优先股的发行对象累计不得超过 200 人 五是优先股交易或转让环节的投资者适当性标准应当与发行环节保持一致；非公开发行的相同条款优先股经交易或转让后，投资者不得超过 200 人
《关于商业银行发行优先股补充一级资本的指导意见》	2014 年 4 月	银监会、证监会	规定了商业银行发行优先股的申请条件和发行程序，进一步明确了优先股作为商业银行其他一级资本工具的合格标准，并对优先股股息支付、投资者回售、强制转换为普通股等条款予以明确
《上海证券交易所优先股业务试点管理办法》	2014 年 5 月	上交所	进一步明确优先股的上市、交易、转让、信息披露等细则

2013 年 11 月，国务院发布了《关于开展优先股试点的指导意见》，决定开展优先股试点。该意见对优先股股东的权利与义务、优先股的发行与交易以及组织管理和配套政策等问题给出了原则性的规定。2014 年优先股正式进入了实施阶段，证监会和上交所分别于 2014 年 3 月和 5 月发布了《优先股试点管理办法》和《上海证券交易所优先股业务试点管理办法》，在实际操作层面就优先股的发行、上市、交易、转让、信息披露等问题给出了更细致具体的规

定。2014年4月，银监会与证监会联合发布了《关于商业银行发行优先股补充一级资本的指导意见》，为商业银行首批试点发行优先股扫清了障碍。所谓优先股，是相对于普通股而言的，而优先股在利润分红及剩余财产分配的权利方面，优先于普通股。同时，优先股在投票表决权上做出让步，一般只有知情权、建议权、质询权等，但无表决权或者受到显著限制。开展优先股试点具有多方面的积极意义。一是有利于加快发展直接融资，对融资企业来说，发行优先股可用于补充企业资本金，可以在降低企业整体负债率的同时，缓解资产负债期限错配问题。二是优先股作为一种支付手段，可以令企业之间并购重组的方式更加灵活，有利于推动行业整合和产业升级。三是优先股风险较低，且可以获得相对固定的股息回报，并且在此基础上，可以设计出类型更丰富的金融产品，为不同风险偏好的投资者提供了更多的投资选择，有利于吸引更多资金入市，更好地发挥金融系统配置资源的功能。特别是对银行来说，长期以来，我国商业银行面临着资本结构过于单一、资本补充渠道狭窄等问题，发行可计入其他一级资本的优先股可以作为商业银行充实资本金、满足资本监管要求的重要措施，有助于商业银行构建多层次、多元化的资本补充渠道。

（2）加速的金融开放——自贸区与沪港通

表10　自贸区建设与金融开放

文件名称	发布日期	发布部门	核心内容
《中国（上海）自由贸易试验区分账核算业务实施细则》和《中国（上海）自由贸易试验区分账核算业务风险审慎管理细则》	2014年5月	央行上海总部	上海地区金融机构可建立分账核算单元，为开立自由贸易账户的区内主体提供经常项目、直接投资和投融资创新相关业务的金融服务
《中国证券监督管理委员会香港证券及期货事务监察委员会联合公告》	2014年4月	中国证监会、香港证监会	上海证券交易所和香港联合交易所允许两地投资者通过当地证券公司（或经纪商）买卖规定范围内的对方交易所上市的股票，是沪港股票市场交易互联互通机制

开放是资本市场改革与发展的一条主线。十八大报告提出，全面提高开放型经济水平，强调适应经济全球化新形势，必须实行更加积极主动的开放战略，完善互利共赢、多元平衡、安全高效的开放型经济体系。2014年4月10

日，国务院总理李克强在博鳌论坛上发表演讲，指出将着重推动新一轮高水平对外开放，而其中扩大服务业包括资本市场对外开放是重要方面。资本市场要真正实现开放，离不开人民币资本项目可自由兑换，目前虽尚未实施，但在上海自贸区已经进行了积极的尝试。此外，沪港通的推出也标志着在资本市场开放的道路上迈出了重要一步。

2014 年 5 月 22 日，央行上海总部发布了《中国（上海）自由贸易试验区分账核算业务实施细则》和《中国（上海）自由贸易试验区分账核算业务风险审慎管理细则》，提出上海地区金融机构可建立分账核算单元，为开立自由贸易账户的区内主体提供经常项目、直接投资和投融资创新相关业务的金融服务。两项细则的出台标志着自贸区分账核算系统以及自由贸易账户正式落地实施，为实现人民币资本项目可自由兑换提供了载体和工具。

4 月 10 日，《中国证券监督管理委员会香港证券及期货事务监察委员会联合公告》发布，宣布 6 个月内将正式启动沪港通。沪港通是指上海证券交易所和香港联合交易所允许两地投资者通过当地证券公司（或经纪商）买卖规定范围内的对方交易所上市的股票，是沪港股票市场交易互联互通机制。沪港通的推出有利于两地股票实现合理估值，拓展资金投资渠道，提升金融系统配置资源的效率。同时，沪港通能够通过开放，促进内地与香港资本市场相互融合、协同发展，并倒逼国内资本市场制度的完善。此外，沪港通能够促进人民币的国际化，有助于实现资本项下可自由兑换，助推资本市场开放进程。

（3）银行业监管再造——加强影子银行监管

表 11　影子银行监管相关制度文件

文件名称	发布日期	发布部门	核心内容
《中国银监会关于规范商业银行理财业务投资运作有关问题的通知》（“8 号文”）	2013 年 3 月	银监会	理财产品应与投资资产一一对应，无法完成对应要求的产品，在 2013 年底之前参照自营贷款计提资本 理财资金投资非标准化债权资产的余额在任何时点均以理财产品余额的 35% 与商业银行上一年度审计报告披露总资产的 4% 之间孰低者为上限
《关于加强影子银行监管有关问题的通知》（“107 号文”）	2013 年 12 月	国务院	厘清中国影子银行的概念，在明确影子银行监管责任分工的基础上，首次提出了全面且系统的监管方案

续表

文件名称	发布日期	发布部门	核心内容
《关于商业银行理财产品进入银行间债券市场有关事项的通知》	2014年2月	央行	银行自营债券账户与理财产品账户之间以及统一管理人的不同债券账户之间不得进行交易 要求每项银行理财产品对应一个交易账户，单独管理、建账和核算
《关于信托公司风险监管的指导意见》（“99号文”）	2014年4月	银监会	信托公司应建立流动性支持和资本补充机制，股东承诺或者在公司章程中规定，当信托公司出现流动性危机时给予支持 信托公司不得开展非标准化理财资金池等具有影子银行特征的业务，对已开展的非标准化理财资金池业务，要查明情况，形成整改方案，于2014年6月30日前报送监管机构
《关于加强农村中小金融机构非标准化债权资产投资业务监管有关事项的通知》（“11号文”）	2014年4月	银监会	以自有或者同业资金投资非标资产的，原则上业务规模不得超过本行同业负债的30%，非标资产投资总余额（理财资金加自有和同业资金投资）不得高于上一年审计报告披露总资产的4%
《关于规范金融机构同业业务的通知》（“127号文”）	2014年5月	央行、银监会、证监会、保监会、外管局	买入返售（卖出回购）业务项下的金融资产应当为银行承兑汇票，债券、央票等在银行间市场、证券交易所市场交易的具有合理公允价值和较高流动性的金融资产。卖出回购方不得将业务项下的金融资产从资产负债表转出 金融机构开展买入返售（卖出回购）和同业投资业务，不得接受和提供任何直接或间接、显性或隐性的第三方金融机构信用担保，国家另有规定的除外 各金融机构开展同业业务应当符合所属金融监管部门的规范要求。分支机构开展同业业务的金融机构应当建立健全本机构统一的同业业务授信管理政策，并将同业业务纳入全机构统一授信体系，由总部自上而下实施授权管理，不得办理无授信额度或超授信额度的同业业务 单家商业银行对单一金融机构法人的不含结算性同业存款的同业融出资金，扣除风险权重为零的资产后的净额，不得超过该银行一级资本的50%。单家商业银行同业融入资金余额不得超过该银行负债总额的三分之一，农村信用社省联社、省内二级法人社及村镇银行暂不执行
《规范商业银行同业业务治理的通知》（“140号文”）	2014年5月	银监会	要求商业银行将同业业务纳入全面风险管理，建立健全前中后台分设的内部控制机制，加强内部监督检查和责任追究 要求商业银行开展同业业务实行专营部门制，由法人总部建立或指定专营部门负责经营，强化法人总部对同业业务的统一管理

2009～2010年我国因“4万亿元”投资形成了信贷井喷，但随后信贷条件开始收紧，巨量的融资需求被迫转向表外，催生了“影子银行”的快速扩张。由于监管滞后，影子银行的盲目扩张带来了包括金融机构严重期限错配、企业杠杆率居高不下、地方政府债务问题不断累积、部分行业产能过剩加剧等一系列问题，在这种情况下，监管部门加大对影子银行的监管已刻不容缓。

2013年3月，银监会发布了《中国银监会关于规范商业银行理财业务投资运作有关问题的通知》，即“8号文”。“8号文”的出台标志着监管部门对影子银行的强力监管拉开序幕。“8号文”直接否定了银行“资金池”操作模式，明确要求商业银行做到每个产品单独管理、建账和核算，理财产品与投资资产须“一一对应”，同时对理财资金投资非标资产的比例进行了限制。

“8号文”的出台意在清理影子银行，改变其过分追求通道业务的本质，提升银行资产管理能力。从效果看，2013年银行理财产品扩张速度确实有所放缓，理财产品余额增速从2012年的55%降至2013年的34%，但实际上银行可通过与其他金融机构的合作，利用同业存款、资产证券化、中小企业私募债、券商资管“小集合”等多种形式规避“8号文”的限制，间接投资非标资产，其对非标资产的追逐并未停止，风险也未得到有效控制。同时，这也暴露出由于影子银行业务多具有跨行业、跨市场的性质，单一监管部门的监管难以真正奏效。

针对这些问题，国务院于2013年末发布了《关于加强影子银行监管有关问题的通知》，即“107号文”。“107号文”作为影子银行监管的纲领性文件，首次给出了影子银行的定义，有利于监管范围的明确。在此基础上，“107号文”还明确了各相关部门的监管责任和分工，提出建立分工合作，职责明晰、权责匹配、运转高效的监督管理体系。

进入2014年后，在“107号文”的基础上，监管部门对影子银行的监管力度明显加强，相关监管政策密集出台。2月，央行下发《关于商业银行理财产品进入银行间债券市场有关事项的通知》，规定银行自营债券账户与理财产品账户之间以及统一管理人的不同债券账户之间不得进行交易，并要求每项银行理财产品对应一个交易账户，单独管理、建账和核算，其监管核心还是在于规范银行理财资金的运作，意在缓解理财产品期限错配问题，提高理财产品的透明度，有利于对理财产品进行风险监管，可视为对"8号文"中相关规定的补充与完善。

4月，银监会先后发布了《关于信托公司风险监管的指导意见》和《关于加强农村中小金融机构非标准化债权资产投资业务监管有关事项的通知》，即"99号文"与"11号文"。"99号文"对信托的监管明显收紧，最主要的一点在于规定信托公司不得开展非标准化理财资金池等具有影子银行特征的业务，对已开展的非标准化理财资金池业务，要查明情况，形成整改方案，于2014年6月30日前报送监管机构。此外，"99号文"还要求信托公司建立流动性支持和资本补充机制，股东承诺或者在公司章程中规定，当信托公司出现流动性危机时给予支持。出台上述规定主要意图在于对资金池期限错配造成的流动性风险加强控制，与前文所述的"8号文""107号文"等监管政策一脉相承。"11号文"对农村中小金融机构通过银行、信托、证券、保险、基金、资产交易平台等开展非标业务进行了规范，对非标业务规模给出了类似"8号文"中的比例限制。虽然"11号文"涉及的监管范围较小，对商业银行整体影响不大，但其强化了市场对监管层将打压非标的预期，为后续相关政策出台做了铺垫。

5月，央行联合银监会、证监会、保监会、外管局发布《关于规范金融机构同业业务的通知》，即"127号文"，进一步限制非标业务的扩张趋势。银监会随后配套发布了《规范商业银行同业业务治理的通知》，即"140号文"，重点强调了规范银行同业业务。"127号文"的发文部门涉及"一行三会一局"，基本上对金融机构实现了全覆盖，有助于规避银行利用信托、保险、券商、基金子公司等各种渠道进行多维度逃避监管的可能。"127文中"的多条规定将对同业业务产生实质性影响。其中，第五条规定买入返售（卖出回购）业务项下的金融资产应当为银行承兑汇票，债券、央票等在银行间市场、证券交易所市场交易的具有合理公允价值和较高流动性的金融资产，这实质上叫停了买入返售类信托受益权和买入返售类票据业务，限制了银行通过同业非标业务来进行资本套利，同时，规定卖出回购方不得将业务项下的金融资产从资产负债表转出，堵死银行利用同业业务放贷的路径。第七条规定金融机构开展买入返售（卖出回购）和同业投资业务，不得接受和提供任何直接或间接、显性或隐性的第三方金融机构信用担保，国家另有规定的除外，这阻断了非标业务利用银行的隐性信用担保进行大规模扩张的可能。第十一条规定分支机构开展同业业务的金融机构应当建立健全本机构统一的同业业务授信管理政策，并将同业业务纳入全机构统一授信体系，由总部自上而下实施授权管理，不得办理无授信额度或超授信额度的同业业务。此条规定意味着同业业务未来将比对贷款计提更高的风险资产准备金，同时计提贷款减值损失。同业业务由总部自上而下实施授权管理，表明监管层要求银行对同业业务集中管理控制风险的一种态度，未来总行对于安全性、流动性和盈利性的统筹管理将增加银行风控能力。此外，在“140号文”中，要求商业银行开展同业业务实行专营部门制，这有助于进一步强化内部风控。

整体来看，随着监管文件的一一出台，对影子银行的监管更具系统性。就其影响来说，加强对影子银行的监管，在短期内对相关金融机构的利润会产生负面影响，由于机构收缩影子银行业务，相应的社会融资规模也会缩减，对经济形成一定的冲击。但由于监管部门对影子银行的态度是规范而非遏制其发展，这意味着从长期看，如能形成有效的监管体系，则影子银行业务将能够在风险可控的基础上，向市场提供合理的收益率水平，形成对银行体系的有益补充，有利于多层次资本市场发展和利率市场化的实现，从而令金融系统更加高效地服务实体经济。

（4）金融创新——互联网金融

互联网金融与传统金融相比，具有交易成本低、覆盖范围广、服务效率高、信息更透明等优势，能够通过发掘金融长尾市场，令大量的小额资金得以汇聚，在使更多民众享受到金融服务的同时，也提升了社会存量资金的使用效率，使金融系统的资源配置功能进一步优化，对提升金融效率具有重要意义。

不过，由于互联网金融属于金融创新领域，监管方面相对滞后，特别是在融资业务方面，处于监管缺失的局面。在这种情况下，互联网金融的发展也伴随着多方面的风险。首先，互联网金融与传统金融同样面临着信用违约风险以及期限错配带来的流动性风险，但不同的是，在出现流动性危机时，商业银行能够获得作为最终贷款人的央行提供的流动性支持，而互联网金融目前缺乏这一保护。其次，部分互联网金融产品存在法律风险，如P2P、众筹等产品与非法集资等违法行为的界限仍较为模糊。再次，互联网金融存在信息安全风险，这既包含监管缺失下的道德风险问题，又包含网络技术层面的信息安全问题。最后，以余额宝为代表的互联网金融产品对银行等传统金融行业产生了一定的冲击，如造成银行存款流失、负债端成本上升等问题，因此如何协调、促进互联网金融与传统金融共同健康发展，考验监管层的智慧，而互联网金融的发展，特别是虚拟货币的引入，令整个金融系统覆盖面更广，运行机制更加复杂，对央行的货币政策调控提出了更高的要求。

（5）国家引导并购浪潮

国家对并购活动的政策密集出台，引导并购浪潮。第一，2010年国务院发布了《关于促进企业兼并重组的意见》，消除了企业兼并重组的制度障碍，2014年3月7日国务院又发布了《国务院关于进一步优化企业兼并重组市场环境的意见》，加快了审批制度改革，2014年5月9日“新国九条”鼓励市场化的并购重组并强化资本市场的产权定价和交易功能，这些政策的出台有利于产业并购重组的实施；第二，结合当前中国经济的发展现状和未来转型来看，过去粗放的、效率低下的经济发展方式导致中国部分行业出现产能严重过剩、产品价格大幅下跌的情况，这些行业盈利和获取现金能力大幅降低，而市场化的并购是消化产能过剩的重要手段，通过集中产业集中度，促进企业优胜劣汰并且改进现有产能；第三，从上市公司本身性质来看，规模庞大且效率低下的国有上市公司众多，并且由于资本市场不健全，上市公司手里握有很多超募资金，更容易通过并购提升组织效率以及提升业绩水平，中国并购市场未来潜力巨大。

21世纪前几次并购的主要目的在于提高市场占有率，通过横向并购和纵向并购降低生产成本、提升生产效率以获得比较优势。如图7所示，具体来看有以下特征：①追求较高的市场份额。一方面可以防止潜在的市场竞争者进入，另一方面提升行业的领先地位和销售网络。②降低生产成本和丰富原材料来源。企业通过分工深化可以形成规模经济效应，从而降低单位生产成本，同时随着企业规模的扩大和原材料需求的增加，企业在生产资料方面的议价能力显著提升，原材料来源更加丰富。③实现品牌扩张，提高企业知名度。企业通过并购其他品牌可以获得其他品牌原有的市场地位以及市场影响力，提高企业产品的附加值，同时也可以实现品牌快速区域扩张，重构企业的竞争力范围。

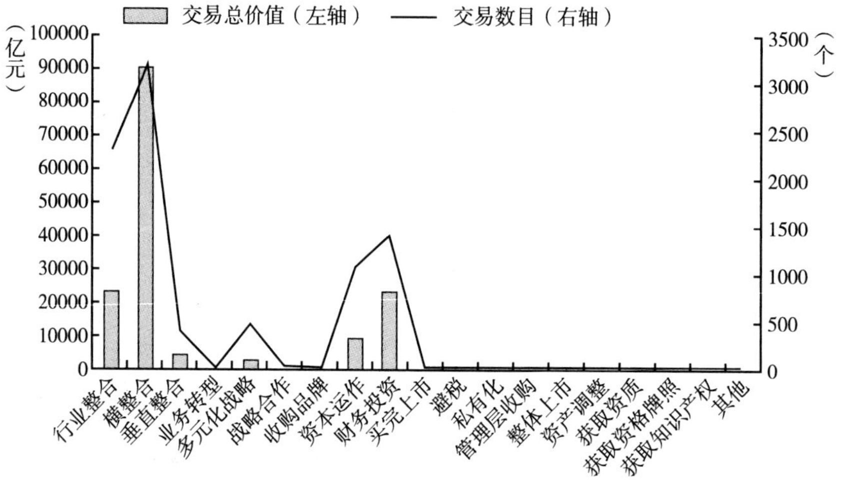

图7　2000～2008年并购交易目的统计

资料来源：Wind资讯。

近年来，并购活动呈现出新的动机。企业并购呈现多元化发展，混合并购或者跨国并购层出不穷，同时工艺上无关联关系的企业间并购引领了新的并购浪潮，这些企业通过扩大经营范围以及多元化的经营，增强企业在变化环境中的应变能力和抵御风险能力。如图8所示，具体有以下特征：①跨行业并购，实施多元化战略，分散投资风险。企业在原有的行业已经足够强大，上下游产业链已经非常完善，投资高回报率的企业是进一步提升企业业绩的有效手段。②通过并购获得先进生产技术、管理和企业文化。基于创新的先进技术是实现企业可持续发展战略的重要手段，也是决定市场地位和核心竞争力的重要因素，企业通过并购可以取得先进的生产技术、管理经验以及专业人才等各种资源。③获得较高的控制权溢价。企业的控制权是一组排他性使用和处置企业稀缺资源的权利束，而控制权溢价则代表并购方为了获取上市公司的控制权而支付的超过正常价格的部分，通过并购获取控制权溢价，控股大股东可以实现个人利益最大化。④获得稀缺资源。企业独特的资源和能力是实现可持续竞争优势的根源，并购是企业获取稀缺资源的有效途径。中国企业目前很多资源严重依赖于进口，国际市场原材料价格的波动将严重影响企业的盈利能力，通过并购活动，企业可以保证原材料的有效供给并降低原材料价格波动所带来的风险。

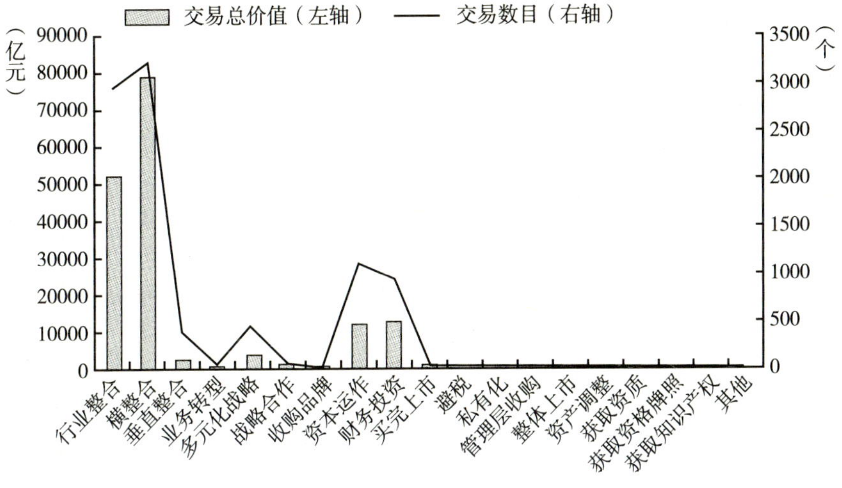

图8　2009年至2014年5月并购交易目的统计

资料来源：Wind资讯。

综上所述，中国多层次资本市场发展以及利率、汇率市场化推动在2014年有望得到加速。然而，受到多种因素制约，中国推动金融市场化发展，促进竞争性市场体制形成，从而激励企业技术创新和提升创值能力仍任重道远。首先，中国目前经济增长仍带有国家隐性担保下的信贷扩张支持的投资推动型特征，并已引发相应的跨期错配风险，将会严重阻碍金融市场化发展。如图9所示，2002～2007年，中国一度出现金融市场加速发展，致使M2增长率低于固定资产投资增长率的喜人局面。2002年，M2增长率甚至已经接近GDP增长率，有望终结改革开放以来长盛不衰的货币化进程，缓和跨期错配风险。遗憾的是，随着全球金融危机的爆发，特别是2009年宽松的货币和财政政策的实施，这一良好趋势遭到彻底逆转，中国重回信贷扩张支持投资推动型经济增长的老路，并出现了影子银行债务扩张的跨期错配风险新形式。Lee, Il Houng, Murtaza H. Syed 和 Liu Xueyan 证实，即使以具有投资导向型经济增长特征的亚洲经济体高标准衡量，中国实际投资率仍然显得偏高，存在跨期错配和过度投资的可能。[①] 中国30多年来可预测的投资标准应占GDP的33% ~43%，而中国实际投资却在GDP的35% ~49%的更大范围内波动。不过，只是在2000年以后，中国跨期错配问题才变得突出，并在2009年为了应对全球金融危机而实施一系列经济刺激方案以后愈发严重。实际上，国家隐性担保下的信贷扩张引发的跨期错配风险已经造成中国信贷利率提高。如图10所示，自2010年10月以来，中国金融机构加权平均贷款利率一直居高不下。很显然，跨期错配风险所带来的宏观不确定性上升无疑会阻碍金融市场化发展。特别是在爆发金融危机的极端情况下，任何市场化的金融改革和发展都将困难重重。其次，金融宏观审慎监管不完善也会影响金融市场化发展的顺利进行。中国目前的金融监管侧重于将资本充足性监管扩展至影子银行，对金融市场稳定性监管仍显单薄。考虑到金融机构和投资者广泛存在行为模仿和传染，金融市场具有内生的脆弱性。那么，在缺乏必要的金融宏观审慎监管条件下，即使是再完善的机构资本充足性监管也无法有效抑制金融市场化发展可能引发的跨期错配风险。金融宏观审慎监管不足正是中国金融市场化发展一波三折的重要体制根源。这不仅表现在多层次资本市场发展以及利率、汇率市场化被迫缓慢推进上，而且还会造成监管机构对互联网金融等创新的态度犹豫不决，加大金融创新成本和难度。最后，企业市场化并购的短板同样降低了整合创新资源、提升创值能力的效率。事实上，金融业是受信息和通信技术进步，特别是互联网发展影响最早的产业之一。得益于ICT革命带来的信息收集和处理技术，以美国为代表的发达经济体金融发展出现了市场化

① Lee M. I. H., Syed M. M. H., Xueyan M. L., "Is China Over - Investing and Does it Matter?" *International Monetary Fund*, 2012.

和产业融合趋势。①存款性金融中介机构出现了严重的脱媒现象，被迫转向市场化发展。一方面，为了应对货币市场基金高利率引发的存款流失，美国在1980～1982年取消了起源于20世纪30年代规定存款可支付利率上限的银行法Q条款，实现存、贷利率市场化；另一方面，信息和通信技术进步促进了抵押贷款证券化，逐步削弱存款机构作为信用风险专业化评估者和监督者的作用，并将相应职能改由市场承担。②机构投资者和金融衍生市场异军突起，极大地降低了交易成本，有效提高了金融资产的可贸易性。③市场资产定价效率的提高和交易成本降低同样便利了企业并购交易，为企业利用市场化运作基金以及创新网络交易平台，实现创新专业化分工和合作，提升创值能力开辟了广阔空间。与此形成鲜明的对照，中国金融市场化发展滞后使得资产定价效率提高和交易成本降低困难重重，企业并购交易更是成为短板。综观中国迄今为止的上市公司并购仍偏重于规模扩张，只不过增加了部分精细化管理的因素，即使用于应对厚尾需求效果都尚未可知，更不必说长尾需求了，从而严重制约了对企业创值能力的提升。由此可见，跨期错配风险累积、金融宏观审慎监管不足和企业市场化并购的短板都在阻碍着通过金融市场化发展和竞争性市场体制形成来激励企业技术创新和提升创值能力目标的实现。

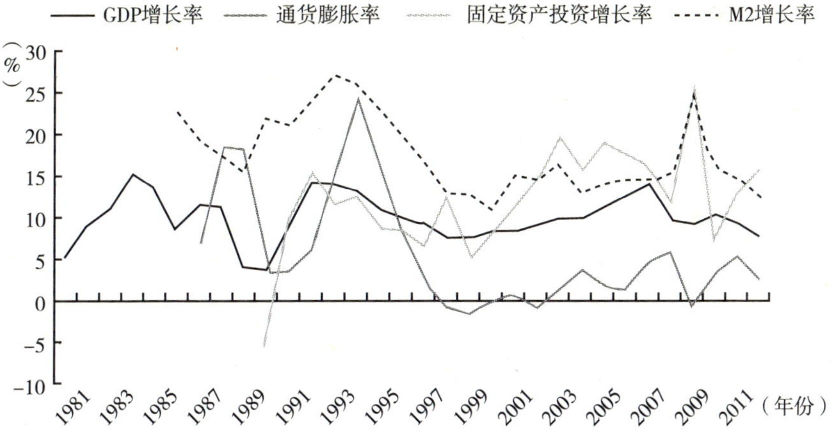

图9 中国的信贷扩张、投资、增长和通胀

资料来源：CEIC。

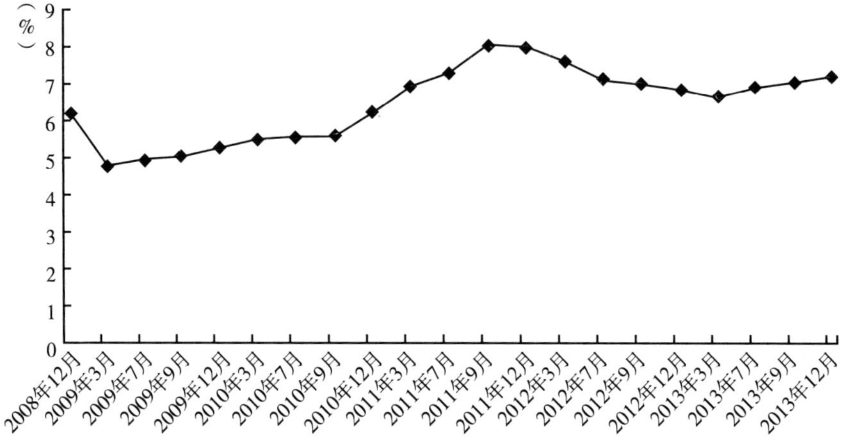

图 10　中国金融机构加权平均贷款利率

资料来源：CEIC。

四　价值创造和新体制建设

根据前面的分析，自 2010 年以来，中国国家隐性担保下的信贷扩张支持的企业资产扩张不仅没有提升企业价值创造能力，而且还加剧了跨期错配风险。中国多层次资本市场发展也不足以改变这一金融发展和经济增长的基本态势。随着美国技术创新驱动的经济增长逐步恢复常态及其企业资产回报率的提高，在人民币升值趋势逆转和资金向美国回流的压力下，连这样的企业资产扩张方式也将变得难以为继。究其原因，关键在于在经济增长的新阶段，现行的政府动员性市场经济体制已经无法再与正在变化的市场需求相互匹配。在原有的集中化需求条件下，业已存在的市场更多地具有从小到大的性质，企业只要能够成功实现规模扩张，有效降低生产成本，就足以同时开拓市场。政府动员性市场体制三大机制，即增值税制、国家隐性担保下的信贷扩张以及企业通过培育全产业链来获得干中学效应的发展战略，也由此收到支持企业资产扩张和推动经济增长的奇效。与此相反，在新的多样化需求条件下，由于提供的是从无到有的新产品或新服务，企业只有首先开拓具有足够规模的竞争性市场，成功消化高昂的创新成本，并分散创新风险，才能有效提升基于技术创新的创值能力。然而，令人遗憾的是，政府动员性市场经济体制根本适应不了引入技术创新的网络模式以形成能够满足多样化需求的竞争性市场这一时代要求。政府动员性市场体制与管理资本主义有相似的地方，即由发展型政府支持大型企业或企业集团对流水线进行精细化管理。在政府动员性市场体制下，只适合采用技术创新的线性模式，不仅要求由大型企业包办商业化研发（往往长达10～15年）、技术工程化、生产和销售等所有不同阶段的创新活动，而且要求由控制中心通过层级制对技术创新进行统一协调和指挥。这就造成创新活动间信息传递距离过长，特别是横向信息流动困难，阻碍必要的技术创新分工合作，以致难以消化创新成本，并分散风险。再加上政府选择赢家，这就会进一步扭曲创新市场。很显然，政府动员性市场体制同引入技术创新的网络模式，形成能够满足多样化化需求的竞争性市场存在直接冲突。因此，仅仅实施偏紧的货币政策，进行经济和投资收缩调整是不够的，中国还必须全面解构政府动员性市场体制三大机制，即增值税制、国家隐性担保下的信贷扩张以及企业通过培育全产业链来获得干中学效应的发展战略，建设和发展竞争性市场新体制。只有这样，中国才能有效激励技术创新，并从根本上提升企业价值创造能力，最终成功实现经济和企业转型。

（1）中国企业，特别是上市公司需放弃通过培育全产业链来获得干中学效应的发展战略，积极推进并购交易，促进创新专业化分工，并在此基础上发展交易中介或网络平台（实质为竞争性市场机制）来组织不同创新活动的合作，以获得技术创新的外溢效应和规模经济，努力实现资产回报率的回升。

（2）围绕增值税制改革理顺政府和市场的关系，消除对经济活动不必要的干预，促进竞争性市场形成，激励企业技术创新。在集中化需求市场中，由于存在对上市公司发展全产业链的导向作用，增值税制与上市公司发展全产业链之间存在双赢关系。然而，随着集中化需求市场日趋饱和，特别是多样化需求市场的出现，增值税制却也由此成为企业参与创新专业化分工和合作的严重体制障碍。为此，政府需适时放弃增值税制以及其他选择创新赢家的做法，消除对经济活动不必要的干预，转而促进竞争性市场形成，确保企业家获得创新报酬。

（3）促进金融机构资本充足性监管和金融市场稳定性监管的有效配合，

继续积极推进银行存、贷利率市场化改革，并激励互联网金融等创新，发展多层次资本市场，更好地运用竞争性市场机制配置创新资源。银行存、贷利率市场化改革的完成将促进国家隐性担保下的信贷扩张的瓦解，消除相应的跨期错配风险。运用新的信息和通信技术改造金融业，发展多层次资本市场则有助于改善创新资源配置效率。

由此可见，只有实行上述有关企业商业发展模式、政府经济管理和金融体制的系统改革，引入技术创新的网络模式，形成激励创新的竞争性市场体制，中国上市公司才有望摆脱自 2010 年以来就已陷入的发展困境，既促进资产回报率回升，又减轻跨期错配风险。中国也由此最终实现技术创新驱动的经济增长。

参考文献

[1] Bush, Science: The Endless Frontier, US Government Printing Office, Washington, DC, 1945.

[2] Cecchetti, Stephen Giovanni, Madhusudan S. Mohanty, and Fabrizio Zampolli, The Real Effects of Debt, Bank for International Settlements, Monetary and Economic Department, 2011.

[3] Lee M. I. H., Syed M. M. H., Xueyan M. L., "Is China Over - Investing and Does it Matter?" *International Monetary Fund*, 2012.

[4] 费雪:《州和地方政府财政学》(第二版)，中国人民大学出版社，2000。

[5] 李扬等:《中国国家资产负债表 2013》，中国社会科学出版社，2013。

[6] 林左鸣:《广义虚拟经济》，人民出版社，2010。

分 报 告

Research Report

B.2

中国上市公司价值评估

王 习　王亚菲*

摘 要：

准确评价上市公司的价值将有助于上市公司通过改善经营活动实现价值的最大化，也可以为理性投资者提供可观的决策依据。本研究报告利用2013年年报的最新数据，分别在财务业绩、估值与成长性、创值能力、公司治理与社会责任以及创新能力与战略资源这五个方面设立若干指标，对企业价值进行评估和综合排名，最终筛选出价值较高的上市公司。筛选出的价值排名显示，业绩和估值仍然是选择上市公司的决定性依据，未来我们应该关注互联网引领下的创新商业模式、消费升级带来的大消费类投资机会以及国企改革释放的政策红利。

关键词：

估值　价值驱动因素　层次分析法　行业配置

* 王习，中航证券金融研究所研究员；王亚菲，中航证券金融研究所研究员。

本书的总报告从中国宏观经济角度研究经济增长路径的演变，分别从资本市场和上市公司的角度评估行业的转型与效率提升。在此基础上，本部分将利用2013年年报的最新数据对上市公司进行实证研究及排名。我们结合国内外著名的研究理论提出上市公司评估五因素模型，分别在财务业绩、估值与成长性、创值能力、公司治理与社会责任以及创新能力与战略资源这五个方面设立若干指标，对企业价值进行评估和排名，最终筛选出价值较高的上市公司。

一　总体概述

（一）公司价值评估理论综述及驱动因素分析

1. 上市公司价值评估的目的及角度

一个成熟、高效和机制健全的资本市场是促进中国经济转型和提升经济活力的关键，而上市公司是资本市场健全发展的根基。上市公司广泛地吸纳社会闲散资金，一方面通过高效配置资源带动经济各领域繁荣，另一方面为中国百姓的储蓄和投资提供一个与风险相匹配的收益。准确评价上市公司的价值将有助于上市公司通过改善经营活动实现价值的最大化，也可以为理性投资者提供可观的决策依据。

传统意义上的公司是指一般以营利为目的，从事商业经营活动或某些目的而成立的组织。本文所研究的对象为上市公司，上市公司与非上市公司的主要区别是其公司股权交易公开化、市场化。上市公司可以利用证券市场进行筹资，广泛地吸收社会上的闲散资金，从而迅速扩大企业规模，增强产品的竞争力和市场占有率。

对上市公司进行价值评估的主要目的有以下几点：第一，为投资者提供客观的决策依据。对于企业资产的现时价值进行正确的评估，是投融资和交易的前提，既能够保证投资者投资行为的合理性，也能确立对各种交易进行定价的基础。第二，帮助上市公司通过改善经营活动实现企业价值的最大化。企业价值最大化是企业经营的最终目的，合理评估企业价值有利于企业管理人员更好地了解公司的优势和劣势，通过财务上的合理配置，在充分考虑货币的时间价值以及风险与收益关系的前提下，不断增加企业财富，达到总价值最大化。第三，为兼并重组提供恰当的定价。在中国经济现阶段转型调整的背景下，无论是上市公司还是非上市公司都将经历并购重组浪潮，而资产价值的定价是上市公司并购重组的核心环节，为目标公司的价值进行合理和精确的定价，有助于企业并购重组活动的成功。第四，帮助公司管理者动态管理企业。考虑到我们所做的上市公司研究是每年出版一次，企业管理者可以通过本研究了解截止到某一时间节点的公司价值，从而更好地通过调整经营策略在不断变化的市场环境中保持竞争优势。

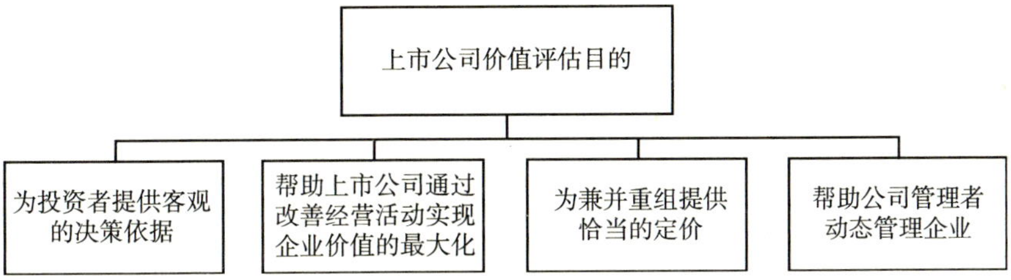

图1　上市公司价值评估目的

对公司进行价值评估，不同的市场主体可以选取不同的角度：第一种是从财务报表的角度来看，价值评估的对象是股东权益的净值，但这仅限于对企业的存量资产进行计量，无法反映企业的盈利能力；第二种就是从资本市场角度来看企业价值，也就是从市场的角度来看投资者对公司内在价值的认可程度，这相对于第一种角度引入了对未来盈利能力的预期以及估值，能更好地考虑公司发展的长期性；第三个就是从为股东创造价值的角度来看，这主要考虑了股东的投入资本，事实上，当一家企业的净利润不足以弥补股东投入的成本时，不但不能为股东创造价值，反而毁灭了价值，要想实现企业价值最大化，必须考虑真正的经济利润而不是会计利润。以上是看待企业价值的三个角度，我们设立的评估角度和评估方法应该涵盖上面这三个角度来帮助不同市场参与主体评估企业价值。

2. 国内外研究理论

企业评估思想起源于费雪（Irving Fisher）的财务预算理论，他分析了资

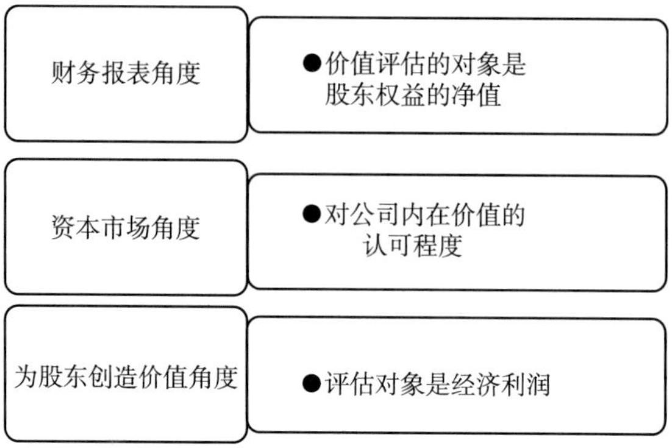

图 2　上市公司价值评估角度

本价值的形成过程，说明了资本价值的源泉。费雪于 1906 年发表了专著《资本与收入的性质》，书中指出了资产的价值实质上就是未来收入的折现值。

William Sharpe 将资产定价模型（Capital Asset Pricing Model）用于对股权资本的计算，大大提高了确定折现率时的理论支持。资本资产定价模型的目的是在协助投资人决定资本资产的价格，即在市场均衡时，证券要求报酬率与证券的市场风险（系统性风险）间的线性关系。市场风险系数是用 β 值来衡量的，资本资产指股票、债券等有价证券。CAPM 所考虑的是不可分散的风险对证券要求报酬率的影响，该模型已假设投资人可以做出多样化的投资来分散风险（公司特有风险），故此时只有无法分散的风险，才是投资人所关心的风险，因此也只有这些风险可以获得风险贴水资本资产定价模型公式。

美国学者拉巴波特（Alfred Rappaport）于 20 世纪 80 年代提出了自由现金流概念，即企业产生的、在满足了再投资需求之后剩余的、不影响公司持续发展前提下的、可供企业资本供应者/各种利益要求人（股东、债权人）分配的现金。麦肯锡（McKinsey & Company，Inc.）资深领导人之一的汤姆·科普兰（Tom Copeland）教授于 1990 年阐述了自由现金流量的概念并给出了具体的计算方法：自由现金流量等于企业的税后净经营利润（Net Operating Profit less Adjusted Tax，NOPAT，即将公司不包括利息费用的经营利润总额扣除实付所得税税金之后的数额）加上折旧及摊销等非现金支出，再减去营运资本的追加和物业厂房设备及其他资产方面的投资。其经济意义是：公司自由现金流是可供股东与债权人分配的最大现金额。

汤姆·科普兰、蒂姆·科勒和杰克·默林所著的《价值评估》堪称企业价值评估研究的里程碑，书中明确提出了企业价值源于企业产生的现金流量和基于现金流量的投资回报能力的观点，并构建了企业市场价值估值模型，认为企业的价值等于企业以适当折现率折现的预期现金流量的现值。

美国经济学家莫迪格利安尼（Modigliani）和默顿·米勒（Miller）于1958年发表的《资本成本、公司财务和投资管理》一书中，提出了最初的MM理论，这时的MM理论不考虑所得税的影响，得出的结论为企业的总价值不受资本结构的影响。MM理论证明：在一些限制性程度很高的假设条件下，由于税法允许利息费用在税前抵扣应税收入，减少企业所得税，公司的价值会随着负债的持续增加而不断上升，当公司几乎完全用负债融资时，它的价值会达到最大。

Palepu和Healy撰写的*Business Analysis & Valuation*一书则是基于现金流估值模型的集大成之作。Lundholm和Sloan通过相关分析显示自由现金流在估值与定价中扮演着重要的角色。

为了弥补现金流贴现法的额补足，美国麻省理工学院梅耶斯（Myers）教授剔除调整现值法（APV）。与折现现金流量法相比，调整现值法是一个进步，但由于它的琐碎和复杂，实际效果并不乐观。

1973年，费希尔·布莱克（Fischer Black）和迈伦·斯克尔斯（Myron Scholes）创立和发展了布莱克—斯克尔斯期权定价模型（Black Scholes Option Pricing Model），这个模型为包括股票、债券、货币、商品在内的新兴衍生金融市场的各种以市场价格变动定价的衍生金融工具的合理定价奠定了基础。美国麻省理工学院教授Myers几乎在同一时间提出的实物期权估值思想，发展及延伸了金融期权理论在实物期权领域的定价公式。

20世纪90年代初，为了适应企业经营环境的巨大变化，美国思腾思特咨询公司（Stern & Steward）于1982年提出并实施了一套以经济增加值理念为基础的财务管理系统、决策机制及激励报酬制度、新的财务业绩评价指标。经济增加值（EVA）的目的在于克服传统指标的缺陷，准确反映公司为股东创造的价值。经济增加值是基于税后营业净利润和产生这些利润所需资本投入总成本的一种企业绩效财务评价方法。公司每年创造的经济增加值等于税后净营业利润与全部资本成本之间的差额。从算术角度说，EVA 等于税后经营利润减去债务和股本成本，是所有成本被扣除后的剩余收入（Residual Income）。EVA 是对真正“经济”利润的评价，或者说，是表示净营运利润与投资者用同样资本投资其他风险相近的有价证券的最低回报相比，超出或低于后者的量值。

在国内，中航工业集团董事长林左鸣博士提出了广义虚拟经济的概念。他创造性地提出了二元价值容介态理论，以人的基本需求为出发点，发现经济价值既包括满足生理需求也包括满足心理需求，而经济价值的出现需要两种要素的融合，这种“二元价值容介态”即为广义虚拟经济。广义虚拟经济日益成为研究全球经济的主旋律，也为衡量证券市场风险及运行态势提供了一个新的视角。张先治、刘苎佳、胡愈、文豪、孙辉从不同角度详细介绍了以现金流量为基础的公司估值思路，① 并初步给出了评估中不同参数的确定方法。总体而言，国内公司估值的研究多以介绍西方国家的评估方法为主，理论上推崇的现金流量折现法并未很好地进入应用阶段。本文以公司估值的折现现金流模型为理论基础，将公司战略、公司财务与会计、统计分析等不同学科知识融合在一起，构建了一个具备可操作性的模块化公司估值体系。

3. 公司价值评估驱动因素分析

（1）五因素综合评价指标体系

结合国内外公司价值评估理论，公司价值评估应该综合考虑内在价值、外在价值、企业治理等方面。我们设计了衡量各驱动因素的五因素评价指标体系，该评价指标体系包括 5 个方面。

（2）样本选择和数据来源

本研究以 2013 年 1 月 1 日后上市的 A 股上市公司为样本，剔除所有 ST 类股票，相关数据截至 2014 年 5 月 1 日，包括 2009 ~ 2013 年的年报数据，所有数据均来自万得资讯金融研究服务，数据处理采用 R 软件进行。

---

① 张先治：《论以现金流量为基础的价值评估》，《求是学刊》2000 年第 6 期；刘苎佳、刘乃全：《中国上市企业的价值能力分析》，《财经研究》2002 年第 6 期；胡愈、许红莲、岳意定：《基于成长期权的企业并购价值评估方法》，《系统工程（CSCD）》2006 年第 6 期；文豪：《无形资产减值计量的评估价值类型与评估参数的选择》，《中国资产评估》2009 年第 3 期；孙辉：《自由现金流量折现与企业价值评估》，《经济论坛》2010 年第 12 期。

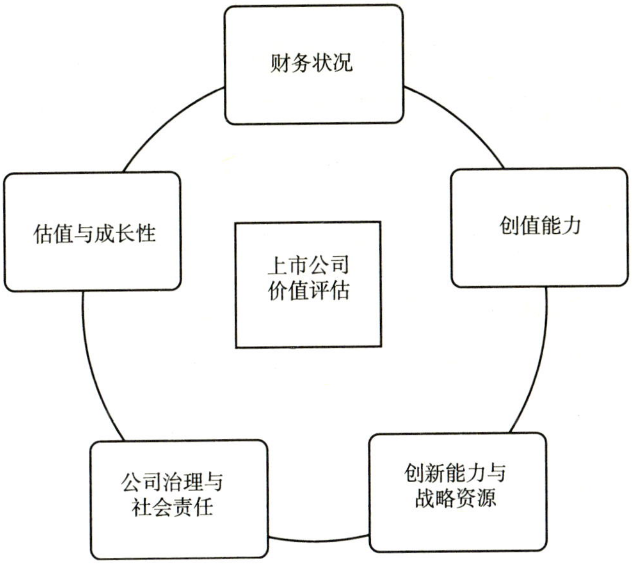

图 3　上市公司综合评级指标体系

（3）分行业评价指标体系

表 1　申银万国行业分类

单位：家

序号	Wind 代码	申银万国行业划分	上市公司数量	序号	Wind 代码	申银万国行业划分	上市公司数量
1	801020. SI	采掘	61	15	801710. SI	建筑材料	66
2	801760. SI	传媒	54	16	801720. SI	建筑装饰	61
3	801730. SI	电气设备	142	17	801170. SI	交通运输	91
4	801080. SI	电子	131	18	801010. SI	农林牧渔	79
5	801180. SI	房地产	142	19	801880. SI	汽车	103
6	801130. SI	纺织服装	78	20	801140. SI	轻工制造	86
7	801790. SI	非银金融	37	21	801200. SI	商业贸易	93
8	801040. SI	钢铁	33	22	801120. SI	食品饮料	64
9	801160. SI	公用事业	95	23	801770. SI	通信	61
10	801740. SI	国防军工	28	24	801210. SI	休闲服务	31
11	801030. SI	化工	240	25	801150. SI	医药生物	179
12	801890. SI	机械设备	219	26	801780. SI	银行	16
13	801750. SI	计算机	126	27	801050. SI	有色金属	93
14	801110. SI	家用电器	53	28	801230. SI	综合	54

①财务状况

设立财务指标综合反映企业在筹资、投资和经营全过程中的财务状况。我们对所有 28 类上市公司设立不同财务指标，进行定量的指标计算，利用层次分析法计算各种指标对企业财务状况的影响系数，分行业对上市公司财务状况进行排名。需要注意的是，考虑到银行业、证券行业以及保险行业财务报表与其他行业存在显著不同，以及房地产行业核心竞争力的特殊性和对于当前中国 GDP 的产业支柱作用，故针对这四个行业设立与其他一般性行业不同的财务指标。

表 2　财务状况评价指标

行　业	类　别	财务指标
银　行　业	收入驱动力	净息差
		生息资产扩张速度
	收入结构	非利息收入占比
	资本水平	资本充足率
	资产质量	不良贷款率
		拨备覆盖率
证 券 行 业	规模	净资本
	盈利能力	净资产收益率(ROE)
	营运能力	资产周转率
	偿债能力	杠杆率
	收入驱动力	经纪业务市场份额
		融资融券业务市场份额
保 险 行 业	盈利能力	净资产收益率(ROE)
		给付率
	营运能力	退保率
		费用率
	偿债能力	资产负债率
房地产行业	财务安全性	短期风险头寸
	战略理性	财务安全底线—净借贷资产比
	营运效率	营业利润率
		存量资产周转率

续表

行　业	类　别	财务指标
其他行业	现金流动性能力	流动比率
		速动比率
		现金到期债务比
		现金流动负债比
	长期偿债能力	资产负债率
		产权比率
		利息保障倍数
	营运能力和财务弹性	应收账款周转率
		存货周转率
		营业周期
		全部资产现金回收率
		现金满足投资比率
	盈利能力和盈利质量	销售净利率
		销售毛利率
		净资产收益率(ROE)
		销售现金比率
		现金运营指数

②估值与成长性

对于所有28类上市公司设立价值指标、成长性指标和稳定性指标三类指标，进行定量的指标计算，利用层次分析法计算各种指标对于企业估值与成长性的影响系数，分行业对上市公司进行排名。

表3　估值与成长性评价指标

行　业	类　别	估值与成长性指标
所有行业	价值指标	基于一致预期的市盈率
		扣除非经常性损益的市盈率
		市净率
	成长性指标	营业收入增长率
		净利润增长率
	稳定性指标	股价收益率稳定性
		盈利稳定性
		非经常性项目频率

③创值能力

对于所有类上市公司设立经济增加值（EVA）和市场附加值（MVA）指标，进行定量的指标计算，利用层次分析法计算 EVA 和 MVA 因素对企业创值能力的影响系数，分行业对上市公司进行排名。

表 4　创值能力评价指标

行　业	类　别	创值能力指标
所有行业	过去的股东价值创造指标	经济增加值(EVA)
	未来的股东价值创造指标	市场增加值(MVA)

④公司治理与社会责任

与非上市公司相比，上市公司实现股东利益最大化的目标更为重要。同时由于融资结构的复杂利益相关者参与公司治理的重要性显著增加，相对于一般公司，上市公司股权结构、公司治理方面的重要性显著增加。我们引入股权激励、信息披露质量、外部责任和内部责任等指标对上市公司价值进行评估。

表 5　公司治理与社会责任评价指标

行　业	类　别	公司治理与社会责任
所有行业	股权激励	股权激励比例
		高管持股比率
		重要股东二级市场交易
	信息披露质量	审计意见类型
	外部责任	社会贡献率
		税款上缴率
		资产纳税率
	内部责任	资本保值增值率
		职工劳动生产率
		职工获益率
		职工薪酬支付率

资料来源：作者设计。

⑤创新能力与战略资源

对所有 28 类上市公司设立创新经费及营销能力指标以及资金支持能力指

标，进行定量的指标计算，利用层次分析法计算创新能力因素对企业价值的影响系数，分行业对上市公司进行排名。

表 6　创新能力与战略资源评价指标

行　业	类　别	创新能力与战略资源
所有行业	创新经费及营销能力	研发经费投入强度
		营销投入强度
	资金支持能力	内部融资能力
		资产担保比例
		资产质押比例

（二）运用层次分析法计算各指标得分

首先，根据前文划分的财务状况、估值与成长性、创值能力、公司治理与社会责任和创新能力与战略资源五个驱动因素，建立起企业价值评估的指标体系的各层。

然后，根据各个因素及指标的相对重要程度来确定各因素及指标权重。通过对各指标的两两比较，得出每一指标相对于另一指标的标度值或者得分，相对重要程度度量如表 7 所示。

表 7　专家打分规则

标度	含　　义
1	表示两个因素 X_i 和 X_j 相比，具有同等重要性
3	表示两个因素 X_i 和 X_j 相比，X_i 比 X_j 稍微重要
5	表示两个因素 X_i 和 X_j 相比，X_i 比 X_j 明显重要
7	表示两个因素 X_i 和 X_j 相比，X_i 比 X_j 强烈重要
9	表示两个因素 X_i 和 X_j 相比，X_i 比 X_j 极端重要
1/3	表示两个因素 X_i 和 X_j 相比，X_j 比 X_i 稍微重要
1/5	表示两个因素 X_i 和 X_j 相比，X_j 比 X_i 明显重要
1/7	表示两个因素 X_i 和 X_j 相比，X_j 比 X_i 强烈重要
1/9	表示两个因素 X_i 和 X_j 相比，X_j 比 X_i 极端重要

资料来源：根据专家打分所得。

对于打分结果，对各因素及各因素下指标分别构造判断矩阵，计算判断矩阵的最大特征根和一致性指标，进行一致性检验。满足一致性检验的判断矩阵的特征向量的各个分量即各个指标对上一级指标（因素）的权重。利用该权重计算企业价值评估值。

由于行业众多，我们将28类行业按照产业特征分为制造业和服务业两大类，再按照产业结构和功能的相似性进一步划分为11类子行业，每一类子行业代表一种专家打分权重，通过对这12类子行业打分，得出所有28类行业的专家打分结果。考虑到银行、证券和保险由于财务报表和财务指标不同，我们对于这些行业采取不同的专家打分表，房地产也因财务指标不同而采用不同的专家打分表。

表8 专家打分表类型

产　业	产业结构和功能	包括的申万行业
制造业	上游能源	采掘、有色金属
	中游制造	化工、钢铁、建筑材料、建筑装饰、电气设备、机械设备、轻工制造、军工
	下游需求	房地产、汽车、家用电器、农林牧渔、纺织服装、食品饮料
服务业	物流	交通运输
	TMT	电子、计算机、传媒、通信
	金融	银行、非银行金融
	酒店和旅游等	休闲服务
	公用事业	公用事业
	零售	商业贸易
	医药	医药卫生
	其他	综合

（三）上市公司排名说明

1. 主营业务不一致的上市公司

我们的行业排名严格按照申银万国行业分类进行，申万的行业分类标准主要从投资管理的角度出发，上市公司主营业务收入与利润来源是划分行业类别时考虑的重要指标。申万对于上市公司行业分类维护和调整的周期原则上为一年一次，不过考虑到上市公司可能在调整周期内因借壳上市、重大资产重组、资产收购以及本身主要经营业务变化等而导致收入结构发生变化，有一些上市公司当前的申万行业划分将与其主营业务相背离，从而影响同行业比较以及上市公司排名，这些上市公司包括但不限于以下所列，特此说明。

表 9　部分申万行业划分与主营业务相背离的上市公司

上市公司	申万行业分类	现主营业务	上市公司	申万行业分类	现主营业务
湘鄂情	休闲服务	环保、互联网	老凤祥	轻工制造	商业贸易
科冕木业	轻工制造	网页游戏	铁汉生态	建筑装饰	节能环保
皇氏乳业	食品饮料	文化传媒	江苏国泰	商业贸易	化工
高金食品	农林牧渔	文化传媒	北纬通信	传媒	通信
顺荣股份	汽车	网页游戏	拓维信息	传媒	通信
中航黑豹	军工	汽车	航天长峰	计算机	军工
天一科技	机械设备	医药	综艺股份	综合	移动互联网
福耀玻璃	汽车	建筑材料			

2. 2014 年发生 ST 摘帽的上市公司

年报披露期往往是 ST 股票摘帽高峰期，年报业绩的改善往往令不少 ST 公司摘去市场警示的帽子，这些股票往往受到市场热捧，从而产生较高的估值指标，不过这些公司大部分基本面并未发生与股价相符的利好改善，所以这些公司的估值与成长性指标参考意义不大，这些公司包括但并不限于以下所列，特此说明。

表 10　2014 年以来部分 ST 摘帽的上市公司

上市公司名称	戴帽摘帽时间
中国远洋	去 * ST:20140403, * ST:20130329
九龙山	去 * ST:20140430, * ST:20130503
国旅联合	去 * ST:20140424, * ST:20130503
斯米克	去 * ST:20140317, * ST:20130208
西仪股份	去 * ST:20140403, * ST:20130327
株冶集团	去 * ST:20140306, * ST:20130315
韶钢松山	去 * ST:20140324, * ST:20130205
石油济材	去 * ST:20140423, * ST:20130401

续表

上市公司名称	戴帽摘帽时间
河池化工	去 * ST:20140429, * ST:20130426, * ST 变 ST:20110520, * ST:20100413
绿大地	去 * ST:20140305, * ST:20110504
彩虹股份	去 * ST:20140314, * ST:20130401
北矿磁材	去 * ST:20140326, * ST:20130403
鞍钢股份	去 * ST:20140410, * ST:20130329
亚星客车	去 ST:20080509, * ST 变 ST:20070705, * ST:20050427
中技控股	去 ST:20140408, * ST 变 ST:20120703, * ST:20100430
大洲兴业	去 * ST:20140310, * ST:20120119, * ST 变 ST:20040510, * ST:20030512, ST:20020326
中冠 A	去 * ST:20140313, * ST:20130424, * ST 变 ST:20100531, * ST:20090424, ST:20070828
北海国发	去 * ST:20140224, * ST:20130401, 去 ST:20120824, * ST 变 ST:20110822, * ST:20100429
国通管业	去 * ST:20140310, * ST:20130502, 去 ST:20120903, * ST 变 ST:20110705, * ST:20100419
思达高科	去 * ST:20140512, * ST:20130424, * ST 变 ST:20111110, * ST:20100427
北生药业	去 * ST:20140508, * ST:20130503, * ST 变 ST:20130208, * ST:20080505, ST:20070508

资料来源：Wind 资讯。

3. 申万行业细分

由于我们使用的行业分类为申万一级行业分类，而申万行业的分类细分到三级，而有些行业内部不同二级行业之间以及三级行业之间财务状况、估值状况等指标相差较大，有些行业的排名会呈现出某一二级行业或者三级行业所有上市公司排名均高于其他行业行业或者三级行业的上市公司的情况，故将上市公司与所在细分行业（申万二级或者申万三级）的可比上市公司进行对比得出更为准确的排名。

二 上市公司财务状况指标释义

考虑到不同行业的经营特性，我们将上市公司分为三类（金融行业、房地产行业和非金融地产行业）并针对这三类行业分别设立了三类指标（金融行业财务指标、房地产行业财务指标和非金融地产行业财务指标）。金融行业财务指标主要从资产规模、收益率、资产质量和风险等角度评估上市公司，房地产行业财务指标主要从财务安全性、战略理性、运营效率和规模角度评估上市公司，非金融地产行业财务指标主要从现金流动性、长期偿债能力、营运能力与财务弹性和盈利能力角度衡量上市公司财务业绩。我们先给出一般性指标定义，再结合不同行业给出特殊性指标定义和行业内公司排名。

（一）金融行业财务指标

1. 银行业

（1）收入驱动力

生息资产扩张速度 =（本年生息资产规模 - 上年生息资产规模）/上年生息资产规模

意义：反映作为银行利息收入重要来源的生息资产增长速度。

分析逻辑：在中间业务收入占比不高以及净息差逐年变动幅度不大的情况下，中国银行业的利润驱动主要依靠生息资产扩张。生息资产扩张速度很大程度上决定了银行净利润的增长水平。

净息差 =（银行全部利息收入 - 银行全部利息支出）/全部生息资产

意义：反映银行净利息收入的收益率，相当于营业利润率的概念。

分析逻辑：净息差是银行放贷收益的集中表现，反映银行综合平衡资产负债和成本收益后的定价能力。净息差越高银行的利润率就越高，零售客户多、客户规模小以及融资期限短的银行净息差往往较高。

（2）收入结构

非利息收入占比 = 中间业务收入/营业收入

意义：反映银行除生息资产收益以外的其他资金运用带来的收益状况。

分析逻辑：非利息收入占比越高，银行受信贷政策和利率市场化的影响就越小。

（3）资本水平

资本充足率 =（资本 - 资本扣除项）/风险加权资产

意义：反映商业银行在债权人和存款人的资产遭受损失前，以自有资本承担损失的程度。该指标可以抑制商业银行风险资产的过度膨胀，保护债权人和存款人利益，提高银行抵御风险的能力。

分析逻辑：资本充足率是上市银行的命脉。资本充足率越高，其能够承受违约风险资产的能力就越大，资本风险也就越小。不过上市银行有降低资本充足率的动机，中国商业银行的主要利润来源是存贷差，存贷规模越大，收取的息差越多，利润就越高，但这样会通过做大分母降低资本充足率。

（4）资产质量

不良贷款比率 = 不良贷款余额/各项贷款 × 100%

意义：反映金融机构的信贷资产安全状况。

分析逻辑：不良贷款率越高，说明银行收回贷款的风险越大，银行的贷款质量越差。由于每个银行不良贷款计提标准不同，应关注不同时期银行不良贷款率的变化。

拨备覆盖率 = 贷款损失准备金余额/不良贷款余额

意义：衡量商业银行贷款损失准备金计提是否充足。

分析逻辑：该指标越高，说明不良贷款的保障越充足，每个银行计提标准不同，所以应关注具体银行与自身的历史数据的比较。

2. 证券行业

（1）规模

净资本 = 净资产 − 金融资产的风险调整 − 其他资产的风险调整 − 或有负债的风险调 ± 中国证监会认定或核准的其他调整项目

意义：衡量证券公司资本充足和资产流动性状况的指标。

分析逻辑：一方面，净资本充足的证券可以抵御潜在的市场风险、信用风险、运营风险和结算风险等；另一方面，由于资本中介型创新业务非常消耗净资本，净资本的实力决定了未来证券能否抢占创新市场份额的先机。

（2）盈利能力

净资产收益率 = 净利润/［（期初所有者权益合计 + 期末所有者权益合计）/2］ × 100%

意义：反映公司股东的投资报酬率。

分析逻辑：该指标是衡量上市公司盈利能力的重要指标。该比率越高，说明为股东带来的收益就越高，一般有全面摊薄净资产收益率和加权平均净资产收益率两种。

（3）营运能力

资产周转率 = 营业收入总额/资产平均总额 ×100%

意义：反映了企业经营期间全部资产管理质量和利用效率。

分析逻辑：我国证券公司 ROE 主要推动力在于高销售净利率，未来资本中介业务的发展将促进证券向提高资产周转率推动 ROE 转型。资产周转率高的证券说明闲置资产利用率较高，市场中介功能发挥得较好。

（4）偿债能力

杠杆率（权益乘数） = 资产总额/股东权益总额

意义：衡量所有者投入企业的资本占全部资产的比重。

分析逻辑：华尔街投行的一大特征就是高杠杆经营，杠杆率越高，证券净资本就越高，创新业务发展得到的支持力度越大，对于传统业务的依赖就越少。

（5）收入驱动力

经纪业务市场份额 = 证券股票和基金交易额/全行业股票和基金交易额

意义：衡量个体证券经纪业务市场占比。

分析逻辑：证券经纪业务目前仍然在业务总收入中占比最大，在佣金率不断下滑的背景下，市场份额越大，证券经纪业务收入对总收入的贡献就越大。

融资融券市场份额 = 证券两融余额/全行业两融余额

意义：衡量个体证券两融业务市场占比。

分析逻辑：融资融券市场份额越大，带来的佣金收入和息差收益越多，同时还可以为自营业务降低成本和提供更多的套期保值机会。

3. 保险行业

（1）偿债能力

资产负债率 = 保险公司负债总额/资产总额

意义：反映保险公司在清算时的经济补偿能力。

分析逻辑：保险公司普遍进行高负债经营，从股东角度看，在资本利润率高于借款利息时，该比率越高越好。

（2）盈利能力

净资产利润率 = 净利润/资产净值 × 100%

意义：反映保险公司资产净值的盈利能力。

分析逻辑：一般而言，该指标越高越好。该指标如果高于同期银行定存利率，则表明适度负债对投资者而言是有利的，反之将损害投资者利益。

给付率 =（满期给付 + 死伤医疗给付 + 年金给付）/寿险、长期健康责任准备金 × 100%

意义：反映人寿保险公司积累的寿险、长期健康险、长期责任准备金用于保障人寿保险业务或年金业务的满期给付、死伤医疗给付及年金给付的程度。

分析逻辑：该指标很重要。该指标越低，说明保险公司的给付业务比较分散，寿险、长期责任准备金在完成各种给付后，所剩充裕，盈利能力和运营能力越强。

（3）营运能力

费用率 = 营业费用/营业收入 × 100%

意义：反映保险公司的经营管理水平和费用支出情况。

分析逻辑：该指标越低，表明保险公司为取得 1 元营业收入所投入的成本就越低。

退保率 = 本期合计退保金总额/（期初累计准备金总额 + 本期纯保费总额）× 100%

意义：反映公司承办管理能力。

分析逻辑：该指标越高，表明保险公司业务经营稳定性越不好，业务质量越差，保险公司应当尽量避免退保情况的发生。

（二）房地产行业财务指标

1. 财务安全性

短期风险头寸 =1 年内到期负债率 + 已订约但未拨备的承诺资本支出/年末总资产 − 现金比率 − 低谷中的存量资产周转率 = ［（流动负债 − 预收账款）/年末总资产］ + 已订约但未拨备的承诺资本支出/年末总资产 − 现金/年

末总资产－低谷中的合约销售金额/年初总资产

说明：低谷中的合约销售金额由于无法从报表中获得，我们使用当年的（营业收入＋年末的预收账款－年初的预收账款）来替代，而已订约但未拨备的承诺资本支出我们用（应收账款/25%）来替代，低谷中的存量资产周转率我们打算用2008年初的总资产周转率来替代。

意义：短期风险头寸度量了地产企业在危机中的抗风险能力。

分析逻辑：该指标越大，房地产公司对外部融资的需求越大。财务风险也越大。该指标负值越大，说明低谷中的房地产企业可以利用与套利扩张的盈余资金就越多。当短期风险头寸大于零时，房地产企业在低谷中的现金与销售回款不足以覆盖一年内的到期负债和其他支付要求；当短期风险头寸小于零时，房地产企业可以应付所有的短期支付需求。

2. 战略理性

净短期借贷空间＝低谷存量资产周转率－日常运营支出/总资产－已订约但未拨备的承诺资本支出/总资产

净长期借贷空间＝低谷存量资产周转率－日常运营支出/总资产

净借贷资产比上限＝总借贷空间＝净短期借贷空间＋净长期借贷空间

财务安全底线＝净借贷资产比上限/市场平均的权益比率＋长期债券/净资产

净借贷资产比＝低谷中的存量资产周转率－已订约但未拨备的承诺支出/总资产

意义：反映房地产企业在低谷中销售回款能够覆盖银行贷款、承诺资本支出和其他必须支出的负债上限。

分析逻辑：一般将净借贷资产比与财务安全底线相比较，距离财务安全底线幅度越大，企业面临的财务困境就越小。

3. 营运效率

营业利润率＝（营业利润＋财务费用－投资收益－公允价值变动损益）/营业收入

意义：反映房地产企业获取盈利的能力和经营效率的高低。

分析逻辑：该指标越高，说明房地产企业盈利能力越强。

存量资产周转率 = 合同销售金额/上年总资产

意义：反映房地产企业的资产周转速度。

分析逻辑：该指标越高，表明利润率越高，企业的扩张速度也就越快。

（三）非金融地产业财务指标

在分析中所有指标均需考虑不同行业和不同时期的差异，与同行业平均水平或者历史水平相比才能得出较为合理的结论。由于金融行业中的非银行、证券和保险公司财务报表与一般公司较为类似，将非金融地产的财务指标也应用到这些企业当中。

1. 现金流动性指标

流动比率 = 流动资产合计/流动负债合计

意义：反映企业的短期偿债能力。

分析逻辑：从理论上讲，流动比率维持在 2∶1 是比较合理的。但是，由于行业性质不同，流动比率的实际标准也不同，在分析流动比率时，应将其与同行业平均流动比率、本企业历史的流动比率进行比较，才能得出合理的结论。

速动比率 = （流动资产合计 - 存货）/流动负债合计

意义：更准确地反映企业的短期偿债能力，流动资产中扣除存货，是因为存货在流动资产中变现速度较慢，有些存货可能滞销，无法变现。

分析逻辑：根据经验，通常认为速动比率等于 1 比较合理。因此，在财务分析中，往往以 1 作为速动比率的比较标准，认为企业的速动比率在 1 左右，较正常偏离太多，则存在一定的问题，但是需考虑不同的行业和时期。

现金流动负债比 = 年经营活动现金净流量/期末流动负债

意义：从现金流量角度来反映企业当期偿付短期负债的能力。

分析逻辑：现金流动负债比率越大，表明企业经营活动产生的现金净流量越多，越能保障企业按期偿还到期债务。不过，该指标也不是越大越好。指标过大表明企业流动资金利用不充分，获利能力不强。

现金到期债务比 = 经营活动现金净流量/本期到期的债务

本年到期债务 = 一年内到期的长期债务 + 应付票据

意义：反映企业的偿还到期债务的能力。

分析逻辑：一般来讲，企业到期的长期负债和本期应付票据是不能延期的，到期必须偿还。该比率越高，说明企业资金流动性越好，企业到期偿还债务的能力就越强。

2. 长期偿债能力

资产负债率 = （负债总额/资产总额） ×100%

意义：反映企业资产中债权人提供的资产比重、企业的举债水平及风险程度。

分析逻辑：资产负债率的合理区间为 60% ~70%。该比率越大，企业的财务风险就越大，同时利用债务获取盈利的能力越强，经营风险比较高的企业适合保持较低的资产负债率，而经营风险比较高的企业适合保持较高的资产负债率。

产权比率 = （负债总额/股东权益） ×100%

意义：反映债权人与股东提供资金的比例，可以用于评估资金结构合理性。

分析逻辑：产权比率越高，企业偿还长期负债的能力越弱；产权比率越低，企业偿还长期债务的能力越强。该指标也可用于衡量债权人付出的资本受到所有者权益保障的程度。

利息保障倍数 = 息税前利润/利息费用 = （利润总额 + 财务费用） / （财务费用中的利息支出 + 资本化利息）

[通常也可用近似公式：利息保障倍数 = （利润总额 + 财务费用） /财务费用]

意义：反映企业经营收益对应的债务利息的倍数，衡量企业偿还借款利息的能力。

分析逻辑：利息保障倍数至少应该大于 1。倍数越大，说明企业偿还长期债务的能力越强。一般选择 5 年或 5 年以上的利息保障倍数。

3. 营运能力和财务弹性

应收账款周转率 = 销售收入/ [（期初应收账款 + 期末应收账款） /2]

意义：反映企业应收账款变现速度以及管理效率的高低。

分析逻辑：该指标越高，表明企业资产流动性越强，营运资金没有过多呆滞在应收账款上。结合应收账款周转率与企业信用期限比较，还可以评估购买单位的信用程度以及生产企业的信用条件合适与否。分析中应注意季节性经营的企业以及大量使用分期收款结算和现金结算的企业。

存货周转率 = 产品销售成本/［（期初存货 + 期末存货）/2］

意义：反映存货周转速度和企业变现能力。

分析逻辑：该指标越高，说明存货的占用水平越低，变现速度越快，存货积压的风险就越小。分析中应注意去除不同存货计价方法所产生的影响。

现金满足投资比率 = 近五年累计经营活动现金净流量/同期内的资本支出、存货增加、现金股利之和

意义：反映企业经营活动现金流量满足资本支出与存货增加和发放现金股利的能力。

分析逻辑：该比率越大越好。大于或等于 1，说明企业可以用经营获取的现金满足企业扩充所需资金；如果小于 1，则说明企业来自经营活动的现金流量不足以满足企业扩充所需资金，需要外部融资。

营业周期 = 存货周转天数 + 应收账款周转天数 = ｛［（期初存货 + 期末存货）/2］×360｝/产品销售成本 + ｛［（期初应收账款 + 期末应收账款）/2］×360｝/产品销售收入

意义：反映资金周转的快慢。

分析逻辑：该比率越小，说明企业从取得存货开始到销售存货并收回现金的时间越短，资金周转速度越快。

全部资产现金回收率 = 经营活动现金净流量/期末资产总额

意义：反映企业资产产生现金的能力。

分析逻辑：该比率越大，说明资产利用效率越高，企业获取现金能力越强，经营管理水平越高。

4. 盈利能力和质量

销售净利率 = 净利润/销售收入 ×100%

意义：反映每 1 元销售收入贡献的净利润程度。

分析逻辑：该比率越高，说明企业的获利能力越强。销售净利率越低，说明企业成本费用支出越高。销售收入扣除了销售折扣、销售折让后的净额。

销售毛利率 = ［（销售收入 - 销售成本）/销售收入］×100%

意义：反映每1元销售收入扣除成本后的初始获利能力。

分析逻辑：该指标越高，表示销售成本占销售收入的比重越少，可以有更多的钱用于各项期间费用和形成盈利。

净资产收益率 = 净利润/［（期初所有者权益合计 + 期末所有者权益合计）/2］×100%

意义：反映公司股东的投资报酬率。

分析逻辑：该指标是衡量上市公司盈利能力的重要指标。该比率越高，说明为股东带来的收益越高，一般有全面弹拨净资产收益率和加权平均净资产收益率两种。

销售现金比率 = 经营活动现金净流量/销售额

意义：反映每1元销售收入贡献的净现金流入量。

分析逻辑：该比率越高，说明企业的收入质量越好，资金的利用率越高。

现金营运指数 = 经营活动现金净流量/经营所得现金

= 经营活动现金净流量/（经营活动净收益 + 非付现费用）

= 经营活动现金净流量/（净利润 - 投资收益 - 营业外收入 + 营业外支出 + 本期提取的折旧 + 无形资产摊销 + 待摊费用摊销 + 递延资产摊销）

意义：反映财务报表收益和现金净流量的比例关系。

分析逻辑：该指标接近1，说明经营所得现金接近经营现金流量，收益质量较高；小于1则说明收益质量较差。

三　上市公司估值与成长性指标释义

估值与成长性方面，我们仿照光大证券使用的加拿大皇家银行（RBC）选股模型，利用价值模块、成长模块、动量模块和稳定模块来筛选上市公司。我们并未像财务状况那样针对每个不同的行业设定不同的指标，而是针对所有28个行业设定相同的指标来评价上市公司的估值与成长性。

（一）价值指标

基于一致预期的市盈率［预测市盈率（PE，未来12个月）平均值］=股票在指定交易日期的收盘/预测每股收益

意义：每股市价为未来某年预测每股收益的倍数。

分析逻辑：预测每股收益指的是，截至指定日期市场近12个月对该公司在未来某年预测每股收益的一致预测。该指标适合与同行业股票进行比较，得出公司是否被低估或高估。

扣除非经常性损益的市盈率［市盈率（TTM，扣除非经常性损益）］=市值/前推12个月扣除非经常性损益后的净利润

意义：前推12个月扣除非经常性损益后的净利润算法。根据报告期“归属母公司股东的净利润”计算：①最新报告期是年报，则TTM=年报；②最新报告期不是年报，则TTM=本期+（上年年报-上年同期），如果本期、上年年报、上年同期存在空值，则不计算，返回空值。

分析逻辑：与市盈率分析逻辑相似，该指标适合与同行业股票进行比较，得出公司是否被低估或高估。

市净率（PB）=（股票在指定交易日期的收盘价×截至当日公司总股本）/归属母公司股东的权益

意义：按照指定日期所选股票的人民币收盘价计算的公司总市值与同期公司账面净资产的比值。

分析逻辑：市净率可以用于投资分析。每股净资产是股票的账面价值，用成本计量，每股市价是这些资产的现时市场价值，是证券市场交易的结果。一般认为，市价高于账面价值时企业资产的质量较好，有发展潜力；反之，则质量较差，没有发展前景。市净率侧重于对未来盈利能力的期望。

（二）成长指标

营业收入增长率=过去五年营业收入增长率平均值

意义：反映营业收入的成长持续性和幅度。

分析逻辑：该指标越高，说明公司盈利能力越好，未来获得持续高速增长

的可能性越大。

净利润增长率 = 过去五年净利润增长率平均值

意义：净利润增长率反映了企业实现价值最大化的扩张速度，是综合衡量企业资产营运与管理业绩，以及成长状况和发展能力的重要指标。

分析逻辑：该指标越高，说明企业未来成长状况和发展能力越好。

（三）稳定性指标

股票收益率稳定性 = 以月为单位，过去股价三年的标准差

意义：反映上市公司股价的离散程度。

分析逻辑：后一段时间段末股价与上一时间段末股价比的自然对数，求这些数值的标准差。

该指标越低，说明股价的稳定性越好。

盈利稳定性 = 过去五年净利润标准差

意义：反映公司净利润的离散程度。

分析逻辑：该指标越低，说明公司净利润的稳定性越好。

非经常性损益频率 = 过去五年非经常损益标准差

意义：反映公司受到不经常发生或不正常交易事项的影响程度。

分析逻辑：该指标越大，说明公司受到的与经营业务无关的活动的影响越大。

四　上市公司创值能力指标释义

公司发展的最终目的是实现股东价值最大化。对于公司业绩的衡量，除了考虑会计利润外，还应考虑为股东创造价值。传统的使用会计方法来计算净利润时并没有扣除股东资本的成本，忽略了股东资本的无偿占用，导致无法判断公司实际为股东创造的真正价值，同时传统的计算方法所使用的数据在考虑了会计准则中的稳健性原则后低估了公司的真正业绩，不符合为股东创造最大价值的目标。我们为此引入 EVA 和 MVA 两项指标，这两项指标在考虑了企业发展机会和抗风险能力的同时，也考虑了资本运作的效益，更好地衡量公司为股

东创造的价值。为了更好地反映创值效率，我们使用 EVA 和 MVA 占公司市值的比重来衡量单位市值下上市公司的创值能力。

（一）过去的股东价值创造指标

EVA =税后营业净利润 - 资本总成本

=税后营业净利润 - 资本 × 资本成本率

税后净营业利润（NOPAT） =营业利润 + 财务费用 + 当年计提的坏账准备 + 当年计提的存货跌价准备 + 当年计提的长短期投资减值准备 + 当年计提的委托贷款减值准备 + 投资收益 - EVA 税收调整

EVA 税收调整 = 利润表上的所得税 + 税率 ×（财务费用 + 营业外支出 - 固定资产/无形资产/在建工程减值准备 - 营业外收入 - 补贴收入）

债务资本 = 短期借款 + 一年内到期长期借款 + 长期借款 + 应付债券

股本资本 = 股东权益合计 + 少数股东权益

约当股权资本 = 坏账准备 + 存货跌价准备 + 长短期投资/委托贷款减值准备 + 固定资产/无形资产减值准备

计算 EVA 的资本 = 债务资本 + 股本资本 + 约当股权资本 - 在建工程净值

加权平均资本成本 = 债务资本成本率 × 债务资本/（股本资本 + 债务资本）×（1 - 税率） + 股本资本成本率 × [股本资本/（股本资本 + 债务资本）]

意义：EVA 衡量了公司真正的经济利润，它克服了传统指标的缺陷，考虑了资本成本，能够准确反映公司在一定时间内真正为股东创造的价值。

分析逻辑：该指标为正，表明公司为股东创造了价值；该指标为负，则表明股东的价值在缩水。

（二）未来的股东价值创造指标

MVA = 公司市值 - 累计资本投入 = 企业股票价格 × 流通在外股票数量 - 企业占用的权益资本（企业债务资本的市场价值和账面成本价值基本相同，故将 MVA 简化）

意义：反映所有资本通过股市累计为其创造的财富，即市值与累计资本投入之间的差额，反映市场对于公司未来获取 EVA 能力的预期。

分析逻辑：指标为正，说明公司经营投资活动创造的价值超过投资者投入公司的资本；指标为负，说明公司经营活动创造的价值不足以覆盖投资者投入公司的资本价值。

五　上市公司公司治理与社会责任指标释义

公司治理结构是规范所有企业利益相关者之间关系的一整套制度安排，公司治理水平的高低决定着公司的运作和发展质量。同时，良好的公司治理有助于降低代理成本以及股权结构的合理化。我们在公司治理方面设计了股权激励政策和信息披露质量两类指标，综合反映公司治理好坏对公司价值的影响程度。

公司除了在日常经营中需要考虑财务和经营状况外，也需要考虑未来的可持续发展，社会责任就是衡量公司对社会和自然环境所造成的影响程度。我们在社会责任方面设立外部责任和内部责任两类指标，综合反映上市公司对社会、股东以及职工等利害关系的贡献和影响。

（一）股权激励政策指标

股权激励比例 = 激励总数/当时总股本比例

意义：反映公司经营者与股东利益的一致程度。

分析逻辑：该指标越高，反映公司经营者承担的经营风险越大，越能在经营过程中更多地关心公司的长期价值。

高管持股比例 = 董事长、董事及监事持股总量/股本总额

意义：反映公司经营者与股东利益的一致程度。

分析逻辑：该比率越高，反映管理者利益与股东利益越一致，代理成本越少，公司长期增长率越高。

重要股东二级市场交易 = 一段时间内增减仓市值/公司总市值

意义：增持反映大股东看好公司的发展，减持反映大股东对于公司的前景不看好，当前估值过高。

分析逻辑：大多数上市公司重要股东股份减持的动机是为了套现，或者利

用信息不对称来获取超额收益，大股东对自己的公司是最了解的，如果一段时间一家公司出现大规模的减持事件发生，说明公司前景堪忧。

（二）信息披露质量指标

审计意见分为：标准的无保留意见、带强调事项段的无保留意见、无法表示意见、保留意见和否定意见（2012 年反映年报公司财务—审计意见）。

意义：反映公司信息披露的质量。

分析逻辑：审计意见好，说明公司管理层有效地设计、实施和维护与财务报表编制相关的内部控制，使财务报表不存在因舞弊或错误而导致的重大错报，选择和运用恰当的会计政策，作出合理的会计估计。审计意见共分为五类：标准的无保留意见，说明审计师认为被审计者编制的财务报表已按照适用的会计准则的规定编制并在所有重大方面公允反映了被审计者的财务状况、经营成果和现金流量；带强调事项段的无保留意见，说明审计师认为被审计者编制的财务报表符合相关会计准则的要求并在所有重大方面公允反映了被审计者的财务状况、经营成果和现金流量，但是存在需要说明的事项，如对持续经营能力产生重大疑虑及重大不确定事项等；保留意见，说明审计师认为财务报表整体是公允的，但是存在影响重大的错报；否定意见，说明审计师认为财务报表整体是不公允的或没有按照适用的会计准则的规定编制；无法表示意见，说明审计师的审计范围受到了限制，且其可能产生的影响是重大而广泛的，审计师不能获取充分的审计证据。

（三）外部责任指标

社会贡献率 = 企业社会贡献总额/平均资产总额

= （支付的职工薪酬 + 缴纳税款 + 利息支出净额 + 应交增值税 + 产品销售税金及附加 + 应交所得税及其他税）/总资产平均占用额

意义：反映企业占用社会资源所产生的社会经济效益大小。

分析逻辑：该比率越大，表明公司对于职工、股东、债权人和国家的贡献度越高，社会责任履行得越好。

税款上缴率 = 已缴纳税款/应缴纳税款

=支付的各项税费/(本会计期间营业税金及附加+本会计期间所得税费用)

意义：反映公司对国家相关税法的遵守情况。

分析逻辑：该比率越高，说明公司对税法的遵守程度越高。

资产纳税率=企业纳税总额/平均资产余额

=（本会计期间营业税金及附加+本会计期间所得税费用）/总资产期初期末平均值

意义：反映企业对国家的纳税贡献。

分析逻辑：该比率越高，说明公司对国家的纳税贡献越高。

（四）内部责任指标

资本保值增值率=年末所有者权益/年初所有者权益

意义：反映公司运用股东资本获得资本增值的能力。

分析逻辑：该比率越高，说明企业运营效率越高，对股东贡献越大。

职工劳动生产率=公司收入总额/职工总人数

意义：反映公司劳动者素质提高的社会责任履行情况。

分析逻辑：该指标越大，说明公司对提高劳动者素质的责任履行得越好。

职工获益率=（支付职工工资+职工奖金福利）/营业收入

意义：反映公司对职工的重视程度。

分析逻辑：该比率越高，说明公司对职工的重视程度越高，对职工承担的社会责任越大。

职工薪酬支付率=已付职工薪酬总额/应付职工薪酬总额

意义：反映公司对国家相关劳动法规的遵守情况。

分析逻辑：该比率越高，说明企业延时发放工资的情况越少，员工满意度越高。

六　上市公司创新能力与战略资源指标释义

企业的创新能力主要包括技术能力、营销能力、整合能力和资源投入能力等一系列要素，考虑到上市公司财务报告数据的局限性，我们在创新能力方面仅设定研发经费投入强度和营销投入强度两项指标来反映公司的创新能力。

企业战略资源包括研发、公司品牌和资金支持等一系列的指标，考虑到上市公司财务报告数据的局限性，我们在战略资源方面设立内部融资能力、资产担保比例和资产质押比例来反映上市公司的资金支持能力。

（一）创新经费及营销能力

研发经费投入强度 = 研发经费/企业销售收入

意义：反映企业在报告期内内部支出和外部支出占销售收入的比重。

分析逻辑：该比率越高，说明公司在创新方面的投入力度越大。

营销投入强度 = 营销投入/产品销售收入

意义：反映了企业对创新产品的销售能力。

分析逻辑：该比率越高，说明企业用于推广产品或服务的成本越大。

（二）资金支持能力

内部融资能力 = 经营活动现金流量/投资活动现金流量

意义：反映公司内部支持经营活动的能力。

分析逻辑：该指标越大，说明公司内部资金支持能力越强。

资产担保比例 = 截至 2013 年年中资产担保总额/净资产

意义：反映公司对资金的需求程度和融资渠道的宽窄。

分析逻辑：该比例越高，说明公司融资短缺现象越严重。

资产质押比例 = 去年全年质押股数/总股本

意义：反映公司对资金的需求程度和融资渠道的宽窄。

分析逻辑：该比例越高，说明公司融资短缺现象越严重。

七　上市公司价值评估结果与启示

（一）上市公司价值评估综合排名结果

通过对上市公司以上五个要素的打分，我们分行业得出上市公司综合排名，由于总报告篇幅有限，我们只选取每个行业排名前十的上市公司，其他上市公司的综合排名以及上市公司五个要素的排名在附录中体现。

表 11 银行

排名	股票代码	公司名称	财务状况	估值与成长性	创值能力	公司治理与社会责任	创新能力与战略资源	综合得分
1	000001. SZ	平安银行	6. 59	7. 35	6. 09	5. 19	4. 85	6. 53
2	601166. SH	兴业银行	6. 2	5. 04	5. 74	5. 06	4. 22	5. 62
3	600016. SH	民生银行	5. 77	4. 45	6. 03	5. 61	6. 9	5. 48
4	600015. SH	华夏银行	4. 78	5. 18	5. 95	5. 16	6. 48	5. 08
5	601169. SH	北京银行	5	4. 87	5. 8	5. 09	4. 92	5
6	600036. SH	招商银行	5. 36	4. 25	5. 6	4. 56	4. 68	4. 94
7	002142. SZ	宁波银行	5	4. 59	6. 54	5. 04	3. 9	4. 88
8	601009. SH	南京银行	5	4. 92	6. 04	4. 85	3	4. 88
9	601939. SH	建设银行	5. 21	4. 33	2. 63	4. 92	5. 58	4. 86
10	600000. SH	浦发银行	4. 57	5. 23	5. 46	4. 99	5. 01	4. 85

表 12 证券

排名	股票代码	公司名称	财务状况	估值与成长性	创值能力	公司治理与社会责任	创新能力与战略资源	综合得分
1	600030. SH	中信证券	7. 59	5. 61	3. 1	5. 02	4. 42	5. 46
2	000562. SZ	宏源证券	4. 99	5. 83	5. 7	5. 53	4. 5	5. 4
3	000783. SZ	长江证券	4. 96	5. 63	4. 95	4. 92	7. 85	5. 34
4	600837. SH	海通证券	7. 27	5. 65	3. 02	4. 72	4. 8	5. 31
5	000686. SZ	东北证券	4. 54	5. 63	5. 36	5. 43	4. 38	5. 19
6	600739. SH	辽宁成大	4. 35	5. 26	4. 76	5. 7	4. 66	5. 15
7	601377. SH	兴业证券	5. 09	5. 58	4. 74	5. 02	5. 26	5. 15
8	000776. SZ	广发证券	6. 93	4. 76	4. 54	4. 68	4. 44	5. 14
9	002673. SZ	西部证券	4. 39	4. 68	6. 63	5. 08	6. 41	5. 1
10	601688. SH	华泰证券	5. 05	5. 67	2. 97	4. 82	5. 93	4. 98

表 13 保险

排名	股票代码	公司名称	财务状况	估值与成长性	创值能力	公司治理与社会责任	创新能力与战略资源	综合得分
1	601318. SH	中国平安	5. 63	6. 68	4. 26	5. 26	3. 88	5. 71
2	601336. SH	新华保险	5. 75	4. 91	6. 51	4. 28	4. 25	5. 31
3	601601. SH	中国太保	5. 04	4. 65	5. 43	5. 21	6. 22	5. 04
4	601628. SH	中国人寿	3. 58	3. 75	3. 8	5. 25	5. 66	3. 94

表 14 多元金融

排名	股票代码	公司名称	财务状况	估值与成长性	创值能力	公司治理与社会责任	创新能力与战略资源	综合得分
1	600705. SH	中航投资	4. 99	7. 74	5. 03	4. 83	5. 31	5. 96
2	600816. SH	安信信托	6. 17	4. 56	6. 28	4. 8	6	5. 42
3	000666. SZ	经纬纺机	5. 02	5. 29	2. 43	5. 16	7. 37	5. 29
4	000563. SZ	陕国投 A	5. 12	5. 25	5. 1	4. 88	4. 63	5. 07
5	000415. SZ	渤海租赁	4. 88	5. 41	4. 11	4. 93	3. 89	4. 9
6	600783. SH	鲁信创投	5. 02	4. 30	5. 49	4. 71	5. 68	4. 84
7	600830. SH	香溢融通	5. 12	4. 45	5. 01	5. 49	4. 4	4. 84
8	000996. SZ	中国中期	4. 77	4. 24	6. 17	5. 32	5. 09	4. 78
9	600635. SH	大众公用	4. 59	4. 95	4. 15	5. 22	4. 06	4. 7
10	600747. SH	大连控股	4. 55	4. 6	6. 12	4. 76	4. 27	4. 65

表 15 房地产

排名	股票代码	公司名称	财务状况	估值与成长性	创值能力	公司治理与社会责任	创新能力与战略资源	综合得分
1	000668. SZ	荣丰控股	7. 91	5. 4	5. 27	4. 95	4. 74	5. 95
2	002077. SZ	大港股份	6. 91	5. 38	4. 93	5. 03	6. 28	5. 76
3	000732. SZ	泰禾集团	7. 65	5. 16	5. 14	4. 73	4. 48	5. 71
4	600340. SH	华夏幸福	7. 08	5. 09	6. 64	4. 81	4. 59	5. 63
5	002146. SZ	荣盛发展	6. 08	5. 23	5. 16	6. 2	4. 86	5. 55
6	600743. SH	华远地产	6. 23	5. 48	4. 94	5. 03	4. 66	5. 55
7	000002. SZ	万科 A	6. 32	5. 6	3. 94	4. 53	4. 81	5. 52
8	600048. SH	保利地产	6. 12	5. 56	3. 47	5. 1	4. 61	5. 49
9	000961. SZ	中南建设	7. 06	5. 25	3. 23	4. 47	4. 69	5. 48
10	002244. SZ	滨江集团	6. 03	5. 39	3. 87	5. 41	4. 67	5. 44

表 16 采掘

排名	股票代码	公司名称	财务状况	估值与成长性	创值能力	公司治理与社会责任	创新能力与战略资源	综合得分
1	300157. SZ	恒泰艾普	6. 13	5. 75	6. 39	4. 96	8. 01	6. 21
2	300191. SZ	潜能恒信	7. 07	4. 23	6. 64	6. 62	6. 63	5. 92
3	300164. SZ	通源石油	5. 5	4. 68	6. 51	5. 11	7. 68	5. 56
4	002554. SZ	惠博普	5. 58	5. 39	6. 44	4. 94	5. 95	5. 56
5	300084. SZ	海默科技	5. 64	5. 07	6. 49	5. 83	5. 95	5. 53
6	601001. SH	大同煤业	5. 38	5. 71	3. 76	4. 92	6. 1	5. 52
7	601898. SH	中煤能源	5. 54	5. 36	2. 33	4. 74	6. 76	5. 49
8	000571. SZ	新大洲 A	5. 47	5. 43	4. 97	4. 94	5. 58	5. 41
9	600583. SH	海油工程	5. 36	5. 57	5. 77	4. 87	5. 03	5. 37
10	601088. SH	中国神华	5. 65	5. 63	5. 36	4. 89	4. 26	5. 36

表 17　传媒

排名	股票代码	公司名称	财务状况	估值与成长性	创值能力	公司治理与社会责任	创新能力与战略资源	综合得分
1	300295. SZ	三六五网	5. 98	5. 32	5. 98	6. 55	5. 66	5. 97
2	300052. SZ	中青宝	5. 04	5. 21	5. 57	4. 79	7. 57	5. 92
3	300113. SZ	顺网科技	5. 49	5. 42	6. 07	5. 34	6. 07	5. 66
4	300288. SZ	朗玛信息	6. 58	5. 21	6. 23	5. 37	5. 71	5. 59
5	300291. SZ	华录百纳	4. 94	5. 32	6. 06	5. 83	5. 55	5. 59
6	002148. SZ	北纬通信	6. 04	4. 88	6. 11	5. 7	5. 26	5. 45
7	300336. SZ	新文化	4. 73	5. 45	5. 67	5. 26	5. 62	5. 4
8	002261. SZ	拓维信息	5. 21	4. 83	5. 8	5. 43	5. 44	5. 34
9	002400. SZ	省广股份	4. 55	5. 25	6. 43	5. 75	4. 88	5. 29
10	300059. SZ	东方财富	5. 32	5. 28	5. 18	4. 17	6. 39	5. 28

表 18　电气设备

排名	股票代码	公司名称	财务状况	估值与成长性	创值能力	公司治理与社会责任	创新能力与战略资源	综合得分
1	300286. SZ	安科瑞	7. 1	4. 95	5. 98	5. 49	7. 36	6. 09
2	300316. SZ	晶盛机电	7. 01	5. 2	5. 69	5. 23	5. 69	5. 98
3	300124. SZ	汇川技术	6. 15	5. 46	5. 79	5. 32	6. 44	5. 81
4	300215. SZ	电科院	6. 72	5. 23	5. 6	4. 98	5. 01	5. 79
5	002322. SZ	理工监测	6. 2	5. 23	5. 42	5. 12	7. 02	5. 75
6	600353. SH	旭光股份	4. 89	6. 94	4. 92	4. 79	5. 08	5. 69
7	601877. SH	正泰电器	5. 59	5. 09	9. 1	5. 28	5. 07	5. 61
8	600406. SH	国电南瑞	5. 85	5	7. 83	5. 43	5. 18	5. 59
9	300308. SZ	中际装备	6. 56	4. 82	5. 69	4. 84	5. 02	5. 57
10	002546. SZ	新联电子	5. 82	5. 37	5. 77	5. 14	5. 12	5. 54

表 19　电子

排名	股票代码	公司名称	财务状况	估值与成长性	创值能力	公司治理与社会责任	创新能力与战略资源	综合得分
1	300327. SZ	中颖电子	5. 5	5. 1	5. 41	6. 03	6. 84	6. 11
2	300183. SZ	东软载波	6. 82	5. 45	5. 83	5. 15	6. 61	5. 88
3	300223. SZ	北京君正	6. 58	4. 41	4. 49	5. 38	6. 95	5. 85
4	300077. SZ	国民技术	5. 57	4. 91	3. 85	4. 88	7. 29	5. 77
5	002587. SZ	奥拓电子	5. 41	5. 35	5. 92	5. 51	6. 23	5. 75
6	002214. SZ	大立科技	4. 86	4. 87	6. 5	5. 64	6. 23	5. 71
7	002161. SZ	远望谷	5. 32	5. 17	5. 19	5. 32	6. 29	5. 65
8	300296. SZ	利亚德	4. 54	5. 45	6. 2	5. 84	5. 54	5. 59
9	300331. SZ	苏大维格	5. 45	4. 98	5. 96	5. 53	5. 82	5. 56
10	300282. SZ	汇冠股份	5. 12	5. 19	6. 02	5. 22	6. 04	5. 54

表 20　纺织服装

排名	股票代码	公司名称	财务状况	估值与成长性	创值能力	公司治理与社会责任	创新能力与战略资源	综合得分
1	300005. SZ	探路者	6. 36	6. 12	6. 63	5. 79	6. 81	6. 27
2	002327. SZ	富安娜	6. 36	5. 37	6. 98	5. 75	5. 82	5. 94
3	002269. SZ	美邦服饰	6. 18	4. 95	9. 28	5. 23	5. 75	5. 85
4	002612. SZ	朗姿股份	5. 31	6. 09	5. 02	5. 84	7. 44	5. 8
5	002656. SZ	卡奴迪路	5. 46	6. 03	6. 07	5. 54	6. 19	5. 79
6	000726. SZ	鲁泰 A	5. 6	5. 84	6. 9	5. 1	6. 04	5. 78
7	002029. SZ	七匹狼	5. 52	5. 55	7. 07	5. 65	6. 18	5. 73
8	002293. SZ	罗莱家纺	5. 72	5. 39	6. 99	5. 39	6. 26	5. 71
9	600987. SH	航民股份	6. 31	5. 33	6. 3	4. 88	5. 16	5. 71
10	002003. SZ	伟星股份	6. 04	5. 35	5. 73	6. 06	5. 25	5. 7

表 21　钢铁

排名	股票代码	公司名称	财务状况	估值与成长性	创值能力	公司治理与社会责任	创新能力与战略资源	综合得分
1	002318. SZ	久立特材	6. 43	5. 17	6. 39	5. 46	6. 59	5. 88
2	002478. SZ	常宝股份	5. 83	5. 41	6. 13	5. 34	6. 57	5. 71
3	000708. SZ	大冶特钢	5. 66	5. 66	5. 95	5. 23	5. 47	5. 64
4	600507. SH	方大特钢	5. 9	5. 36	6. 48	5. 63	2. 71	5. 47
5	000825. SZ	太钢不锈	5. 5	5. 57	4. 59	5. 09	5. 49	5. 42
6	000778. SZ	新兴铸管	5. 24	5. 6	5. 83	4. 82	5. 21	5. 39
7	002443. SZ	金洲管道	5. 27	5. 34	6. 21	5. 18	5. 33	5. 37
8	600019. SH	宝钢股份	5. 57	5. 77	2. 86	5. 06	5	5. 36
9	000906. SZ	物产中拓	5. 06	5. 69	6. 39	5. 8	3. 22	5. 32
10	002110. SZ	三钢闽光	5. 12	5. 33	5. 82	5. 15	5. 62	5. 3

表 22　公用事业

排名	股票代码	公司名称	财务状况	估值与成长性	创值能力	公司治理与社会责任	创新能力与战略资源	综合得分
1	300056. SZ	三维丝	4. 85	5. 16	6. 45	7. 44	8. 73	6. 55
2	300070. SZ	碧水源	5. 58	6. 22	6. 66	7. 03	5. 23	6. 47
3	002672. SZ	东江环保	5. 92	4. 72	6. 16	6. 78	6. 04	6. 2
4	300332. SZ	天壕节能	5. 53	6. 43	6	6. 45	4. 58	6. 04
5	300334. SZ	津膜科技	5. 31	5. 34	6. 71	5. 73	6. 86	5. 98
6	300090. SZ	盛运股份	4. 79	5. 34	6. 3	6. 13	7. 21	5. 94
7	300335. SZ	迪森股份	5. 52	6. 31	6. 25	5. 48	6. 57	5. 86
8	002700. SZ	新疆浩源	6. 24	5. 6	6. 6	4. 9	7. 26	5. 86
9	300190. SZ	维尔利	4. 91	5. 71	6. 28	5. 71	7. 12	5. 83
10	300172. SZ	中电环保	5. 06	4. 72	5. 99	6. 05	6. 71	5. 77

表 23　国防军工

排名	股票代码	公司名称	财务状况	估值与成长性	创值能力	公司治理与社会责任	创新能力与战略资源	综合得分
1	002151. SZ	北斗星通	5. 42	6. 36	5. 91	5. 93	5. 77	5. 79
2	300101. SZ	振芯科技	5. 65	5. 23	5. 95	4. 87	5. 83	5. 63
3	600038. SH	哈飞股份	4. 66	4. 7	5. 6	4. 75	6. 46	5. 61
4	600990. SH	四创电子	5. 38	4. 98	5. 81	4. 72	5. 73	5. 48
5	600372. SH	中航电子	6. 08	3. 38	5. 78	4. 95	5. 35	5. 38
6	300123. SZ	太阳鸟	5. 16	7. 12	5. 58	5. 77	4. 95	5. 34
7	600118. SH	中国卫星	5. 94	5. 42	5. 7	4. 75	5. 08	5. 3
8	600435. SH	北方导航	4. 66	4. 42	5. 49	4. 71	5. 57	5. 19
9	002013. SZ	中航机电	5. 78	5. 26	5. 25	5	4. 91	5. 16
10	000738. SZ	中航动控	5. 31	4. 87	5. 49	4. 73	5. 05	5. 11

表 24　化工

排名	股票代码	公司名称	财务状况	估值与成长性	创值能力	公司治理与社会责任	创新能力与战略资源	综合得分
1	600315. SH	上海家化	5. 96	5. 51	5. 43	5. 83	6. 68	5. 79
2	002004. SZ	华邦颖泰	5. 67	5. 89	5. 07	5. 18	6. 46	5. 73
3	600339. SH	天利高新	4. 67	7. 2	4. 89	4. 86	5. 01	5. 7
4	002226. SZ	江南化工	5. 72	5. 73	4. 78	5. 63	5. 59	5. 63
5	002549. SZ	凯美特气	5. 95	5. 16	5. 3	5. 01	6. 93	5. 6
6	600028. SH	中国石化	5. 18	5. 49	8. 6	6. 14	4. 64	5. 6
7	300285. SZ	国瓷材料	5. 9	5. 4	5. 27	5. 26	5. 66	5. 59
8	600182. SH	S 佳通	5. 02	6. 53	5. 14	5. 23	4. 25	5. 57
9	300236. SZ	上海新阳	5. 86	5. 1	5. 21	5. 24	6. 68	5. 53
10	600889. SH	南京化纤	5. 31	6	4. 79	5. 16	4. 37	5. 45

表 25　机械设备

排名	股票代码	公司名称	财务状况	估值与成长性	创值能力	公司治理与社会责任	创新能力与战略资源	综合得分
1	300306. SZ	远方光电	7. 33	5. 47	5. 45	5. 39	6. 47	6. 25
2	300354. SZ	东华测试	6. 19	5. 21	5. 66	5. 39	7. 15	5. 78
3	300309. SZ	吉艾科技	6. 52	5. 32	5. 52	5. 13	5. 31	5. 78
4	300099. SZ	尤洛卡	6. 29	5. 17	5. 47	4. 72	7. 3	5. 75
5	300349. SZ	金卡股份	5. 86	5. 68	5. 74	5. 32	6. 02	5. 75
6	300275. SZ	梅安森	5. 95	5. 4	5. 65	5. 29	6. 65	5. 72
7	300165. SZ	天瑞仪器	6. 05	5. 11	4. 98	5. 16	7. 87	5. 68
8	002690. SZ	美亚光电	6. 19	5. 08	5. 72	5. 52	6. 02	5. 66
9	600031. SH	三一重工	5. 86	5. 17	8. 79	5. 32	4. 31	5. 66
10	002667. SZ	鞍重股份	6. 18	5. 17	5. 25	5. 17	6. 05	5. 63

表 26 计算机

排名	股票代码	公司名称	财务状况	估值与成长性	创值能力	公司治理与社会责任	创新能力与战略资源	综合得分
1	002279. SZ	久其软件	5. 93	5. 09	5. 19	5. 94	6. 69	6. 05
2	600570. SH	恒生电子	6. 24	5. 32	5. 64	6. 23	6. 1	6. 02
3	002410. SZ	广联达	6. 47	5. 46	5. 73	5. 82	6. 26	5. 97
4	002405. SZ	四维图新	5. 64	5. 31	4. 8	5. 35	6. 87	5. 9
5	002063. SZ	远光软件	6. 38	5. 64	5. 95	5. 93	5. 54	5. 78
6	300333. SZ	兆日科技	7. 28	5. 57	4. 63	5. 61	5. 65	5. 71
7	300079. SZ	数码视讯	6. 48	5. 06	4. 41	4. 78	6. 82	5. 68
8	600571. SH	信雅达	4. 84	5. 11	5. 44	5. 89	5. 9	5. 67
9	002230. SZ	科大讯飞	5. 06	4. 99	5. 47	5. 27	6. 42	5. 64
10	300085. SZ	银之杰	6. 1	5. 11	5. 63	4. 86	6. 51	5. 62

表 27 家用电器

排名	股票代码	公司名称	财务状况	估值与成长性	创值能力	公司治理与社会责任	创新能力与战略资源	综合得分
1	600690. SH	青岛海尔	6. 06	5. 43	9. 15	5. 88	5. 28	6
2	000651. SZ	格力电器	5. 53	6. 17	9. 25	5. 37	4. 39	5. 96
3	002677. SZ	浙江美大	6. 96	5. 01	5. 12	5. 3	6. 37	5. 88
4	603366. SH	日出东方	6. 81	5. 35	4. 88	5. 11	5. 7	5. 85
5	002508. SZ	老板电器	5. 97	5. 57	5. 51	5. 14	7. 06	5. 79
6	300272. SZ	开能环保	6. 24	5. 52	5. 34	5. 55	5. 15	5. 74
7	002032. SZ	苏泊尔	5. 69	6. 1	5. 41	5. 23	4. 88	5. 71
8	002681. SZ	奋达科技	6. 06	5. 61	5. 38	5. 32	4. 97	5. 68
9	600983. SH	合肥三洋	5. 19	6	5. 63	4. 93	6. 28	5. 59
10	002035. SZ	华帝股份	5. 89	5. 07	5. 29	5. 34	6	5. 49

表 28 建筑材料

排名	股票代码	公司名称	财务状况	估值与成长性	创值能力	公司治理与社会责任	创新能力与战略资源	综合得分
1	002623. SZ	亚玛顿	5. 36	6. 62	5. 19	5. 19	5. 55	5. 83
2	600318. SH	巢东股份	5. 29	6. 21	5. 64	5. 05	4. 69	5. 6
3	300234. SZ	开尔新材	5. 62	5. 4	6. 24	5. 13	6. 23	5. 59
4	300344. SZ	太空板业	5. 61	5. 42	5. 87	4. 98	6. 64	5. 59
5	002372. SZ	伟星新材	5. 65	5. 25	6. 26	5. 26	6. 25	5. 56
6	300198. SZ	纳川股份	5. 57	5. 5	6. 01	5. 19	5. 71	5. 56
7	000672. SZ	上峰水泥	5. 87	5. 34	6. 14	5. 63	4. 07	5. 53
8	002271. SZ	东方雨虹	5. 23	5. 59	6. 38	5. 66	5. 68	5. 52
9	601636. SH	旗滨集团	4. 9	6. 67	4. 71	5. 05	4. 01	5. 51
10	002671. SZ	龙泉股份	5. 48	5. 37	6. 15	5. 55	5. 59	5. 5

表 29　建筑装饰

排名	股票代码	公司名称	财务状况	估值与成长性	创值能力	公司治理与社会责任	创新能力与战略资源	综合得分
1	002310. SZ	东方园林	6. 25	5. 81	5. 46	5. 3	5. 18	5. 86
2	002081. SZ	金螳螂	5. 91	5. 42	5. 49	5. 39	5. 49	5. 62
3	002469. SZ	三维工程	6. 1	5. 04	5. 09	4. 97	6. 63	5. 57
4	300197. SZ	铁汉生态	5. 68	5. 61	5. 07	5. 13	5. 41	5. 54
5	300355. SZ	蒙草抗旱	6. 05	5. 06	5. 19	5. 03	5. 24	5. 46
6	600284. SH	浦东建设	6. 09	5. 15	4. 17	5. 07	5. 53	5. 46
7	300284. SZ	苏交科	5. 84	4. 97	5	4. 92	6. 97	5. 46
8	002325. SZ	洪涛股份	5. 46	5. 13	5. 15	5. 65	6. 17	5. 38
9	002431. SZ	棕榈园林	5. 34	5. 45	5. 05	5. 26	5. 5	5. 37
10	002663. SZ	普邦园林	5. 42	5. 32	5. 09	5. 63	5. 11	5. 35

表 30　交通运输

排名	股票代码	公司名称	财务状况	估值与成长性	创值能力	公司治理与社会责任	创新能力与战略资源	综合得分
1	002320. SZ	海峡股份	6. 8	5	5. 63	5. 09	4. 87	5. 91
2	600897. SH	厦门空港	6. 31	5. 18	5. 55	5. 22	4. 8	5. 73
3	000916. SZ	华北高速	6. 83	5. 09	4. 66	4. 89	4. 8	5. 72
4	002357. SZ	富临运业	5. 62	5. 08	6. 15	6. 15	4. 8	5. 67
5	000886. SZ	海南高速	6. 27	5. 21	5. 11	5. 13	5. 52	5. 66
6	601006. SH	大秦铁路	5. 31	5. 2	7. 5	5. 27	4. 84	5. 66
7	000088. SZ	盐田港	6. 39	4. 92	5. 6	4. 72	4. 8	5. 64
8	601518. SH	吉林高速	6. 32	5. 17	4. 84	5. 21	4. 78	5. 6
9	600009. SH	上海机场	6. 18	5. 11	5. 24	4. 57	4. 86	5. 5
10	300240. SZ	飞力达	5. 21	5. 02	5. 42	5. 92	7. 12	5. 44

表 31　农林牧渔

排名	股票代码	公司名称	财务状况	估值与成长性	创值能力	公司治理与社会责任	创新能力与战略资源	综合得分
1	002385. SZ	大北农	5. 78	5. 88	6. 91	5. 58	5. 66	5. 88
2	300119. SZ	瑞普生物	5. 49	5. 64	5. 61	5. 58	8. 21	5. 79
3	002041. SZ	登海种业	6. 33	5. 24	6. 42	5. 17	5. 75	5. 77
4	300186. SZ	大华农	6. 01	5. 25	5. 63	5. 81	6. 78	5. 74
5	600201. SH	金宇集团	6. 26	4. 86	6. 22	5. 44	6. 77	5. 7
6	002100. SZ	天康生物	5. 49	5. 94	5. 4	5. 1	5. 06	5. 58
7	600195. SH	中牧股份	5. 43	5. 77	5. 53	5. 16	5. 91	5. 57
8	300149. SZ	量子高科	5. 84	5. 17	5. 85	5. 06	6. 37	5. 56
9	002311. SZ	海大集团	5. 4	5. 77	6. 41	5. 54	4. 42	5. 55
10	002505. SZ	大康牧业	5. 57	5. 8	5. 81	5. 03	4. 02	5. 49

表 32　汽车

排名	股票代码	公司名称	财务状况	估值与成长性	创值能力	公司治理与社会责任	创新能力与战略资源	综合得分
1	600660. SH	福耀玻璃	6. 17	5. 57	6. 82	5. 24	5. 95	5. 89
2	000550. SZ	江铃汽车	6. 18	5. 13	5. 95	5. 33	6. 47	5. 71
3	601633. SH	长城汽车	5. 59	5. 39	9. 37	5. 13	4. 74	5. 71
4	600066. SH	宇通客车	5. 68	5. 62	6. 3	5. 65	5. 54	5. 7
5	002662. SZ	京威股份	6. 19	5. 26	5. 51	5. 38	4. 45	5. 57
6	002213. SZ	特尔佳	5. 34	5. 19	5. 72	5. 79	7. 41	5. 53
7	300304. SZ	云意电气	5. 81	5. 35	5. 49	5. 05	5. 44	5. 51
8	600104. SH	上汽集团	5. 45	5. 36	7. 4	5. 13	4. 82	5. 49
9	002553. SZ	南方轴承	5. 97	5. 02	5. 53	5. 16	5. 81	5. 49
10	002448. SZ	中原内配	5. 53	5. 16	5. 16	5. 44	7. 17	5. 49

表 33　轻工制造

排名	股票代码	公司名称	财务状况	估值与成长性	创值能力	公司治理与社会责任	创新能力与战略资源	综合得分
1	600966. SH	博汇纸业	NA	5. 55	NA	4. 82	4. 22	NA
2	601515. SH	东风股份	6. 59	5. 07	8. 33	5. 41	5. 59	5. 97
3	002572. SZ	索菲亚	5. 99	5. 64	5. 8	5. 56	6. 08	5. 81
4	600612. SH	老凤祥	5. 25	5. 46	9. 27	5. 79	3. 63	5. 56
5	002191. SZ	劲嘉股份	5. 72	5. 26	6. 37	5. 39	5. 39	5. 54
6	300043. SZ	互动娱乐	5. 27	5. 81	6. 06	4. 76	5. 67	5. 53
7	002345. SZ	潮宏基	5. 35	5. 57	5. 71	4. 78	6. 45	5. 5
8	002247. SZ	帝龙新材	5. 67	5. 4	5. 65	4. 94	5. 48	5. 49
9	603008. SH	喜临门	5. 57	5. 27	5. 59	5. 17	6. 39	5. 49
10	002701. SZ	奥瑞金	5. 46	5. 48	6. 59	5. 5	4. 41	5. 47

表 34　商业贸易

排名	股票代码	公司名称	财务状况	估值与成长性	创值能力	公司治理与社会责任	创新能力与战略资源	综合得分
1	002277. SZ	友阿股份	6. 09	5. 1	5. 32	6. 12	4. 53	5. 77
2	002264. SZ	新华都	4. 77	4. 27	6. 6	6. 73	4. 84	5. 74
3	002416. SZ	爱施德	4. 97	4. 91	4. 99	6. 58	5. 31	5. 72
4	002091. SZ	江苏国泰	5. 92	4. 5	6. 33	5. 72	8. 08	5. 66
5	002024. SZ	苏宁云商	4. 76	3. 46	3. 64	7. 22	6. 26	5. 61
6	601933. SH	永辉超市	5. 11	4. 91	6. 53	5. 87	4. 76	5. 53
7	000061. SZ	农产品	4. 95	4. 27	5. 09	6. 27	5. 31	5. 46
8	600693. SH	东百集团	4. 58	4. 87	5. 38	6. 09	4. 71	5. 42
9	000560. SZ	昆百大 A	4. 2	5. 21	3. 62	6. 43	4. 61	5. 41
10	002561. SZ	徐家汇	6. 43	4. 65	5. 85	5. 27	4. 52	5. 4

表 35　食品饮料

排名	股票代码	公司名称	财务状况	估值与成长性	创值能力	公司治理与社会责任	创新能力与战略资源	综合得分
1	600519. SH	贵州茅台	6. 12	6. 22	9. 36	5. 26	4. 45	6. 2
2	002304. SZ	洋河股份	5. 94	6. 45	8. 32	5. 07	4. 38	6. 11
3	000858. SZ	五粮液	5. 82	6. 2	8. 79	4. 9	4. 84	6. 03
4	300146. SZ	汤臣倍健	5. 87	6. 46	5. 21	5. 22	6. 48	6. 02
5	000568. SZ	泸州老窖	5. 78	5. 77	7. 08	5. 28	4. 28	5. 71
6	002646. SZ	青青稞酒	5. 36	6. 21	4. 85	5. 56	4. 75	5. 6
7	600809. SH	山西汾酒	5. 5	5. 77	5. 64	5. 24	5. 3	5. 57
8	002570. SZ	贝因美	5. 28	5. 5	5. 03	5. 85	7. 29	5. 56
9	002568. SZ	百润股份	6. 08	4. 83	4. 93	5. 79	6. 64	5. 54
10	000895. SZ	双汇发展	6. 33	4. 94	6. 31	5. 14	4. 12	5. 52

表 36　通信

排名	股票代码	公司名称	财务状况	估值与成长性	创值能力	公司治理与社会责任	创新能力与战略资源	综合得分
1	300353. SZ	东土科技	6. 47	5. 41	5. 36	5. 88	6. 6	6. 09
2	002396. SZ	星网锐捷	5. 19	5. 44	5. 25	5. 76	6. 43	5. 89
3	002583. SZ	海能达	4. 78	5. 19	5. 23	5. 81	6. 27	5. 78
4	600485. SH	中创信测	5. 6	4. 77	5. 42	5. 04	6. 63	5. 63
5	300213. SZ	佳讯飞鸿	5. 49	5. 28	5. 36	5. 63	5. 77	5. 61
6	002465. SZ	海格通信	5. 98	5. 4	5. 02	4. 79	6. 49	5. 61
7	300050. SZ	世纪鼎利	6. 24	4. 72	4. 88	4. 01	7. 51	5. 6
8	300205. SZ	天喻信息	4. 65	5. 33	5. 43	5. 64	5. 72	5. 54
9	300017. SZ	网宿科技	6. 42	5. 3	5. 74	5. 81	5. 02	5. 48
10	002467. SZ	二六三	6. 11	5. 18	5. 32	4. 76	5. 99	5. 4

表 37　休闲服务

排名	股票代码	公司名称	财务状况	估值与成长性	创值能力	公司治理与社会责任	创新能力与战略资源	综合得分
1	002306. SZ	湘鄂情	4. 4	5. 01	6. 91	7. 78	4. 89	6. 38
2	300178. SZ	腾邦国际	5. 85	5. 3	5. 35	6. 18	8. 17	6. 03
3	300144. SZ	宋城演艺	6. 53	5. 34	5. 81	5. 56	4. 81	5. 81
4	000008. SZ	宝利来	6. 04	5. 22	6. 4	5. 13	4. 4	5. 53
5	000430. SZ	张家界	5. 65	6. 03	6. 51	4. 99	4. 52	5. 43
6	601888. SH	中国国旅	5. 26	5. 34	6. 64	4. 87	5. 53	5. 3
7	000802. SZ	北京旅游	5. 57	3. 17	5. 78	5. 33	4. 63	5. 29
8	002186. SZ	全聚德	4. 79	4. 84	6. 44	5. 18	5. 14	5. 23
9	600640. SH	号百控股	6. 58	3. 83	4. 59	4. 75	4. 61	5. 17
10	000888. SZ	峨眉山 A	5. 79	5. 39	5. 22	4. 78	4. 75	5. 16

表 38 医药生物

排名	股票代码	公司名称	财务状况	估值与成长性	创值能力	公司治理与社会责任	创新能力与战略资源	综合得分
1	300326. SZ	凯利泰	6. 46	4. 68	6. 61	4. 67	5. 7	6. 01
2	300298. SZ	三诺生物	6. 03	5. 09	6. 43	6. 49	5. 5	5. 93
3	300347. SZ	泰格医药	5. 76	4. 96	6. 62	7. 01	5. 43	5. 88
4	002653. SZ	海思科	5. 89	4. 71	6. 76	6	5. 47	5. 87
5	300003. SZ	乐普医疗	6. 06	5. 23	6. 14	5. 37	5. 66	5. 86
6	600276. SH	恒瑞医药	5. 54	5. 09	6. 71	5. 13	6. 82	5. 85
7	300238. SZ	冠昊生物	5. 59	4. 99	6. 69	4. 88	6. 99	5. 85
8	000661. SZ	长春高新	5. 84	4. 65	6. 44	6. 39	6. 16	5. 82
9	002219. SZ	恒康医疗	5. 87	4. 58	7. 02	5. 68	4. 15	5. 81
10	300267. SZ	尔康制药	5. 5	5. 27	6. 73	6. 06	4. 88	5. 79

表 39 有色金属

排名	股票代码	公司名称	财务状况	估值与成长性	创值能力	公司治理与社会责任	创新能力与战略资源	综合得分
1	300127. SZ	银河磁体	6. 73	5. 18	5. 84	5. 38	6. 31	5. 96
2	002130. SZ	沃尔核材	5. 15	5. 26	6	7. 25	7. 95	5. 82
3	002428. SZ	云南锗业	6. 36	5. 09	5. 94	5. 43	5. 65	5. 7
4	002540. SZ	亚太科技	6. 26	5. 27	4. 72	5. 43	5. 73	5. 69
5	002057. SZ	中钢天源	5. 61	5. 19	5. 53	4. 76	6. 49	5. 53
6	002460. SZ	赣锋锂业	5. 56	5. 17	5. 94	5. 5	6. 19	5. 53
7	600980. SH	北矿磁材	5. 64	5. 13	6. 17	4. 86	6. 24	5. 51
8	000970. SZ	中科三环	5. 8	5. 01	5. 64	4. 75	6. 22	5. 49
9	600114. SH	东睦股份	4. 98	5. 09	6	6. 71	6. 8	5. 48
10	300224. SZ	正海磁材	5. 61	5. 25	5. 54	4. 79	5. 97	5. 47

表 40 综合

排名	股票代码	公司名称	财务状况	估值与成长性	创值能力	公司治理与社会责任	创新能力与战略资源	综合得分
1	300012. SZ	华测检测	7. 39	4. 86	6. 16	6. 62	8. 72	6. 52
2	000681. SZ	远东股份	5. 79	5. 99	6. 7	5. 92	5. 56	5. 9
3	000892. SZ	星美联合	6. 49	5. 97	6. 76	3. 57	4. 2	5. 65
4	000547. SZ	闽福发 A	5. 17	5. 42	4. 96	5. 38	7. 57	5. 58
5	600883. SH	博闻科技	6. 2	5. 57	4. 54	5. 28	4. 3	5. 53
6	000593. SZ	大通燃气	5. 03	5. 98	5. 02	5. 42	4. 79	5. 38
7	600733. SH	S 前锋	5. 74	5. 13	6. 29	5. 42	4. 58	5. 37
8	000010. SZ	深华新	4. 87	5. 46	5. 86	5. 53	5. 97	5. 35
9	600624. SH	复旦复华	4. 9	5. 3	5. 84	5. 38	6. 35	5. 34
10	600730. SH	中国高科	5. 4	5. 43	4. 65	5. 36	5. 01	5. 32

（二）公司价值评估排名启示

1. 业绩和估值仍然是选择上市公司的决定性依据

通过综合排名结果我们可以看到，无论是像银行、房地产这样的传统周期性行业，还是像食品饮料、家电这样的大消费类板块，估值与成长性因素往往决定了企业的相对排名，其中既包括以 PE、PB 为代表的价值模块，也包括了以过去五年营业收入增长率和净利润增长率为代表的成长模块。

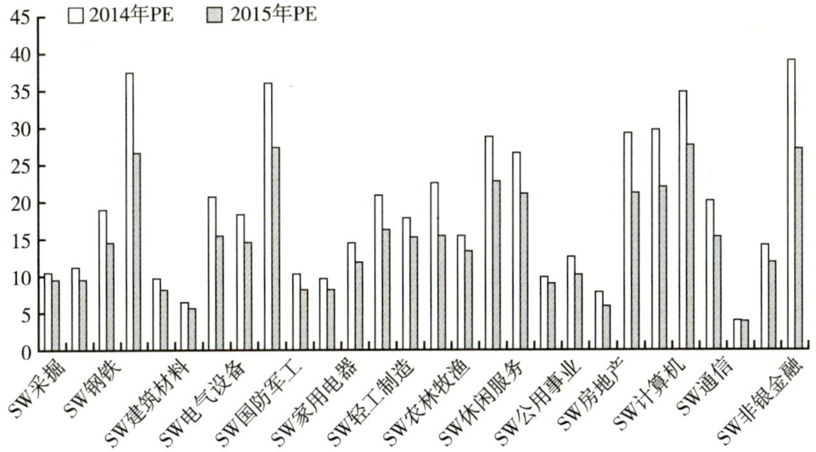

图 4　2014 年和 2015 年各行业市盈率对比

资料来源：Wind 资讯。

展望 2014 年，考虑到业绩与估值的匹配性，我们将全部行业的盈利增长与估值反映在图 6 中，纵轴设置为 2014 年全行业盈利增长率，横轴设置为 2014 年基于一致预期的 PE，筛选出估值相对较低且增长率相对较高（靠近图表的左上方）的行业，这些行业我们建议超配，包括银行、建筑装饰、汽车、纺织服装、非银金融和电气设备。钢铁、建筑材料和电气设备等传统周期性行业净利润增速较高的原因主要是 2013 年基数较低，并非其基本面有所改善。

而对于估值相对较高且盈利增长相对放缓的行业（靠近图表的右下方），我们建议低配，包括有色金属和综合类；传媒和医药行业虽然估值已经较高，但是其成长性和财务状况较好，未来盈利确定性较强，故对其进行超配。

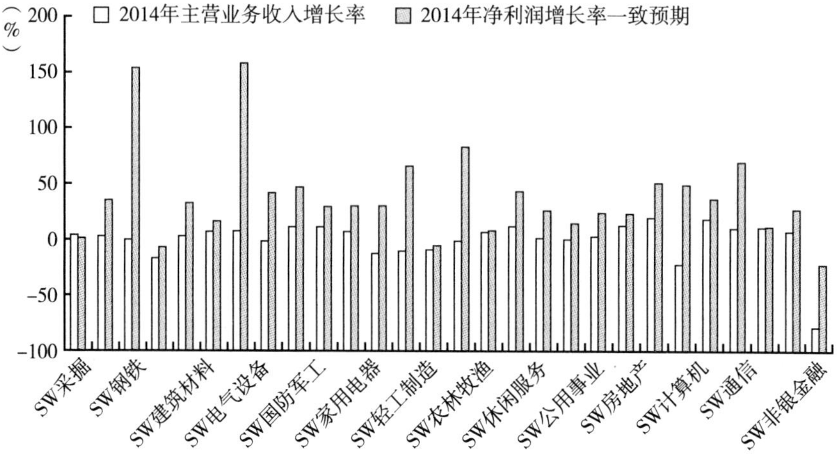

图 5　2014 年营收增长率及净利润增长率

资料来源：Wind 资讯。

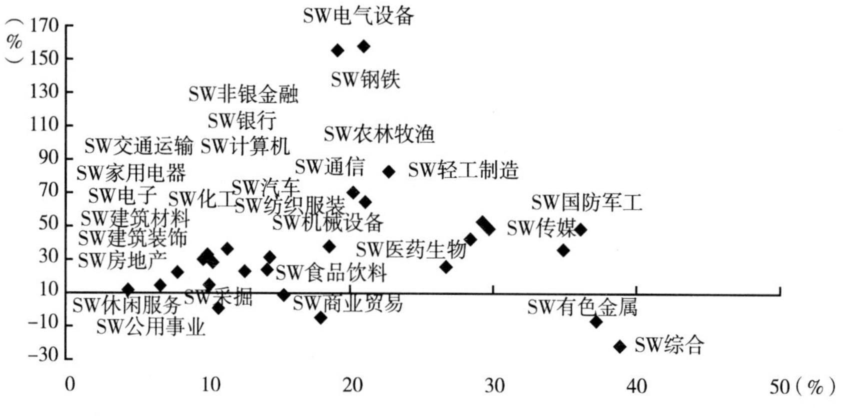

图 6　行业净利润增长率及 PE 关系

资料来源：Wind 资讯。

2. 互联网引领下的创新商业模式带动高估值

以大数据为代表的互联网浪潮，为传统行业提供了一种崭新的服务客户的手段和平台，也为传统行业带来了一种全新的思维和商业模式，通过移动互联网和大数据优势，传统行业上市公司纷纷建立平台拓宽零售渠道，过去一年依靠“触网”概念实现估值快速增长的公司不在少数。我们可以从行业综合排名中看到，像传媒行业、通信行业、电子行业和计算机行业等这些产业链比较短且直接面向零售客户的行业，市场给予它们很高的估值，市场对它们依靠互联网实现创新商业模式的未来预期很高，而对产业链较长的传统第一产业和第二产业来说，无法直接受益于互联网带来的平台和资源优势，这些公司估值被市场认可的程度较低。

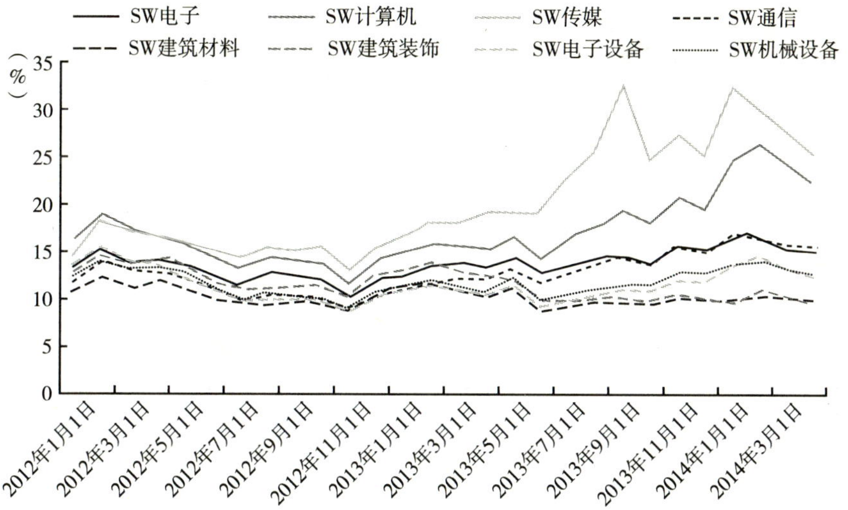

图 7　2012～2014 年产业链较短的行业更易“触网”

资料来源：Wind 资讯。

未来电商与传统零售业务的有效结合，以及流量入口助力零售业务客户黏性的商业模式变革逻辑仍然适用，考虑到前期通信行业等触网行业估值已经较高，我们看好产业链较短且服务特性明显的非银行金融行业和房地产行业。

3. 注重消费升级带动的大消费类投资机会

随着社会消费品零售总额的反弹，第三产业对 GDP 的贡献率稳步提升，同时城乡居民的收入增速也有所加快，经济结构转型和消费升级将引领消费行业实现超额收益。

从我们的排名可以看出，部分消费类优势企业具有很好的品牌影响力且资金周转较快、市场定价权较高。具体体现在财务状况中的毛利率水平和应收账

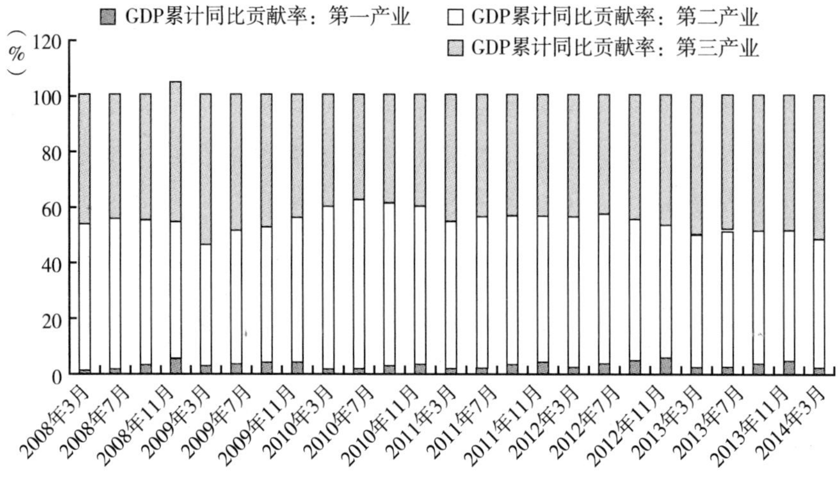

图 8　三大产业对 GDP 增长的贡献率

资料来源：Wind 资讯。

款周转率上，我们可以看到，食品饮料、家电、房地产、休闲服务和医药行业的毛利率水平和应收账款周转率相对较高，且估值除了医药行业相对较高外，其他均处于历史较低位置，对于这些行业我们建议超配。

同时，以增强用户体验带来的消费需求已经替代了传统的为满足功能和实用的消费需求。用户体验的需求主要是对信息、娱乐活动以及酒店旅游的需要，这类创新的需求主要体现在汽车行业、传媒行业和休闲服务行业。

4. 国企改革释放的政策红利决定行业差异化行情

2014 年的两会把国企改革放到了一个重要的战略高度，国企改革相关主题将成为今年市场的热点，能够分享制度红利以及提高经营效率的国企将能够获得估值溢价。国企改革主要有以下几个方向。

第一，发展混合所有制经济，降低垄断行业的市场准入门槛。从我们设立的公司治理指标可以看出，当前金融、石油、铁路、公用事业和电信行业的集中度较高，民资参与程度较低。未来民资有望进入这些行业，并获得可观的投资项目。

第二，采取有效的股权激励。通过我们设立的表格可以看出，股权激励比例较高和股东持股较为分散的企业往往市场化程度较高，竞争能力较强。以银

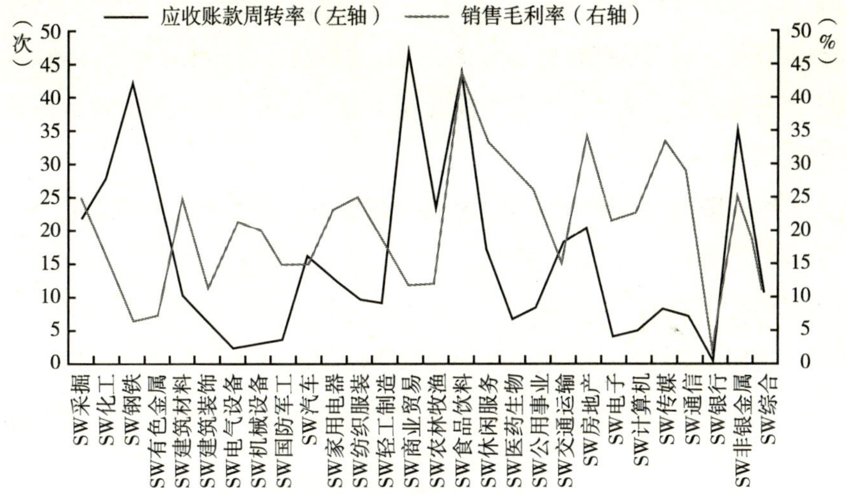

图 9　2013 年各行业应收账款周转率及销售毛利率

资料来源：Wind 资讯。

行为例，股东持股较为分散的民生银行、兴业银行和招商银行的市场化程度较高，业绩也呈现出较高水平。未来潜在可以通过股权激励提升业绩的行业有食品饮料、汽车和家电等。

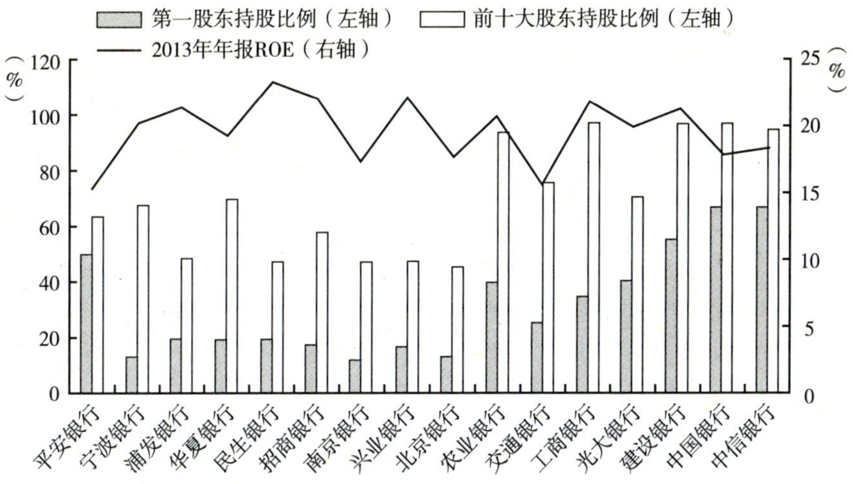

图 10　上市银行股东持股比例与 ROE 关系

资料来源：Wind 资讯。

第三，资产重组和注入。以军工行业为代表的重资产行业长期以来资产证券化程度较低，同时这些行业国有企业占比也较高，整体上市和军工科研院所改制上市将提升盈利能力，未来可能受益于资产重组和注入的行业包括军工、汽车和传媒等。

5. 传统周期性上市公司承担的社会责任较多，公司治理水平较高

从我们的排名可以看出，电力、银行、房地产和建筑等传统周期性行业的社会责任与公司治理水平普遍较高，主要是这些行业内公司的规模较大，信息披露较为透明，高管持股比例、社会贡献率较高；同时，国有企业的社会责任评分明显领先于民营企业，主要原因是国有企业资产保值增值以及纳税情况较好。

（三）配置建议与漂亮100指数

1. 行业配置建议

我们的行业配置标准主要有两个：第一，定量指标——通过我们的五因素模型选择的各行业的排名；第二，定性选择——结合排名结果启示和市场热点。我们对所有28个行业进行排序，选出需要超配、标配和低配的行业。

可以看到，排名靠前的行业主要包括传媒、计算机、医药、商贸和食品饮料，这些行业之所以排名较高有以下三方面的原因：第一，互联网引领下的创新商业模式令传媒、计算机等TMT相关行业景气度上升，同时政策扶植对这些行业的估值影响较大；第二，这些行业的财务状况较好，我们可以看到总排名靠前的行业财务状况得分普遍较高，业绩增长确定性高，同时轻资产的属性造就这些行业资产周转速度远高于传统行业，上下游产业链景气度持续提升；第三，在基本物质需求已经得到满足的情况下，包括文化消费、移动购物消费在内的新型消费需求在增加，未来以增强客户体验为特点的大消费类上市公司仍将受到热捧。

结合我们五因素模型的行业排名以及上市公司评估结果排名启示和市场热点，我们提出未来6~12个月上市公司的行业配置建议。决定排名靠前行业分属超配、标配和低配的筛选标准是：行业业绩、行业景气度、行业政策、行业

表 41 五因素模型行业排名（非金融地产行业）

排名	行业	财务状况	估值与成长性	创值能力	公司治理与社会责任	创新能力与战略资源	总分
1	传媒	7.2	5.71	5.96	4.9	5.52	6.22
2	计算机	5.5	5.76	5.81	5.88	7.41	5.8
3	商业贸易	6.23	5.77	5.68	5.07	4.47	5.79
4	医药生物	5.74	5.37	5.85	5.16	7.15	5.67
5	食品饮料	6.14	5.13	5.77	4.99	6.41	5.65
6	交通运输	6.79	5.3	4.7	4.51	3.56	5.63
7	公用事业	6.08	5.63	4.89	4.8	3.51	5.52
8	休闲服务	6.27	4.61	5.79	5.31	4.87	5.41
9	家用电器	4.82	5.45	5.61	5.16	5.92	5.23
10	电子	4.88	5.29	5.45	5.4	5.55	5.17
11	纺织服装	5.2	5.05	5.43	4.51	4.81	5.07
12	建筑装饰	3.43	6.82	5.48	5.17	4.04	5.07
13	建筑材料	4.6	5.62	4.92	5.16	4.65	5.06
14	汽车	4.61	5.25	5.31	4.96	5.35	4.99
15	通信	4.09	5.38	5.52	5.19	6.52	4.97
16	化工	4.48	5.22	5.23	4.88	4.8	4.88
17	电气设备	4.03	5.36	5.35	5	5.74	4.85
18	机械设备	4.3	4.9	5.34	4.89	5.68	4.76
19	采掘	5.51	4.11	4.55	4.94	3.84	4.72
20	轻工制造	4.55	4.77	5.43	4.72	3.87	4.66
21	农林牧渔	4.63	4.55	5.09	4.77	4.34	4.62
22	国防军工	3.97	4.23	4	5.09	4.91	4.23
23	有色金属	4.3	3.63	4.86	5.18	3.86	4.12
24	综合	3.85	3.27	5.43	4.8	3.81	3.82
25	钢铁	3.81	2.85	-2.46	4.56	4.44	3.06

资料来源：笔者计算。

估值、主题投资、行业供给和需求带来的利好与利空的对比，利好多于利空则超配，反之低配。

表 42　上市公司价值评估行业配置建议

行　业	配置建议	理　　由
食品饮料	超配	毛利率高、周转率高
家用电器	超配	业绩好、估值低、毛利率高、周转率高、智能家电
传　媒	超配	业绩好、估值合理、用户体验带来的创新需求
医药生物	超配	业绩好、估值高、毛利率高
商业贸易	超配	与电商合作带来商业模式的转变
非银金融	超配	业绩好、估值低、互联网金融
休闲服务	超配	用户体验带来的创新需求、毛利率高、周转率高
纺织服装	超配	业绩好、估值低
国防军工	超配	国企改革带来的资产注入
公用事业	超配	国企改革带来的混合所有制、大气污染防治和水务相关政策
电气设备	超配	业绩好、估值低
汽　车	超配	汽车电子、汽车租赁、用户体验带来的创新需求
建筑装饰	超配	业绩好、估值低
计算机	超配	业绩低、估值高
房地产	标配	与国家政策密切相关、风险偏大
银　行	标配	业绩好、估值低、风险偏大
通　信	标配	估值较高、与国企改革带来的混合所有制
轻工制造	标配	用户体验带来的创新需求
采　掘	标配	国企改革带来的混合所有制
交通运输	标配	国企改革带来的混合所有制、铁路客运价格改革
机械设备	标配	无亮点
农林牧渔	标配	无亮点
建筑材料	标配	无亮点
电　子	标配	业绩低、估值高、苹果产业链、LED
钢　铁	标配	业绩好、估值低、国企改革
有色金属	低配	业绩低、估值高、供给端收缩
综　合	低配	业绩低、估值高
化　工	低配	业绩低、估值高、需求不佳

2. 精选中国上市公司漂亮 100 投资组合

我们参考各行业上市公司价值评估综合排名位于前 30% 的上市公司，同时参考上述行业配置中超配和低配的行业，选出最能代表本行业未来发展方向和盈利驱动的上市公司，构成漂亮 100 投资组合。对于每个行业上市公司的选择只数，我们尽可能仿照沪深 300 指数中各行业市值占比配置，对于超配的行业，如食品饮料、商业贸易、非银金融等行业，我们选择的股票总市值占比要高于沪深300指数，反之对于低配的行业总市值占比低于沪深300指数。我们投资组合中除了食品饮料行业配置比例超过沪深300指数同行业配置比例5.4%以外，其他行业配比差值绝对值均不超过5%。

表43　漂亮100投资组合

行　业	相　关　受　益　公　司
食品饮料	青岛啤酒、中炬高新、伊利股份、光明乳业、贵州茅台、承德露露、双汇发展、汤臣倍健、贝因美
家用电器	美菱电器、青岛海尔、格力电器、海信电器、华帝股份、老板电器
传　　媒	华策影视、乐视网、蓝色光标
医药生物	益佰制药、双鹭药业、科华生物
商业贸易	永辉超市、苏宁云商、广百股份、新华都
非银金融	中信证券、国金证券、招商证券、宏源证券、中国平安
休闲服务	中青旅、宋城演义、中国国旅
纺织服装	探路者、富安娜、罗莱家纺、海澜之家
国防军工	航空动力、中航电子、海特高新、中国卫星、北斗星通、四创电子
公用事业	碧水源、桑德环境、巴安水务
电气设备	国电南瑞、平高电气、许继电气、森源电气、阳光电源
汽　　车	长城汽车、宇通客车、江淮汽车
建筑装饰	亚厦股份、中国建筑、金螳螂
计 算 机	用友软件、东方国信、航天长峰、海康威视
房 地 产	万科、保利地产、华夏幸福、金地集团、华侨城、北京城建
银　　行	平安银行、兴业银行、浦发银行、招商银行
通　　信	星网锐捷、科大讯飞
轻工制造	东港股份、奥瑞金
采　　掘	惠博普、海油工程、广汇能源、恒泰艾普、潜能恒信
交通运输	宁沪高速、外运发展、大秦铁路
机械设备	美亚光电、中航电测、三一重工
农林牧渔	益生股份、圣农发展、金宇集团
建筑材料	国睿科技
电　　子	立讯精密、歌尔声学
钢　　铁	鞍钢股份、宝钢股份、新兴铸管、常宝股份、久立特材
有色金属	赣锋锂业
综　　合	复旦复华
化　　工	上海家化

我们将这100只股票按照A股流通市值加权，形成漂亮100指数，并且将2009年1月1日至2014年5月30日的漂亮100指数与沪深300指数进行对比。与价值评估排名一样，我们在这里使用的行业分类也是申万一级行业分类，所以航天长峰、中航电测、歌尔声学和上海家化等公司的行业划分可能会与其主营业务出现不一致的情况。

图11　漂亮100指数与沪深300指数对比

资料来源：同花顺、Wind资讯。

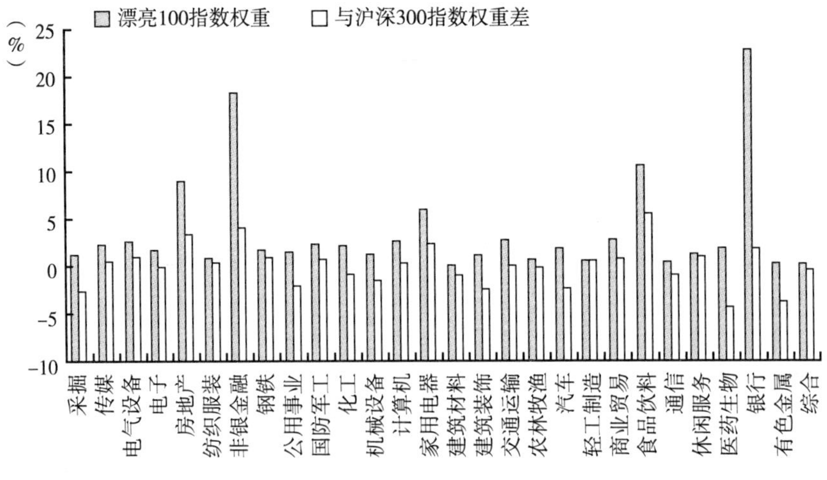

图12　漂亮100指数权重构成

资料来源：同花顺、Wind资讯。

我们可以看到，漂亮100指数相对于沪深300指数，超配了地产、金融和食品饮料等消费类股票，低配了采掘、有色金属、医药等行业。2008年初至2010年4月期间，漂亮100指数与沪深300指数行情基本保持一致，而从2011年开始，漂亮100指数与沪深300指数行情出现分化，主要原因是2011年受到政策冲击，与经济周期相关的电子、机械和交通运输等行业出现了大幅下跌，房地产和银行也因受到调控政策和银根紧缩的影响而走弱，但是我们选择的业绩增长稳定的大消费类龙头股走出了差异化行情，逆势上涨，从而令整个指数实现较好回报。2012年随着楼市政策松动以及金融改革概念的崛起，地产和金融成为大盘领涨主力，虽然消费股遭遇重创，但得益于超配的周期股使漂亮100指数仍然录得较好收益。2013年，在国家产业升级以及战略产业扶植政策的背景下，我们超配的传媒和计算机等行业迎来春天，大消费类股票则继续表现良好，不过包括手游概念等主题投资在内的创业板投资风险积聚，估值已经存在较大泡沫，在未来的配置中应该予以考虑。

展望2014年的市场，我们漂亮100指数的配置思路就是防御为主，把握主题，选择基本面较好的龙头企业。宏观经济基本面的停滞不前决定了当前股票的总体配置思路应该更加注重风险，传统包括银行、地产在内的稳增长、低估值蓝筹应该作为防御的主力继续使用，而轻资产的消费类个股仍然具备跟强的抗风险能力，除了包含相关上述股票，我们漂亮100指数还包含了稳增长、并购重组以及国企改革等相关主题的投资。

八　核心投资指标与股息率排名结果与启示

（一）投资指标排名结果

为了更好地与国际接轨，我们精选了传统的国际上通用上市公司投资价值评价指标，然后使用层次分析法对上市公司进行排名，这些指标分别是：①净资产收益率（ROE=净利润/股东权益平均余额）；②毛利率（毛利率=毛利/营业收入）；③利息保障倍数（Debt Service Coverage Ratio = EBIT/利息费用）；

④投入资本回报率［ROIC = EBIT ×（1 - 所得税）/投入资本］；⑤现金循环周期（现金循环周期 = 存货转换期间 + 应收账款转换期间 - 应收账款递延期间）。我们选取三年数据的平均值，通过这五个指标对28个行业的上市公司分行业进行排名，考虑到金融行业具有的特殊性，我们只运用ROE这一个指标进行排名。与综合排名结果一样，我们在此也只罗列各行业排名前10个上市公司，附录中有完整的核心投资指标排名。

表44　银行

排名	股票代码	公司名称	净资产收益率	排名	股票代码	公司名称	净资产收益率
1	600016.SH	民生银行	7.75	6	601818.SH	光大银行	5.43
2	601166.SH	兴业银行	7.37	7	600000.SH	浦发银行	5.34
3	600036.SH	招商银行	7.34	8	601288.SH	农业银行	5.26
4	601398.SH	工商银行	6.67	9	002142.SZ	宁波银行	4.57
5	601939.SH	建设银行	6.12	10	600015.SH	华夏银行	3.95

表45　证券

排名	股票代码	公司名称	净资产收益率	排名	股票代码	公司名称	净资产收益率
1	600030.SH	中信证券	6.48	6	000783.SZ	长江证券	4.87
2	000562.SZ	宏源证券	6.16	7	600109.SH	国金证券	4.86
3	600999.SH	招商证券	5.8	8	000750.SZ	国海证券	4.69
4	000776.SZ	广发证券	5.8	9	601377.SH	兴业证券	4.67
5	600837.SH	海通证券	5.13	10	601688.SH	华泰证券	4.6

表46　保险

排名	股票代码	公司名称	净资产收益率	排名	股票代码	公司名称	净资产收益率
1	601318.SH	中国平安	7.09	3	601601.SH	中国太保	4.76
2	601336.SH	新华保险	5.83	4	601628.SH	中国人寿	4.74

表 47　多元金融

排名	股票代码	公司名称	净资产收益率	毛利率	利息保障倍数	投入资本回报率	现金循环周期	综合得分
1	600816. SH	安信信托	9. 24	9. 11	0. 37	9. 37	5. 44	6. 71
2	000415. SZ	渤海租赁	4. 77	6. 17	5. 68	3. 86	6. 42	5. 38
3	600643. SH	爱建股份	4. 63	4. 94	5. 56	5. 04	6. 63	5. 36
4	600705. SH	中航投资	5. 21	6. 07	6. 18	3. 53	5. 38	5. 27
5	000563. SZ	陕国投 A	5. 28	5	5	5. 83	5	5. 22
6	000666. SZ	经纬纺机	5. 06	3. 86	6. 08	4. 65	6. 02	5. 13
7	600783. SH	鲁信创投	5. 24	5. 02	5. 97	5. 36	3. 08	4. 93
8	600635. SH	大众公用	4. 38	3. 44	5. 81	4. 32	6. 23	4. 84
9	600830. SH	香溢融通	4. 48	4. 22	4. 29	4. 87	5. 41	4. 65
10	000996. SZ	中国中期	4. 63	3. 6	4. 34	5. 12	4. 39	4. 42

表 48　房地产

排名	股票代码	公司名称	净资产收益率	毛利率	利息保障倍数	投入资本回报率	现金循环周期	综合得分
1	000809. SZ	铁岭新城	8. 97	9. 17	5. 33	12. 11	5. 16	8. 15
2	600340. SH	华夏幸福	13. 79	5. 19	4. 67	11. 79	5. 21	8. 13
3	000537. SZ	广宇发展	8. 3	7. 32	5. 38	10. 96	5. 23	7. 44
4	600658. SH	电子城	6. 37	8. 46	5. 14	9. 09	5. 21	6. 85
5	600684. SH	珠江实业	7. 48	6. 15	7. 87	6. 99	5. 24	6. 75
6	000863. SZ	三湘股份	8. 89	5. 56	5. 38	8. 58	5. 21	6. 72
7	000620. SZ	新华联	8. 06	6. 66	5. 51	8. 05	5. 18	6. 69
8	000011. SZ	深物业 A	7. 23	7. 51	4. 84	8. 35	5. 22	6. 63
9	600094. SH	大名城	7. 77	6. 91	3. 7	7. 41	5. 12	6. 18
10	002146. SZ	荣盛发展	8. 14	4. 93	5. 58	6. 96	5. 23	6. 17

表 49　采掘

排名	股票代码	公司名称	净资产收益率	毛利率	利息保障倍数	投入资本回报率	现金循环周期	综合得分
1	601699. SH	潞安环能	6. 39	6. 59	5. 52	6. 56	8. 12	6. 63
2	002128. SZ	露天煤业	7. 67	5. 81	5. 46	8. 59	5. 03	6. 51
3	600395. SH	盘江股份	6. 31	6. 52	5. 75	7. 13	6. 3	6. 4
4	601088. SH	中国神华	6. 58	6. 13	6. 01	7. 48	5. 71	6. 38
5	600123. SH	兰花科创	6. 39	6. 75	5. 48	6. 67	5. 83	6. 23
6	601666. SH	平煤股份	5. 52	4. 14	8. 77	5. 91	6. 53	6. 17
7	601101. SH	昊华能源	5. 89	5. 92	6. 33	6. 98	5. 63	6. 15
8	601898. SH	中煤能源	5. 18	5. 76	8. 55	5. 09	5. 77	6. 07
9	000409. SZ	山东地矿	5. 89	6. 88	4. 62	7. 09	5. 38	5. 97
10	600508. SH	上海能源	5. 54	4. 44	7. 36	6. 27	5. 74	5. 87

表 50 传媒

排名	股票代码	公司名称	净资产收益率	毛利率	利息保障倍数	投入资本回报率	现金循环周期	综合得分
1	300295. SZ	三六五网	5. 72	9. 39	4. 61	5. 76	5	6. 1
2	300288. SZ	朗玛信息	5. 82	8. 94	4. 68	5. 86	5	6. 06
3	601929. SH	吉视传媒	5. 31	5. 46	5. 3	5. 2	7. 99	5. 85
4	300113. SZ	顺网科技	5. 17	8. 75	4. 81	5. 21	5. 24	5. 84
5	002315. SZ	焦点科技	5. 09	7. 57	4. 82	5. 13	5. 87	5. 7
6	002095. SZ	生意宝	5. 05	8. 01	4. 8	5. 09	5	5. 59
7	300104. SZ	乐视网	5. 33	4. 92	6. 23	5. 18	6. 16	5. 57
8	300052. SZ	中青宝	4. 91	7. 23	4. 79	4. 95	5. 77	5. 53
9	000156. SZ	华数传媒	6. 01	4. 19	4. 99	6. 23	6. 21	5. 53
10	600831. SH	广电网络	5. 12	4. 91	4. 95	5. 04	7. 34	5. 47

表 51 电气设备

排名	股票代码	公司名称	净资产收益率	毛利率	利息保障倍数	投入资本回报率	现金循环周期	综合得分
1	晶盛机电	10. 73	8. 44	18. 15	12. 78	－1. 61	9. 7	1
2	正泰电器	8. 82	5. 24	8. 34	8. 89	7. 41	7. 74	2
3	国电南瑞	10. 08	5. 38	5. 54	11. 15	5. 82	7. 59	3
4	电科院	6. 19	10. 74	5. 25	5. 43	9. 97	7. 52	4
5	安科瑞	7. 89	10. 05	3. 64	9. 17	6. 42	7. 43	5
6	光一科技	6. 8	6. 55	8. 46	7. 55	6. 26	7. 12	6
7	汇川技术	6. 63	8. 61	4. 73	7. 65	6. 28	6. 78	7
8	新联电子	6. 84	7. 13	4. 6	7. 66	6. 15	6. 48	8
9	南洋股份	4. 65	3. 24	14. 08	4. 78	4. 98	6. 35	9
10	长园集团	7. 21	7. 3	5. 11	7. 18	4. 24	6. 21	10

表 52 电子

排名	股票代码	公司名称	净资产收益率	毛利率	利息保障倍数	投入资本回报率	现金循环周期	综合得分
1	300346. SZ	南大光电	10. 47	10. 13	4. 42	12. 28	1. 63	7. 78
2	601231. SH	环旭电子	7. 18	3. 18	15. 28	6. 62	5. 93	7. 64
3	300183. SZ	东软载波	7. 15	9. 65	4. 84	8. 12	5. 71	7. 09
4	002475. SZ	立讯精密	6. 23	4. 36	12. 68	6. 25	5. 71	7. 04
5	300303. SZ	聚飞光电	7. 73	5. 82	5. 58	8. 6	6. 23	6. 79
6	300340. SZ	科恒股份	8. 87	4. 15	6. 13	9. 36	4. 47	6. 59
7	002635. SZ	安洁科技	6. 49	6. 59	6. 93	7. 2	5. 16	6. 47
8	000049. SZ	德赛电池	11. 74	3. 85	1. 54	8. 87	5. 87	6. 37
9	002241. SZ	歌尔声学	8. 22	5. 08	5. 34	7. 05	6. 01	6. 34
10	300115. SZ	长盈精密	5. 98	5. 97	7. 22	6. 36	5. 14	6. 13

表 53　纺织服装

排名	股票代码	公司名称	净资产收益率	毛利率	利息保障倍数	投入资本回报率	现金循环周期	综合得分
1	002144. SZ	宏达高科	4. 99	5. 62	18. 55	5. 14	6. 18	8. 09
2	300005. SZ	探路者	7. 55	7. 47	4. 58	9. 23	6. 24	7. 01
3	002656. SZ	卡奴迪路	8. 07	9. 04	4	8. 08	3. 66	6. 57
4	002293. SZ	罗莱家纺	7. 11	6. 79	4. 66	8. 45	5. 7	6. 54
5	603001. SH	奥康国际	7. 9	6. 22	4. 79	7. 74	5. 32	6. 39
6	601566. SH	九牧王	6. 45	8. 21	4. 68	7. 23	5. 13	6. 34
7	002327. SZ	富安娜	6. 77	7. 42	4. 55	7. 6	5. 32	6. 33
8	002269. SZ	美邦服饰	7. 17	6. 96	4. 81	6. 66	5. 27	6. 17
9	002029. SZ	七匹狼	6. 47	6. 97	4. 73	7. 03	5. 5	6. 14
10	002699. SZ	美盛文化	6. 54	6. 48	4. 76	7. 19	5. 62	6. 12

表 54　钢铁

排名	股票代码	公司名称	净资产收益率	毛利率	利息保障倍数	投入资本回报率	现金循环周期	综合得分
1	600507. SH	方大特钢	8. 41	6. 79	6. 25	8. 24	6. 04	7. 15
2	002318. SZ	久立特材	6. 46	9. 39	6. 89	7. 52	1. 19	6. 29
3	600117. SH	西宁特钢	5. 33	9. 12	4. 99	4. 86	6. 68	6. 19
4	600019. SH	宝钢股份	5. 96	5. 63	8. 37	6. 27	4. 56	6. 16
5	000778. SZ	新兴铸管	6. 49	4. 85	5. 69	6. 45	5. 95	5. 89
6	600784. SH	鲁银投资	8. 45	4. 77	6	7. 51	2. 19	5. 78
7	600581. SH	八一钢铁	5. 78	5. 36	5. 01	5. 35	6. 5	5. 6
8	002443. SZ	金洲管道	5. 84	5. 32	7. 52	6. 38	2. 91	5. 59
9	000825. SZ	太钢不锈	5. 59	5. 24	5. 49	5. 32	5. 09	5. 35
10	002478. SZ	常宝股份	6. 27	8. 42	1. 71	7. 64	2. 58	5. 32

表 55　公用事业

排名	股票代码	公司名称	净资产收益率	毛利率	利息保障倍数	投入资本回报率	现金循环周期	综合得分
1	002672. SZ	东江环保	7. 31	5. 89	16. 95	7. 87	4. 85	8. 57
2	002700. SZ	新疆浩源	8. 96	7. 5	4. 9	9. 64	6. 44	7. 49
3	601158. SH	重庆水务	6. 75	7. 36	6. 97	7. 58	6. 29	6. 99
4	000598. SZ	兴蓉投资	7. 49	7. 54	5. 27	8. 02	6. 3	6. 93
5	300332. SZ	天壕节能	5. 69	8. 28	5. 1	6	8. 78	6. 77
6	600167. SH	联美控股	6. 86	6. 09	4. 31	9. 19	7. 01	6. 69
7	300070. SZ	碧水源	6. 87	6. 77	4. 79	8. 86	5. 53	6. 56
8	600578. SH	京能电力	7. 85	5. 1	4. 98	6. 3	6. 33	6. 11
9	600900. SH	长江电力	6. 15	8. 64	4. 97	5. 51	5. 29	6. 11
10	000826. SZ	桑德环境	7. 31	6. 17	5. 1	7. 65	4. 1	6. 07

表 56　国防军工

排名	股票代码	公司名称	净资产收益率	毛利率	利息保障倍数	投入资本回报率	现金循环周期	综合得分
1	600372. SH	中航电子	8. 17	6. 33	5. 88	8. 58	5. 29	6. 85
2	600118. SH	中国卫星	7. 04	3. 85	4. 95	8. 57	8. 06	6. 5
3	002013. SZ	中航机电	7. 19	5. 07	5. 79	6. 34	6. 1	6. 1
4	600990. SH	四创电子	6. 62	4. 66	5. 69	6. 43	6. 55	5. 99
5	002023. SZ	海特高新	5. 9	9. 83	5. 74	6. 06	1. 9	5. 89
6	300008. SZ	上海佳豪	5. 68	6. 55	4. 45	6. 64	5. 53	5. 77
7	002151. SZ	北斗星通	5. 37	6. 64	5. 71	5. 64	5. 39	5. 75
8	601989. SH	中国重工	6. 66	4. 01	5. 63	5. 51	5. 54	5. 47
9	600677. SH	航天通信	6. 1	3. 25	5. 49	4. 82	7. 11	5. 35
10	000738. SZ	中航动控	5. 57	5. 44	5. 67	5. 52	4. 23	5. 28

表 57　化工

排名	股票代码	公司名称	净资产收益率	毛利率	利息保障倍数	投入资本回报率	现金循环周期	综合得分
1	600769. SH	祥龙电业	-1. 92	1. 62	4. 93	29. 13	13. 38	9. 43
2	601208. SH	东材科技	5. 4	5. 82	13. 39	4. 97	4. 38	6. 79
3	000792. SZ	盐湖股份	6. 27	10. 6	5. 1	5. 04	6. 82	6. 77
4	002254. SZ	泰和新材	5. 08	4. 69	12. 93	4. 9	6. 12	6. 74
5	600315. SH	上海家化	7. 12	11. 06	4. 54	5. 51	5. 44	6. 73
6	002549. SZ	凯美特气	5. 53	11. 72	4. 77	5. 01	6. 58	6. 72
7	002226. SZ	江南化工	5. 73	9. 01	5. 24	5. 06	5. 4	6. 09
8	600309. SH	万华化学	7. 55	7. 05	5. 02	5. 15	5. 47	6. 05
9	002581. SZ	万昌科技	5. 89	8. 87	4. 8	5. 14	5. 5	6. 04
10	300285. SZ	国瓷材料	7. 02	9. 13	4. 88	5. 28	3. 64	5. 99

表 58　机械设备

排名	股票代码	公司名称	净资产收益率	毛利率	利息保障倍数	投入资本回报率	现金循环周期	综合得分
1	300306. SZ	远方光电	6. 93	10. 23	4. 61	11. 22	5. 57	7. 71
2	300349. SZ	金卡股份	7. 21	7. 17	5. 93	10. 4	7. 35	7. 61
3	000816. SZ	江淮动力	4. 81	3. 52	17. 24	3. 71	7. 37	7. 33
4	002690. SZ	美亚光电	6. 49	8. 3	4. 61	8. 94	6. 73	7. 02
5	002651. SZ	利君股份	6. 34	7. 91	4. 76	9. 35	5. 97	6. 86
6	300307. SZ	慈星股份	7. 1	6. 74	5. 05	9. 45	5. 11	6. 69
7	002158. SZ	汉钟精机	5. 94	5. 71	7. 4	7. 58	6. 51	6. 63
8	600761. SH	安徽合力	5. 64	3. 82	9. 96	6. 62	6. 78	6. 56
9	300259. SZ	新天科技	5. 75	7. 24	4. 82	7. 51	6. 8	6. 42
10	300275. SZ	梅安森	5. 95	8. 92	4. 12	8. 15	4. 87	6. 4

表 59 计算机

排名	股票代码	公司名称	净资产收益率	毛利率	利息保障倍数	投入资本回报率	现金循环周期	综合得分
1	002410. SZ	广联达	6. 61	9. 37	4. 72	6. 93	8. 08	7. 14
2	600570. SH	恒生电子	7. 18	8. 05	8. 64	7. 24	4. 01	7. 02
3	002063. SZ	远光软件	8. 2	7. 85	3. 78	8. 63	6. 62	7. 02
4	002415. SZ	海康威视	8. 77	5. 58	4. 2	9. 21	6. 01	6. 75
5	600728. SH	佳都科技	5. 33	3. 29	14. 13	4. 74	6. 1	6. 72
6	002236. SZ	大华股份	10. 22	5. 08	3. 02	10. 04	5. 05	6. 68
7	600588. SH	用友软件	6. 43	7. 81	5. 7	5. 79	7	6. 55
8	002153. SZ	石基信息	8. 34	6. 64	2. 6	8. 75	5. 28	6. 32
9	002177. SZ	御银股份	5. 13	5. 51	12. 09	5. 17	3. 38	6. 25
10	300333. SZ	兆日科技	7. 67	7. 53	3. 94	8. 06	3. 59	6. 16

表 60 家用电器

排名	股票代码	公司名称	净资产收益率	毛利率	利息保障倍数	投入资本回报率	现金循环周期	综合得分
1	600234. SH	山水文化	5	8. 96	5. 39	14. 83	16. 55	10. 14
2	002508. SZ	老板电器	5. 28	9. 49	5. 14	5. 66	4. 78	6. 07
3	300217. SZ	东方电热	5. 24	5. 43	9. 17	4. 96	4. 72	5. 9
4	002677. SZ	浙江美大	5. 29	9. 43	3. 93	5. 74	4. 8	5. 84
5	300272. SZ	开能环保	5. 23	7. 94	5. 64	5. 17	4. 74	5. 75
6	300247. SZ	桑乐金	5. 18	7. 72	5. 36	4. 59	4. 71	5. 51
7	603366. SH	日出东方	5. 32	6. 43	4. 71	6. 09	4. 8	5. 47
8	002242. SZ	九阳股份	5. 28	6. 6	4. 85	5. 72	4. 83	5. 46
9	002035. SZ	华帝股份	5. 34	6. 49	4. 4	5. 92	4. 82	5. 39
10	300249. SZ	依米康	5. 19	7. 03	5. 37	4. 6	4. 65	5. 37

表 61 建筑材料

排名	股票代码	公司名称	净资产收益率	毛利率	利息保障倍数	投入资本回报率	现金循环周期	综合得分
1	600678. SH	四川金顶	5. 17	1. 3	5. 73	17. 84	16. 11	9. 23
2	600585. SH	海螺水泥	6. 57	6. 73	5. 96	5. 09	5. 7	6. 01
3	002671. SZ	龙泉股份	6. 75	6. 85	5. 45	5. 11	4. 86	5. 81
4	300344. SZ	太空板业	5. 65	8. 38	5. 86	4. 94	3. 88	5. 74
5	002641. SZ	永高股份	5. 94	5. 02	7. 52	4. 98	5. 1	5. 71
6	600318. SH	巢东股份	6. 67	5. 84	5. 27	4. 93	5. 73	5. 69
7	600552. SH	方兴科技	6. 81	5. 24	6. 54	5. 03	4. 55	5. 63
8	000789. SZ	江西水泥	7. 02	5. 16	5. 29	4. 89	5. 69	5. 61
9	000012. SZ	南玻 A	5. 85	5. 73	5. 62	4. 9	5. 92	5. 6
10	000786. SZ	北新建材	6. 66	5. 45	5. 62	5. 01	5. 27	5. 6

表 62 建筑装饰

排名	股票代码	公司名称	净资产收益率	毛利率	利息保障倍数	投入资本回报率	现金循环周期	综合得分
1	002081. SZ	金螳螂	9. 41	5. 06	6. 11	9. 8	6. 51	7. 38
2	002310. SZ	东方园林	8. 31	9. 25	5. 84	7. 51	2. 25	6. 63
3	300355. SZ	蒙草抗旱	7. 07	8. 68	5. 91	7. 16	4. 31	6. 63
4	600455. SH	博通股份	5. 35	8. 55	5. 47	4. 69	8	6. 41
5	002375. SZ	亚厦股份	6. 76	4. 97	6. 7	7. 16	6. 33	6. 38
6	002140. SZ	东华科技	7. 52	6	3. 95	8. 52	5. 59	6. 32
7	002469. SZ	三维工程	4. 92	9. 27	4. 95	5. 87	5. 33	6. 07
8	600284. SH	浦东建设	4. 92	9. 13	5. 47	4. 1	6. 26	5. 98
9	000065. SZ	北方国际	6. 45	3. 63	5. 04	7. 33	7. 4	5. 97
10	002116. SZ	中国海诚	7. 02	3. 51	4. 81	8. 05	6. 43	5. 96

表 63 交通运输

排名	股票代码	公司名称	净资产收益率	毛利率	利息保障倍数	投入资本回报率	现金循环周期	综合得分
1	600033. SH	福建高速	4. 85	7. 83	5. 14	4. 82	8. 3	6. 19
2	600794. SH	保税科技	6. 77	8. 01	5. 26	4. 83	5. 74	6. 12
3	600035. SH	楚天高速	4. 97	7. 49	5. 15	4. 82	7. 43	5. 97
4	000900. SZ	现代投资	5. 52	7. 57	5. 42	4. 82	5. 62	5. 79
5	601518. SH	吉林高速	5. 59	7. 53	5. 35	4. 82	5. 5	5. 76
6	600020. SH	中原高速	4. 81	6. 91	5. 14	4. 82	7. 06	5. 75
7	600012. SH	皖通高速	5. 52	7. 59	5. 19	4. 82	5	5. 63
8	600897. SH	厦门空港	6. 12	6. 85	4. 94	4. 83	5. 36	5. 62
9	000828. SZ	东莞控股	5. 35	7. 67	5. 17	4. 82	5	5. 6
10	002357. SZ	富临运业	5. 59	7. 22	5. 04	4. 82	5. 33	5. 6

表 64 农林牧渔

排名	股票代码	公司名称	净资产收益率	毛利率	利息保障倍数	投入资本回报率	现金循环周期	综合得分
1	000048. SZ	康达尔	15. 48	3. 99	4. 39	13. 33	6. 03	8. 64
2	601118. SH	海南橡胶	4. 87	3. 78	19. 18	4. 81	5. 72	7. 67
3	002041. SZ	登海种业	6. 23	8. 93	4. 53	8. 77	4. 56	6. 61
4	300119. SZ	瑞普生物	5. 25	8. 82	4. 64	5. 94	5. 41	6. 01
5	300186. SZ	大华农	5. 34	8. 05	4. 66	6. 23	5. 6	5. 98
6	002385. SZ	大北农	5. 83	5. 03	5. 23	7. 52	5. 91	5. 9
7	600195. SH	中牧股份	5. 81	5. 71	4. 61	7. 3	5. 74	5. 83
8	002688. SZ	金河生物	5. 89	6. 32	4. 62	6. 57	5. 56	5. 79
9	300313. SZ	天山生物	5. 42	7. 76	4. 82	5. 98	4. 72	5. 74
10	002447. SZ	壹桥苗业	5. 76	8. 6	5. 11	6. 26	2. 95	5. 74

表 65　汽车

排名	股票代码	公司名称	净资产收益率	毛利率	利息保障倍数	投入资本回报率	现金循环周期	综合得分
1	000550. SZ	江铃汽车	5. 38	5. 87	13. 64	5. 44	6. 62	7. 39
2	600715. SH	松辽汽车	4. 75	3. 65	5. 06	5. 03	17. 47	7. 19
3	000757. SZ	浩物股份	6. 52	6. 26	5. 05	6. 4	4. 98	5. 84
4	002662. SZ	京威股份	5. 44	8. 41	5. 64	5. 46	4. 24	5. 84
5	601633. SH	长城汽车	5. 51	6. 18	4. 65	5. 47	6. 65	5. 69
6	300304. SZ	云意电气	5. 36	7. 73	5. 58	5. 4	4. 34	5. 68
7	600660. SH	福耀玻璃	5. 42	8. 34	5. 08	5. 34	3. 86	5. 61
8	000338. SZ	潍柴动力	5. 3	5. 07	6. 55	5. 24	5. 84	5. 6
9	300258. SZ	精锻科技	5. 22	8. 93	4. 82	5. 24	3. 73	5. 59
10	002448. SZ	中原内配	5. 19	7. 03	5. 7	5. 22	4. 44	5. 52

表 66　轻工制造

排名	股票代码	公司名称	净资产收益率	毛利率	利息保障倍数	投入资本回报率	现金循环周期	综合得分
1	000587. SZ	金叶珠宝	15. 15	2. 8	5. 32	13. 14	5. 59	8. 4
2	601515. SH	东风股份	9. 51	9. 94	4. 51	10. 93	4. 01	7. 78
3	000820. SZ	金城股份	5. 21	4. 51	15. 31	5. 81	7. 77	7. 72
4	603008. SH	喜临门	6. 53	7. 27	6. 08	7. 17	6. 24	6. 66
5	002191. SZ	劲嘉股份	6. 6	7. 7	5. 63	7. 05	5. 29	6. 46
6	002701. SZ	奥瑞金	7. 48	5. 75	4. 97	7. 47	6. 19	6. 37
7	002572. SZ	索非亚	6. 06	7. 14	4. 45	7. 27	6. 94	6. 37
8	600462. SH	石岘纸业	4. 38	1. 33	12. 76	4. 35	8. 48	6. 26
9	002565. SZ	上海绿新	5. 77	5. 47	8. 01	6. 22	4. 92	6. 08
10	002229. SZ	鸿博股份	5. 02	6. 47	6. 13	5. 25	6. 72	5. 92

表 67　商业贸易

排名	股票代码	公司名称	净资产收益率	毛利率	利息保障倍数	投入资本回报率	现金循环周期	综合得分
1	002277. SZ	友阿股份	5. 34	4. 6	15. 81	7. 38	5. 28	7. 68
2	002344. SZ	海宁皮城	6. 09	11. 02	4. 73	10. 79	4. 92	7. 51
3	600859. SH	王府井	4. 98	4. 87	16. 29	5. 88	5. 3	7. 47
4	000861. SZ	海印股份	6. 2	8. 46	4. 76	7. 04	5	6. 29
5	600790. SH	轻纺城	4. 83	9. 94	4. 91	5. 43	5	6. 02
6	000062. SZ	深圳华强	5. 15	10. 25	4. 76	5. 07	4. 15	5. 87
7	000987. SZ	广州友谊	5. 51	5. 27	4. 74	8. 46	5. 31	5. 86
8	002697. SZ	红旗连锁	5. 42	5. 8	4. 65	8. 04	5. 28	5. 84
9	002561. SZ	徐家汇	5. 31	6. 26	4. 73	7. 47	5. 31	5. 82
10	000056. SZ	深国商	19. 77	5. 06	4. 77	9. 83	-10. 55	5. 77

表 68 食品饮料

排名	股票代码	公司名称	净资产收益率	毛利率	利息保障倍数	投入资本回报率	现金循环周期	综合得分
1	002304. SZ	洋河股份	9. 08	6. 55	4. 69	9. 43	4. 94	6. 94
2	600809. SH	山西汾酒	8. 03	7. 8	4. 42	8. 27	4. 7	6. 64
3	000895. SZ	双汇发展	8	2. 8	8. 11	8. 04	6. 18	6. 63
4	000858. SZ	五粮液	7. 36	7. 34	5. 19	7. 73	4. 85	6. 49
5	000596. SZ	古井贡酒	6. 51	7. 48	5. 17	6. 74	5. 61	6. 3
6	000869. SZ	张裕 A	7. 42	7. 63	4. 28	7. 76	4. 1	6. 24
7	600519. SH	贵州茅台	8. 89	9. 25	4. 73	9. 37	-1. 26	6. 2
8	002646. SZ	青青稞酒	5. 96	7. 21	6. 01	6. 14	5. 12	6. 09
9	000848. SZ	承德露露	7. 41	4. 49	4. 54	7. 82	6. 07	6. 07
10	600199. SH	金种子酒	5. 95	6. 82	5. 12	6. 21	5. 94	6. 01

表 69 通信

排名	股票代码	公司名称	净资产收益率	毛利率	利息保障倍数	投入资本回报率	现金循环周期	综合得分
1	300353. SZ	东土科技	9. 09	9. 2	6. 16	9. 63	5. 62	7. 94
2	002467. SZ	二六三	6. 47	8. 65	4. 37	7. 34	6. 94	6. 76
3	002104. SZ	恒宝股份	7. 98	5. 27	3. 53	9. 2	6. 33	6. 46
4	300017. SZ	网宿科技	6. 8	5. 6	4. 74	7. 74	6. 84	6. 34
5	000555. SZ	神州信息	10. 64	2. 09	5. 19	7. 97	5. 71	6. 32
6	300310. SZ	宜通世纪	8. 11	5. 27	2. 51	9. 37	6. 13	6. 28
7	300322. SZ	硕贝德	7. 36	4. 93	5. 69	7	6. 36	6. 27
8	600289. SH	亿阳信通	4. 91	8. 3	5. 37	4. 99	7. 59	6. 23
9	300299. SZ	富春通信	6. 5	7. 01	5. 27	6. 84	5	6. 12
10	002396. SZ	星网锐捷	6. 12	6. 88	4. 4	6. 46	5. 95	5. 96

表 70 休闲服务

排名	股票代码	公司名称	净资产收益率	毛利率	利息保障倍数	投入资本回报率	现金循环周期	综合得分
1	600706. SH	曲江文旅	7. 18	3. 38	5. 44	6. 66	11. 08	6. 75
2	000430. SZ	张家界	9. 07	3. 8	5. 73	8. 86	4. 55	6. 4
3	002033. SZ	丽江旅游	6. 88	7. 18	5. 69	6. 51	4. 56	6. 16
4	000888. SZ	峨眉山 A	6. 57	4. 57	6. 31	6. 92	4. 55	5. 78
5	000613. SZ	大东海 A	3. 02	8. 28	3. 65	2. 67	10. 93	5. 71
6	600754. SH	锦江股份	5. 22	8. 15	4	5. 56	4. 65	5. 52
7	300144. SZ	宋城演艺	5. 38	6. 81	4. 93	5. 75	4. 6	5. 49
8	601888. SH	中国国旅	7. 1	2. 7	4. 97	8. 11	4. 54	5. 48
9	300178. SZ	腾邦国际	5. 08	6. 32	5. 13	5. 44	5	5. 39
10	600054. SH	黄山旅游	5. 97	4. 45	5. 75	5. 98	4. 48	5. 33

表 71　医药生物

排名	股票代码	公司名称	净资产收益率	毛利率	利息保障倍数	投入资本回报率	现金循环周期	综合得分
1	002653. SZ	海思科	9. 54	7. 09	4. 45	9. 9	5. 98	7. 39
2	300298. SZ	三诺生物	9. 15	6. 92	4. 84	9. 7	5. 47	7. 22
3	300326. SZ	凯利泰	7. 45	7. 73	7. 27	7. 62	4. 66	6. 94
4	000661. SZ	长春高新	7. 82	7. 92	7. 15	7. 35	3. 3	6. 71
5	600594. SH	益佰制药	7. 39	7. 93	5. 73	6. 93	5. 53	6. 7
6	002038. SZ	双鹭药业	8. 05	6. 98	4. 04	8. 51	5. 01	6. 52
7	300289. SZ	利德曼	7. 11	6. 39	6. 85	6. 21	5. 8	6. 47
8	000423. SZ	东阿阿胶	7. 63	6. 81	4. 33	8. 04	5. 54	6. 47
9	002294. SZ	信立泰	7. 37	7. 04	4. 43	7. 64	4. 96	6. 29
10	000915. SZ	山大华特	6. 66	6. 75	5. 83	6. 07	5. 81	6. 22

表 72　有色金属

排名	股票代码	公司名称	净资产收益率	毛利率	利息保障倍数	投入资本回报率	现金循环周期	综合得分
1	000603. SZ	盛达矿业	9. 63	11. 73	4. 33	11. 96	6. 06	8. 74
2	000688. SZ	建新矿业	9. 13	5. 38	7. 82	11. 48	6. 5	8. 06
3	600988. SH	赤峰黄金	11. 53	8. 7	−1. 34	14. 19	4. 77	7. 57
4	600338. SH	西藏珠峰	14. 71	3. 63	5. 27	5. 73	6. 37	7. 14
5	600111. SH	包钢稀土	7. 61	8. 18	5. 45	7. 13	1. 27	5. 93
6	000975. SZ	银泰资源	4. 88	8. 83	4. 91	5. 21	5. 78	5. 92
7	000007. SZ	零七股份	4. 61	9. 47	5. 27	4. 6	5. 14	5. 82
8	000970. SZ	中科三环	6. 19	6. 2	5. 51	6. 25	4. 73	5. 78
9	000697. SZ	炼石有色	4. 47	6. 8	6. 43	4. 71	6. 18	5. 72
10	600547. SH	山东黄金	6. 43	4. 14	5. 35	6. 14	6. 34	5. 68

表 73　综合

排名	股票代码	公司名称	净资产收益率	毛利率	利息保障倍数	投入资本回报率	现金循环周期	综合得分
1	300012. SZ	华测检测	5. 88	9. 41	5. 06	8. 7	5	6. 81
2	600083. SH	博信股份	6. 87	4	4. 63	10. 09	5	6. 12
3	600617. SH	联华合纤	9. 26	3. 81	5. 46	6. 45	5. 3	6. 06
4	600892. SH	宝诚股份	10. 12	2. 87	5. 18	6. 5	5. 31	6
5	600622. SH	嘉宝集团	5. 76	4. 87	6. 58	7. 6	5. 11	5. 98
6	000711. SZ	天伦置业	4. 67	10. 18	5. 18	3. 9	5. 1	5. 81
7	600556. SH	北生药业	5	8. 75	4. 45	5	5. 31	5. 7
8	600733. SH	S 前锋	5. 01	7. 71	5. 14	5. 12	5. 23	5. 64
9	000593. SZ	大通燃气	5. 5	5. 77	5. 22	6. 14	5. 32	5. 59
10	000681. SZ	远东股份	5. 04	6. 99	4. 95	5. 25	5. 25	5. 5

（二）投资指标排名启示

1. 核心投资指标有效地反映了五因素模型对于上市公司业绩的考核

我们可以观察到，通过精选核心投资指标对上市公司进行排名，大部分行业的排名与五因素模型进行的排名呈现出高度一致的情况，分析有如下原因。

第一，净资产收益率（ROE）对业绩的解释能力很强。根据杜邦分析法细分 ROE，销售净利率正好代替了财务状况模型中的企业盈利指标，权益乘数则表明了企业的偿债能力和利用财务杠杆进行经营活动的程度，反映了企业的营运能力，而资产周转率则是企业长期偿债能力的反映。以上三个部分完整地解释了我们在五因素模型中财务部分所使用的用来衡量企业盈利能力、营运能力和长期偿债能力的若干指标。

第二，我们在传统核心指标中新加入现金循环周期这一指标。这一指标决定了上市公司资金的使用效率，衡量了上市公司从原材料采购付款，到存货销售获得应收账款，再到应收账款转化为现金的全流程，更好地反映了企业的变现能力和财务弹性。

第三，核心投资指标凸显利息保障倍数的重要性。在五因素模型中，我们只是将利息保障倍数作为衡量企业长期偿债能力的一项，而在核心投资指标中却单列为一项一级指标。利息保障倍数是衡量企业举债的重要前提，股神巴菲特曾经就非常偏好那些利息支出占息税前利润比率很低的公司。公司在仅仅使用少量负债情况下却保持良好的权益收益率水平往往更易受到市场的青睐。

第四，毛利率与行业 ROE 高度正相关。毛利率指标反映了上市公司通过生产产品产生增值的那一部分。毛利率很好地反映了上市公司的研发成本、品牌效应和技术工艺，这些因素又最终决定了企业在市场上的比较优势和定价能力。毛利率是衡量上市公司差异性的重要指标。我们可以看出，毛利率相对较高的家电、休闲服务、医药生物、传媒等行业 2013 年的表现甚佳。

2. 投入资本回报率可以用来直观地评估上市公司创值能力

从公式上来说，投入资本回报率（ROIC）是息前税后经营利润与投入资

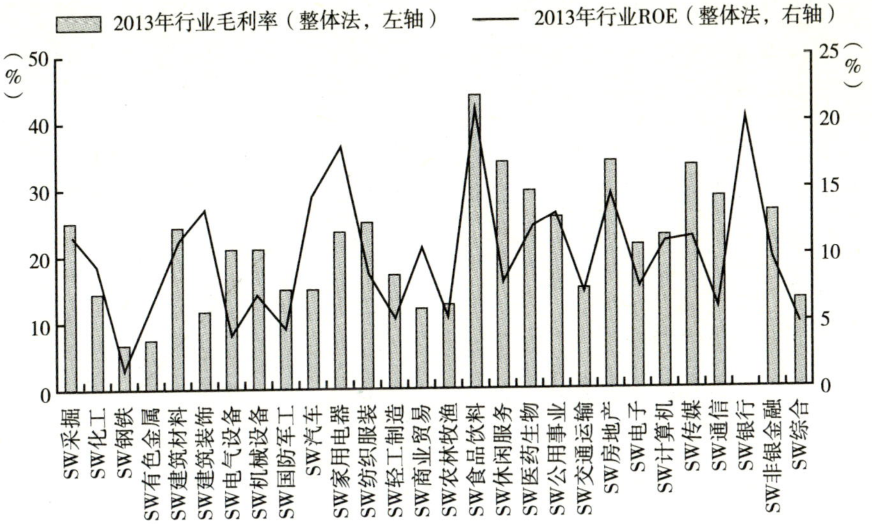

图 13　2013 年行业毛利率与 ROE

资料来源：Wind 资讯。

本的比值，这与经济增加值的计算公式非常相似。ROIC 可以用来直观地反映公司的创值能力，不过，这个指标并非越高越好，指标越高也可能意味着经营者以牺牲未来长期价值为代价来增加营业收入，同时由于投入资本中不含有无息流动负债，管理层可能会通过做小无息流动负债来提升 ROIC。

（三）股息率排名结果

股息率是投资者选股的重要依据，也是安全边际的重要实现手段，主要市场上通常将股票的股息率与银行的定期存款利率相比较，如果股息率高于同等期限银行定存利率，投资股票将比存在银行资金保值增值的作用更大。

从国外的经验来看，股市较弱时分红型股票往往具有很好的防御性，这些公司拥有的足够现金流，一方面可以提升它们收购兼并的能力，另一方面在下滑周期中它们抵御风险的能力更强。考虑到公司需要在回馈股东和未来发展之间权衡，所以 30% ~60% 是公认比较合理的区间，寻找具有很好安全边际的优质分红公司会令投资者获得长期收益。

考虑 A 股上市公司分红率普遍较低，我们没有划分行业，直接剔除 ST 股票后对所有上市公司进行股息率三年均值排名。我们只列出前200位的上市公司，附录中有完整的上市公司股息率均值排名。

表74　部分上市公司股息率均值排名

单位：%

排名	上市公司名称	2012年股息率	2011年股息率	2010年股息率	三年均值
1	广发证券	1.47	4.92	24.58	10.32
2	盘江股份	6.29	11.89	11.89	10.02
3	方大特钢	29.94	0.00	0.00	9.98
4	泸州老窖	11.34	8.82	6.30	8.82
5	美邦服饰	8.76	9.81	6.19	8.26
6	浙江永强	3.61	10.24	10.32	8.06
7	山煤国际	7.83	7.83	7.83	7.83
8	昊华能源	3.97	6.32	12.64	7.64
9	潞安环能	4.14	6.17	12.33	7.55
10	兰花科创	7.82	7.82	6.52	7.39
11	兖州煤业	5.21	8.25	8.54	7.33
12	九阳股份	5.88	9.75	5.88	7.17
13	大有能源	8.24	12.82	0.00	7.02
14	搜于特	5.22	5.22	10.44	6.96
15	陕鼓动力	6.08	6.08	8.68	6.94
16	中材国际	2.95	13.42	4.14	6.83
17	天山股份	1.80	11.48	6.56	6.61
18	雅戈尔	6.93	5.55	6.93	6.47
19	宁沪高速	6.45	6.45	6.45	6.45
20	伟星股份	6.44	9.02	3.87	6.44
21	浙江医药	5.36	6.44	7.51	6.44
22	中联重科	4.39	5.48	9.43	6.43
23	大华农	6.83	8.20	4.10	6.38
24	双林股份	7.34	4.41	7.34	6.36
25	恒源煤电	4.64	0.00	14.29	6.31
26	首开股份	9.13	3.61	6.01	6.25
27	希努尔	3.09	7.73	7.73	6.18
28	中国神华	6.77	6.35	5.29	6.14
29	福耀玻璃	6.20	4.96	7.06	6.07
30	工商银行	6.89	5.85	5.30	6.01
31	荣盛石化	1.28	6.42	10.27	5.99
32	建设银行	6.72	5.93	5.32	5.99

续表

排名	上市公司名称	2012 年股息率	2011 年股息率	2010 年股息率	三年均值
33	中国银行	6.60	5.85	5.51	5.99
34	恒逸石化	1.62	16.23	0.00	5.95
35	瑞普生物	2.86	3.45	11.51	5.94
36	露天煤业	2.96	7.40	7.40	5.92
37	海普瑞	3.27	3.27	10.89	5.81
38	国投新集	3.46	6.92	6.92	5.77
39	郑煤机	5.87	11.15	0.00	5.68
40	大秦铁路	5.87	5.87	5.27	5.67
41	卓翼科技	1.75	3.50	11.68	5.65
42	富春环保	4.23	5.64	7.05	5.64
43	冀中能源	4.23	4.23	8.46	5.64
44	紫江企业	3.38	6.76	6.76	5.63
45	桐昆股份	1.88	15.01	0.00	5.63
46	柳工	3.99	4.79	7.99	5.59
47	青松建化	8.79	0.00	7.81	5.53
48	宝钢股份	3.58	5.18	7.77	5.51
49	宝利沥青	1.82	3.64	10.93	5.46
50	中国石化	6.00	6.00	4.20	5.40
51	京能电力	7.35	5.88	2.94	5.39
52	张裕 A	4.41	6.09	5.61	5.37
53	榕基软件	2.30	4.59	9.19	5.36
54	巨化股份	2.65	8.82	4.41	5.29
55	海南航空	5.85	7.02	2.92	5.26
56	大冶特钢	0.00	6.99	8.74	5.24
57	华丽家族	0.27	1.90	13.55	5.24
58	罗莱家纺	3.47	4.96	7.04	5.16
59	远东电缆	2.56	12.80	0.00	5.12
60	日发精机	4.37	5.47	5.47	5.10
61	尤洛卡	4.73	7.58	2.84	5.05
62	万通地产	4.41	2.03	8.64	5.03
63	广州友谊	5.38	5.38	4.30	5.02
64	东材科技	2.99	7.49	4.49	4.99
65	台基股份	3.71	5.56	5.56	4.94
66	梅花生物	4.22	0.00	10.55	4.92
67	巨星科技	2.91	0.00	11.66	4.86

续表

排名	上市公司名称	2012 年股息率	2011 年股息率	2010 年股息率	三年均值
68	国电电力	5.73	4.41	4.41	4.85
69	兴业银行	5.89	3.83	4.76	4.83
70	皖通高速	4.65	4.88	4.88	4.81
71	白云机场	4.77	5.06	4.34	4.72
72	长江电力	5.56	4.27	4.29	4.71
73	永新股份	4.23	4.23	5.63	4.69
74	中煤能源	5.08	5.21	3.79	4.69
75	三一重工	4.73	5.68	3.60	4.67
76	八一钢铁	1.99	5.70	6.27	4.65
77	农业银行	6.39	5.37	2.20	4.65
78	康力电梯	4.18	4.87	4.87	4.64
79	生益科技	2.70	5.77	5.41	4.62
80	西山煤电	0.68	3.75	9.38	4.60
81	福建高速	4.59	4.59	4.59	4.59
82	海峡股份	1.79	4.77	7.16	4.57
83	文峰股份	7.41	6.22	0.00	4.54
84	中弘股份	10.20	3.40	0.00	4.54
85	山推股份	0.00	6.80	6.80	4.54
86	沪电股份	5.43	2.72	5.43	4.53
87	禾欣股份	4.32	3.09	6.17	4.53
88	平煤股份	3.58	5.00	5.00	4.53
89	紫金矿业	4.52	4.52	4.52	4.52
90	招商银行	6.38	4.25	2.94	4.52
91	广电电气	2.71	2.71	8.13	4.52
92	永安药业	2.25	2.25	9.01	4.50
93	金发科技	4.50	6.76	2.25	4.50
94	海利得	2.54	5.99	4.94	4.49
95	太阳电缆	4.17	3.92	5.34	4.48
96	电科院	2.09	11.13	0.00	4.40
97	益生股份	0.00	10.10	3.03	4.38
98	山东高速	4.29	5.27	3.54	4.37
99	山西汾酒	5.81	3.63	3.63	4.36
100	重庆水务	4.97	4.42	3.57	4.32
101	宗申动力	1.00	3.98	7.97	4.32
102	天虹商场	3.38	3.38	6.14	4.30

续表

排名	上市公司名称	2012 年股息率	2011 年股息率	2010 年股息率	三年均值
103	洽洽食品	4. 29	8. 59	0. 00	4. 29
104	新兴铸管	1. 81	9. 06	1. 81	4. 23
105	赣粤高速	5. 43	3. 60	3. 60	4. 21
106	中国石油	3. 72	4. 28	4. 51	4. 17
107	丹甫股份	1. 50	7. 49	3. 50	4. 16
108	上海凯宝	4. 16	4. 99	3. 33	4. 16
109	泰和新材	0. 00	2. 96	9. 48	4. 15
110	酒钢宏兴	1. 49	5. 97	4. 98	4. 15
111	安源煤业	12. 35	0. 00	0. 00	4. 12
112	栖霞建设	3. 25	3. 25	5. 84	4. 11
113	银河磁体	4. 15	5. 54	2. 58	4. 09
114	交通银行	6. 38	2. 66	3. 19	4. 08
115	新和成	3. 81	4. 57	3. 81	4. 07
116	威创股份	5. 32	3. 80	3. 04	4. 05
117	海润光伏	10. 22	1. 93	0. 00	4. 05
118	深高速	3. 50	4. 31	4. 31	4. 04
119	世纪瑞尔	3. 77	4. 52	3. 77	4. 02
120	晨鸣纸业	1. 42	3. 54	7. 08	4. 01
121	上海能源	5. 06	3. 80	3. 16	4. 01
122	梦洁家纺	1. 99	1. 33	8. 64	3. 99
123	伟星新材	5. 03	5. 03	1. 88	3. 98
124	奥克股份	1. 94	3. 20	6. 78	3. 97
125	鼎龙股份	2. 82	4. 03	5. 04	3. 97
126	嘉欣丝绸	2. 56	3. 50	5. 83	3. 96
127	向日葵	0. 00	0. 00	11. 80	3. 93
128	漫步者	1. 81	1. 81	8. 16	3. 93
129	力帆股份	3. 13	3. 13	5. 48	3. 91
130	宏源证券	8. 52	0. 00	3. 20	3. 91
131	光大银行	2. 37	5. 43	3. 86	3. 89
132	海格通信	2. 33	4. 66	4. 66	3. 89
133	南京银行	5. 20	3. 84	2. 56	3. 87
134	江西铜业	4. 08	5. 71	1. 63	3. 81
135	福田汽车	3. 25	2. 44	5. 69	3. 79
136	宏润建设	2. 80	2. 80	5. 60	3. 73
137	九牧王	6. 00	5. 15	0. 00	3. 72

续表

排名	上市公司名称	2012 年股息率	2011 年股息率	2010 年股息率	三年均值
138	桂东电力	4.03	2.01	5.04	3.69
139	华夏银行	5.64	3.00	2.40	3.68
140	高乐股份	1.58	4.73	4.73	3.68
141	中信证券	2.69	3.85	4.48	3.67
142	雏鹰农牧	1.99	4.49	4.49	3.66
143	航民股份	3.75	3.75	3.38	3.63
144	江南化工	2.94	7.85	0.00	3.60
145	锐奇股份	1.50	7.50	1.80	3.60
146	索菲亚	2.28	8.49	0.00	3.59
147	北京银行	5.27	2.64	2.85	3.58
148	南方航空	2.15	8.58	0.00	3.58
149	徐家汇	3.67	6.93	0.00	3.53
150	广深铁路	3.14	3.92	3.53	3.53
151	浦发银行	5.76	3.14	1.68	3.53
152	中瑞思创	2.20	1.76	6.60	3.52
153	人人乐	0.00	5.27	5.27	3.52
154	金杯电工	3.00	2.50	5.00	3.50
155	东莞控股	3.43	3.21	3.85	3.50
156	三星电气	5.23	5.23	0.00	3.49
157	湖北能源	0.80	0.80	8.82	3.47
158	双星新材	0.95	9.47	0.00	3.47
159	万华化学	4.28	3.67	2.45	3.47
160	唐人神	2.52	7.84	0.00	3.45
161	现代投资	7.15	0.00	3.18	3.44
162	思源电气	1.02	1.02	8.15	3.40
163	水井坊	3.40	3.40	3.40	3.40
164	永辉超市	5.08	3.39	1.69	3.39
165	嘉麟杰	2.08	3.56	4.45	3.36
166	步步高	4.56	3.44	2.07	3.36
167	顺发恒业	9.13	0.91	0.00	3.35
168	卫星石化	2.32	7.72	0.00	3.35
169	阳泉煤业	4.90	3.42	1.71	3.34
170	通裕重工	2.50	7.50	0.00	3.33
171	贝因美	9.99	0.00	0.00	3.33
172	五粮液	4.97	3.11	1.86	3.31

续表

排名	上市公司名称	2012 年股息率	2011 年股息率	2010 年股息率	三年均值
173	光大证券	1.13	3.23	5.54	3.30
174	长青股份	2.28	2.28	5.33	3.30
175	新联电子	3.43	2.14	4.28	3.28
176	哈药股份	0.00	0.00	9.81	3.27
177	楚天高速	2.98	3.40	3.40	3.26
178	万向钱潮	2.79	3.49	3.49	3.26
179	中国交建	4.95	4.81	0.00	3.25
180	正泰电器	4.34	3.41	1.95	3.24
181	江铃汽车	2.88	3.54	3.25	3.23
182	长荣股份	2.79	6.88	0.00	3.22
183	北京城建	4.97	2.68	2.01	3.22
184	龙星化工	0.00	4.82	4.82	3.21
185	中原高速	4.59	0.46	4.59	3.21
186	深赤湾 A	2.85	3.14	3.63	3.21
187	仙琚制药	2.49	2.74	4.36	3.20
188	民生银行	4.07	4.07	1.36	3.17
189	全聚德	2.97	3.56	2.97	3.17
190	雅化集团	2.37	3.56	3.56	3.16
191	南玻 A	2.09	2.51	4.87	3.16
192	浙江众成	5.83	2.19	1.46	3.16
193	天晟新材	0.00	3.15	6.30	3.15
194	双象股份	5.90	0.00	3.54	3.14
195	远东传动	2.10	2.10	5.24	3.14
196	华域汽车	3.92	3.18	2.33	3.14
197	龙元建设	3.95	2.43	3.04	3.14
198	广宇集团	2.28	2.85	4.27	3.13
199	天马精化	2.56	3.42	3.42	3.13
200	金钼股份	2.47	3.08	3.85	3.13

（四）股息率排名结果启示

我们可以看到，排名靠前的上市公司往往集中在低估值的强周期行业，16 家上市银行中 13 家出现在了前 200 名的榜单中，同时，煤炭、电力、公路、能源和公用事业的上市公司股息率排名也较为靠前。

通过股息率筛选上市公司不能仅依靠股息率的高低，同时还需考虑具备基本面较好和可持续的分红能力。以能源行业为例，虽然当前分红率较高，但是行业基本面较差，市场预期这些行业未来分红难以确定。未来行业基本面较好且具备可持续分红能力的行业主要包括食品饮料、医药生物和纺织服装等大消费类行业，以及银行、非银金融等传统盈利能力较强的金融行业。

参考文献

［1］周永丽：《基于层次分析法的上市企业价值评估研究》，大连理工大学学位论文，2008 年 12 月 1 日。

［2］何俊：《上市公司治理结构的实证分析》，《经济研究》1998 年第 5 期。

［3］张浩而、李雨桐：《A 股上市公司社会责任报告蓝皮书 2009》，2009。

［4］詹雷、郭文娟：《我国公司治理综合指数研究述评》，《财会通讯》2011 年第6 期。

［5］马英华：《企业社会责任及其评价指标》，《学术》2008 年第 8 期。

［6］尚正：《投资者如何分析上市公司》，《上海证券报》2012 年 8 月 26 日

［7］林左鸣：《广义虚拟经济——二元价值容介态的经济导论》，《广义虚拟经济》2009 年第 1 期。

［8］莫斌伟：《投资者心理对市场估值影响的研究》，河北大学学位论文，2010 年 5 月 1 日。

［9］邱欣彦：《公司治理对审计意见的影响》，《审计与理财》2009 年第 8 期。

［10］周旭卉：《我国上市公司社会责任评价指标体系的构建》，《会计之友》（下旬刊）2009 年第 6 期。

［11］刘芍佳、刘乃全：《中国上市企业的创值能力分析》，《财经研究》2002 年第 6 期。

B.3

中国上市公司创值挑战和体制改革

张磊　张鹏*

摘　要：

随着大众市场日趋饱和，并开始出现差异化需求市场，中国政府动员性市场体制彻底暴露出创新资源配置效率低下和企业创值能力不足的弱点。只有全面解构政府动员性市场体制，形成竞争性市场结构，才能有效满足差异化需求，并提升企业创值能力。

关键词：

差异化需求　政府动员性市场体制　竞争性市场结构　企业创值能力

随着2012～2013年连续两年低于8%的GDP增长速度，围绕中国经济增长速度是否会出现断崖式下降的争论再起。中国上市公司更是自2010年以来就开始遭遇自身的发展困境。一方面，严重的生产过剩不断压低上市公司的资产回报率；另一方面，长期攀升的杠杆率又造成上市公司债务利息率居高不下。这两方面因素相结合势必会阻碍上市公司顺利进行资产扩张。无论是经济增长放缓还是上市公司发展困难，都与中国市场结构的变化息息相关。作为一个后起经济体，中国在改革开放之初首先遭遇到的是成熟的大众市场。这样的大众市场发展更多地带有从小到大的特征，企业只要能够成功地实现规模扩张，有效降低生产成本，就足以同时开拓市场。政府动员性市场体制的三大机制，即增值税制、国家隐性担保下的信贷扩张以及企业通过培育全产业链来获得干中学效应的发展战

* 张磊，中国社会科学院经济研究所副研究员；张鹏，中国社会科学院经济研究所博士后。

略，也由此收到支持企业资产规模扩张和加速经济增长的奇效。然而，随着2003年以后经济赶超任务的加速完成，成熟的大众市场日趋饱和，并开始出现差异化需求市场。在新的市场需求条件下，由于提供的是从无到有的新产品或新服务，企业只有首先开拓具有足够规模的竞争性市场，成功消化高昂的创新成本，并分散创新风险，才能有效提升相应的价值创造能力。考虑到存在可能造成创新活动间信息传递距离过长，特别是横向信息流动困难的固有弱点，政府动员性市场体制却成为引入技术创新的网络模式，并形成能够满足差异化需求的竞争性创新市场的严重障碍，根本适应不了提升企业价值创造能力、实现经济增长方式转变的时代要求。很显然，原有经济体制与新的市场结构之间的不匹配成为中国目前经济增长放缓和上市公司发展困难的体制根源。因此，本报告拟从市场结构变化的视角，初步探讨中国上市公司在提升基于技术创新的创值能力方面所面临的严峻挑战，并在此基础上，提出相应的体制改革对策。

一　大众市场、出口导向型工业化与政府动员性市场经济体制

主流经济学观点认为在改革开放之初，中国从存在人口红利的禀赋条件出发，选择可称为出口导向型工业化的经济增长方式。这种增长方式在性质上属于由外部技术引进推动的国内要素和资本积累，干中学则构成了其核心增长机制。[①] 同出口导向型工业化增长方式相适应，中国在改革开放后还发展出极具资源动员能力的政府动员性市场体制。发展这样的市场体制，就是为了加速投资和增长，突破低收入水平贫困陷阱，实现经济起飞。中国2003年人均GDP达到1000美元，开始步入中等收入国家行列，这标志着经济赶超任务正在加速完成。随着其后国内人口老龄化的加速以及与世界技术前沿差距的缩短，我国越来越可能面临跌入“中等收入陷阱”的严峻挑战，要求及时实现向技术创新驱动的经济增长方式转变，通过综合要素生产率的提高来消化经济增长成

① 中国社会科学院经济研究所经济增长与宏观稳定课题组：《干中学、低成本竞争机制和增长路径转变》，《经济研究》2006年第4期。

本。很显然，主流经济学观点主要从低要素成本和经济增长阶段角度来阐释中国选择出口导向型工业化和政府动员性市场体制的合理性，并指出其弊端集中于跨期错配引发的风险和成本。

然而，上述分析方法却忽略了市场结构对体制选择的决定性影响，甚至可能误导中国经济增长方式的转变方向。作为一个后起经济体，中国企业首先面临的是样本数量众多的成熟市场。由于在这样的大众市场中，企业经济活动更多地遵循泊松分布的随机过程（在极限条件下，趋近于正态分布），这就为通过大数定律分散风险提供了可能。很显然，在这样的市场需求条件下，市场发展只不过是代表性消费者规模扩张的过程。企业只要能够成功地实现规模扩张，有效降低生产成本，就足以同时开拓市场。政府动员性市场体制的三大机制，即增值税制、国家隐性担保下的信贷扩张以及企业通过培育全产业链来获得干中学效应的发展战略自然也会收到支持企业资产规模扩张和加速经济增长的奇效。

二　差异化需求市场、企业创值与中国增长方式转变

随着2003年以后经济赶超任务的加速完成，成熟的大众市场日趋饱和，特别差异化需求市场开始出现。正在变化的市场结构不仅使中国企业迅速跌入报酬递减的窘境，而且还会造成政府动员性市场体制逐渐失去推动企业扩张和经济增长的魔力，转而成为提升企业基于技术创新的创值能力、实现增长方式转变的严重障碍。与成熟的大众市场不同，在差异化需求市场中，由于企业提供的是从无到有的新产品或新服务，并不存在所谓的代表性消费者。企业只有首先开拓具有足够规模的竞争性市场，才能有效满足差异化需求，成功实现技术创新，并提升相应的创值能力。正如社会网络分析方法所指出的那样，与样本数量众多的成熟经济活动不同，提供新产品或新服务的技术创新更多地遵循幂律（power laws）分布的随机过程。在幂律分布条件下，新产品或新服务首先从属于分布长尾部分的边缘市场产生，并经过爆发性增长，直至最终形成由八二法则所决定的寡头市场结构，即只占行为者总数20%的技术创新者却占有80%的市场份额。由此可见，只有这样的竞争性市场，才能满足差异化

需求，确保企业家获得创新报酬，从而有效激励企业的创新活动，并提升其相应的创值能力。更为关键的是，形成竞争性创新市场还必须引入技术创新的网络模式。根据社会网络分析方法最为核心的假定，即网络节点参与者的福利随着距离的增加而递减，政府动员性市场体制阻碍竞争性创新市场形成、降低创新效率的危害由此也将暴露无遗。政府动员性市场体制与管理资本主义有相似的地方，即由发展型政府支持大型企业或企业集团对流水线进行精细化管理。在政府动员性市场体制下，不仅要求由大型企业包办商业化研发（往往长达10~15年）、技术工程化、生产和销售等所有不同阶段的创新活动，而且要求由控制中心通过层级制对技术创新进行统一协调和指挥。这就造成创新活动间信息传递距离过长，特别是横向信息流动困难，阻碍必要的技术创新分工合作，以致难以消化创新成本，并分散风险。再加上政府选择赢家，就会进一步扭曲创新市场。因此，要形成竞争性创新市场，就必须引入技术创新的网络模式，在实现创新专业化分工的基础上，通过中介或网络平台来组织不同创新活动的合作。其中最有效率的技术创新网络要么是通过中介交易的星状网络，要么就是网络平台，参与者可以按照规则进行两两直接交易。只有这样，才能够最大限度的缩短信息传递距离，达到最高效用水平。很显然，这样的交易中介或网络平台实质上就是竞争性市场机制。那么，引入技术创新的网络模式的目的就在于充分运用竞争性市场机制配置创新资源，弥补创新活动间可能的横向信息流动不足，促进创新分工和合作，从而形成相应的市场结构，以获得技术创新的外溢效应和规模经济。很显然，正是由于政府动员性市场体制会造成创新活动间信息传递距离过长，特别是横向信息流动困难，以致与引入技术创新的网络模式，形成能够满足差异化需求的竞争性创新市场产生直接冲突，指望继续依赖政府动员性市场体制来提升企业基于技术创新的创值能力无异于缘木求鱼。

政府动员性市场体制适应不了提升企业基于技术创新的创值能力、实现经济增长方式转变的时代要求也在中国上市公司财务报表上得到充分反映。为了更好地分析企业创值能力的影响因素，我们使用申万证券行业分类标准简单地将行业分为金融与非金融行业两类，对中国上市公司有关财务指标进行计算，并在此过程中删除了ST股票。如图1所示，自进入新世纪，特别是2002~

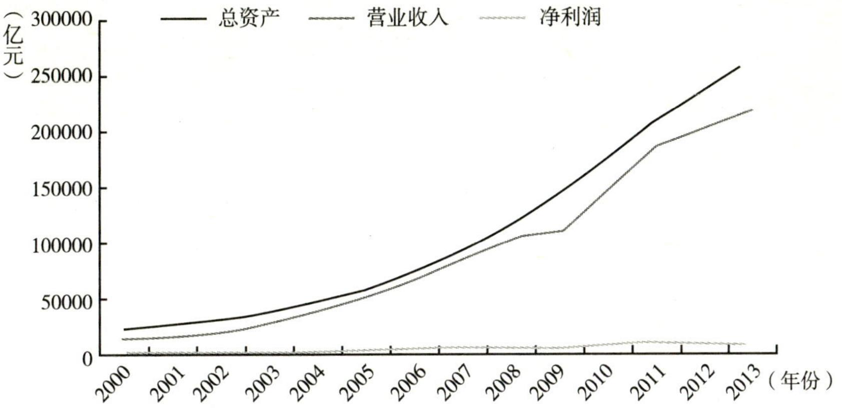

图1　中国非金融类上市公司财务状况

资料来源：Wind资讯。

2007年，中国非金融类上市公司的营业收入和总资产均增长迅速。直到2008年全球金融危机爆发，非金融类上市公司的营业收入和总资产增长才有所放缓。2009～2010年，尽管在国家刺激政策的推动下，非金融类上市公司营收增速一度有所回升，但从2011年开始还是再次出现明显的下滑。即使是总资产增速也从2011年开始出现滑坡。与此形成鲜明的对照，在此期间，相应的净利润增速则始终要缓慢得多。究其原因，受现行的政府动员性市场体制缺陷制约，中国非金融类上市公司以销售净利率为代表的盈利能力一度出现下滑趋势。①要素成本上升和生产者价格上涨迟缓造成企业销售毛利率下降，进而拖累销售净利率。如图2所示，自进入新世纪以来，即使平均实际工资也长期保持两位数的增长，直到2010年以后才降到10%以下，从而为中国要素成本长期上升提供了有力的佐证。相反，工业生产者价格的增长则缓慢得多，并还不时出现通货紧缩现象，这就加剧了企业营业收入增长的困难。特别是自2011年10月以来，除个别月份持平外，约31个月出现工业生产者价格指数下降的现象，这种状况变得愈发严重。很显然，上述两方面因素相结合势必会压低中国非金融类上市公司的销售毛利率。考虑到销售毛利率是消化企业包括营业、管理和财务费用在内的期间费用、营业税金及附加和形成盈利的基础，销售毛利率下降无疑会倾向于压低销售净利率。如图3所示，自2007年以来，非金

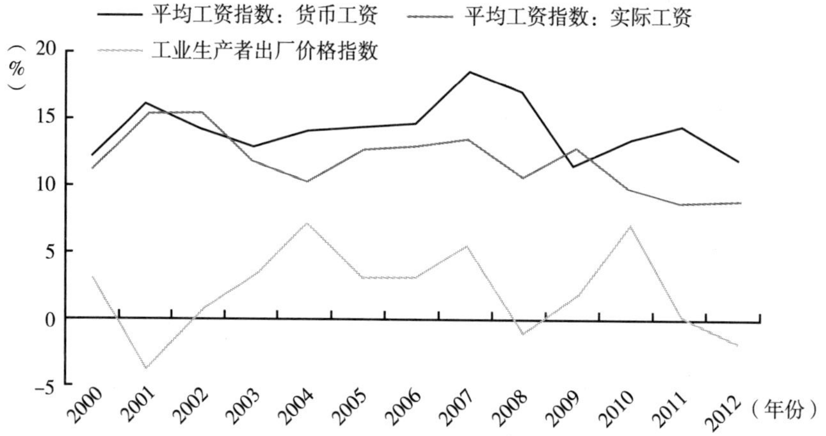

图 2　中国价格指数增长率

资料来源：CEIC。

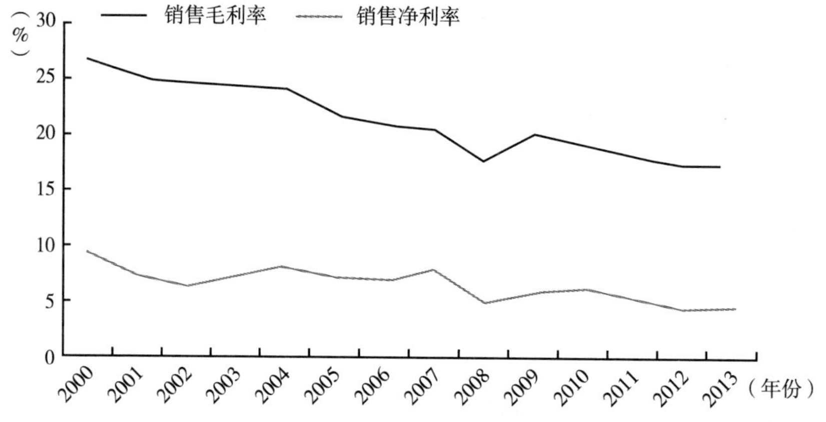

图 3　中国非金融类上市公司销售净利率影响因素：销售毛利率

资料来源：Wind 资讯。

融类上市公司的销售毛利率不仅进一步趋于下降，而且其变化还与销售净利率实现了高度同步，从而成为影响后者的至关重要的因素。②居高不下的营业（主要是销售）费用及管理费用进一步压缩销售净利空间。如图 4 所示，同样从 2007 年开始，非金融类上市公司营业费用及管理费用占营业收入的比重停止下降，从而使得居高不下的营业和管理费用成为导致销售净利率下降的另一

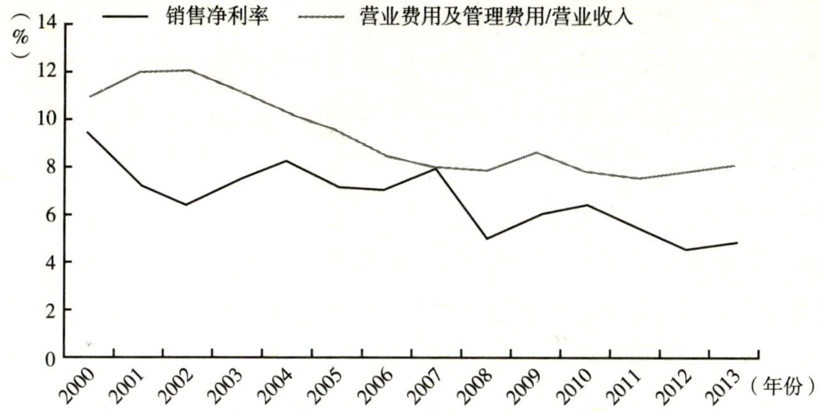

图4　中国非金融类上市公司销售净利率影响因素：营业费用及管理费用

资料来源：Wind 资讯。

重要因素。③由于能够直接影响生产成本，中国增值税制无疑同样会产生压低销售净利率的影响。如图 5 所示，营业税金及附加占营业收入的比重甚至从 2005 年就开始稳步上升。④受益于国家隐性担保下的信贷扩张对债务融资成本的压抑，企业财务费用的上升对销售净利率的负面影响得到一定程度的控制。如图 6 所示，尽管同营业费用及管理费用变动相类似，非金融类上市公司财务费用占营业收入的比重从 2007 年开始停止下降，但其对销售净利率的影

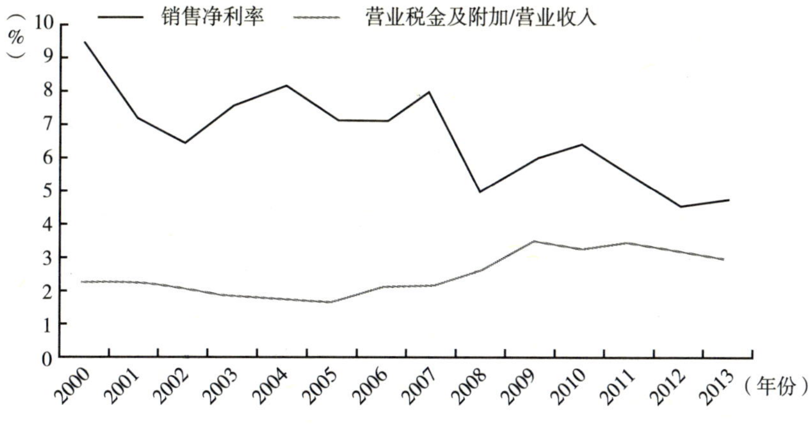

图5　中国非金融类上市公司销售净利率影响因素：营业税金及附加

资料来源：Wind 资讯。

响明显小得多。由此可见，一方面，非金融类上市公司营业收入增长困难使得无法完全消化要素成本的上升，从而造成销售毛利率的下降；另一方面，非金融类上市公司三大期间费用，特别是营业和管理费用以及营业税金及附加的居高不下又进一步降低销售净利率。上市公司营业收入增长不足极有可能源于成熟的大众市场日趋饱和，如果再考虑到居高不下的营业和管理费用实质上可以被视为政府动员性市场体制偏高的信息传递成本，损害企业创新和创值能力的代理变量。中国非金融类上市公司由销售毛利率和净利率所代表的盈利能力下滑则意味着企业希望继续通过培育全产业链来获得干中学效应将变得更加困难。与此同时，作为与企业规模扩张的传统增长方式和政府动员性市场体制相配套的重要机制，增值税制自然也会失去相应的魅力。

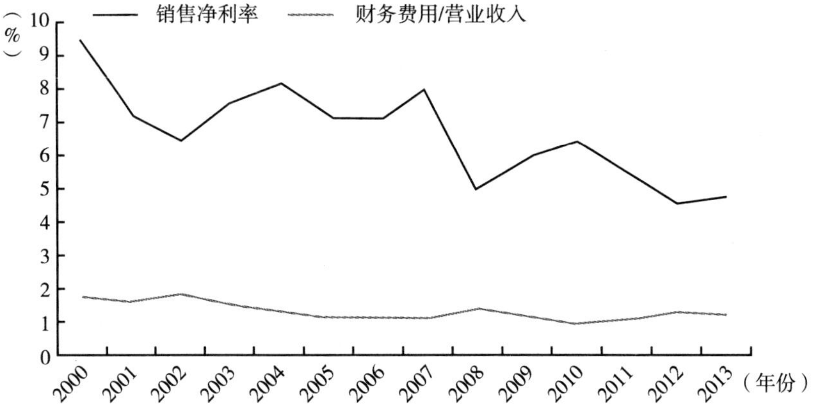

图 6　中国非金融类上市公司销售净利率影响因素：财务费用

资料来源：Wind 资讯。

不过，得益于政府动员性市场体制的另一重要机制，国家隐性担保下的信贷扩张对债务融资成本的压抑，中国非金融类上市公司受销售净利率下降拖累的净资产收益率（ROE）却通过杠杆率的提高而有所改善。如图 7 所示，中国非金融类上市公司由总资产和归属母公司股东的权益比率代表的杠杆率从 2001 年的 1.91 上升到 2013 年的 2.61，特别是自 2008 年以来，在扩张性货币和财政政策的推动下，杠杆率提高得更加明显，对改善上市公司 ROE 做出了应有的贡献。然而，通过进一步提高杠杆率来继续改善上

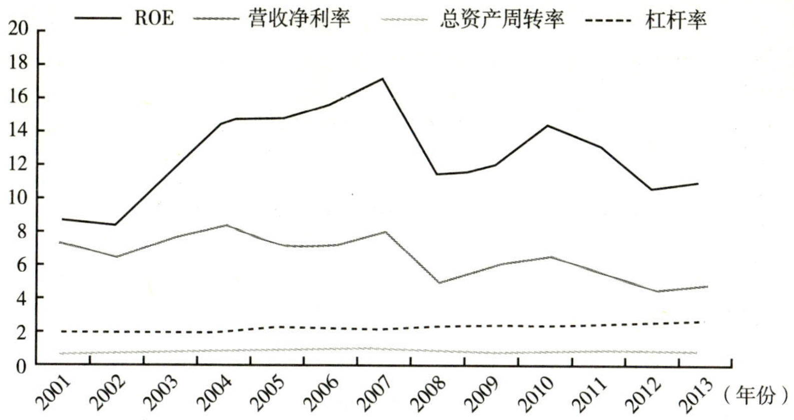

图7　中国非金融类上市公司 ROE 及其分解

注：①营收净利率为净利润和营业收入比率，由于营业收入除了主要销售收入外，还包括其他收入，营收净利率比销售净利率略低。资产周转率为营业收入与本年和上年平均总资产的比率，杠杆率为平均总资产和归属母公司股东的权益比率，ROE为净利润和归属母公司股东的权益比率。ROE 应等于营收净利率、资产周转率和杠杆率的乘积，但由于受计算取小数点后两位数影响，略有偏差。②营收净利率和ROE 的单位为%，资产周转率的单位为次。

资料来源：Wind 资讯。

市公司 ROE 的空间却极为有限。特别是考虑到国家隐性担保下的信贷扩张最终势必会导致利率跨期错配风险贴水飙升，更是如此。根据杜邦方程式，只有在债务利息率低于总资产收益率（ROA）的条件下，企业才有激励提高杠杆率，并能够改善 ROE。如图 8 所示，中国非金融类上市公司 ROA 自从 2007 年达到顶峰之后，就开始落入下降通道。尽管在国家刺激政策的推动下，2010 年非金融类上市公司总资产收益率一度有所回升，但 2011 年以后又重新趋于下降。几乎与此同时，从 2009 年开始，非金融类上市公司的债务利息率也呈现难以继续压低的趋势。这两方面因素相结合势必会压缩通过提高非金融类上市公司杠杆率来改善 ROE 的空间。分行业的数据也揭示出类似的信息，如图 9 所示，材料、通信服务和公用事业三大产业目前已出现上市公司债务利息率高于资产回报率的状况。能源和工业这两个指标则非常接近。如果再考虑到资产扩张使得资产回报率进一步下降，以及利率跨期错配风险贴水最终势必飙升的情景，通过提高非金融类上市公司杠杆率来改善其 ROE 将举步维艰。

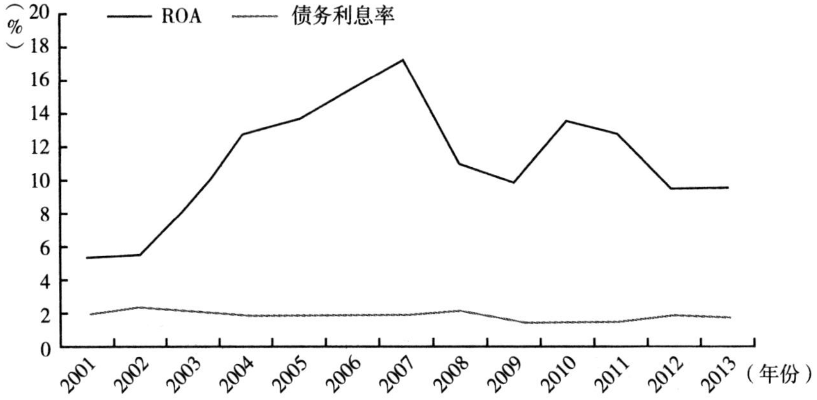

图 8　中国非金融类上市公司资产回报率和债务利息率

注：资产回报率为净利润和平均总资产的比率，债务利息率则由 Wind 资讯提供的资产负债率、已获利息倍数（EBIT/利息费用）和 EBIT/总资产换算而得。

资料来源：Wind 资讯。

综上所述，在大众市场趋于饱和的条件下，政府动员性市场体制的两大机制，即企业通过培育全产业链来获得干中学效应的发展战略和增值税制将无助于中国上市公司实现创新外溢效应以消化日益增长的成本，反而只会造成越来越严重的生产过剩，不断压低资产回报率。与此同时，由于最终势必会导致利率跨期错配风险贴水飙升，政府动员性市场体制的另一重要机制，国家隐性担保

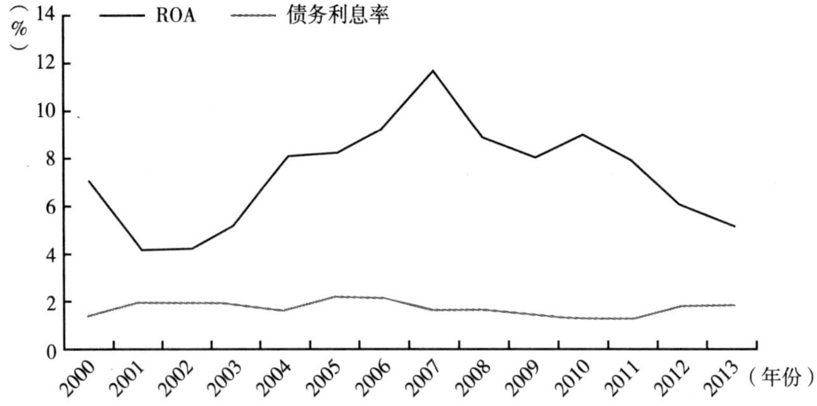

a. 能源

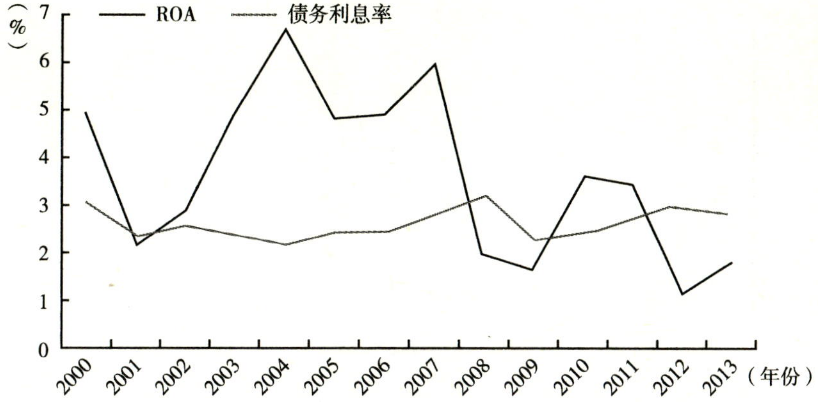

b. 材料

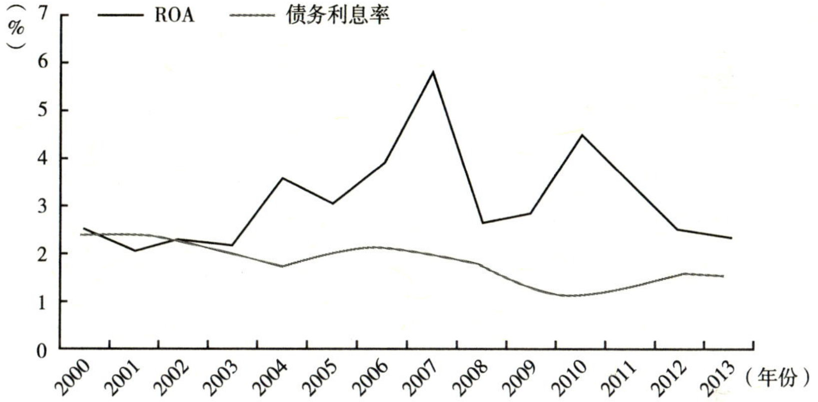

c. 工业

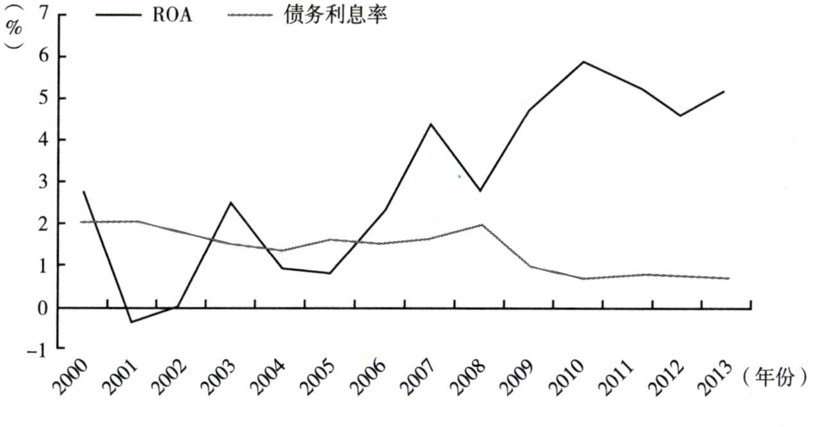

d. 可选消费

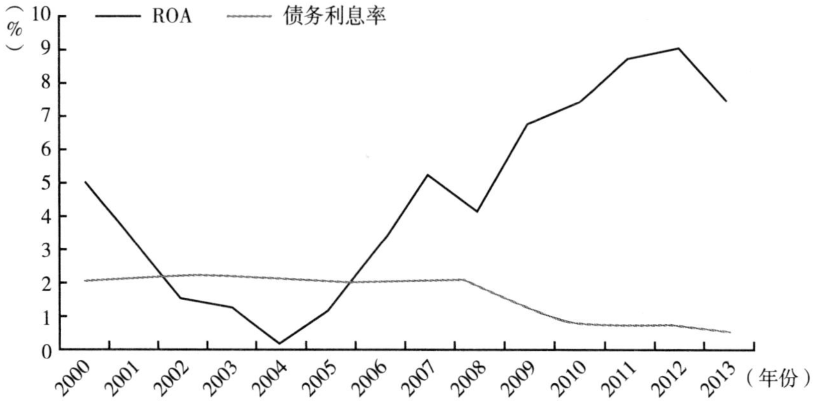

e. 日常消费

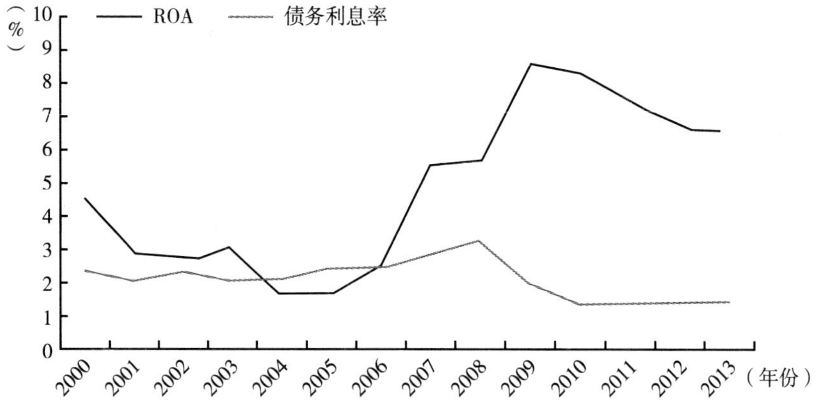

f. 医疗

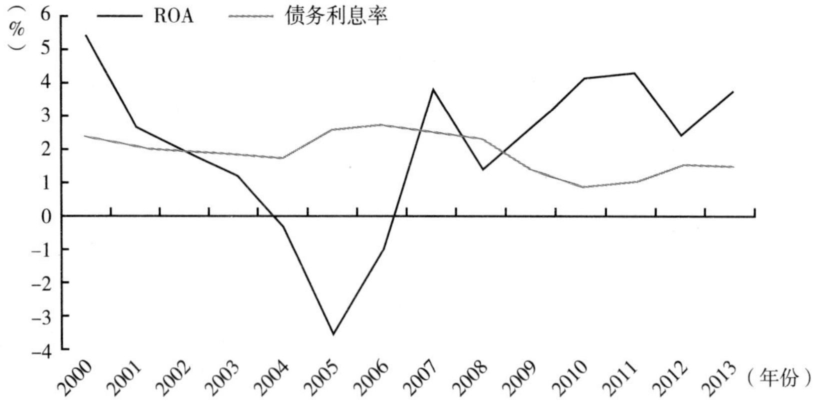

g. 信息技术

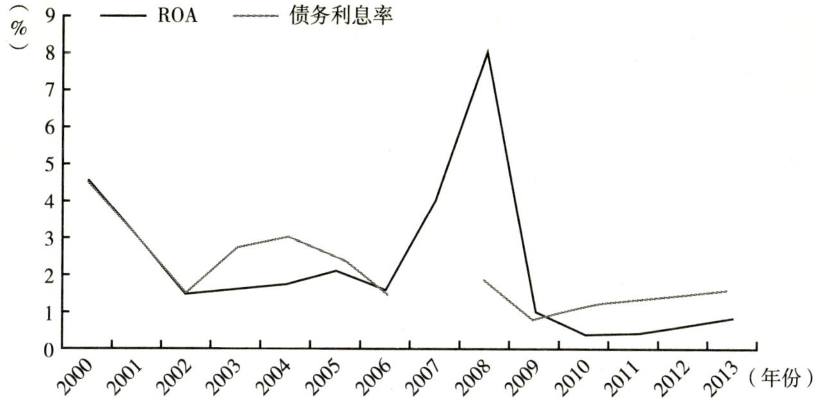

h. 通信服务

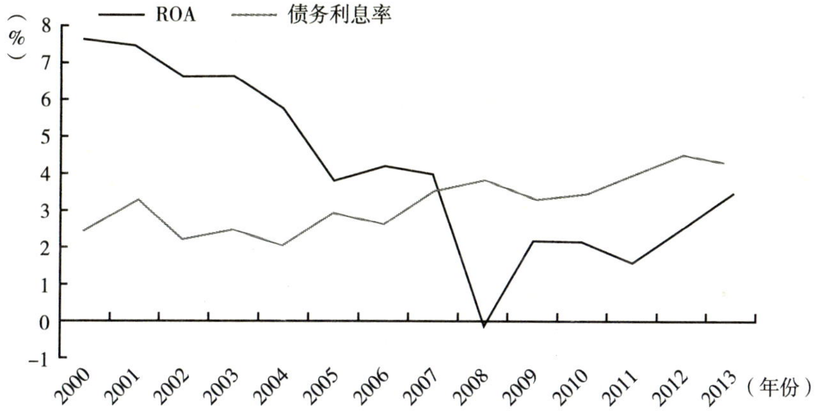

i. 公用事业

图 9　中国非金融类上市公司分行业资产回报率和债务利息率

资料来源：Wind 资讯。

下的信贷扩张对推动上市公司资产扩张也将变得困难重重。这两方面因素相结合势必会阻碍上市公司顺利地进行资产扩张。作为具有较高竞争力的企业代表，中国上市公司发展困难标志着政府动员性市场体制正在越来越丧失推动企业规模扩张的经济增长原有作用。正是由于存在可能造成创新活动间信息传递距离过长，特别是横向信息流动困难的固有弱点，政府动员性市场体制成为引入技术创新的网络模式，并形成能够满足差异化需求的竞争性创新市场的严重障碍，以致危及企业技术创新和价值创造能力的有效提升。在要素报酬递减规律的制约下，资产规模扩张和技术创新乏力相结合势必压低中国企业资产回报率，损害相应的价值创造能力，并可能进一步诱发信贷过度扩张，加剧跨期错配风险。由此可见，政府动员性市场体制适应不了提升企业基于技术创新的价值创造能力、实现经济增长方式转变的时代要求，才是中国目前经济增长放缓和上市公司发展困难的制度根源。

三　美国经济复苏和中国上市公司创值挑战加剧

根据前面的分析，在缺乏企业技术创新和价值创造的条件下，中国目前的企业资产扩张和经济增长在很大程度上依赖着国家隐性担保下的信贷扩张支撑。显然，这样的企业资产扩张和经济增长主要取决于国家隐性担保下的信贷扩张可持续性。在开放经济条件下，美国正在实现的经济复苏则又加大了中国继续进行信贷扩张的难度。正如米塞斯－哈耶克工业波动模型所指出的那样，信贷扩张源于金融部门集体错误对信贷利率压低，最终必将导致利率跨期错配风险贴水飙升而难以为继。[①] 这是因为在技术创新乏力的条件下，信贷扩张实质上相当于金融部门通过压低利率使得资产回报率偏低的投资项目获得过多的货币支持。由于缺乏消费者意愿储蓄配合，这样的信贷扩张最终必将导致恶性通货膨胀而被迫终止。此外，如果外部经济存在高资产回报率也会加速终止信贷扩张过程。信贷扩张终止具体表现为随着利率跨期错配风险贴水飙升，经济和投资将转而开始进行收缩调整。

事实上，中国国家隐性担保下的信贷扩张已经变得举步维艰。自改革开放以来，中国企业资产扩张和经济增长一直得到国家隐性担保下的信贷扩张的有力支持。[②] 如图 10 所示，得益于金融市场的加速发展，2002～2007 年，中国

① 米塞斯－哈耶克工业波动模型具体内容参见本文附录一。布赖恩·斯诺登、霍华德·文、彼得·温纳齐克：《现代宏观经济学指南——各思想流派比较研究引论（中译本）》，苏剑等译，商务印书馆，1998。

② 国家隐性担保下的信贷扩张简介参见本文附录二。

一度出现 M2 增长率低于固定资产投资增长率的喜人局面。2002 年，M2 增长率甚至已经接近 GDP 的增长率，有望终结改革开放以来长盛不衰的货币化进程，缓和跨期错配风险。遗憾的是，随着全球金融危机的爆发，特别是 2009 年宽松的货币和财政政策的实施，这一良好趋势遭到彻底逆转，中国重回信贷扩张支持企业规模扩张的经济增长老路，并出现了影子银行债务扩张的跨期错配风险新形式。Il Houng Lee，Murtaza Syed 和 Liu Xueyan 证实即使以具有投资导向型经济增长特征的亚洲经济体高标准来衡量，中国实际投资率仍然显得偏高，存在跨期错配和过度投资的可能。① 中国近 30 年来可预测的投资标准应占 GDP 的 33% ~43%，但中国实际投资在 GDP 的 35% ~49% 的更大范围内波动。不过，只是在 2000 年以后，中国跨期错配问题才变得突出，并在 2009 年为了应对全球金融危机而实施一系列经济刺激方案以后愈发严重。实际上，国家隐性担保下的信贷扩张引发的跨期错配风险已经造成中国信贷利率的提高。如图 11 所示，自 2010 年 10 月以来，中国金融机构加权平均贷款利率一直居高不下。

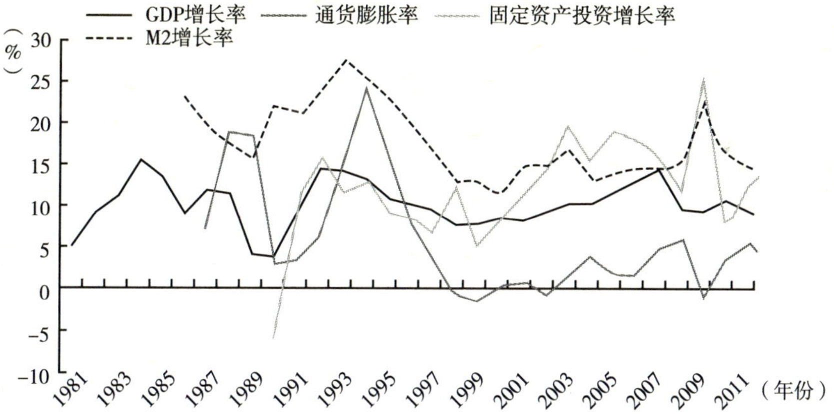

图 10 中国改革开放以来的信贷扩张、投资、增长和通胀

资料来源：CEIC。

① Lee M. I. H., Syed M. M. H., Xueyan M. L., "Is China Over - Investing and Does it Matter?" *International Monetary Fund*, 2012.

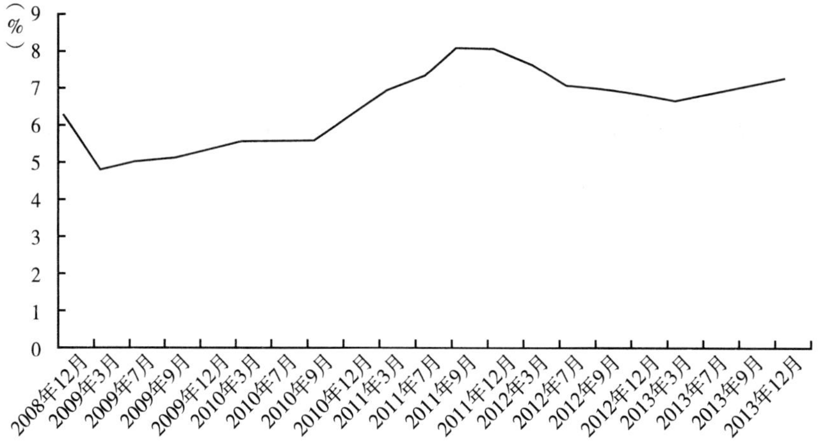

图 11　中国金融机构加权平均贷款利率

资料来源：CEIC。

美国正在实现的经济复苏则进一步加大了中国国家隐性担保下的信贷扩张难度。随着美国技术创新驱动的经济增长逐步恢复常态及其资产回报率的提高，可能导致人民币升值趋势逆转，加速资金向美国回流无疑会加速中国跨期错配风险的爆发。与中国企业技术创新乏力的状况不同，早在 20 世纪 80 ~ 90 年代，美国就在里根革命和 ICT 革命的共同作用下，形成了技术创新的网络模式，有效地解决了“创新市场从哪里来”的难题，实现了创新专业化分工和规模经济，从而成功地消化了创新成本，并分散了风险。美国也由此提升了企业创值能力，并实现技术创新驱动的经济增长。在技术创新中，美国最早采用的是线性模式，即所谓的 Bush 模式。Bush 总结二战期间美国科学研究的经验，提出有关技术创新线性模式。[①] 在该模式中，从科学到经济的路径就像在企业内部的一条装配线，其源头始自基础科学家因好奇心而不考虑实际应用的追求。然后，新知识就被放到传送带的起始端。随着传送带的转动，应用科学家（主要是工程师）接过这些基础知识并想方设法将其应用于实际当中。接下来，为私人企业工作的技术工人将应用科学转化为新产品和更好的生产流

① Bush. Science, The Endless Frontier, US Government Printing Office, Washington, D. C. , 1945.

程。在最后阶段，通常还要通过企业内部分配渠道将产品销售出去。根据这些观点，发现新的基础科学知识是技术创新的首要环节。因此，Bush 提出政府应主要对基础研究进行资助和投资，致力于对大自然及其规律的一般认识和理解，而不考虑实际结果，从而创造（公共）知识，以供工业将其转化为实际应用。只有这样，才能最好地推动技术进步和经济增长。Bush 模式为战后大量增加对科学研究的公共资助奠定了理论基础。很显然，Bush 模式主要关注发明能力的培育，却忽略了“创新市场从哪里来”这一最核心的问题，从而低估了将作为技术蓝图的发明转变为具有真实商业交易的创新的难度。正是由于 Bush 模式存在这样的弱点，美国二战以后对基础研究的公共资助尽管促进了技术进步，使其一跃成为世界头号技术领先国，但技术创新并未成为美国经济增长的主要动力。随着增长成本的不断提高，美国在 20 世纪 70 年代中后期还一度陷入产业国际竞争力下降和经济滞胀的窘境。美国这种经济增长欠佳状况直至经过里根革命和新的信息收集和处理技术的共同作用，形成技术创新的网络模式以后，才得以改观。得益于里根革命和 ICT 革命的共同作用，美国在 20 世纪 80～90 年代形成了技术创新网络模式。一方面，通过里根革命理顺政府与市场的关系，加强知识产权保护，减少管制产生的贸易壁垒，促进了配置创新资源的竞争性市场体制形成；另一方面，借助 ICT 革命提供的信息收集和处理技术，缓和创新活动的信息不对称，降低交易成本，大大拓展了竞争性市场体制配置创新资源的范围。正如 Jackson 和 Wolinsky 所发现的那样，根据网络节点参与者效用随着距离增加而递减的假定，网络节点参与成本决定着网络结构。[①] 从实现社会效用最大化的角度考察，只有在信息传递成本处于一个中间范围时，星状网络才是唯一有效率的网络。在实际经济运行中，星状网络就是具有竞争性市场性质的网络交易中介或按照规则直接交易的网络平台。很显然，ICT 革命所提供的信息收集和处理技术对形成技术创新网络模式具有特殊意义。正是由于新的信息通信技术能够缓和创新活动中的信息不对称，降低交易成本，由里根革命所形塑的竞争性市场体制才能充分发挥其节省信息传递成

① Jackson, M. O., and J. Wolinsky, “A Strategic Model of Social and Economic Networks,” *Journal of Economic Theory* 71 (1): 44–74, 1996.

本的优势，有效配置创新资源。由此可见，美国至少领先中国一代人采用了技术创新的网络模式，形成相应的竞争性市场结构，从而提升企业创值能力，并实现技术创新驱动的经济增长。美国金融部门集体犯错，特别是影子银行造成的债务过度扩张也曾引发2008年全球金融危机，对其资产回报率产生严重的负面冲击。不过，由于技术创新的网络模式的采用以及竞争性市场结构的形成能够确保创新产业获得超额利润，随着经济和投资收缩调整的完成，美国资产回报率回升至稳定状态完全可期。如表1所示，在资产负债率接近的条件下，从2010年开始，美国非金融类上市公司无论是由净资产收益率（ROE）还是由总资产收益率（ROA）衡量的资产回报率均超过中国同类公司。

表1　中美非金融类上市公司创值能力比较

单位：%

年份	净资产收益率（ROE）	资产负债率	总资产收益率（ROA）	净资产收益率（ROE）	资产负债率	总资产收益率（ROA）
	美国			中国		
2000	9.7	61.6	3.7	10.6	45.7	5.8
2001	1.1	62.7	0.4	8.0	46.1	4.3
2002	-1.5	65.7	-0.5	7.7	48.2	4.0
2003	11.0	63.5	4.0	10.4	49.3	5.3
2004	12.2	61.9	4.7	13.2	51.8	6.4
2005	13.8	61.7	5.3	13.2	53.8	6.1
2006	15.9	60.2	6.3	14.1	54.6	6.4
2007	15.1	60.2	6.0	15.5	53.6	7.2
2008	10.2	63.0	3.8	10.1	55.9	4.4
2009	12.0	60.4	4.7	10.6	57.3	4.5
2010	13.7	58.8	5.6	12.9	57.0	5.5
2011	14.2	59.7	5.7	11.7	58.0	4.9
2012	11.8	60.2	4.7	9.4	58.6	3.9
2013	12.6	59.9	5.1	9.7	59.1	4.0

资料来源：COMPUSTA。

考虑到中国已成为一个开放经济体，美国技术创新驱动的经济增长逐步恢复常态及其资产回报率的提高，可能导致人民币升值趋势逆转，加速资金向美国回流，这无疑会造成中国国家隐性担保下的信贷扩张的提前终止。因此，国家隐性担保下的信贷扩张，这一政府动员性市场体制最后的重要机制也必将失去推动企业规模扩张的经济增长作用，并迫使中国上市公司进行相应的经济和投资收缩调整，从而面临更加严峻的创值挑战。

四　结论和对策

根据前面的分析，随着成熟的大众市场日趋饱和，面对差异化需求市场的出现，政府动员性市场体制的三大机制，即增值税制、国家隐性担保下的信贷扩张以及企业通过培育全产业链来获得干中学效应的发展战略正在丧失推动企业规模扩张的经济增长原有作用，不仅无助于提升企业基于技术创新的创值能力，反而会加剧跨期错配风险。美国技术创新驱动的经济增长逐步恢复常态及其资产回报率的提高所可能导致的人民币升值趋势逆转和资金回流，则可能造成中国国家隐性担保下的信贷扩张的提前终止，加速跨期错配风险爆发。由此可见，出口导向型工业化增长方式和政府动员性市场体制如果任其无限制拖延最终带来的严重后果就不仅仅是跨期错配风险爆发会造成中国经济增长硬着陆的问题了。更为关键的是，这样的经济体制根本满足不了提升企业基于技术创新的创值能力、实现经济增长方式转变的时代要求，从而无法有效阻止企业资产回报率下降，并可能引发经济增长停滞。很显然，跨期错配风险爆发所带来的经济和投资收缩调整以及可能出现的经济增长停滞无疑将给中国上市公司的发展造成空前的困难。因此，除了实施偏紧的货币政策、进行必要的经济和投资收缩调整外，还需要全面解构政府动员性市场体制，形成竞争性市场结构，以便对此进行积极应对。

（1）中国上市公司需放弃通过培育全产业链来获得干中学效应的发展战略，积极推进并购交易，促进创新专业化分工，并在此基础上发展交易中介或网络平台（实质为竞争性市场机制）来促成不同创新活动的合作，以获得技术创新的外溢效应和规模经济，努力实现资产回报率的回升。

（2）围绕增值税制改革理顺政府和市场的关系，消除对经济活动不必要的干预，促进竞争性市场结构形成，激励上市公司技术创新。在成熟的大众市场中，由于存在对上市公司发展全产业链的导向作用，增值税制与上市公司发展全产业链之间存在双赢关系。然而，随着成熟的大众市场日趋饱和，特别是差异化需求市场的出现，增值税制却也由此成为上市公司参与创新专业化分工和合作的严重体制障碍。为此，政府需适时放弃增值税制以及其他选择创新赢家的做法，消除对经济活动不必要的干预，转而促进竞争性市场结构形成，确保企业家获得创新报酬。

（3）继续积极推进银行存、贷利率市场化改革，并发展多层次资本市场，更好地运用竞争性市场机制配置创新资源。银行存、贷利率市场化改革的完成将促进国家隐性担保下的信贷扩张的瓦解，消除相应的跨期错配风险。多层次资本市场发展则有助于改善创新资源配置的效率。事实上，即使是美国也只是在信息和通信技术，特别是互联网取得长足进步以后，多层次资本市场才取得迅猛增长。得益于 ICT 革命带来的信息收集和处理技术，以美国为代表的发达经济体的金融发展出现了市场化和产业融合趋势。①存款性金融中介机构出现了严重的脱媒现象，被迫转向市场化发展。一方面，为了应对货币市场基金高利率引发的存款流失，美国在 1980 ~ 1982 年取消了起源于 20 世纪 30 年代规定存款可支付利率上限的银行法 Q 条款，实现存、贷利率市场化；另一方面，信息和通信技术的进步促进了抵押贷款证券化，逐步削弱存款机构作为信用风险专业化评估者和监督者的作用，并将相应职能改由市场承担。②机构投资者和金融衍生市场异军突起，极大地降低了交易成本，有效地提高了金融资产的可贸易性。③市场资产定价效率的提高和交易成本降低使得市场化运作基金以及创新网络交易平台成为配置创新资源的重要机制。具体地讲，一方面，市场化运作基金可以运用 ICT 革命提供的技术，缓和创新活动的信息不对称，对企业不同阶段的创新风险进行有效定价，实现创新专业化分工。另一方面，ICT 革命提供的技术还能降低交易成本，扩大通过市场化运作基金以及创新网络交易平台配置创新资源的范围，从而促成不同创新活动的合作。事实上，包括美国在内的 OECD 很多成员国的经验表明各种类型的私募（PE）和风险投资基金（VC）不仅通过注入风险投资资金和并购资助了中小企业的研发活动（比重高达 20%），而且大型企业也借助市场化运作基金以及相应的创新网络交易平台实现了研发活动的调整：企业重组内部研究开发业务以增大其对企业战略需求的贡献；企业加大网罗企业之外开发的技术，部分实现研发活动的服务外包；企业建立旨在对那些自身开发但又不能在企业内部充分利用的技术进行增值的计划。

由此可见，只有实行上述有关企业商业发展模式、政府经济管理和金融体制的系统改革，引入技术创新的网络模式，形成激励创新的竞争性市场结构，中国上市公司才有望摆脱自2010年以来就已陷入的发展困境，切实提升其基于技术创新的创值能力，既促进资产回报率回升，又减轻跨期错配风险。中国也由此最终实现技术创新驱动的经济增长。

参考文献

[1] Bush. Science, The Endless Frontier, US Government Printing Office, Washington, DC, 1945.

[2] Lee M. I. H., Syed M. M. H., Xueyan M. L., "Is China Over – Investing and Does it Matter?" *International Monetary Fund*, 2012.

[3] Jackson, M. O., and J. Wolinsky, "A Strategic Model of Social and Economic Networks," *Journal of Economic Theory* 71 (1): 44 – 74, 1996.

[4] 布赖恩·斯诺登、霍华德·文、彼得·温纳齐克：《现代宏观经济学指南——各思想流派比较研究引论（中译本）》，苏剑等译，商务印书馆，1998。

[5] 中国社科院经济研究所经济增长与宏观稳定课题组：《干中学、低成本竞争机制和增长路径转变》，《经济研究》2006年第4期。

附录一　米塞斯－哈耶克工业波动模型

米塞斯－哈耶克工业波动模型主要内容可概括为：在经济中存在自然利率（n_r）和市场利率（m_r）两种利率。其中，自然利率是由实体经济部门消费者的时间偏好和生产技术条件共同决定的均衡利率，市场利率则是由金融部门信贷扩张决定的资金成本。当自然利率和市场利率相等时，不会发生资本品和消费品生产的非比例发展，宏观经济将处于均衡状态。在可贷资金市场上，此时储蓄和投资相匹配，所有投资都有自愿储蓄作支持，并不存在信贷扩张，在附图1（a）中，这表示为E点。只有当这两种利率不相等时，非比例发展才会出现。这种情况尤其是在银行信贷扩张压低市场利率时会发生，如附图1（a）所示，当市场利率被人为地从 m_{r0} 压低到 m_{r1}，投资水平则由 I_0 上升到 I_1，大于意愿储蓄量 S_0。超额投资部分由信贷扩张提供支持。信贷扩张无疑可能产生强制储蓄效应。鉴于在一定时期内，社会产品总量属于常数，而信贷扩张增强了厂商（企业家）的购买力，并提高价格水平，自然造成消费被非意愿地减少，形成所谓的强制储蓄。在附图1（a）中即表示为消费由 $Y_F \sim I_0$ 降为 $Y_F \sim I_1$。其中，Y_F 为信贷扩张初始阶段（信用膨胀时期）的社会产品总量，或潜在产出水平。在附图1（b）中，生产的时间结构则相应地由 C 延长到 C'。然而，在缺乏消费者意愿储蓄配合的条件下，信贷扩张最终必将导致利率跨期错配风险贴水飙升而被迫停止，并开始进行相应的经济和投资收缩调整。

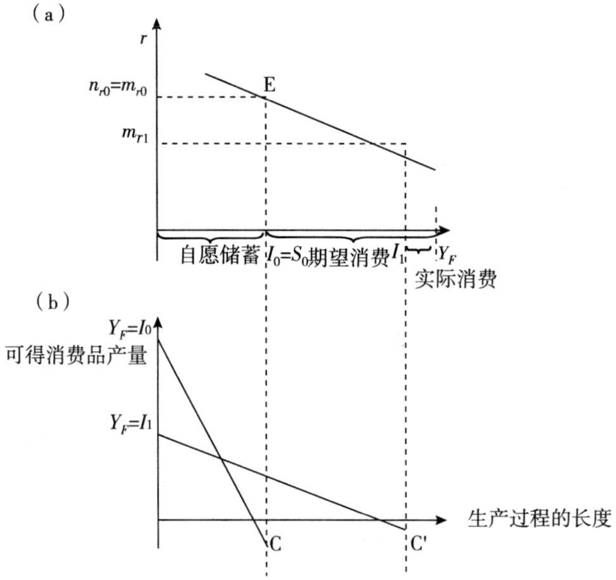

附图1　米塞斯－哈耶克工业波动模型

附录二　中国国家隐性担保下的信贷扩张

运用代表性商业银行资产负债简表，可以较为全面地揭示信贷扩张动员储蓄机制。如表1所示，银行信贷扩张规模的直接约束条件有两个：①充足的资本金率；②充足的准备金率。根据不完美信息、委托代理和金融合同的激励与约束理论分析，由于非货币金融资产（负债）间是不完全替代的，企业内部资金成本低于外部资金成本，银行只有具备充足的资本金率（由银行营业利润和资本损益决定的内部资金率）才能一方面降低由存款人对银行贷款项目审计的预期成本反映的代理成本，激励银行为贷款项目融资而发行各种存款债务；另一方面，也才能为各种存款债务提供良好抵押，激励存款人的有效需求，从而从存款债务供求两方面支持信贷扩张的可贷资金获取。① 同样因信息不对称和交易成本之故，资产和负债也不完全等同，这就要求企业保持足够的流动资产，以降低流动性风险冲击带来的提早清算损失。而作为提供降低整个社会流动性风险冲击功能的银行体系来说，自然更需要保持充足的准备金率。银行只有具备充足的储备（实质为银行的流动资产），保持合理的准备金率，才能进行有效的信贷扩张，对投资和生产提供信贷支持。②

附表1　代表性商业银行资产负债简表

资产	负债
准备金 证券和贷款	活期存款 其他存款或借款 资本金

中国银行信贷扩张上述两个约束条件是通过特殊的货币、金融制度安排来满足的。其中对金融中介，特别是国有银行免于破产的国家隐性担保起到了补充银行资本金的作用。在国家提供隐性担保过程中，存、贷利率管制，特别是相应的利差政策发挥了至关重要的作用。如附图2所示，从1999年开始，中

① Ben S. Bernake, and Mark Gerter, "Agency Costs, Net Worth, and Business Fluctuations," *American Economic Review*, Vol. 79, No. 1, March 1989, pp. 14－31.

② Benjamin M. Friedman, Kenneth N. Kuttner, Ben S. Bernake, and Mark Gerter, "Economic Activity and the Short－Term Credit Markets: An Analysis of Prices and Quantities," *Brookings Papers on Economic Activity*, Vol. 1993, No. 2, 1993, pp. 193－283.

国一改存、贷利差较低的常态，跃升至年利差3%以上，与存、贷利差一直偏高的欧元区日趋接近，远远高于同期的日本和韩国（多在2%以下，甚至接近1%）。考虑到中国的货币化进程的长盛不衰，如此规模的信贷扩张竟然能够保持与经济停滞和信贷扩张缓慢的欧元区相近的存、贷利差，那就不得不说拜国家利率管制和相应的利率政策所赐了。毕竟如果存在存、贷利率市场化，信贷扩张的活跃将引发存、贷款市场的双向竞争，通常倾向于缩小存、贷利差。由此可见，高存、贷利差政策和活跃的信贷扩张相结合保证了银行中介盈利，起到了补充银行资本金的作用。从这个意义上讲，对金融中介，特别是国有银行免于破产的国家隐性担保也就演变成了对银行存、贷利差的国家隐性担保。与此同时，具有兼顾通货膨胀控制和经济增长双重目标的货币政策则起到了保证银行体系准备金充足的作用。改革开放以来，中国货币政策的非稳定性也得到大量实证研究成果的证实。谢平、罗雄在检验中国货币政策中的泰勒规则时，运用货币政策反应函数GMM估计发现，通货膨胀率对利率的调整系数小于1，这是一种不稳定的货币政策规则，在这一制度下，通货膨胀或通货紧缩的产生和发展有着自我实现机制。① 樊明太运用1992～2003年的数据估计中国货币政策反应函数时，发现通货膨胀压力的厌恶程度小于对产出缺口的容忍程度，货币政策反应函数具有动态不稳定性。② 赵进文、黄彦在检测中国的最优非线性货币政策反馈规则时发现，1993～2005年央行存在非对称性政策偏好，实际造成中国通货膨胀明显倾向。③ 由此可见，中国货币政策存在兼顾通货膨胀控制和经济增长的双重目标，在很大程度上具有根据信贷扩张和动员储蓄的需要内生供给货币的特征。

正是在存、贷利差担保政策和宽松的货币政策共同推动下，中国成功地实现了信贷扩张，并开启了长盛不衰的货币化进程。如附图3和图4所示，货币化指数（M2/GDP）在改革开放以来，特别是20世纪90年代中期后迅速攀升，不仅大大高于大多数主要发达国家，而且仅低于泡沫经济破灭后长期实行

① 谢平、罗雄：《泰勒规则及其在中国货币政策中的检验》，《经济研究》2002年第3期。

② 樊明太：《金融结构及其对货币传导机制的影响》，《经济研究》2004年第7期。

③ 赵进文、黄彦：《中国货币政策与通货膨胀关系的模型实证研究》，《中国社会科学》2006年第5期。

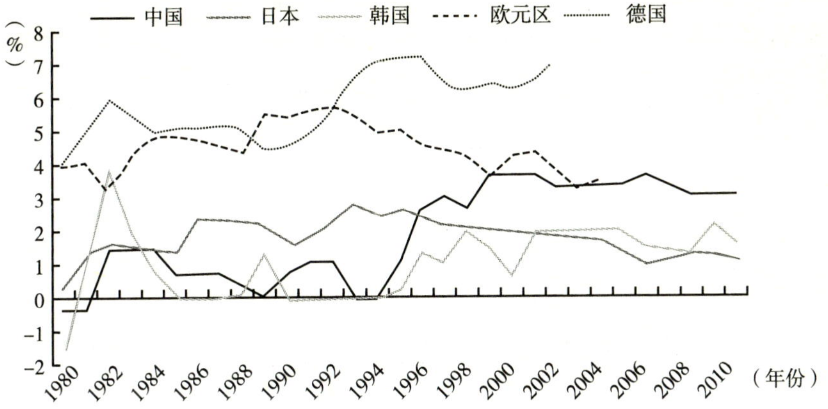

附图 2　银行存、贷利差的国际比较

资料来源：CEIC。

量化宽松的货币政策的日本，并超过与中国发展水平相近的发展中国家。1991 年 GDP/M2 为 0.85，此后在继续不断上升，1997 年为 1.16，按照修正后中国公布的 GDP 数据，2006 年底，我国的 M2 与 GDP 之比已达 1.6。2009 年，在空前宽松的货币政策的推动下，货币化指数重拾升势，达到 1.79。2012 年达到 1.88 的新高。

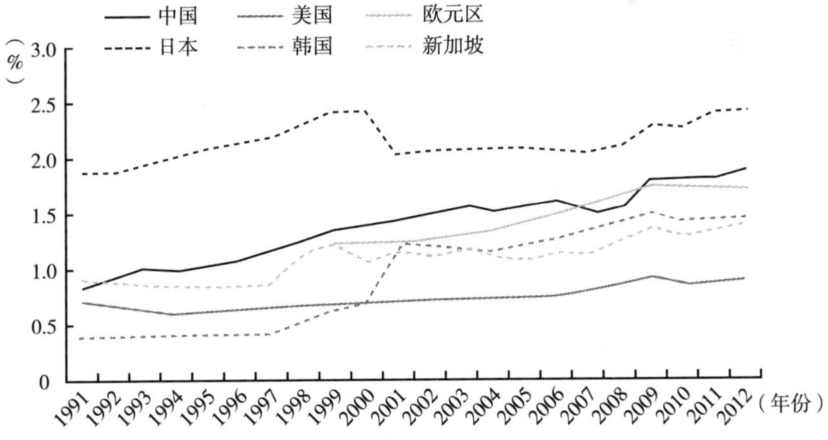

附图 3　货币化指数的国际比较（1）

资料来源：WDI。

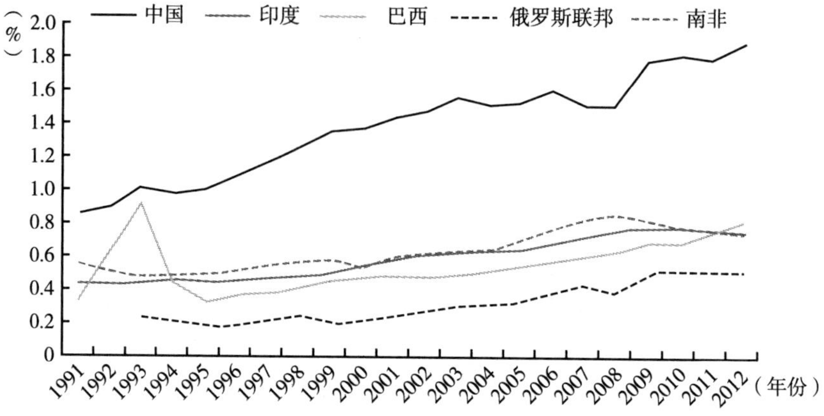

附图4 货币化指数的国际比较（2）

资料来源：WDI。

专题报告

Special Report

B.4

房地产行业：房贷难觅、景气回落、估值部分回归

吴 伟*

摘 要：

本文从行业现状入手，认为房地产行业当前维持着较高景气度。对于地产行业的前景，本文认为房地产市场短期的波动仍然受到市场实际利率、政府信贷、调控政策以及基础设施建设投资相关的拆迁补偿等给居民带来的一次性财产收入的影响，目前的流动性逐步向不利于房地产市场发展转换，调控政策及宏观经济政策主要体现在调控思路的转变，由限贷限购逐步转换到增加供给。另外，可能的农地流转改革将给三、四线城市的房地产市场带来新的购买力。房地产市场整体景气度未来将会下降。

---

* 吴伟，中航证券金融研究所高级研究员。

关键词：

调控政策　拆迁补偿　利率　改革深化

一　2013 年房地产市场回顾

1. 行业景气度高，供给仍较为充足

2013 年，房地产行业整体上继续维持高景气度，销售额和销售面积保持快速增长，但从变化方向上看，下半年景气度已经略有下滑，商品房销售面积累计增速自 5 月开始出现趋势性回落，新开工增速虽因低基数效应有所回升，但房地产开发投资完成额增速下半年也呈现下行趋势。

2013 年全年商品房销售额和销售面积分别为 8.1 万亿元和 13.1 亿平方米，同比增长分别为 26.3% 和 17.3%。其中商品住宅销售额和销售面积分别达到 6.8 万亿元和 11.6 亿平方米，分别同比增长 26.6% 和 17.5%。2013 年商品住宅销售价格也出现较高的涨幅，70 个大中城市新建住宅销售价格同比上涨 9.2%。由于上半年市场销售良好，库存下降，现金回笼，开发商开始通过购地和新开工来补充库存，2013 年全国房地产投资额同比增长 19.8%，新开工面积同比增长 13.5%。

2013 年商品房施工面积达到 66.6 亿平方米，是 2012 年全年销售面积的 6 倍，尽管随着销售面积上升，施工面积与销售面积比有所下降，但相对历史数据仍然处于较高位置，全国供给仍较为充足。

2. 市场继续分化，一线城市需求外溢效果明显

2013 年 10 大城市和 30 大中城市商品房成交面积同比增速分别为 7.6% 和 12.4%，低于全国商品房销售面积 17.3% 的增速。从主要城市的周平均销售面积看，市场继续分化，上海、武汉、成都、天津等城市周均销售面积较 2012 年有明显提升，北京、广州、杭州则与 2012 年基本持平。三、四线城市市场也分化严重，由于一线城市需求部分外溢，带动周边城市（如东莞、惠州等）住宅销售大幅回升，但由于周边城市整体供应量较为充足，市场价格仍较为稳定，尚未到达拐点，未来随着一线城市销售增速放缓，一线城市周边

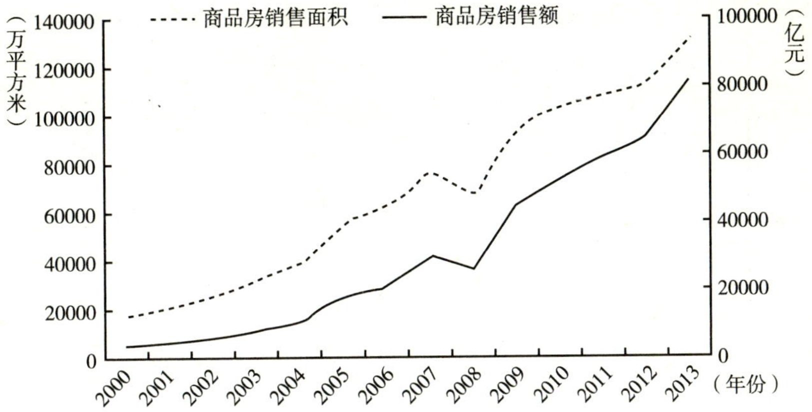

图 1　住宅销售额销售面积同比大幅度增长

资料来源：Wind 资讯。

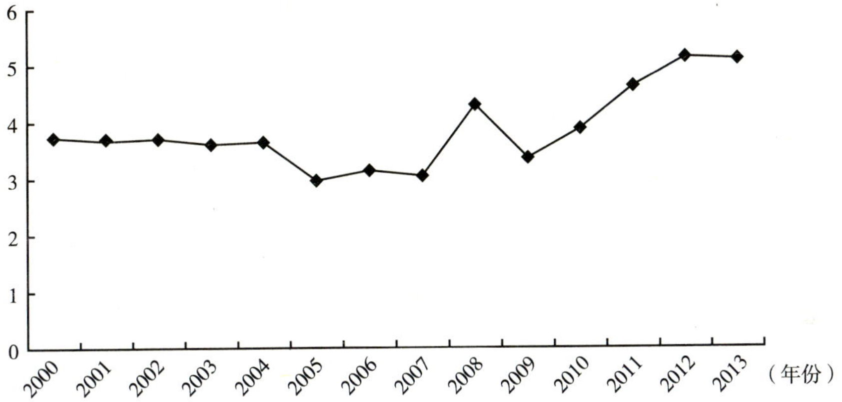

图 2　住宅施工面积与销售面积比维持高位

资料来源：Wind 资讯。

县市的市场将首先受到冲击。

我们用模型测算的房价偏离度来衡量各个城市的房价水平，结果发现，各个城市销售面积的变化与各个城市的房价高低关系并不太大。各个城市所处的阶段不同、上一年基数不同、库存不同导致各个城市市场表现出较大的差异。在上升周期，市场往往经历了量升—价涨—供应紧张—量下降、价格上涨的过程，厦门市场销售旺盛、供应紧张，市场价格随之进入上涨期，市场刚刚渡过

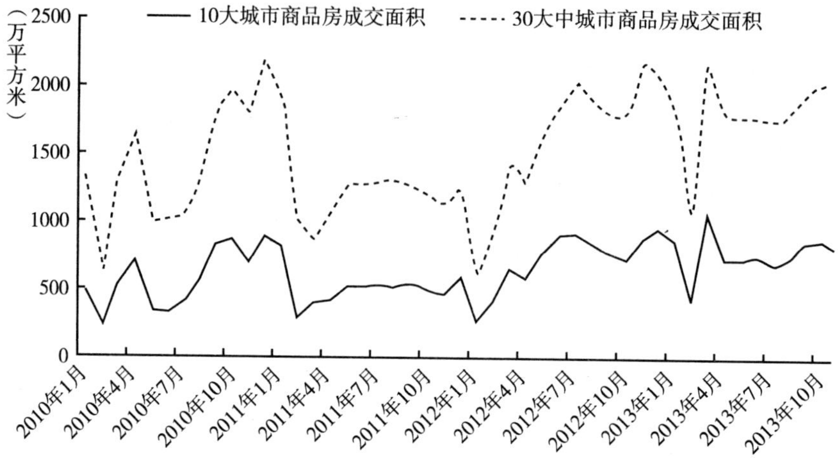

图3　10大城市和30大中城市商品房成交面积增速低于全国平均水平

资料来源：Wind资讯。

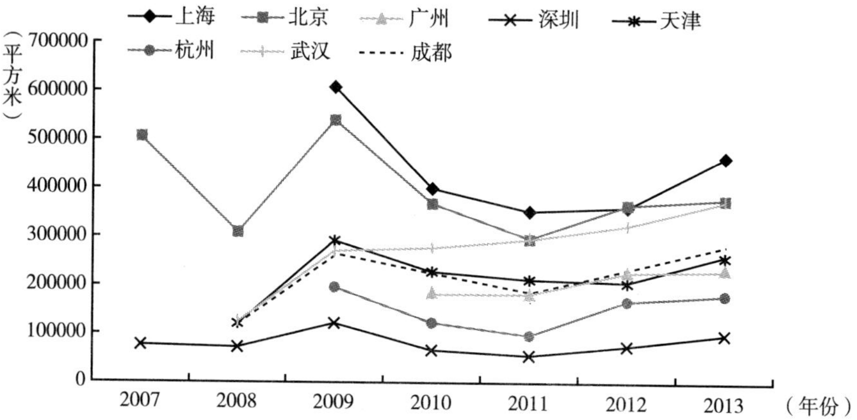

图4　周均销售面积表现不一

资料来源：Wind资讯。

量升价涨期；而北京市场则在经历了2012年销售的大幅回升之后，进入库存紧张、销量下降、价格上涨阶段；处在平稳期的市场则表现为价格稳定、销量平稳、供应充足，重庆、武汉、长沙等市场处于该阶段；处在下降期的市场则表现出库存上升、销量下降、价格高企的迹象，杭州市场目前处于该状态。像

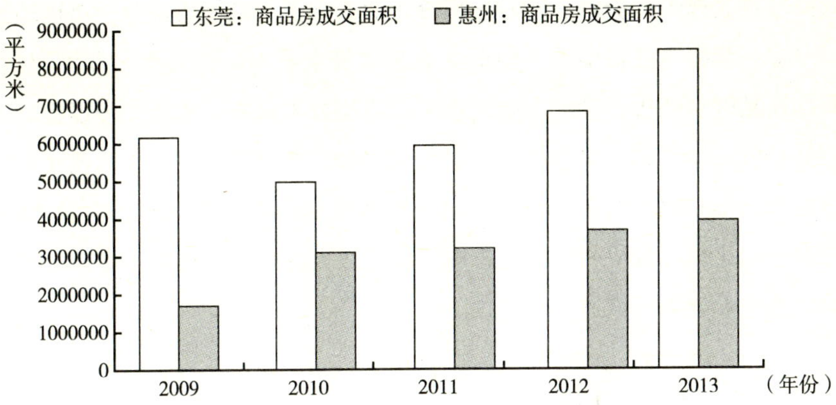

图5　一线城市周边城市销售变化

昆明、东莞、惠州等部分城市销量大幅上升、供应充足则可能是城市基本面发生了较大变化的结果，东莞、惠州主要受益于深圳的溢出效应。

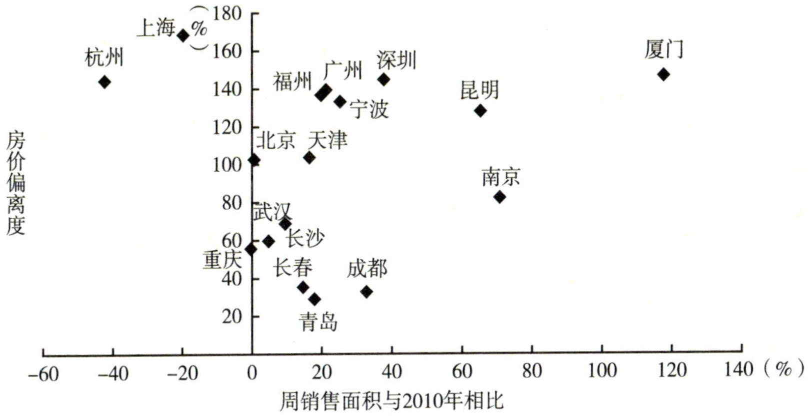

图6　房价与销量相关度并不高

资料来源：Wind资讯。

3. 携融资、品牌优势，大企业市场占有率进一步提升

2013年前三个季度，大型房地产开发商的市场占有率进一步提升，市场销售金额排前10名的市场占有率上升至14.43%，市场销售金额排前20名的市场占有率上升至20.14%。由于银行信贷对开发商实施名单管理，小型地产开发商较难获取银行贷款，同时，部分企业有中国香港上市平台，可以通过发行债券进一步拓宽融资渠道，小型企业获取资金成本相校于大企业没有优势。另外，在品牌、销售、管理方面，小型企业也处于劣势，市场集中度提升成为大趋势。但总体来看，房地产市场仍较为分散，相对较低的进入门槛使该行业一直处于群雄并起的状态。另外，由于整体市场供应较为充足，尽管2013年销售面积同比增速较快，但市场整体仍面临较大的去库存压力，在市场供应过剩的区域企业竞争环境进一步恶化。

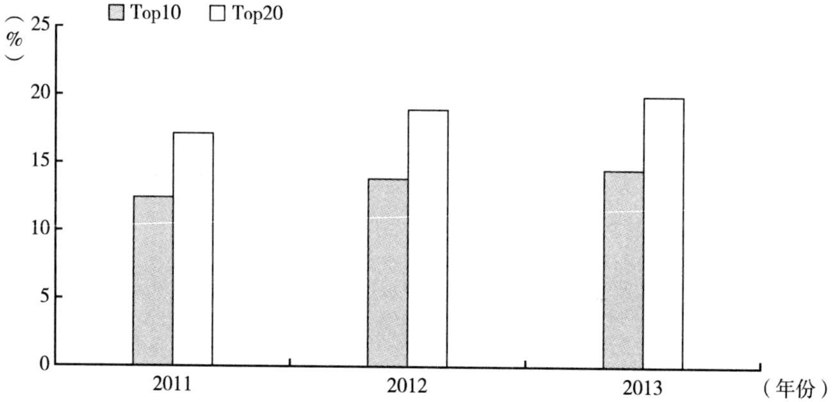

图7　大企业集中度进一步提升

资料来源：CRIC。

面对较差的市场环境，企业积极修炼内功，通过拓宽融资渠道、加快开发速度、调整产品结构、创新拿地方式等手段，部分企业仍然取得了快于行业平均水平的增长。恒大、佳兆业、花样年等企业积极调整土地储备结构，将供应过剩的三、四线城市土地储备占比进一步降低；融创则通过发行债券的方式，调整负债结构，增加长期负债，同时降低融资成本；而万科、龙湖等企业则继续专注提高中小户型、面向刚需产品的比例，加快产品的销售速度；招商地产则通过调整激励方案，加快了土地的开发速度，销售增长也快于行业平均水平；竞争激烈的同时提升了开发商的运营效率，从拿地到出售仅6个月的时间成为行业新的标杆；随着国家对养老、文化等产业的政策扶持力度加大，部分开发商也积极进入相关领域，拓宽自身的拿地方式。

二　前景展望

从宏观上看，人民币小幅升值仍然存在，经济增速放缓已经成为事实，而过去十年已经将历史旧账弥补，市场供应相对比较充足，中长期看，房地产市场难以再现过去因市场供应偏紧、人民币大幅升值、经济高速增长以及 M2 大幅增长而带来的辉煌，但也还没有临近崩盘的边缘，未来市场将主要受到区域经济发展、居民收入水平的驱动，市场将进一步分化，各地产业结构的不同、地理位置不同以及人力资本和实物资本存量决定了各地的经济发展潜力和对人口的吸引力，从而决定了各地的房地产市场发展潜力。

房地产市场短期的波动仍然受到市场实际利率、政府信贷、调控政策以及基础设施建设投资相关的拆迁补偿等给居民带来的一次性财产收入的影响。目前的流动性逐步向不利于房地产市场发展转换，而调控政策及宏观经济政策则给房地产企业带来了不同的机会，主要体现在调控思路的转变，由限贷限购逐步转换到增加供给。另外，可能的农地流转改革将给三、四线城市的房地产市场带来新的购买力。总之，房地产市场整体景气度将会下降，首先将表现为销售量增速下滑；而土地改革给农村居民新增的一次性财产收入将进一步释放农村居民的消费力，从而促进县域市场的发展，但由于宅基地等土地价值有限，对县城市场的影响将比较有限，县域市场仍然受到供给过剩的影响，低迷状态短期内难以改变。

（一）利率和银行行为变化影响地产需求端大于供给端，市场景气度将下滑

我们发现，住房按揭贷款占新建住宅销售额的比例从 2012 年第一季度的 22% 逐步提高到 2013 年第三季度的 80%，宽松的信贷推动了房地产市场热度的上升，然而实际的金融环境逐步从紧，将对房地产市场的前景造成一定影响。正如我们之前的报告指出，由于中国外汇占款增幅有限和表外业务的发展，M2 增速难以全部代表市场流动性状况，目前市场的实际流动性情况主要

受国内信贷政策的影响，银行6月“钱荒”以后，银行间隔夜拆借利率和七天债券回购利率上升至近几年的高点，之后虽然逐步回落，但仍然处于较高的水平；我们可以观测到的反映市场实际利率水平的一个月理财产品收益率则在2013年6月“钱荒”过后持续上升，2013年末一月期理财产品收益率达到5.95%，为历史高位。

随着经济回稳迹象明显，中央采取的稳健的货币政策以及“钱荒”对银行表外业务扩张的冲击，使社会融资总量增长放缓，同时市场利率上升，而银行基于盈利能力考虑，一方面降低自身业务杠杆，另一方面配置更高比例的高收益的信托产品，降低房贷等低收益贷款的发放。最终的结果是住房按揭贷款供给减少，而开发商贷款供给增加，民间借贷利率持续下降，开发商获取资金的能力增强，市场供应仍有望能够保持，而需求则将因按揭贷款紧缩而下降，最终市场竞争加剧，如果该状况持续下去，市场将经历从量缩价稳到价格下降的演变，2013年下半年开始市场销售量增速已逐步放缓，在2015年各类贷款到期之前，开发商资金链将再度紧张，房地产市场价格则有松动的可能。

（二）利率高企的未来

2010年以来，中国利率一直处于较高的位置，尽管中间短期有波动，但

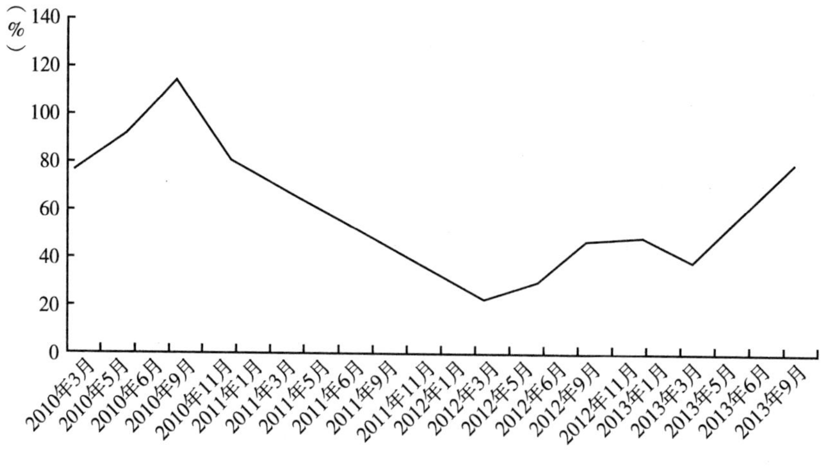

图8　按揭贷款占新建住宅销售额的比例

资料来源：Wind资讯。

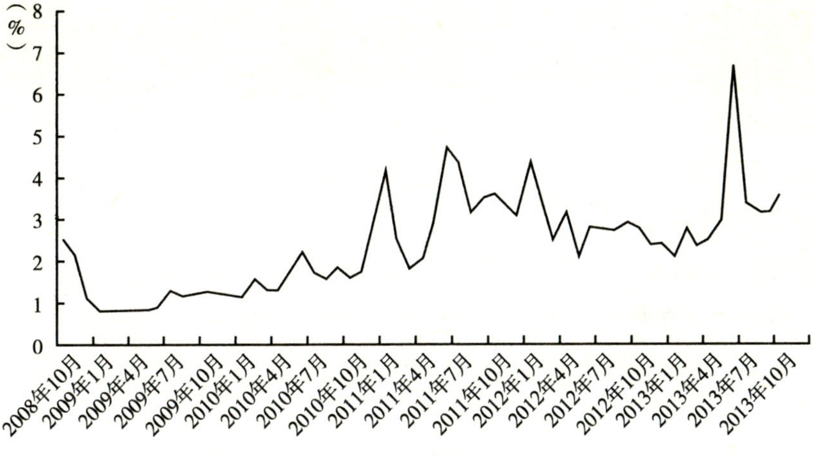

图 9　隔夜拆借利率维持高位

资料来源：Wind 资讯。

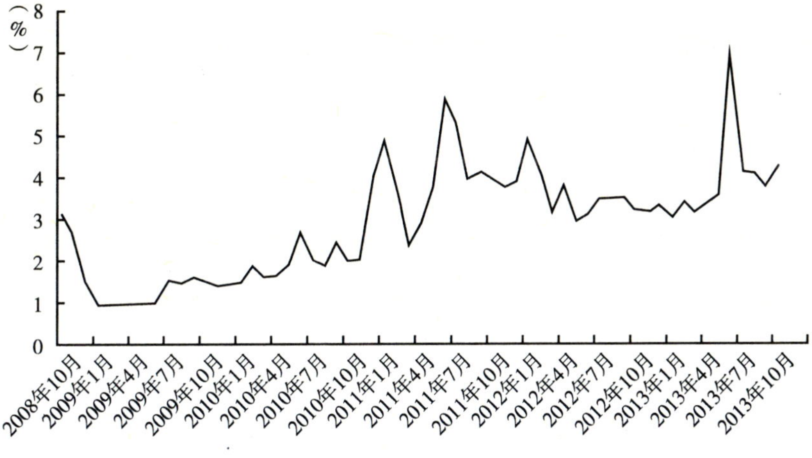

图 10　银行间七天回购加权利率变化

资料来源：Wind 资讯。

利率向上的趋势没有改变。背后的原因则在于地方政府和房地产开发商对资金的需求形成了黑洞效应，而地方政府的偿债能力与土地价格密切相关，本质上是房地产行业对资金的需求无穷大。信贷的增长提升了土地和房产的价值，土

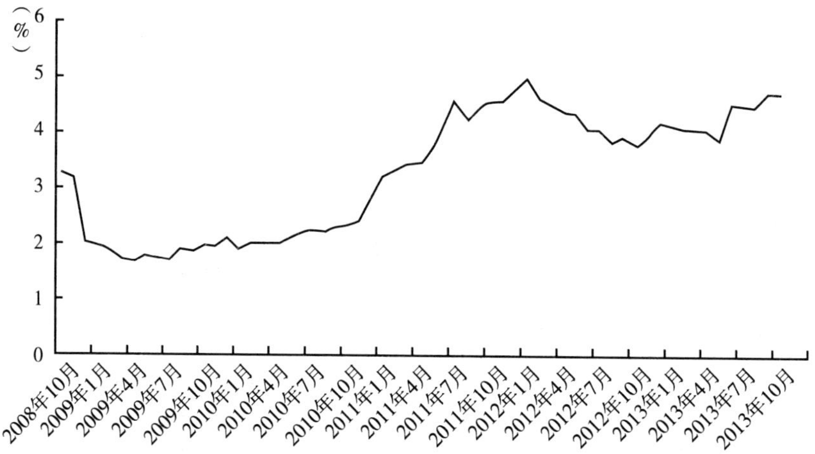

图 11　理财产品月收益率

资料来源：Wind 资讯。

地和房产价值的提升则继续增加了抵押物的价值，从而进一步促进了信贷的增长，信贷增长和房产价格是较为典型的正反馈关系，正因为如此，房地产对资金的需求将持续下去，最终造成利率的上升，直至其他行业被挤压到无法生存。

2007 年之前，贸易顺差的大幅增长促进了外汇占款的大幅增长，进而促进了 M2 的大幅增长，满足了房地产市场对资金的需求；2009 ~2010 年，央行宽松的货币政策也满足了房地产市场对资金的需求；2010 年以来，银行系统不断通过表外业务加杠杆满足了部分房地产市场对资金的需求；“钱荒”的出现表明银行系统杠杆已经较高，借短放长的表外业务的增长难以持续，最终造成利率上升；展望未来，银行系统要重新扩张，首先需要将杠杆降低，目前有几个可能的方向：一是通过信贷资产证券化将信贷资产出售来降低杠杆；二是通过调整银行负债端，吸收定期存款，提高长期负债占比，从而提高资产负债匹配度；三是中央通过发行长期国债，置换银行给地方政府的贷款，从而降低银行的杠杆水平。未来市场会如何发展，仍然有待观察，任何一个举措都将对利率和房地产市场造成较大的影响。

短期看，央行 7 天逆回购利率仍然维持在 3 ~4 个点的高位，央行态度表明将继续维持较为稳健的货币政策，而外汇占款则受热钱扰动影响，波动较大，美国推迟退出 QE 使全球资产重回新兴市场，导致外汇占款增加较快。外汇占款的变化主要是受热钱影响，不具备可持续性，央行针对银行同业业务和非标资产的数量化管理手段将是短期内影响市场流动性的主要因素。短期来看，流动性还有出现改善的迹象。

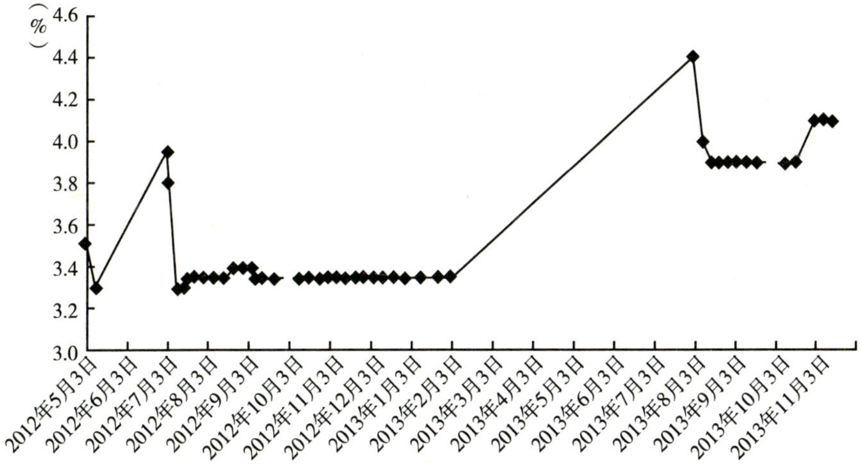

图 12　央行 7 天逆回购利率

资料来源：Wind 资讯。

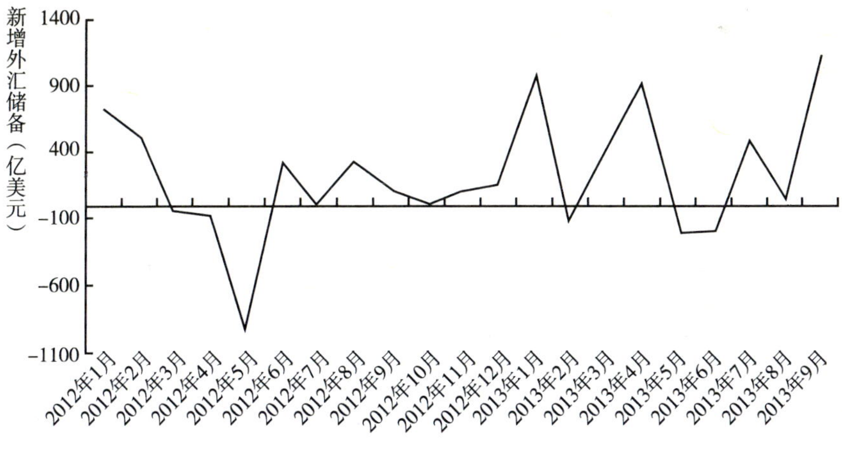

图 13　外汇占款受热钱扰动波动较大

资料来源：Wind 资讯。

（三）地产从深化改革中受益

我们认为影响地产行业的政策分为两个方面，一方面是地产直接调控政策，包括首付比例、房贷优惠、限购、限贷、土地政策等政策；另一方面是地产行业相关的政策，主要是影响经济增长、区域发展以及居民收入增长的经济政策，包括自贸区建设、城镇化战略等。十八届三中全会公报中提出了纲领性的文件，主要的改革细则仍然有待后续完善，我们将继续跟踪政策的变化，以寻求相关投资机会。

1. 城镇化与土地政策

公报提出赋予农民更多的财产权利，建立城乡统一的建设用地市场。要加快构建新型农业经营体系，赋予农民更多的财产权利，推进城乡要素平等交换和公共资源均衡配置，完善城镇化健康发展体制机制。不管是通过什么手段，更多的财产权利意味着农民一次性财产收入的增长，而周边县城由于教育、医疗等配套较为齐全，是城镇化的主要目的地，农民财产权利的增加对县域房地产市场将起到推动作用，但推动作用仍较为有限。在地方政府基建投资增长缓慢的背景下，宅基地、农地等农村土地的价值较低，乡镇的住宅价格在5万~10万元/栋，自然村的住宅价值更低，通过出售宅基地正常只能勉强负担县城商品房的首付。真正价格较高的土地仍然是位于近县郊的土地，近县郊的土地在县城扩张的过程中，已经通过拆迁补偿获取了相对市场价值较为合理的补偿，因此，政策的变化对县郊居民的财产性收入影响不大。县域市场的未来仍然取决于居民的收入状况，一类是外出务工收入，另一类是位于大中城市周边农村居民在城市经商、务工收入。在经济增速放缓、基建投资增速放缓、制造业萎靡的背景下，居民的收入状况也没有发生质变，由于整体供应过剩，县域市场的低迷仍将持续。

一线城市周边县市的住宅市场2013年受一线城市溢出效应影响，表现优异，但未来随着整体销售前景看淡，我们认为该类县市市场将遭受最大的冲击。

2. 调控政策影响趋向中性

公报对房地产价格和房地产调控没有新的阐述，意味着房地产直接调控政策再一次升级的可能性不大。从北京、上海、深圳在三中全会之前出台的新调控政策看，未来调控政策将倾向于采取增加供给、市场归市场、保障归保障的总体思路，对整个房地产行业的政策偏向中性。

B.5

银行业：互联网金融的挑战

王 刁*

摘 要：

互联网金融已经渗透的传统银行业务包括支付与代销业务，正在颠覆的银行业务包括存款业务和消费信贷业务，未来将要颠覆的业务包括大数据对于资产端业务的细化。商业银行正在重新评估互联网金融的本质和比较优势，目前银行的主要应对战略可以分为资产端重视消费信贷、负债端主动推出货币市场基金类产品以及构建电商平台。先发银行将从一个简单的资金中介机构向系统性的金融服务商转变，互联网金融带来的渠道和入口今年将成为决定商业银行估值溢价的重要因素。

关键词：

第三方支付 余额宝 大数据 电商平台

一 互联网金融来势汹汹

在宏观经济增长乏力、流动性紧平衡以及利率市场化的大背景下，商业银行内部竞争日趋激烈，同质化现象严重，在内部竞争改善空间已经不大的情况下，依靠外部力量走出差异化道路成为决定银行股投资价值的关键，互联网金融就是这么一个行业外部的潜在力量。互联网金融带给传统的金融行业一种全新的思维和商业模式，即从用户的角度出发并发现需求，然后用更好的客户体验和服务来把客户沉淀在平台上。

* 王刁，中航证券金融研究所研究员。

用互联网对银行估值并不是看触网银行本身因此盈利增加多少，而是基于银行可以多大程度地运用互联网金融以客户需求为本和构建平台的思维来实现自身转型和拓展业务范畴，形成差异化竞争。互联网公司作为一个催化剂，“叫醒”了过去“躺着赚钱”的银行。先发银行将从一个简单的资金中介机构向系统性的金融服务商转变，成功把握互联网金融趋势的银行将获得估值溢价，而行动缓慢的银行将面临愈发严重的竞争格局。

金融和互联网在功能上有些共同点，都具有资源配置、支付结算和风险配置的功能。短期来看，互联网无法对银行的对公业务产生实质性的影响，但是对于零售业务的冲击已经非常明显，过去商业银行一家独大凭借的就是牌照垄断所带来的海量的客户群体和流量，现在互联网公司正在通过平台优势猎取客户资源和交易数据，孤立银行来干传统银行所干的事情。

（一）互联网金融已经渗透的传统银行业务——支付与代销金融产品

1. 第三方支付打破银行业对于支付的垄断

数据显示，2013 年全年中国第三方支付机构各类支付业务的总体交易规模达 17.9 万亿元，同比增长 43.2%。以支付宝为代表的第三方支付的兴起打破了传统银行业在交易结算方面的垄断，它具备了网上银行在线支付、电子信用卡所具备的即时性直接支付功能，还同时具备了传统银行所不具备的特质：①支付成本较低。支付宝等平台都是免费的，避免了每次交易都经过银行网络支付手续费的过程，化解了小额支付的尴尬，考虑到这种担保中介集中了大量的电子小额交易，易形成规模效应。②支付安全性较高。第三方支付吸收了更多的现代信息技术和支付技术，信用卡号以及密码的披露只能在持卡人和银行之间转移，避免了持卡人将银行信息直接透露给商家，其运作本质上是在收付款人之间设立中间过渡账户，第三方机构承担中介保管及监督的职能，而网上银行支付不能对交易双方进行约束和监督。③方便快捷。第三方支付平台省去了客户大量寻找银行卡链接登录网银的时间，并且随着快捷支付的诞生，无卡支付跨终端、跨系统和跨浏览器使用的优势进一步体现，通过支付宝等网络平台，消费者网上购物更加便利和快捷。

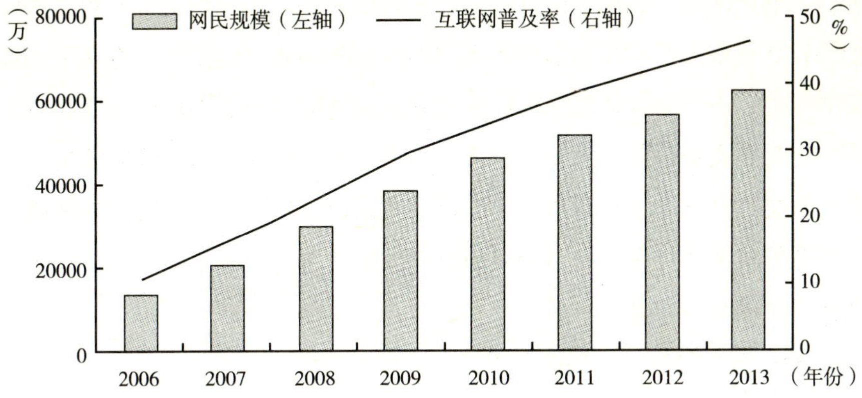

图 1　中国网民规模及普及率

资料来源：CNNIC。

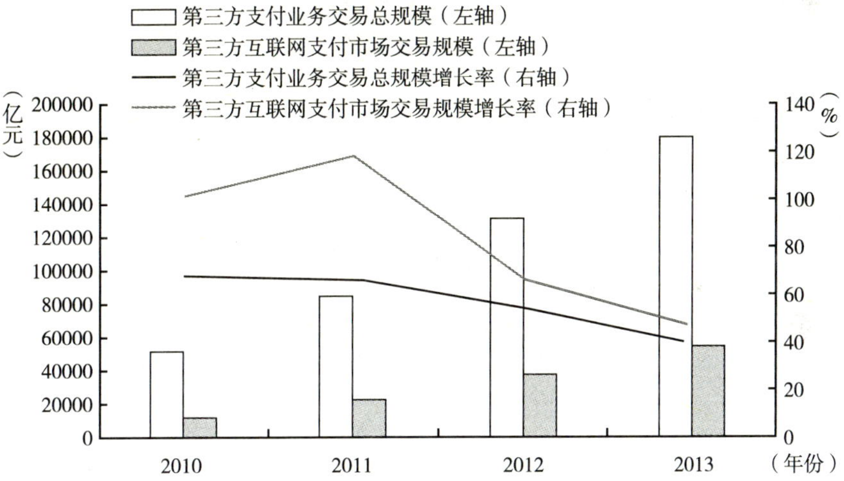

图 2　第三方支付市场规模及变动

资料来源：艾瑞咨询、易观智库。

线上支付对于传统银行的影响可以从两方面来看：从收入方面来看，第三方支付的推出无疑分流了原本应该属于银行的手续费收入以及存在第三方支付账户内的资金利差收入；而从渠道的角度来看影响则更大，直接在支付过程中将银行隔离，银行也因此损失了大量经济主体的交易数据。以快捷支付、余额宝为代表的产品真正隔离了银行跟客户之间的关系。以快捷支付为例，这项业务把银行认证服务的界面与消费者支付的流程相隔离，银行只是扮演一个最后清算的角色，由于银行渐渐远离客户也就无法掌握客户的支付行为。这种庞大的客户信息和交易数据，也正是电商日后通过大数据实现商业价值的基石，可以预见的是，电商未来将通过线上支付及其附属开发领域，与银行争夺客户资源，而监管机构或将在未来出台限制第三方快捷支付的额度以避免银行损失大量经济主体的交易数据。

2. 第三方机构在线代销金融产品蚕食商业银行代销渠道

随着越来越多第三方机构获得基金销售牌照，第三方网络销售平台正在抢占商业银行对于保险、基金产品销售的市场份额。和传统银行相比，电商在线代销金融产品方面的主要优势是网络渠道所带来的低成本优势、一站式服务以及便捷的支付渠道。银行在金融产品代销手续费分成上议价能力很强，所以部分金融机构可能会转向和电商合作，银行传统的通过代销保险和基金的中间业务收入因此将受到影响。

我们假设，第三方平台在线销售将替代40%的传统商业银行代售渠道理财产品和其他金融机构产品渠道，以上市银行2013年中报为基础计算，上市银行营业收入将因此下滑1.8%，净利润将因此下滑2.7%。

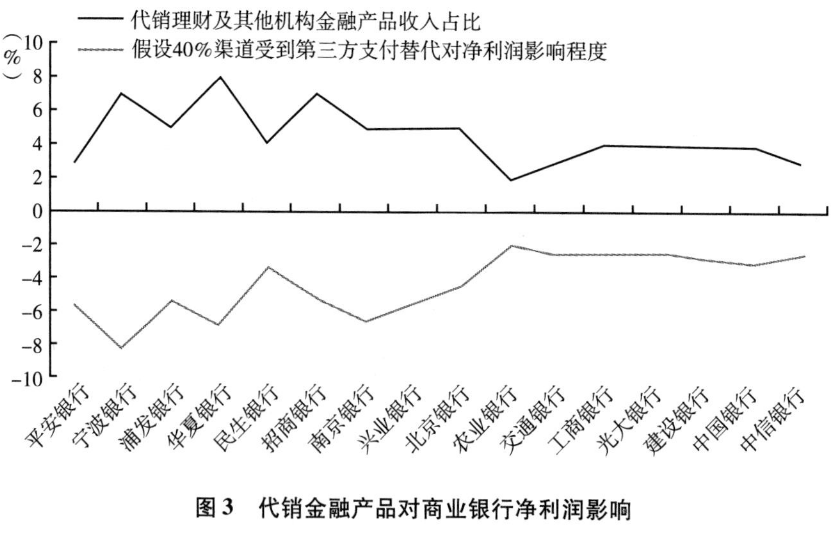

图3　代销金融产品对商业银行净利润影响

（二）互联网金融正在颠覆的银行业务——存款业务和消费信贷业务

1. 余额宝冲击商业银行的客户基础，越来越多的“宝”出现只是时间问题

余额宝产生的内在原因是沉淀在支付宝内的数百亿元无息交易资金，外在原因是“钱荒”出现所带来的高收益银行同业投资标的。从显性成本的角度看，活期存款是商业银行获得存贷差的重要组成部分，也是商业银行利润的重要来源，余额宝这种类存款业务的出现，可能会替代银行的活期账户，严重影响商业银行的利润。

从隐性成本的角度看，余额宝对于银行更大的冲击在于利用平台优势壮大客户群，同时孤立银行。余额宝成功的最重要原因在于依托阿里巴巴这个平台，无论是二维码支付还是其他线上支付方式，实现O2O闭环或者能否将更多的人留在这个平台之内才是每家互联网公司真正在意的，电商们也深知这个道理，余额宝已经成功地做到了吸引更多的投资者沉淀在这个平台上，并且像快捷支付一样，支付宝也绕过了银行直接与天弘基金合作，隔离银行直接以互联网方式从事资产管理业务。现在阿里巴巴已经拥有如此体量巨大的客户群体，并且培养了投资者的余额理财习惯，这为以后迅速做大做强各种各样的“宝”打下了坚实的基础。

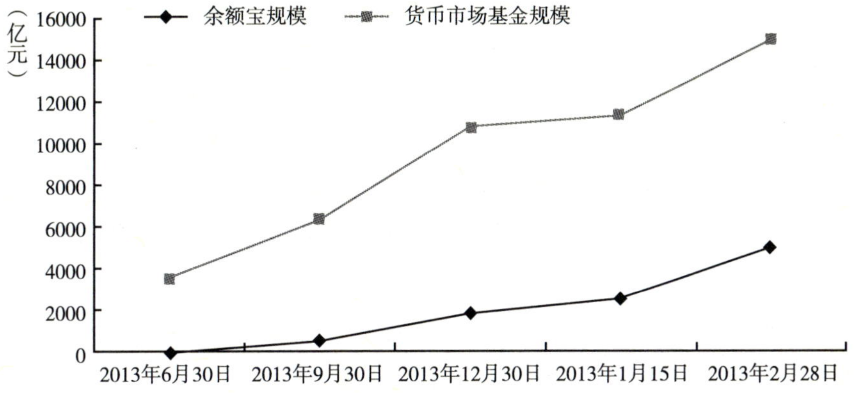

图4　余额宝规模及货币市场基金规模变动

我们假设，2013 年余额宝类产品平均年化收益率为 6%，当前银行活期存款年利率为 0.35%，利差为 5.7%，假设 1% 的个人活期存款转化为货币市场基金，以 2013 年年中上市银行储蓄存款来判断对商业银行净利润的负面平均影响幅度为 0.82%。

表 1　假设情境下类余额宝产品对上市银行净利润影响

单位：万元，%

银行	个人活期存款余额	类余额宝类产品影响	利息费用增加	对净利润影响
平安银行	8374700.00	83747.00	4773.58	-0.63
宁波银行	1807926.00	18079.26	1030.52	-0.40
浦发银行	10454300.00	104543.00	5958.95	-0.31
华夏银行	6352600.00	63526.00	3620.98	-0.50
民生银行	63002400.00	630024.00	35911.37	-1.57
招商银行	59110300.00	591103.00	33692.87	-1.28
南京银行	1401967.40	14019.67	799.12	-0.33
兴业银行	15828600.00	158286.00	9022.30	-0.42
北京银行	4024346.00	40243.46	2293.88	-0.29
农业银行	324794600.00	3247946.00	185132.92	-2.00
交通银行	47046500.00	470465.00	26816.51	-0.77
工商银行	300724600.00	3007246.00	171413.02	-1.24
光大银行	19410700.00	194107.00	11064.10	-0.74
建设银行	231969200.00	2319692.00	132222.44	-1.10
中国银行	177038300.00	1770383.00	100911.83	-1.25
中信银行	11653000.00	116530.00	6642.21	-0.33

资料来源：Wind 资讯。

2. 网络信用卡细分零售客户群，入侵消费贷款领域

网络虚拟信用卡将细分零售客户群，覆盖商业银行所不能覆盖的低收入人群消费贷款。传统的实体信用卡主要为线下模式，需要申请者提供固定收入或者固定资产的资料，信用卡使用者往往是具备一定资质的高收入人群，而网络虚拟信用卡是一种无担保、无抵押的小额信贷，面向的零售客户是低收入人群。网络虚拟信用卡能够为这部分人群提供丰富的线上线下消费选择以及标准化的服务，这部分人群的信贷需求对商业银行来说是空白。网络虚拟信用卡的

推出能够有效抢占零售业务中的低收入群体市场。

虚拟信用卡利用大数据替代风险测评，降低授信成本，增强用户体验。传统信用卡发卡需要构建包括申请、审核、数据处理和风险管理等一系列系统，同时还有后续系统维护，包含人力成本的单张卡成本在 100 ~ 150 元，而网络虚拟信用卡由于依托电商庞大的实名制客户和信用交易数据，省去了实体卡发放的一系列成本，用户数量有望实现迅速增长。

虚拟信用卡正式渗透资产端业务，未来或可能进行信用创造。传统商业银行有三大业务，分别是存、贷和汇。如果说支付宝等第三方业务标志着电商正式涉足交易结算业务，余额宝等业务正式开始吸收公众存款，那么虚拟信用卡就标志着电商正式渗透信贷业务——这种无担保无抵押的小额消费信贷蓝海。不过对于虚拟信用卡中最重要的一环，也就是资金垫付问题，电商和合作银行并未披露，如果电商承担这部分透支费用，将成为能够创造信用的另类银行，这也就基本实现了传统银行的所有核心业务。

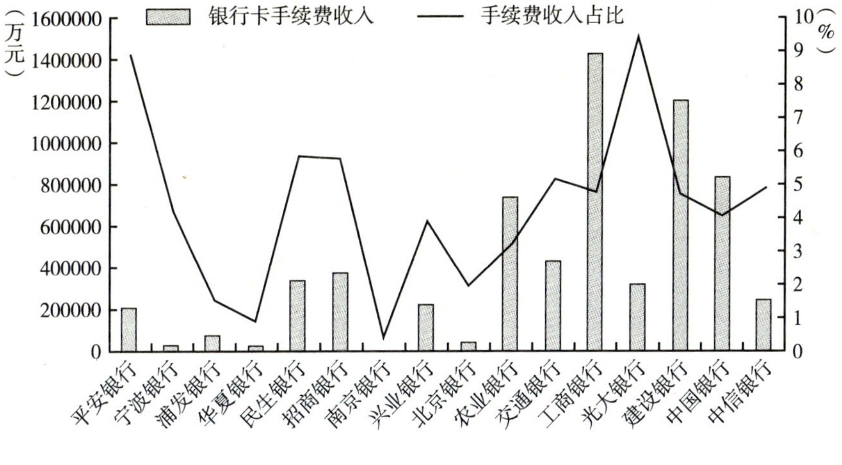

图 5　2013 年中上市银行银行卡手续费收入

资料来源：Wind 资讯。

过去商业银行发行实体信用卡，主要通过商户回佣、分期付款产生的透支利息收入、滞纳金和年费等，而网络信用卡的出现可能会改变银行信用卡的盈利模式，蚕食商业银行中间业务收入。如果线上二维码最终取代线下银联的收单模式，假设40%的信用卡通过线上第三方支付平台完成，以2013年中报数据测算，商业银行银行卡手续费收入下滑对上市银行的净利润平均影响幅度为－4.32%。

表2　假设情境下第三方支付虚拟信用卡对银行刷卡手续费影响程度

单位：万元，%

银行	银行卡手续费收入	对净利润的影响程度	银行	银行卡手续费收入	对净利润的影响程度
平安银行	208600.00	－11.08	北京银行	32697.50	－1.68
宁波银行	26353.20	－4.04	农业银行	746200.00	－3.23
浦发银行	72000.00	－1.49	交通银行	436900.00	－5.02
华夏银行	20600.00	－1.13	工商银行	1427500.00	－4.13
民生银行	340200.00	－5.93	光大银行	320000.00	－8.58
招商银行	373000.00	－5.68	建设银行	1194700.00	－3.99
南京银行	1922.00	－0.32	中国银行	843800.00	－4.18
兴业银行	210800.00	－3.90	中信银行	244500.00	－4.80

资料来源：Wind资讯。

（三）未来真正的威胁——大数据对资产端业务的细化

1. 大数据带来的信用风险管理模式的转变，阿里小贷未来发展空间巨大

银行在线下风险识别和风险定价能力方面仍然有一定优势，不过互联网企业在完成渠道的建设和销售的职能后，正在越来越靠近传统金融的核心。传统商业银行对融资企业进行信用风险测量，一般依据贷款者的营业收入等盈利数据以及资产规模和土地等经营状况，这使得能够获得中国银行贷款的贷款者往往是具备一定资产规模的大型企业，而小型企业和微型企业的融资需求却是一片空白。

阿里小贷有一些传统商业银行无法比拟的比较优势。第一，授信成本非常低廉，效率较高。传统银行中以民生银行为例，尽管民生银行可以通过大数定理等方法批量化处理信贷项目并因此降低授信成本，但是阿里小贷正在重塑另一种信用评价体系和信用概念，通过大数据分析客户交易行为数据和借款人的经营与信用特点，直接产生客户征信记录，大幅降低客户筛选成本，同时申请流程非常便捷且放款速度较快。

第二，风险识别能力更强，丰富借款者类型。过去，由于缺少一套针对小微企业的风险识别工具，商业银行在小微企业上风险收益比较低，而阿里小贷

则凭借数据分析的优势，建立了若干个测量个体风险及个体利率敏感度的模型，覆盖了贷前、贷中和贷后，对每个客户区别对待以寻求最优定价策略，有效地进行风险成本全覆盖。截至 2014 年 2 月，尽管阿里小贷累计投放贷款已经超过 1700 亿元，服务的小微企业超过 70 万家，但是不良贷款率仍然不到 1%，显示阿里的小贷业务风险配置能力较为突出。

第三，无须缴纳存款准备金，不受存贷比限制。银行放贷主要依靠的是客户存款，具有信贷投放的意味，而阿里小贷的贷款主要依存于沉淀在平台内的大量无息结算资金，不需要缴纳法定存款准备金，也没有存贷比和风险资产计提的要求，这可以被视为一种监管套利，不过随着交易量的增加，日后监管层出台防范风险的举措的可能性较大。

表 3　阿里小贷产品介绍

类型	阿里巴巴贷款	淘宝贷款	
		订单贷款	信用贷款
贷款额度	最高 300 万元	最高 100 万元	最高 100 万元
贷款期限	12 个月	30 天	最长 12 个月
计息方式	按月等额本息还款	按日计息	按日计息
贷款利率	最低 1.5%/月	0.05%/天	最低 0.05%/天
还款方式	每月还款日提前 5 天通知，支付宝自动扣款	系统自动还款	按月付息、到期还本；每月归还固定利息及本金
贷款流程	网上填写申请单 > 补充资料 > 审批通过后获贷	填写申请表 > 确认页面 > 申请成功（资金流入支付宝账号）	填写申请表 > 确认页面 > 申请成功（资金流入支付宝账号）
申请条件	①阿里巴巴中国站会员（曾经是阿里巴巴诚信通会员）或中国供应商会员，具有一定的操作记录（获贷时需是诚信通或中国供应商会员） ②申请人为企业法定代表人或个体工商户负责人，年龄在 18～65 周岁，且是中国大陆居民 ③工商注册地在上海市、浙江省、江苏省、广东省，且注册时间满 2 年	• 年满 18 周岁，具有完全民事行为能力的淘宝卖家 • 淘宝店铺经营时间满 2 个月 • 诚实守信，店铺信用记录良好	• 年满 18 周岁，具有完全民事行为能力的淘宝卖家 • 淘宝店铺经营时间满 6 个月 • 诚实守信，店铺信用记录良好

资料来源：Domarketing。

2. 大数据分析投资者个性化需求，财富管理业务未来一大优势

目前来看，无论是余额宝还是第三方机构理财产品代销，电商还只是扮演

着渠道的角色，未来的发展趋势主要在于金融产品的设计研发，冲击商业银行的资产管理业务和财富管理业务。

当前我国商业银行在金融产品的设计方面存在一些弊端，出发点并不是考虑投资者需要什么，格式化或者标准化的产品和服务对于有个性化需求的资产管理或者财富管理来说影响甚小，而像余额宝和零钱宝这样的工具，有针对性地满足了不同资产管理者或财富管理者的需求，丰富了这些需求者的结构，实现规模上的迅速扩张。

未来随着大数据技术的完善，电商可以利用大数据优势来挖掘投资者的需求，有针对性地进行产品设计，实现金融产品的精准化营销，这将对银行的资产管理业务和财富管理业务形成冲击。

二　互联网金融冲击下银行的转型及估值溢价

互联网的精神是“平等、开放、分享、协作”，而商业银行的宗旨是保守和严谨，只能处于跟随的状态，互联网公司更能够让银行感受到体系外的系统性压力以及变革的动力。商业银行正在重新评估互联网金融的本质和比较优势，能够先行搭乘互联网金融平台优势和大数据优势的银行往往会获得超过同行业的估值溢价，目前银行的主要应对战略可以分为以下几个方面。

（一）资产端：提高风险偏好，重视消费信贷

考虑到高风险和高授信成本，过去商业银行在消费信贷上一直没有足够的重视，不过是随着互联网金融逐渐开辟这一蓝海，银行从 2013 年已经开始调整资产结构，发力信用贷和消费贷，兴业银行、北京银行等多家股份制银行和城商行推出多种额度较高、期限长的综合消费贷款，不过考虑到消费信贷可能出现借款人与交易对手串通改变贷款用途的现象，个人消费信贷业务风险较大，未来商业银行还需在放贷过程中警惕经营性风险。

（二）负债端：加快利率市场化进程，银行主动推出货币市场基金类产品

以美国的经验来看，美国货币市场基金（MMF）的发展导致了银行存款分

流和同业负债增加，而中国的银行业正在重复着这一历史，互联网货币市场基金使得管制利率和市场利率之间的套利空间被放大得异常明显。虽然看起来只是银行的负债成本上升了，存款并没有外流，但是实际上则是客户黏性的下降和客户交易数据的流失。电商通过收购基金公司，形成一种“大数据 + 金融产品供给”的金融闭环模式，成功获得了海量的客户和客户信息，为了避免损失大量客户的珍贵交易数据，各大银行已经推出类余额宝产品来应对这一现象，如兴业银行的掌柜钱包、民生的如意宝。以如意宝为例，该产品可以直接用银行自家的储蓄账户购买货币市场资金，资金在银行体系内没有流出，无论采取哪种形式抵抗余额宝，银行的负债成本都不可避免地要上升，净息差在未来将继续收窄。

表 4　各大银行推出货币市场基金产品

银行	民生银行	广发银行	交通银行	平安银行	工商银行	兴业银行
产品名称	如意宝	智能金	快溢通	平安盈	天天益	掌柜钱包
合作基金公司	民生加银和汇添富	易方达	多家基金公司	南方基金	工银瑞信	兴业全球

（三）构建电商平台

包括客户信息和交易数据在内的数据资产是未来信贷业务的决定性因素，商业银行客户的交易行为在互联网金融的影响下已经从线下转移到线上，而由此产生的海量信息数据沉淀在网络平台之上。银行搭建网络平台的目的正是为了获得一手的客户信息和交易数据，有针对性地提供金融服务。银行搭建平台的方式主要有以下几种。

1. 注册独立的电商公司，构建电商平台

以民生电商为例，它是一家与银行有合作关系的实实在在的电子商务公司，而不仅仅是一个平台，而只有建立独立的电商公司才能实现互联网公司不断创新的商业模式。民生电商主要依托银行所固有的 B2B 优势，通过把便捷支付与银行内部支付系统相连接，将线下的客户资源转移到线上，银行系电商平台的数据资源和流量因此得到极大地丰富，与此同时，由于民生银行与民生电商可以形成业务协作，在各自的专业领域优势互补。这样做主要还是希望通过线上商城来反哺线下业务，将客户的存贷款结算业务留在银行。

考虑到银行在金融产品设计和营销渠道等方面的优势，民生电商可以有针对性地为商家提供差异化的电商金融服务，未来的业务范围将不仅仅局限于小微企业贷款，还将扩大至资产管理、投资咨询等一系列增值服务。类似的构建电商平台的举动还包括招行的“出行易”、建行的“善融商务”、交行的“交博汇”。

2. 与现有电商进行合作

相比于自建平台，与现有电商合作见效快、成本低。无论是民生的直销银行，还是中信的虚拟信用卡，合作的主要目的还是为了获得电商的渠道优势以及海量客户资源，同时成本控制方面的优势也比较明显。以民生银行为例，民生银行与阿里巴巴合作建立了国内第一家直销银行。直销银行并非银行自己建设平台，而是利用淘宝这个平台，民生直销银行电子账户与支付宝账户实现互通，民生将根据阿里巴巴的需求及淘宝用户的特点，设计推出针对这些用户的理财产品，阿里巴巴再负责利用其自身的渠道优势来实现理财产品的线上销售。由于经营成本和营销成本更低，银行可以忍受较小的利差，通过薄利多销的形式获得收入。

3. 建立包括线上客户和线下实体的结算和财富管理平台

除了面向顾客构建线上消费平台巩固客户群外，商业银行也可以通过建立线上线下相结合的财富管理平台在更大范围内获得客户沉淀。兴业银行并未像其他银行那样与消费性金融平台展开竞争，而是避其锋芒，通过建立银行间支付结算平台来获得机构客户资源，同时在原有“银银平台”理财门户上重构一个财富管理产品的销售交易平台，即“钱大掌柜”。

就银银平台来讲，兴业打造的银银平台采取的是线上线下相结合的模式，大大增加了客户体验，目前有 100 多家联网银行在线下形成了强大的销售渠道，拥有 2 万多个物理网点。银银平台能够提供的支付结算业务给兴业银行带来了大量的清算资金利差收入，同时银银平台中的其他中小银行还能为兴业银行提供稳定的同业负债。

而对于“钱大掌柜”来讲，兴业银行和 480 家银银平台合作机构都可以将财富管理产品置于平台上销售，同时各大银行的投资者也以通过这个平台购买适合自己的金融产品，这样，兴业银银平台的功能将由“互为代理”向“互相联通”转变。尽管现在“钱大掌柜”的签约机构还主要是中小银行，但是随着越来越多的银行接入，一个完整的金融产品交易平台将真正被建立起来。

表5　兴业银银平台部分业务与功能

功能	业务名称	特　　色
支付结算	柜面互通	实现在各联网网点柜台为所有参与银行个人客户办理银行卡(存折)的现金存、取款、转账、余额查询及信用卡还款等业务,任意一家银行参与银银平台柜面互通联网后,即可实现与各家成员行之间的柜面互联互通、通存通兑
	快捷支付	快捷支付合作是指依托银银平台理财门户和柜面互通系统,各合作银行可以为其客户提供便利的网上购物支付渠道
财富管理	理财门户	面向各合作银行的综合财富管理平台,为合作银行的个人客户提供一站式全方位的财富管理解决方案
	理财产品合作创设	合作银行自行发行人民币理财产品,合作银行可委托兴业银行进行投资运作(在业务开展前,合作银行须取得当地银监的认可并完成必要的报批报备手续)
	理财产品托管	兴业银行为各金融机构发行理财产品提供专业、高效的资产托管服务
科技合作、输出	商业银行信息系统建设与运营	核心业务系统建设服务、核心业务系统运维服务和业务流程与合规建设
	商业银行灾难备份与恢复服务	兴业银行可接受城市商业银行委托,为城市商业银行提供全方位、周到的同城灾备、异地灾备整体灾难恢复解决方案
融资服务	综合授信	提供本外币综合授信额度,在额度项下开展各类同业信用业务合作
	票据贴现	能为城市商业银行提供价格合理的票据融资支持和真实优质的市场票源
	代理签发银行承兑汇票	为城市商业银行指定的企业签发银行承兑汇票,满足城市商业银行企业客户的结算需求
	同业拆借	兴业银行向符合条件的城市商业银行提供资金拆借授信额度,满足短期资金融通需求
	同业借款	兴业银行向符合同业借款条件的城市商业银行提供中短期资金融通便利
	法人账户透支	对客户支付结算过程中的临时性资金需求,兴业银行为其结算账户(银银平台清算账户)核定透支额度,允许在结算账户存款不足的情况下,在核定的透支额度内取得资金并于透支当日使用,应对临时性、突发性资金支付需求
	信用增级	在符合政策法规和监管的前提下,兴业银行可为合作银行办理出具担保函等信用增级业务,同时,兴业银行也可以接受合作银行提供的合法担保,为双方共同的客户提供信用和融资业务支持

资料来源：兴业银行网站。

三　银行股内在价值的固有决定因素

在信用风险不断增加的情况下，过去依靠生息资产规模扩张和净息差选股的逻辑可能要发生转变，贷款质量的好坏和高收益率贷款的风险定价水平将是信用资产扩张与利差空间的决定因素。

（一）资产端：资产质量决定银行股价

1. 不良贷款率和贷款质量决定银行股价值

2013 年，我国银行业不良贷款率升值 1%，已经七个季度呈上升趋势。不良贷款率上升的主要原因有几点：①宏观经济增长放缓，周期类民营企业产品价格持续下跌，盈利能力下降；②流动性不佳导致融资成本压力增加，偿债能力显著下滑；③融资抵押品质量大不如前。目前来看，银行股的资产价格风险远未暴露。

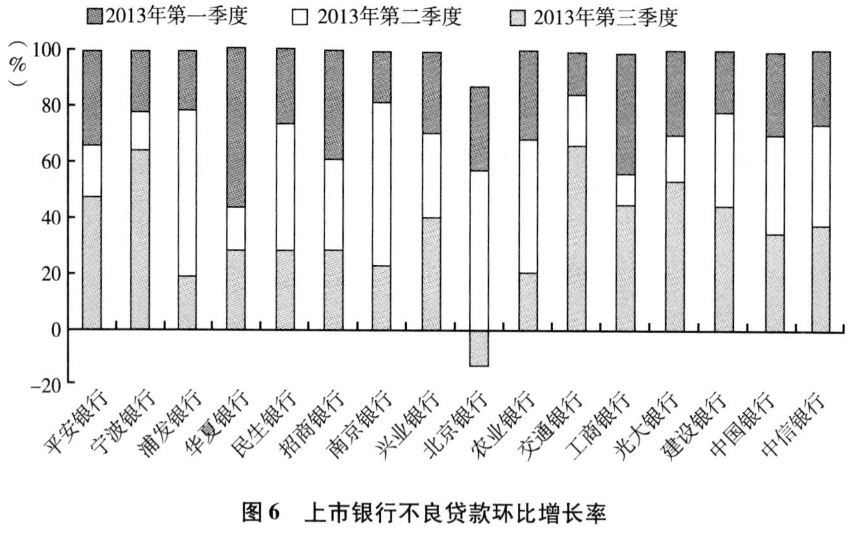

图 6　上市银行不良贷款环比增长率

不过，实际情况可能比 1% 更遭，一方面，商业银行可以通过不良贷款展期、核销和出售来降低分子，上市银行不良贷款核销和出售规模 2013 年以来显著增加；另一方面，许多表外信贷和影子银行的变相放贷掩盖了大量的坏账。

我们预计，2014 年上半年所有上市银行的不良贷款率均值将达 1.03% 左右，行业信用成本率将达 0.60% 左右，而不良贷款生成率也将达 0.60% 左右，信用成本率只能勉强覆盖不良贷款生成率，而随着下半年地产违约事件以及地方政府偿债能力的恶化，不良贷款率或进一步上升至 1.05%，信用成本率将不足以覆盖不良贷款生成率。2014 年，商业银行不良贷款率都将对估值产生较大压力，能够在风控方面领先的银行会获得市场的认可。

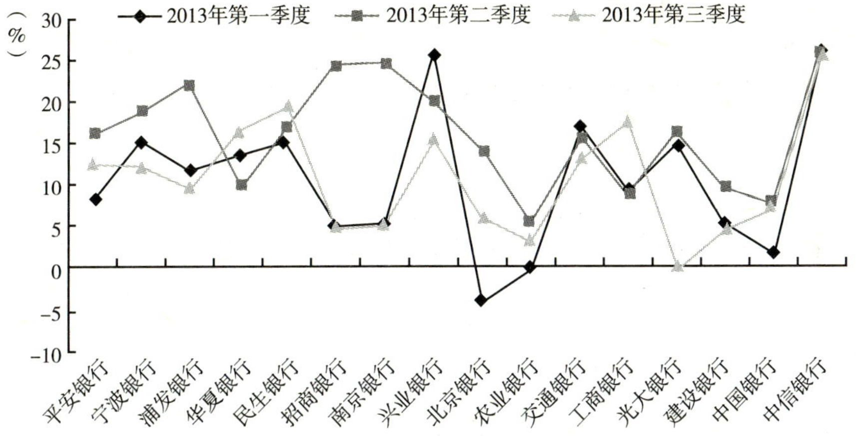

图 7　加回核销后上市银行不良贷款环比增长率

2. 小微贷款高定价水平符合银行目前风险偏好，零售业务将形成差异化竞争

一方面，房地产市场萎靡以及监管层去杠杆过程的延续，导致商业银行不断收窄房地产贷款以及同业投向的非标资产；另一方面，随着余额宝等理财工具的冲击，商业银行经营成本不断提升，部分商业银行风险偏好开始增加，考虑到大客户的议价能力较强，为保证原有利差水平，风险偏好逐渐转向小微企业贷款和自营投资放杠杆。

很多银行早已开始重视小微企业贷款，小微贷款为银行带来稳定的利息收入的同时还可以带来稳定的对公存款，而包括代发工资、理财产品在内的中间业务收入也会增加。截至 2013 年底，小微企业贷款占企业贷款总额的比重为 29.4%，较第三季度末提高 0.3 个百分点，而 2013 年全年小微企业新增贷款占同期全部企业新增贷款的43.5%，较1~9月的数据提高0.1个百分点。

目前小微贷款方面做得比较好的两家银行是民生银行和招行。这两家银行的小微贷款模式也可以为其他银行提供一些借鉴。在模式方面，民生银行的小微贷款走的是“商圈+产业链”集中授信的模式，是一种最大限度开发小微企业金融需求的服务，专营支行做小微，把小微客户转化成私人银行客户；招行则是将小微贷款划归零售条线，把小微贷款做成标准化产品。对于风险控制，民生银行主要依靠大数法则，集中授信和批量审批，同时控制借款人的上下游企业来降低小微企业违约概率；招行则是运用“生意一卡通”的评分卡为基础的风险管理技术策略，利用评分卡，通过给企业主信用评分来给予一定的授信额度。

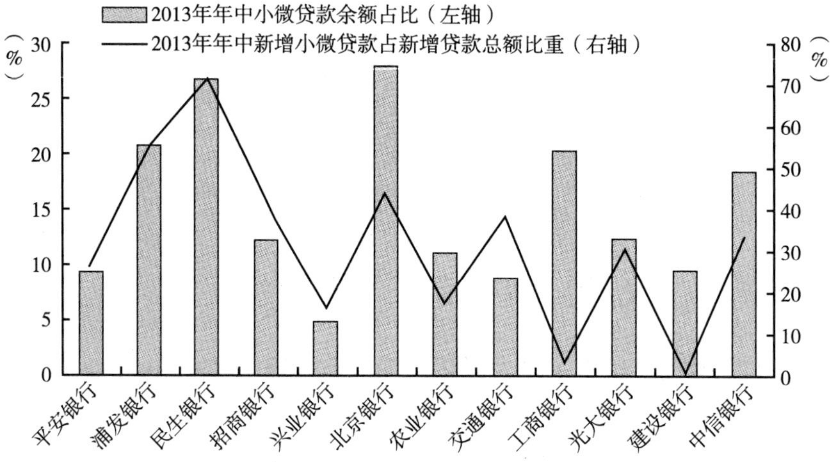

图8　部分银行小微贷款规模及变动

从2013年以来，由于商业银行风险偏好增加，两家银行的抵押贷款比例均处在下行通道上，不过随着信用贷款比例的增加，商业银行小微贷款定价能力得到显著提高，这对部分向往高收益率高风险偏好的上市银行来说存在利好。未来各大行小微贷款的差异主要看以下三方面：①放款速度，国内企业都是短时间资金周转不开，因此对于放款速度格外看重；②能否针对小微企业所处的产业链进行开发，提供全面的一揽子金融解决方案；③能否有效控制小微企业授信成本。电商的大数据优势可以为银行授信小微企业提供风险管理借鉴，有效控制授信成本。

3. 生息资产中应收款项类投资增长明显，“9号文”负面影响较大

“9号文”的压力、流动性紧缩导致商业银行提高了风险偏好，2013年下半年以来一直在主动缩减同业资产规模中收益率较低的存放同业科目资产，2013年第三季度报告显示16家上市银行中有11家的该科目余额出现下滑，不过同业资产中收益率较高的买入返售类资产比重的降幅不大。与此同时，债券投资中的应收款项类投资科目出现明显增加，过去通过同业放杠杆的套利转向通过债券投资放杠杆，不过未来银监会或许会出台类似“8号文”的政策来压缩非标资产规模以降低系统性风险。考虑到“9号文”的出台可能导致买入返售类资产的风险集体计提增加，我们预计，“9号文”的出台对于上市银行净利润的平均负面影响为1.79%，而对于兴业和平安这些同业资产占比较大的银行来说影响要超过5%。

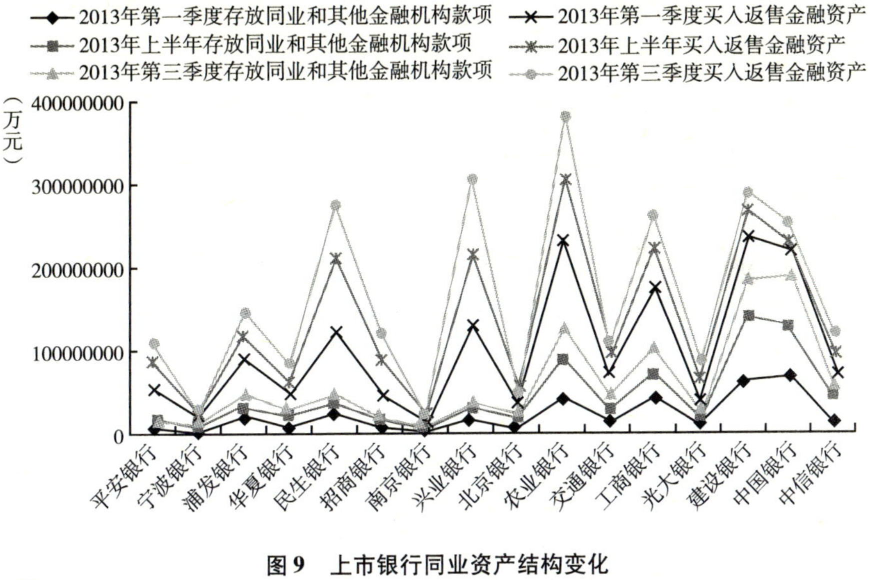

图9　上市银行同业资产结构变化

（二）负债端：“线上平台+线下客户下沉”获得渠道优势

商业银行对于大中型对公客户的存款争夺其实所发挥的空间并不大，而个人零售业务才是未来银行新增存款的重要来源。争夺零售业务可以从线上和线

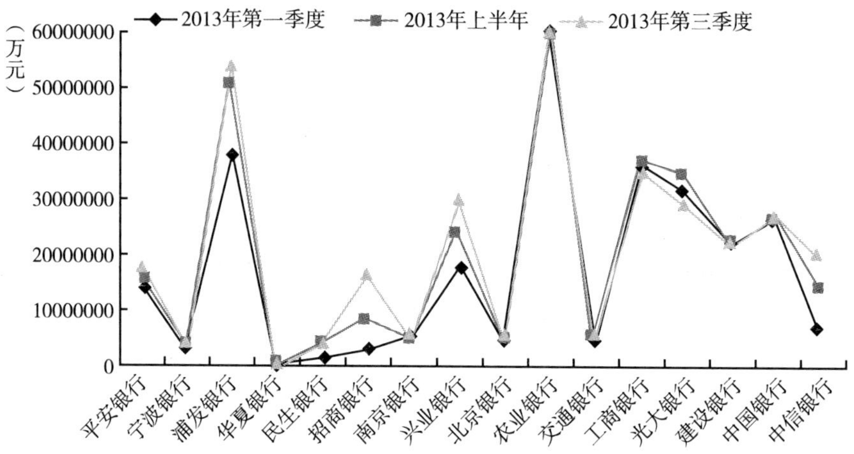

图10　上市银行应收款项类投资变化

下两个方面来分析，前文我们已经论述商业银行通过自己建立线上平台或者与电商建立平台的形式可以夯实客户基础，增加消费信贷来源，而由民生银行开创的社区银行则真正开辟了一片线下零售客户的蓝海。

很多银行都开始了社区银行的尝试，民生是最早提出社区银行的上市银行。社区银行最大的突破就是将过去银行被动吸收存款的方式进化到主动拉存款的方式，发展社区银行主要还是为了开发线下客户资源，获取数据和流量，民生在布局网络和入口渠道占有先发的优势，但是在有针对性地提供满足客户需求方面和突出社区特色服务方面还处于探索阶段。这还需要日后更好深入地了解每个社区的客户信息，提供有针对性的金融服务，以较低的成本抢占线下消费信贷市场份额。

表6　部分开展社区银行名单

银行	名称	服　　务
民生银行	金融便民店等	零售业务、缴费、转账和理财产品销售
兴业银行	社区支行	满足客户的综合性金融需求
平安银行	社区支行	多种金融产品的销售渠道和场所，提供线下方便、快捷的用户购买体验
光大银行	社区支行	转账汇款、理财风险评估和购买理财产品等
华夏银行	社区金融服务中心	零售业务、缴费、转账和中小微企业投资咨询服务

（三）资产证券化任重而道远

央行和银监会于2014年初发布《规范信贷资产证券化发起机构风险自留行为》，调整商业银行对于次级档资产支持证券的风险资产计提系数。过去的监管要求商业银行必须自持相当于资产证券化总额5%的次级资产，而新政策并未要求商业银行必须自持相当于资产证券化总额5%的次级资产，只要求商业银行自持次级资产的比例不低于整个次级资产规模的5%，而除次级资产之外的自持资产（优先级资产）比例，也应该按照次级资产5%的相同最低限度持有。考虑到优先级资产和次级资产在加权风险资产计算中的权重不同（次级资产加权风险资产计提比例为1250%，优先级为100%），商业银行可以通过持有5%的次级资产，再持有5%的优先级资产，在满足自持总量不低于资产证券化总资产5%的情况下满足监管要求，同时降低加权风险资产的占用，对于资本充足率的计算产生积极影响。此次自持风险资产调整，还有利于增加商业银行开展资产证券化的积极性。

不过，信贷资产证券化仍然任重而道远。要想真正通过资产证券化提高银行资产流动性并且调整结构仍然需要时间，预计2014年整个规模将达到5000亿元，但是相比于社会融资总量来说仍然较小；信贷资产证券化中最重要的一环是具备一定资质的评级机构对信贷资产进行信用增级，当前我国信用评级市场发展还不健全，缺少具有公信力的信用评级机构；为了避免出现像次贷危机那样的风险链条转嫁，优质贷款是最适合进行证券化的资产，但是商业银行能否放弃这样违约风险小且客户黏性好的贷款仍是未知数。

表7　资产证券化新旧政策比较

项目	资产证券化产品规模	优先级资产	次级资产	最低监管要求	加权风险资产规模
旧政策	100亿元	70亿元	30亿元	100×5%＝5亿元次级资产	5×1250%＝67.5亿元
新政策	100亿元	70亿元	30亿元	30×5%＝1.5亿元次级资产＋70×5%＝3.5亿元优先级资产	1.5×1250%＋3.5×100%＝22.25亿元

资料来源：笔者计算。

四 投资逻辑

（一）全行业在不确定性的冲击下估值继续寻底

整个行业来看，当前上市银行的估值水平位于0.74×14PB，当前的股价已经反映一定程度的宏观层面和政策层面的不确定性，估值与其他非金融地产行业相比处在严重低估的价位，尽管优先股和资产证券化可能会构成一些短期内的利好，但中长期来看仍然缺乏明显的上涨催化剂，市场对于银行股的配置热情也降到冰点，主要负面影响因素包括一系列不确定性：①宏观角度来看，传统周期性行业的盈利前景仍然不明，政府多大程度地兜底违约和刚性兑付何时打破也存在不确定性，银行资产质量承压，而第二季度流动性或将差于第一季度。②基本面角度来看，上市银行2014年净利润增速预计在10%左右，但是市场预期业绩增长没有可持续性。不良贷款的增长和同业新政或将导致不良贷款拨备和核销的增加，同时利率市场化的推进将导致银行净息差继续收窄。③政策面来看，民营银行尽管业务定位与传统商业银行存在一定交叉，但是肯定会造成银行负债成本的上升，存款保险制度和大额可转让定期存单这些利率市场化的过程也会产生同样的负面影响，同业监管新政对银行的影响程度也存在不确定性。④外生新增不确定性主要是互联网金融的冲击，尽管该模式对银行业总体的影响偏负面，但是互联网金融的先发银行有望获得较大的估值溢价。整体来看，由于存在的若干客观不确定性，银行股仍将继续寻底。

由于不确定性的影响，行业估值仍然被压制，但是外生变量能给银行股带来一股活水。用互联网对银行估值并不是看触网银行本身因此盈利增加多少，而是基于银行可以多大程度地运用互联网金融以客户需求为本和构建平台的思维，实现自身转型和拓展业务范畴，形成差异化竞争。互联网公司是一个催化剂，"叫醒"了过去"躺着赚钱"的银行，主动学习互联网的比较优势来加强"护城河"的建设，并且开拓新的业务"蓝海"。先发银行将从一个简单的资金中介机构向系统性的金融服务商转变，互联网金融带来的渠道和入口2014年将成为决定商业银行估值溢价的重要因素。

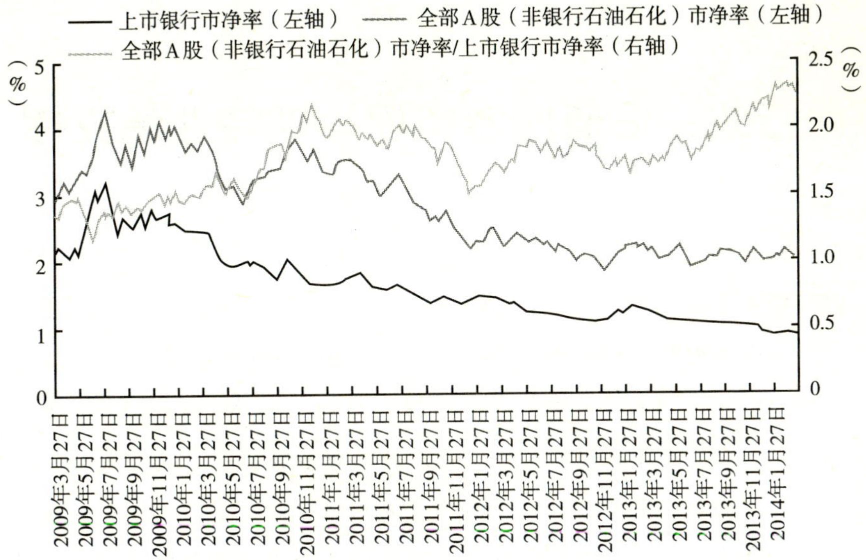

图 11　行业估值比较

资料来源：Wind 资讯。

（二）个股筛选逻辑：内在价值看风险定价水平，外在主题看触网银行

在当前银行业基本面无明显改观，以及宏观经济情形与2013年相似的背景下，互联网金融或将成为影响银行估值溢价的重要力量，互联网金融虽然无法在短期内取代银行的位置，但是在悄然改变着传统金融的商业模式，无论是与互联网公司展开战略合作，或者自建平台抵御互联网金融的冲击，银行如果优先搭上互联网金融这趟班车，渠道优势和风险管理能力将得到显著加强，正在合作中的或者有战略合作预期的银行都将获得估值溢价。

B.6

环保行业：估值压力初显、期待业绩支撑

尚 钧*

摘 要：

本文从环保板块整体表现和细分领域入手，认为市场在进入2014年以来出现了分化，2013年的上升势头未能继续。在低预期下寻找业绩爆发性及业绩持续增长性公司成为挖掘环保牛股的充分条件，而“并购转型多元化”才是真正的出路。企业寻求发展壮大的实际需求是环保企业寻求并购的根本动因，环保行业细分子领域众多，技术路径繁杂，行业存在严重的区域垄断及技术路径繁多的特质，并购是实现突破的捷径。危废处理、农村污水处理等领域目前处在启蒙阶段，行业具有很大的成长空间和并购机会。

关键词：

高估值 并购 危废处理 农村污水处理

一 行业回顾与总结

（一）2014年上半年环保板块明显调整，个股表现欠佳

2014年上半年，受投资者对环保板块未来业绩增速担忧的影响，环保行业未能延续2013年的上升势头，呈明显调整状态。以2011年1月1日为基期，从年初到5月31日收盘，申万环保指数收于1518.96，跌幅6.8%。总体

---

* 尚钧，中航证券金融研究所首席研究员。

来看，上半年环保个股整体表现欠佳，重点关注的个股中仅先河环保、华西能源、东江环保、津膜科技上涨超10%，南海发展上涨3%，其余个股均呈下跌态势，其中国电清新、城投控股、盛运股份、龙净环保、中电远达、万邦达的跌幅更是超过20%。

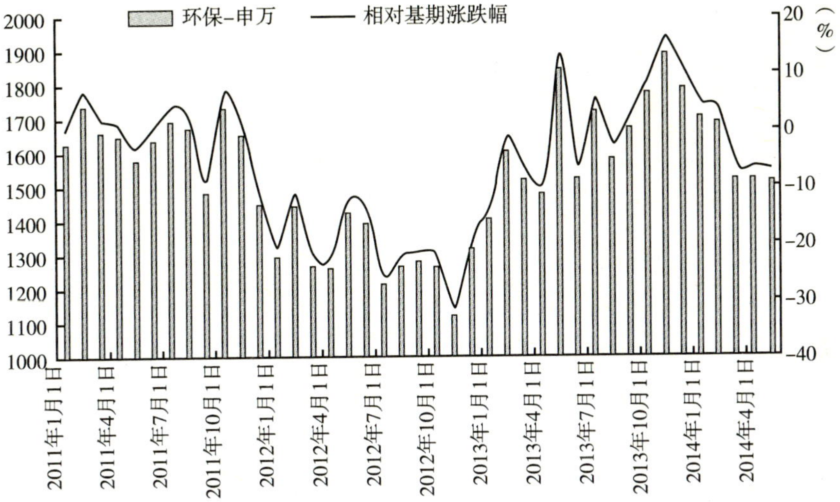

图1　环保板块整体表现（基期为2011年1月1日）

资料来源：Wind资讯。

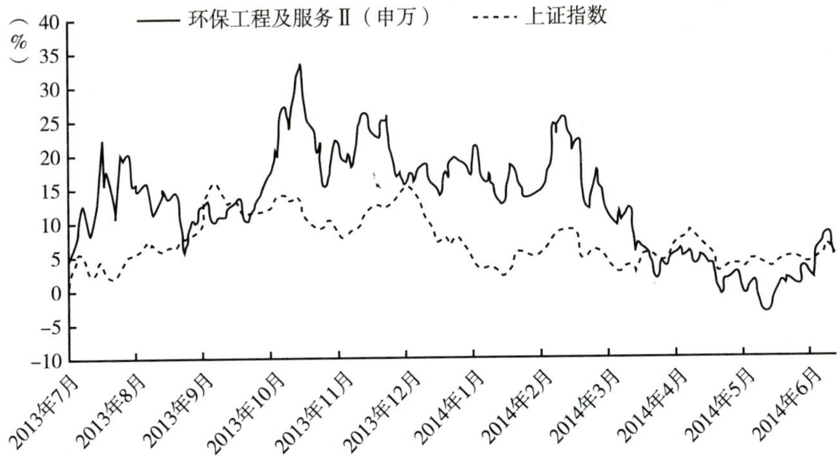

图2　环保行业指数和上证指数对比

资料来源：Wind资讯。

表1　2014年1月1日至2014年6月5日环保行业个股收益情况

单位：%

序号	代码	简称	区间涨跌幅	序号	代码	简称	区间涨跌幅
1	300137. SZ	先河环保	21	13	600526. SH	菲达环保	-10
2	002630. SZ	华西能源	19	14	002658. SZ	雪迪龙	-12
3	002672. SZ	东江环保	12	15	000826. SZ	桑德环境	-14
4	300334. SZ	津膜科技	10	16	300187. SZ	永清环保	-16
5	600323. SH	南海发展	3	17	300332. SZ	天壕节能	-17
6	300156. SZ	天立环保	-2	18	300070. SZ	碧水源	-19
7	300172. SZ	中电环保	-2	19	002573. SZ	国电清新	-20
8	002499. SZ	科林环保	-3	20	600649. SH	城投控股	-21
9	600874. SH	创业环保	-6	21	300090. SZ	盛运股份	-22
10	300335. SZ	迪森股份	-6	22	600388. SH	龙净环保	-24
11	300262. SZ	巴安水务	-6	23	600292. SH	中电远达	-25
12	300203. SZ	聚光科技	-6	24	300055. SZ	万邦达	-27

资料来源：Wind资讯。

（二）相对A股溢价下滑，细分领域表现各异

环保行业2014年以来整体跌幅大，环保板块目前估值已处于近几年的低位，上半年相对A股溢价也出现大幅下滑。细分领域中仅有节能领域上涨4%，其余板块均大幅下跌，其中监测板块更是跌幅超15%。

（三）前期高预期带来高估值，业绩增长驱动乏力

前两年对环保行业的高预期导致一致的高估值，因此2014年环保企业业绩增长过程沦为估值消化过程。同时环保行业作为成本端，下游客户上环保设备动机不足，环保行业按行业分类多为传统行业，生产能力不能快速复制，高预期下业绩兑现度低，个股很难进入业绩、估值双升的牛股模式。

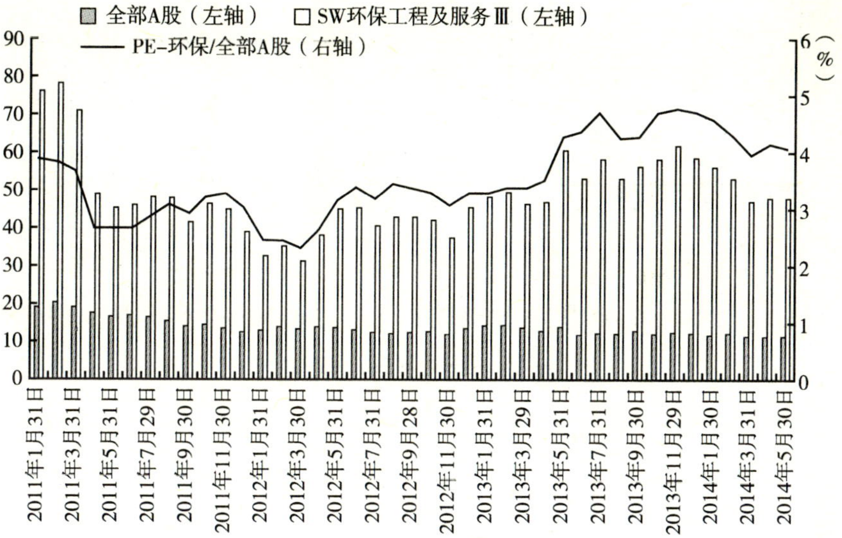

图3 环保板块相对A股溢价明显（PE-TTM）

资料来源：Wind资讯。

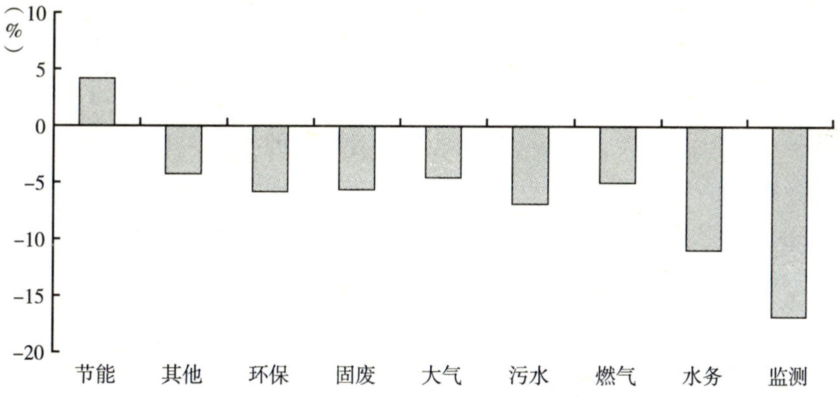

图4 环保板块细分领域涨跌幅

资料来源：Wind资讯。

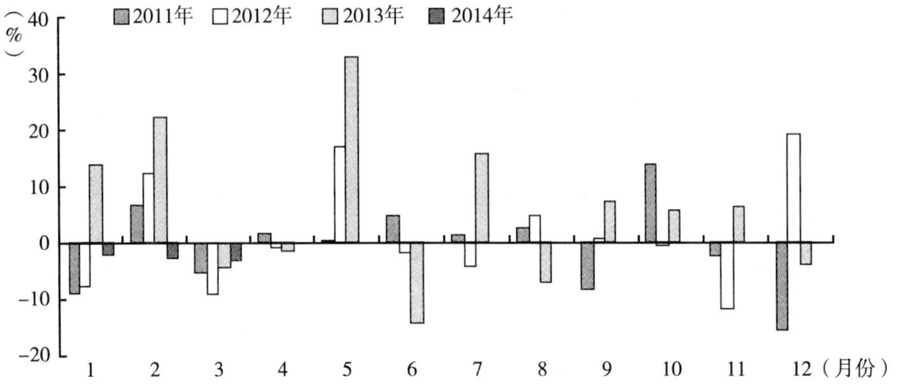

图5　环保指数月度涨跌幅

资料来源：Wind 资讯。

二　借鉴国外环保产业经验，探寻我国环保发展之路

（一）主要发达国家环保产业三阶段走向市场化

探寻主要发达国家环保产业发展之路，可以发现大部分发达国家的环保产业主要经由初级阶段、发展阶段、成熟阶段最终走向产业市场化，行业重心转向环保服务和产品出口。而每个国家根据自身情况的不同，采取的阶段发展策略也不尽相同。

1. 美国：先进科技提供保障，健全法律体系下政府主动调控产业发展方向

（1）初期阶段："命令 + 控制"为主导，逐渐健全环保法律法规体系

环保法规是推动环保产业产生并且成长发展的重要动力之一，20 世纪 70 年代美国在发展环保产业初期主要以建立健全具有执行力的法律体系为推进手段，相继颁布了《国家环境政策法》《清洁空气法》《水污染控制法》等法规。同时，美国也在环保基础设施建设中投入大量资金，极大地刺激环保产业的发展。

（2）发展阶段："命令 + 控制"建成体系，先进环境科技保障产业强劲发展态势

在20世纪八、九十年代，随着美国环保法律法规体系逐渐完善和环保基础设施逐渐到位，美国环保产业进入了高速发展阶段，此时作为世界科技前沿的领导者，美国政府对环保科技的研发也投入了大量资源，成立了环境保护技术委员会，并将白宫的环境质量委员会改组为环境政策办公室，主要负责全国的能源、环境和自然资源政策的制定，同时要求其他相关政府部门在制定政策时要充分考虑到环境保护问题。在发展阶段美国已建立起一个多层次、综合性强的环境科研开发和管理机构，并配有数量庞大的高素质环保科技人才队伍，使其环境科学技术的创新能力处于世界领先水平，为环保产业的发展提供了强有力的保障。

（3）成熟阶段：政府引导产业转型，制定战略出口环保技术、产品与服务

进入21世纪后，由于产业深化升级，美国环境污染大幅减少。随着美国环保产业的迅速发展，该产业所提供的产品、技术和服务在本国的环保市场已出现过量的消费剩余，环保产业进入成熟阶段。此时，美国政府出面引导，制定战略目标以保障企业参与开拓海外市场、扩大环保技术及其产品出口，美国企业也由过去的单一市场行为向政府行为转化。克林顿政府执政期间推出了环保技术、产品、服务的出口战略，鼓励企业在国际上积极参与环保产业的竞争，并且由商务部门出面帮助企业在海外赢得更多的订单，以便其在全球经济竞争中处于领先地位。此外，美国政府还通过向其他国家施加政治、经济压力迫使其环保产品能够进入该国市场。美国非常重视同第三世界国家的环境外交，认为它们很难达到满足环保的技术，需要美国采取投资等方法去帮助它们建立本国的环保市场，创造一个良好的接受国外环保技术的环境。

2. 加拿大：可持续发展战略提供良好政策环境，“绿色计划”促成环保强国

（1）初级阶段：“扶植＋保护”，联邦与省合理分工，共同制定有利政策刺激环保产业发展

根据加拿大宪法，省是自然资源的所有者，在公共政策领域，没有特殊的宪法权力授予任何一级政府，联邦政府和省级政府都通过立法并在自己的宪法权力内执行环境项目。20世纪60～70年代，加拿大的主要政策的原则是污染者负担全部环保责任，同时联邦政府和州政府分别制定激励计划来帮助市政、工业和公共机构筹集污染控制设施的建设经费。联邦政府没有特别的贷款或援

助用于支持工业实现其污染控制的目标。联邦政府主要通过对用于预防、减少或控制加拿大空气或水污染的设备免征2年收入税的政策和对市政设施提供大规模援助两项措施来支持环保产业发展，加拿大的省则主要通过制定财政计划来支持市政当局获得污染控制所需的资金，联邦与省分工合作，共同促进加拿大环保产业发展。

（2）发展阶段："政策+控制"，"绿色计划"可持续发展战略促加拿大环保产业迅速崛起

20世纪80年代后期，加拿大政府联合产业界、环保部门以及其他方面的相关人士共同商讨经济与环境协调发展的问题，并由此制定实施了具有全国性的"绿色计划"，促进了环保产业的发展。该计划为期6年，总预算30多亿加元，分八大领域，共有100多个项目，联邦政府40多个部门和有关机构参与了该项目计划。得益于该计划的顺利实施，加拿大环保产业在20世纪90年代迅速崛起。加拿大抓住了环保产业的发展机遇，步入了环保产业发展强国行列。可持续发展战略为加拿大环保产业提供了良好的政策环境。

（3）成熟阶段：坚持可持续发展战略，政府引导产业市场化

同其他发达国家一样，进入21世纪后加拿大环保产业进入成熟阶段，市场环保产品趋于饱和。加拿大政府在继续实现可持续发展战略政策的背景下，积极鼓励和引导企业利用市场调节的作用来发展环保产业，并且通过市场激励机制促进环保产品的生产。政府制定绿色环保产品的标准，鼓励政府部门和公众购买具有认证标准的环保产品。同时将市场机制扩展到国家对外贸易中，以市场来调节环保产业的管理。政府出面与环保企业进行协商，双方订立环保产品的市场管理体系，加速利用市场对环保技术创新与改造的调节作用，保证环保产业持续有效发展。

3. 日本：地方施政为主，中央宏观调控为辅，规模投资拉动环保产业迅猛发展

（1）初期阶段：民众强烈的环保意识推动环保产业发展，政府环保产业投资力度大

20世纪50年代中期，日本的工业生产力恢复到战前水平，由于政府对环境污染问题的重视程度不够，伴随生产力的快速增长而导致的产业危害公众健

康的事件频繁出现，社会公众的身心健康受到严重威胁。社会公众不满的情绪不断加大且环保意识开始萌生并形成，进而采取了一系列的抗议公害活动，要求政府和企业采取措施解决环境污染问题。面对巨大的公众压力，政府开始逐步转变以往的政策方向，增加对新技术研发和环境治理的投入，发展环保产业。至20世纪70年代末，日本政府先后制定了一系列严格的法律、法规，从重点治理工业污染开始了环境治理工作，由此日本的环保产业产生并逐渐发展起来。同时，日本政府初期治理污染的投资力度较大，从70年代初政府环保投入3亿美元到70年代末政府环保投入超过50亿美元。

（2）发展阶段：中央宏观调控确立政策环境，地方因地制宜促进环保产业合理发展

20世纪80年代开始，日本中央政府从卫生和治理公害的角度向发展循环产业经济的角度发展，出台了再生资源利用促进法、包装容器再生利用法等，以及后来的《循环型社会形成推动基本法》，为发展环保产业营造了良好的政策环境。日本中央政府以宏观环境经济政策为指导，通过建立合作式环境管理体制，界定了中央政府和地方政府的权利和责任，让地方政府在环保产业发展中发挥主导作用。在环境污染时期，地方政府要先于中央政府做出应急反应，采取措施治理环境污染，并因地制宜采取适合各地区的环境管理措施。地方政府同样主导环保基础设施建设。在基础设施建设的资金投入中，地方政府的出资比重占60%左右。日本这种以地方政府为主的发展模式进一步促进了环保产业的良性发展，弥补了中央政府的政策不足之处，各地可以根据实际情况发展各自的环保产业，拓展环保市场，从整体上提高了日本环保产业的发展水平。

（3）成熟阶段：健全法律体系，持续投入规模资金保障环保产业发展

进入21世纪，日本环保产业逐渐成熟，环保法律法规体系逐渐完善，2000年颁布和实施了《循环型社会形成推动基本法》、《废弃物处理法》（修订）、《资源有效利用促进法》（修订）、《建筑材料循环法》《可循环食品资源循环法》、《绿色采购法》，形成了目前世界上最先进、最完备的环保及循环经济法律体系。以资源循环产业为中心的环保产业在日本蓬勃发展。在完善的法律法规下，日本持续在预算和融资制度上对环保产业的发展给予大力支持，

2000年以来日本国会每年通过的与环保有关的预算近130亿美元，资金拨给环境省、经产省、农林省和国土交通省等主要相关部门。2009年在政府的财政预算中环保技术开发的总金额高达408亿日元，这为日本环保产业的发展筹措了充足的资金，有力地促进了环保产业各个方面的正常运行。此外，日本环境产业的市场规模从2000年的299499亿日元增长到2010年的472266亿日元，到2020年将增至583762亿日元。

（二）总结国外环保发展之路，政策驱动是环保产业发展动因

通过对主要发达国家环保产业发展经历的分析可以看出，环保市场所处的阶段不同，环保产业的主要驱动因素也不相同。

1. 初期阶段

当一个国家经济不断增长的同时，环境恶化程度也会加剧。当环境恶化到一定程度时，国家不得不通过建立环保相关法律法规以及普及环保教育来控制环境恶化，此时环保产业在政策利好的驱动下开始发展。该阶段环保产业驱动因素主要来自国家政策驱动。

2. 发展阶段

随着经济增长，产业结构不断升级，政府开始引导环保产业自我革新，通过创造环保需求增加来自政府和民间的环境治理投资，并通过积极支持环境科学技术的研发来提升环保科技，为环保产业提供保障。此时环保产业的主要驱动来自市场中的环境治理投资。

3. 成熟阶段

当经济发展到高水平阶段、产业结构逐渐完善时，环保市场也趋于饱和，环保产品出现消费过剩。政府将调整环保产业战略目标，使环保产业转向环保产品、科技、服务的出口战略上。此时环保产业将受到政府外交战略和出口战略的影响。

综上所述，环保产业是应对环境问题而形成的新兴产业。20世纪60年代，随着大规模工业化引发的环境破坏和生态问题日益严峻，工业化国家兴起了环境保护热潮，各国政府通过立法来加强对环境污染行为的管制。为了应对新的管制措施，一个以满足环境保护为目标，包括技术研发、设备制造、管理

咨询服务在内的产业随之兴起。环保产业的快速发展催生了大量的环保企业，而后又随着行业竞争逐渐市场化，其中具有技术、资金、管理优势的企业通过并购的方式实现外延式扩展，逐渐提高市场集中度，并最终形成了我们今天所看到的威立雅、苏伊士、美国废物管理公司等这样的国际环保巨型企业。

（三）我国处于环保发展初期阶段，政策为主导，行业仍具可观空间

我国环保产业目前处于初期阶段，由于近三十年经济的高速发展，我国环境问题已经到了非治不可的地步。“十二五”期间，我国对环保产业的投资明显增加，2012 年我国环境治理总投资达到 8253 亿元，占 GDP 的比重为 1.6%，我国环保产业目前以城市环境基础设施建设投入为主，且以资本要素投入为主，其他要素投入相对淡化。与发达国家相比，我国环保投资仍显不足，主要发达国家成熟期环保投入均占 GDP 的 2.5% 以上，发展初期这一比例更高。环保投资需求远大于环保投入，同时，为了达到我国“十二五”期间制定的各项排放标准，环保投资需求非常巨大。

我国当前环境形势非常严峻，环保投资力度不足，相关政策尚待完善，产业装备水平较低，环保理念落后。总体来说，我国环保产业仍处于初期阶段，环境治理的需求空间巨大，随着国家治理环境的力度加大，未来空间广阔。

预计 2020 年环保支出占 GDP 的比率约为 2%，根据 2010 年的数据，“十二五”收官之年环保投资有望在短期内出现加速增长。

表 2　环保投资预测

单位：亿元，%

年份	全国环境污染治理投资总额	同比	占 GDP 比重
2000	1014.90		1.13
2001	1106.60	9.00	1.01
2002	1367.20	23.50	1.14
2003	1627.70	19.10	1.2
2004	1909.80	17.30	1.19
2005	2388.00	25.00	1.3
2006	2566.00	7.50	1.22

续表

年份	全国环境污染治理投资总额	同比	占 GDP 比重
2007	3387.30	32.00	1.36
2008	4937.03	45.80	1.57
2009	5258.39	6.50	1.54
2010	7612.19	44.80	1.9
2011	7114.03	-6.50	1.5
2012	8253.46	16.00	1.59
2013E	9385.95	13.70	1.65
2014E	10673.22	13.70	1.7
2015E	12100.72	13.40	1.75
2016E	13632.24	12.70	1.8
2017E	15348.66	12.60	1.85
2018E	17230.06	12.30	1.9
2019E	19310.36	12.10	1.95
2020E	21587.99	11.80	2

资料来源：Wind 资讯。

三　并购孕育牛股，细分领域机会多

（一）并购才是孕育环保股的摇篮

从数据来看，35 家环保企业中从上市首日到当前收盘价涨跌幅超过 20% 的企业有 23 家，涨幅超过 100% 的有 7 家。上涨驱动因素均来自并购、转型、多元化，可以说环保股的成长性依靠外生性发展——并购。

表 3　环保行业上市公司上涨驱动因素分析

单位：%

公司名称	上市日期	上市首日收盘价到 2014 年 4 月 30 日涨跌幅	上市后三个月收盘价到 2014 年 4 月 30 日涨跌幅	上涨主要驱动因素
桑德环境	1998 年 2 月 25 日	947.10	885.69	上市早(暂不考虑)
龙净环保	2000 年 12 月 29 日	250.10	287.38	上市早(暂不考虑)
瀚蓝环境	2000 年 12 月 25 日	181.10	142.27	并购

续表

公司名称	上市日期	上市首日收盘价到2014年4月30日涨跌幅	上市后三个月收盘价到2014年4月30日涨跌幅	上涨主要驱动因素
南方汇通	1999年6月16日	157.20	118.93	业务转型
盛运股份	2010年6月25日	139.70	171.64	并购
中电远达	2000年11月1日	135.30	134.80	资产重组
*ST科健	1994年4月8日	130.10	482.43	借壳
菲达环保	2002年7月22日	93.20	119.72	大气&并购
首航节能	2012年3月27日	80.50	59.86	业务多元化&并购
巴安水务	2011年9月16日	80.00	115.46	业务转型
隆华节能	2011年9月16日	72.30	105.61	并购
三聚环保	2010年4月27日	69.30	138.84	焦炉煤气制LNG
国中水务	1998年11月11日	62.90	145.04	业务多元化&并购
国电清新	2011年4月22日	58.50	77.99	大气&并购
凯美特气	2011年2月18日	58.00	52.72	—
津膜科技	2012年7月5日	54.60	97.39	—
迪森股份	2012年7月10日	53.00	74.71	战略转型
永清环保	2011年3月8日	50.20	40.70	土壤修复稀缺标的
雪迪龙	2012年3月9日	49.20	93.38	大气
东江环保	2012年4月26日	40.20	0.87	并购
华西能源	2011年11月11日	39.10	87.94	转型
碧水源	2010年4月21日	30.10	135.92	—
三维丝	2010年2月26日	24.20	39.72	大气&并购失败
维尔利	2011年3月16日	13.20	52.86	业务转型&并购
先河环保	2010年11月5日	9.50	18.81	并购
天壕节能	2012年6月28日	8.00	28.73	并购预期
中电环保	2011年2月1日	-1.90	25.21	业务转型
长青集团	2011年9月20日	-6.00	-16.04	—
万邦达	2010年2月26日	-7.60	-35.51	—
龙源技术	2010年8月20日	-25.00	-39.22	大气
天瑞仪器	2011年1月25日	-27.40	-25.74	并购
聚光科技	2011年4月15日	-29.60	-12.65	并购
天立环保	2011年1月7日	-36.40	-24.54	业务转型&并购
科林环保	2010年11月9日	-39.30	-1.34	大气
易世达	2010年10月13日	-58.00	-60.72	—

资料来源：Wind资讯。

当高预期下高估值已成先决条件，寻找业绩爆发性及业绩持续增长性公司成为挖掘环保牛股的充分条件，而“并购 & 转型 & 多元化”才是真正的出路。

（二）环保行业中并购数量及并购金额持续增长

近年来，环保行业涉及上市公司的并购数量和并购金额上涨明显，主要原因如下：

（1）行业分散，区域垄断，优势企业跑马圈地及转型需要并购支撑；

（2）上市公司高 PE 提供足够并购激励；

（3）被并购方当前选择并购可以享受高溢价。

表 4　2011 年至 2014 年 4 月 30 日环保企业每年发生并购的次数和金额

单位：万元，次

年份	金额	次数
2014（截至 4 月 30 日）	1746967.57	34
2013	1011130.03	33
2012	229661.64	19
2011	145441.61	14

资料来源：Wind 资讯。

发展壮大的实际需求是环保企业寻求并购的根本动因，环保行业细分子领域众多，技术路径繁杂，行业存在严重的区域垄断及技术路径繁多的特质，并购是实现突破的捷径。

（1）突破区域瓶颈：环保公司区域垄断性质明显，并购是实现区域突破的关键（如东江环保）；

（2）实现业务协同：针对同一客户，提供更综合的服务（如隆华 + 加美）；

（3）实现产业链整合：实现产业链价值最大化，为客户提供一体化解决方案（GE 整合水处理市场）；

（4）跨行业并购，进入新领域：传统业务遇阻或者期望实现新业务开拓（瀚蓝环境）。

（三）农村治水带来污水处理新利润点，城镇污水处理规模仍有提升空间

在环保的各个领域中，水治理投资一直占比最大，主要分为工业污水、城镇生活污水、农业污水三类污染源的治理，其中，城镇生活污水与居民日常生活更密切相关，受到政策的推动力度也最大，是投资的重点。2014 年，水污染防治行动计划有望出台，预期将带来更广阔的投资市场。

截至 2012 年，全国废水排放量 684.8 亿吨，比上年增加 3.9%。其中，工业废水排放量 221.6 亿吨，比上年减少 4.0%；占废水排放总量的 32.3%，比上年减少 2.6 个百分点。城镇生活污水排放量 462.7 亿吨，比上年增加 8.1%；占废水排放总量的 67.6%，比上年增加 2.7 个百分点。集中式污染治理设施废水［主要指生活垃圾处理厂、危废集中处置厂等（不含城镇污水处理厂）排放的渗滤液、废水等］排放量 0.5 亿吨，占废水排放总量的 0.1%。

2013 年，全国城镇累计建成污水处理厂 3513 座，污水处理能力约 1.49 亿立方米/日，全年处理污水 444.6 亿立方米，同比增长 5.2%，运行负荷率达到 82.6%，城镇生活污水处理率逐年提升。

根据 2012 年《“十二五”全国城镇污水处理及再生利用设施建设规划》，到 2015 年，全国所有设市城市和县城具有污水集中处理能力，城市污水处理率达到 85%，污泥无害化处理处置率达到 80%，城镇污水处理设施再生水利用率达到 15% 以上。

工程市场：参考规划以及经济的发展形势，我们对未来五年我国城镇污水处理进行了投资估算，预计全国城镇污水处理工程投资近 7126 亿元，其中，新建污水处理厂投资 2070 亿元，升级改造 269 亿元，再生水投资 590 亿元，污泥处理 370 亿元，管网建设 3827 亿元，管网建设占到总投资的一半以上。

运营市场：污水运营市场也逐年增加，预计未来五年运营市场份额达到 3669 亿元，年均 734 亿元。

可以看出，城市水务市场份额巨大，但增速已经放缓，其中，升级改造的市场仍然保持良好的增速。

农村污水治理年工程投资约 343 亿元，运营 62 亿元。目前，我国农村环

境形势日益严峻，面临着环境污染和生态破坏的双重压力，农村生活污水已经成为我国主要流域水污染的重要因素之一。2012 年，全国村镇生活污水产生量 159 亿吨，四分之三由村庄排放，而村庄实际污水处理率仅 7%，90% 以上的村庄没有排水渠道和污水处理系统，因此，农村污水治理是未来非常广阔的一个市场。据媒体报道，住建部在拟定“十二五”全国村镇污水治理规划，该规划主要内容有：①“十二五”期间，全国村镇污水治理率要提升 10%。②到 2020 年，使 30% 的村镇人口得到比较完善的公共排水服务，并使各重点保护区内的村镇污水污染问题得到全面有效的控制。③预计用大约 30 年的时间，在 90% 的村镇建立完善排水和污水处理设施与服务体系。

根据环保部研究，全国约有 60 万个行政村，按照其中 1/3 即 20 万个行政村迫切需要治理，每个行政村治理需要 100 万元，市场空间约 2000 亿元，按中央和地方各投资 50% 测算，共需中央财政投入 1000 亿元，污水处理得到新的利润增长点。

（四）我国危废处理能力严重不足，市场潜力巨大

1.《“十二五”危险废物防治规划》（2010 年数据）

专家预测“十二五”期间危险废物产生量仍将持续增长，2015 年将超过 6000 万吨。但是，目前全国持证单位利用处置能力仅为第一次全国污染源普查危险废物产生量的 50% 左右，且设施负荷率不足 40%。

全国持危险废物经营许可证的单位危险废物年利用处置能力达 2325 万吨。全国已有约 1500 家单位取得了危险废物经营许可证，持证单位实际利用处置危险废物约 840 万吨，较 2006 年提高 180%。

2.《第一次全国污染源普查公报》（2007 年数据）

工业源中危险废物产生量 4573.69 万吨；综合利用量 1644.81 万吨（其中综合利用往年贮存量 68.82 万吨），处置量 2192.76 万吨（其中处置往年贮存量 11.44 万吨），本年贮存量 812.44 万吨（其中符合环保要求贮存量 275.64 万吨），倾倒丢弃量 3.94 万吨（部分中小企业和社会源产生的危险废物未包括在内）。

3.《“两高”司法解释》后，产废企业违约成本明显增加

在政策法规驱动下，中国将呈现以下两种趋势：①体系完善带来的增量。法规体系逐步完善令更多中间状态的工业固废被辨认为危废；登记方式的优化即电子化、互联网化的全程管理带来危废非正常流失的减少；分级管理制度规定危害性及含量两个等级，以前忽略的“霉性小产量大”的危废将得到足够重视。②体系完善带来的处置企业竞争主体的减少。牌照管理使得优势企业明显受益于“非法渠道流入”的非正规企业竞争以及“门槛提高带来的”正规企业的减少及并购整合机遇。2010 年上海市综合利用工业危险废物 21.64 万吨，有 6 万吨被物综合利用许可证单位接受并处理，二次污染严重。产生到处置全过程管理可减少非法处置渠道。另外，2011 年，环境保护部抽查了约 1600 家危险废物处置重点单位，抽查合格率为 63.7%。全过程管理也可提高正规企业门槛。

附录：

2013 年 6 月 8 日颁布《最高人民法院最高人民检察院关于办理环境污染刑事案件适用法律若干问题的解释》。

第一条　实施刑法第三百三十八条规定的行为，具有下列情形之一的，应当认定为“严重污染环境”：

（二）非法排放、倾倒、处置危险废物三吨以上的；

（三）非法排放含重金属、持久性有机污染物等严重危害环境、损害人体健康的污染物超过国家污染物排放标准或者省、自治区、直辖市人民政府根据法律授权制定的污染物排放标准三倍以上的。

B.7

医药行业：长期乐观、短期谨慎

赵浩然*

摘　要：

本文先从行业现状入手，指出2014年受益于下游需求稳定增加，我国医药行业整体上保持了平稳增长的发展趋势，不过我国医药品出口仍未完全摆脱“以价换量”低端竞争局面，今年以来，医药行业指数就一直维持高位震荡趋势，二级行业指数逐步分化。对于未来的医改，本文认为内地基药招标或将更多地借鉴香港模式，随着2014年药品招标将进入集中期，药品降价压力尚存，但整体上独家品种仍将是主要受益者；政府将鼓励社会办医，推动公立医院回归公益性，进而为国内民营医院的发展释放空间。

关键词：

行业增长　板块分化　香港模式　基药招标　社会办医

一　医药行业：行业平稳增长，增速前高后低

（一）行业平稳增长，化药有所反弹

2014年受益于下游需求稳定增加，我国医药行业整体上保持了平稳增长的发展趋势，Wind统计数据显示，1～5月国内医药制造业累计实现销售收入8679.12亿元，较上年同期增长13.06%，累计实现利润总额840.17亿元，同比增长幅度为14.58%，综合毛利率为28.01%，同比下降0.76个百分点。

* 赵浩然，中航证券金融研究所首席研究员。

整体来看，我国医药制造业开局一般，第一季度收入和利润增速均保持在14%左右，普遍低于上年同期水平，随后呈现逐月下降趋势，1～5月行业整体收入累计增速为13.06%，与上年同期相比下降6.73个百分点，基本上为2009年新医改实施以来的最低水平；利润方面，2014年前5个月行业整体利

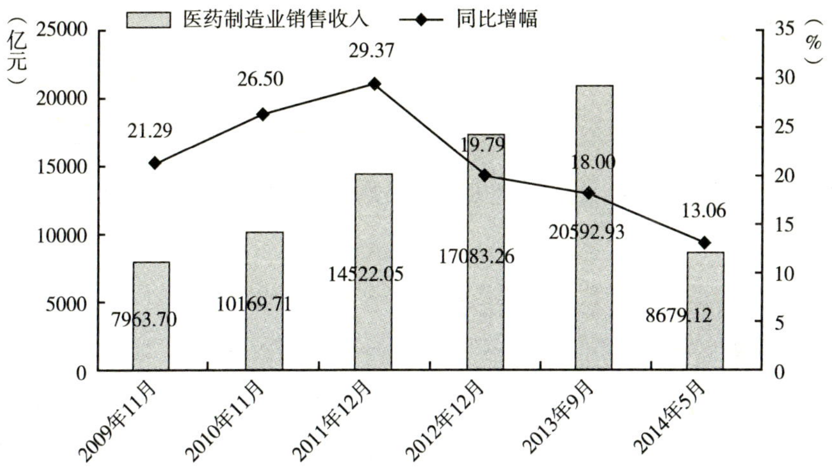

图1　医药制造业销售收入变动情况

资料来源：Wind资讯。

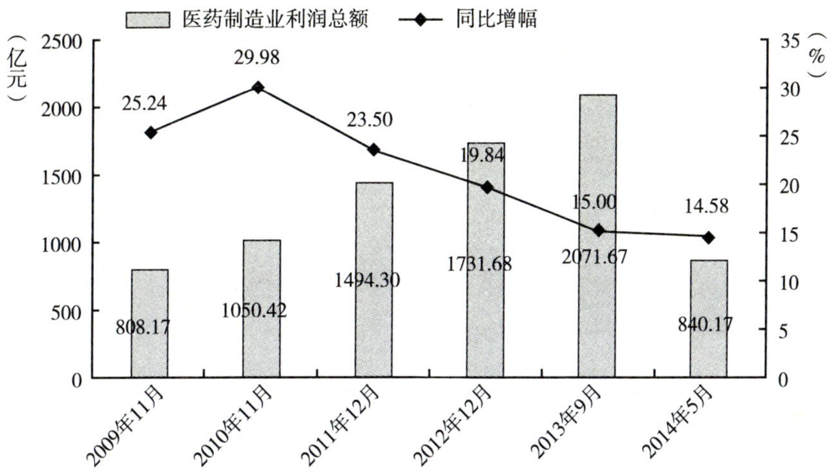

图2　医药制造业利润总额变动情况

资料来源：Wind资讯。

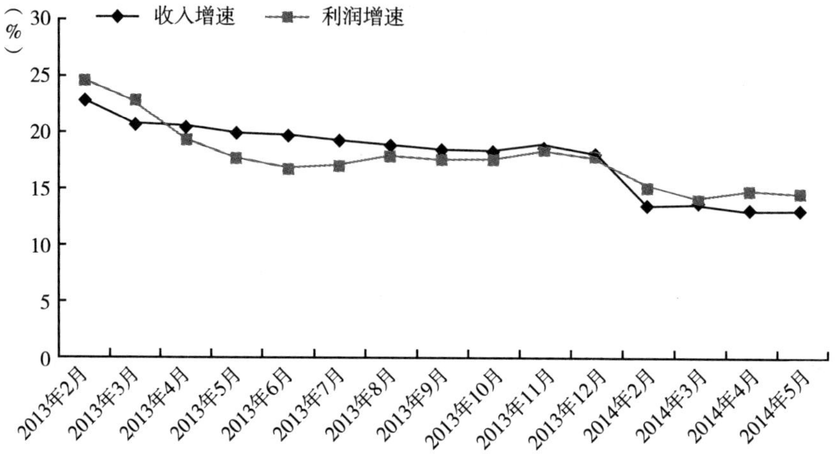

图 3　医药制造业收入及利润增速变动情况

资料来源：Wind 资讯。

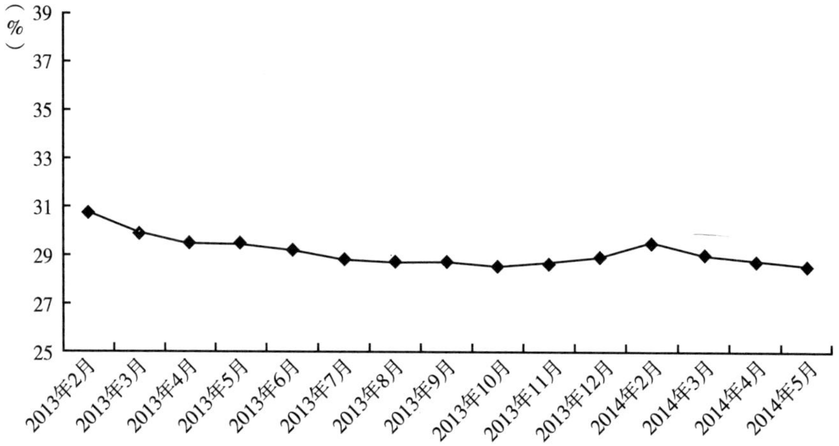

图 4　医药制造业行业综合毛利率变动情况

资料来源：Wind 资讯。

润增速为 14.58%，同样低于上年同期情况，较为乐观的是，2014 年以来行业整体利润增速略高于收入，表明行业长期以来增收不增利的现象正逐步得到改善。

子行业中，2014 年 1～5 月，医药制造业中收入增长最快的子行业分别为卫生材料及医药用品、中药饮片行业，同比增长幅度分别为 18.28% 和 16.35%，而化学药品制剂、中成药、生物生化制品等主流行业整体表现明显欠佳，同期收入增速分别为 12.67%、13.02%、12.08%，均低于行业平均水平。经过前几年的产业结构调整，2014 年化学药品原药行业的盈利能力有了较为明显的提升，利润增速显著高于同期收入增速，除此之外，其他细分行业均低于收入增幅。

表 1　2014 年 1～5 月医药制造业中各细分行业收入及利润总额增长情况

单位：亿元，%

子行业	营业收入	收入同比	利润总额	利润同比
化学药品原药	1647.69	11.00	118.59	23.07
化学药品制剂	2447.12	12.67	277.51	18.97
中药饮片	546.20	16.35	37.74	8.38
中成药	2106.81	13.02	205.26	11.25
兽用药品	385.86	14.92	31.70	9.78
生物生化制品	946.57	12.08	114.60	5.83
卫生材料及医药用品	598.88	18.28	54.76	16.15

资料来源：Wind 资讯。

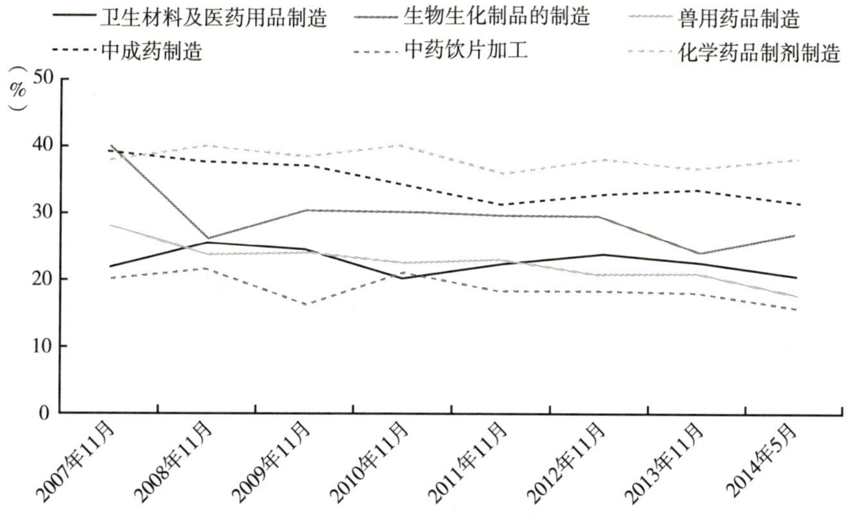

图 5　医药制造业各子行业毛利率变动情况

资料来源：Wind 资讯。

（二）出口有待改善，投资情绪回落

2014年前5个月我国医药品累计进出口130.23亿美元，同比增加11.36%，其中出口金额55.22亿美元，同比增加5.54%，但同期出口数量保持了7.81%的增长幅度，这表明我国医药品出口仍未完全摆脱“以价换量”低端竞争局面，近几年随着国内人工等生产成本、环境治理成本的提升以及市场监管趋严，行业出口赖以生存的成本优势不断被削弱，急需通过转型升级来提升市场竞争力以及赢利能力；与此同时，2014年1～5月国内市场医药品进口75.01亿美元，保持了16.07%的增长速度，而同期进口数量也同比增加10.72%，基本上扭转了因上年下半年国内医药市场秩序整治而导致进口持续下滑的局面。

2013年是我国新版GMP认证实施的一个重要时间点，按照要求，国内现有药品如血液制品、疫苗、注射剂等无菌药品的生产，应在年底前达到新版GMP认证要求，因此随着认证最终截止日期的临近，我国医药行业投资持续高速增长，全年医药制造业累计完成固定资产投资额4526.83亿元，同比增长幅度约为27%。2014年以来随着GMP认证周期结束，行业投资热情明显回落，截至5月，固定资产投资完成额累计为1610.32亿元，同比增长14.59%。

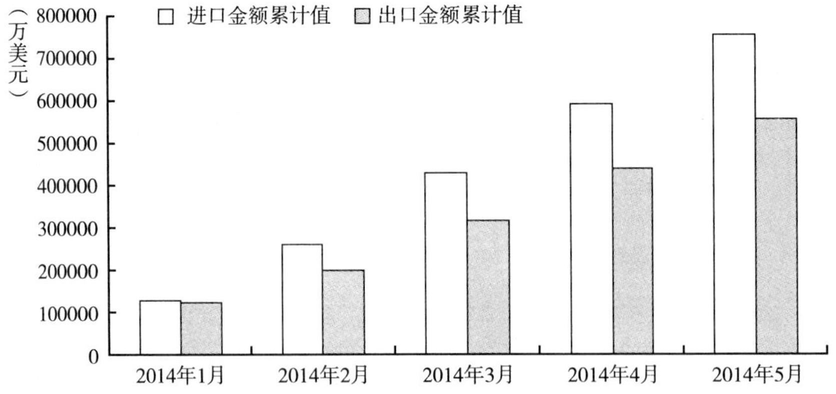

图6　2014年我国医药进出口变动情况

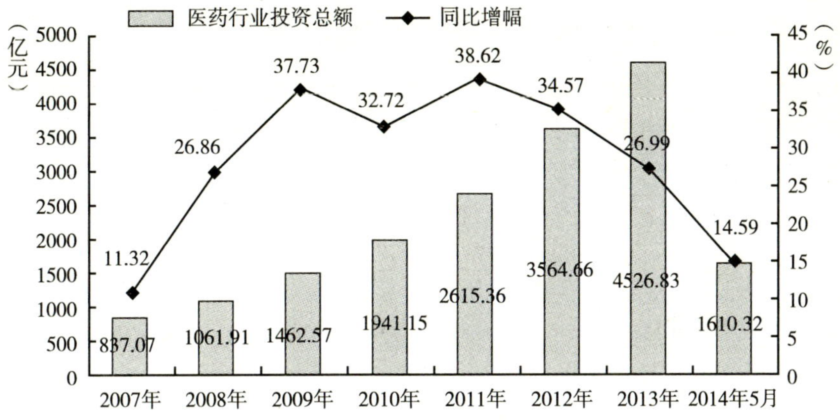

图 7　我国医药制造业投资变动情况

（三）板块增速下滑，未来不容乐观

统计数据显示，2013 年医药生物板块（申万行业）累计实现营业收入 5823.43 亿元，归属母公司股东的净利润为 434.02 亿元，分别较上年同期增长 17.86% 和 16.17%。

分板块来看，随着国内医药流通行业的持续整合，市场集中度不断提升，企业成本控制能力明显增强，进而带动商业板块盈利能力的提升，全年医药商业实现营业收入、归属母公司股东净利润分别为 2266.15 亿元和 54.72 亿元，利润增速（17.75%）高于同期收入增幅（16.10%）；中药行业则受益于终端价格体系稳定以及国家政策扶持，保持着较好的盈利能力，全年营业收入同比增长 24.52%，净利润同比增幅为 31.54%；同期医疗服务在政策放宽限制的驱动下，收入及利润均保持较好的增长势头。除此之外，其他各细分板块的利润增长普遍低于收入，尤其是化学制药行业，全年收入增长 12.27%，归属母公司股东净利润则同比出现增速下滑的现象，约为 0.49%。

上市公司方面，2013 年板块内 182 家上市公司中有 125 家归属上市公司股东净利润（扣非后）同比实现增长，约占全部上市公司总量的 68.68%，其中有 31 家公司同比增长幅度超过 50%，占比为 17.03%。同期，扣非后净利润为负值的企业多集中在化学原料药、OTC 等细分行业。

表 2　医药生物板块 2013 年收入及利润情况

单位：亿元，%

板块名称	营业总收入	归属母公司股东的净利润	收入增速	净利润增速
医药生物	5823.43	434.02	17.86	16.17
二级板块				
医药商业	2266.15	54.72	16.10	17.75
化学制药	1504.20	119.86	12.27	-0.49
中　　药	1471.43	173.06	24.52	31.54
生物制品	350.84	55.72	24.39	14.75
医疗器械	155.42	22.41	24.44	10.54
医疗服务	75.40	8.70	24.23	30.52

资料来源：Wind 资讯。

表 3　上市公司 2013 年全年业绩情况

单位：家

扣除非经常性损益后归属母公司股东净利润增幅	上市公司数量	重点公司
>100%	16	嘉应制药、通化东宝、太龙药业
50% ~100%	15	京新药业、达安基因、太安堂、华兰生物
20% ~50%	52	中恒集团、红日药业、以岭药业、天士力、昆明制药、恩华药业、白云山、康缘药业
0 ~20%	42	常山药业、华东医药、人福医药、恒瑞医药、华润三九、众生药业
<0	57	乐普医疗、双城药业、中新药业、益盛药业

资料来源：Wind 资讯。

分季度来看，医药生物板块 2013 年第三季度营业总收入及归属上市公司母公司的净利润增速分别为 13.59%、11.63%，增速环比出现明显回落，我们判断，2013 年基药招标进展缓慢、反商业贿赂整治活动导致处方药增长承压等因素是造成医药板块第三季度增速环比下降的主要原因，基于对政策延续性的判断，预计未来国内政策利空因素难以得到明显改善，再加上各地医保年底控费压力增大，都将持续制约行业增速回升，甚至不排除存在进一步下滑的可能性。

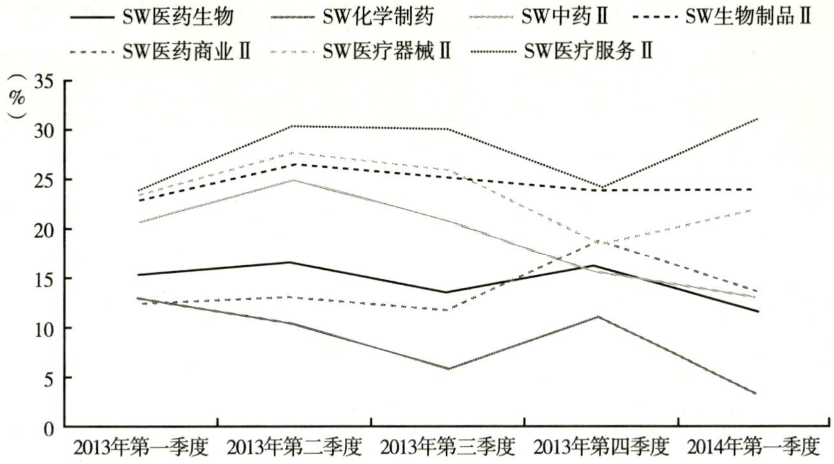

图 8　2013 年医药行业单季度收入增速变动情况

资料来源：Wind 资讯。

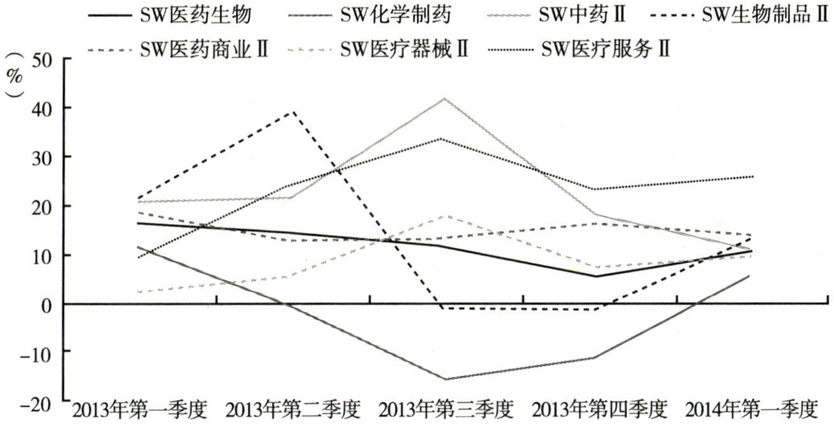

图 9　2013 年医药行业单季度利润增速变动情况

资料来源：Wind 资讯。

二　市场表现：整体领先大盘，行业分化明显

2013 年在当前国内产业结构调整、经济增速放缓的大背景下，医药行业

作为少数几个能够维持持续稳定增长亮点行业之一，受到市场投资者的青睐，再加上生物制药行业规划推出、国家新版基药目录出台、禽流感疫情爆发以及关于促进健康服务业发展的若干意见公布等诸多利好因素驱动，医药板块迎来了一轮单边上涨行情。

医药生物（申万一级行业指数）2013 年累计上涨 36.56%，分别领先上证指数、沪深 300 指数 43.31 个和 44.21 个百分点。二级行业指数中，医疗服务、医疗器械的表现最为抢眼，分别累计上涨 84.66%、84.17%，即便是涨幅最小的化学制药板块，也有 27.53% 的上涨幅度。

2014 年以来，医药行业指数就一直维持高位震荡趋势，二级行业指数逐步分化，其中医疗器械、医疗服务延续上涨趋势，其余行业指数均有不同程度的调整。

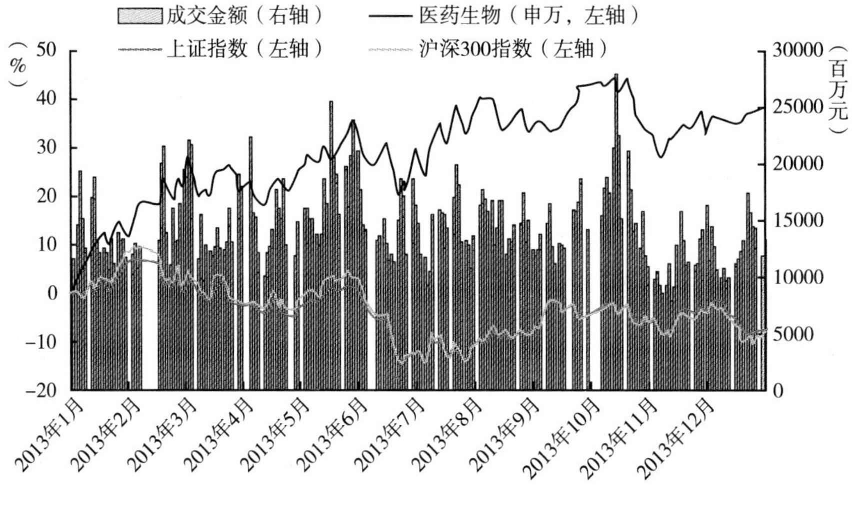

图 10　2013 年医药生物指数及上证指数、沪深 300 指数走势

资料来源：Wind 资讯。

截至 5 月 31 日，A 股市场上医药生物板块整体市盈率（TTM，整体法，剔除负值）估值水平 33.70 倍，市净率（整体法，剔除负值）3.92 倍，在全部 A 股市场各行业板块中分别居第 7 位和第 2 位，市盈率以及市净率相对于全部 A 股的溢价分别为 204.56% 和 156.77%。

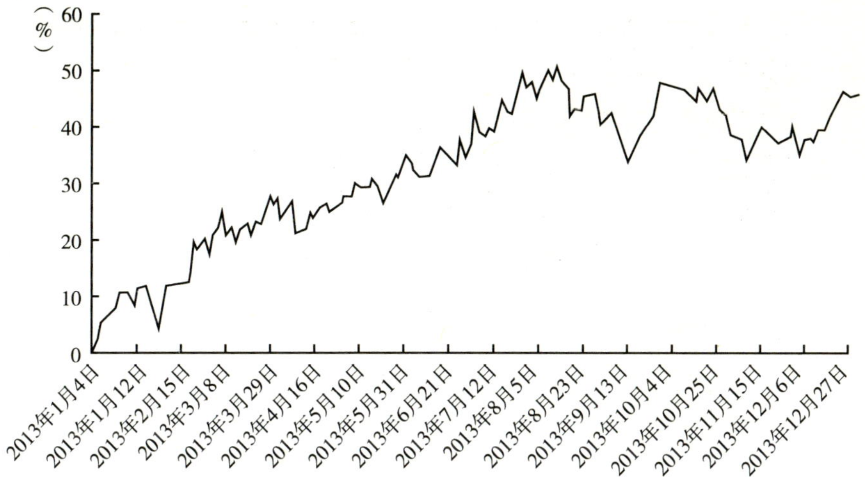

图 11　2013 年医药生物指数相对上证指数涨跌情况

资料来源：Wind 资讯。

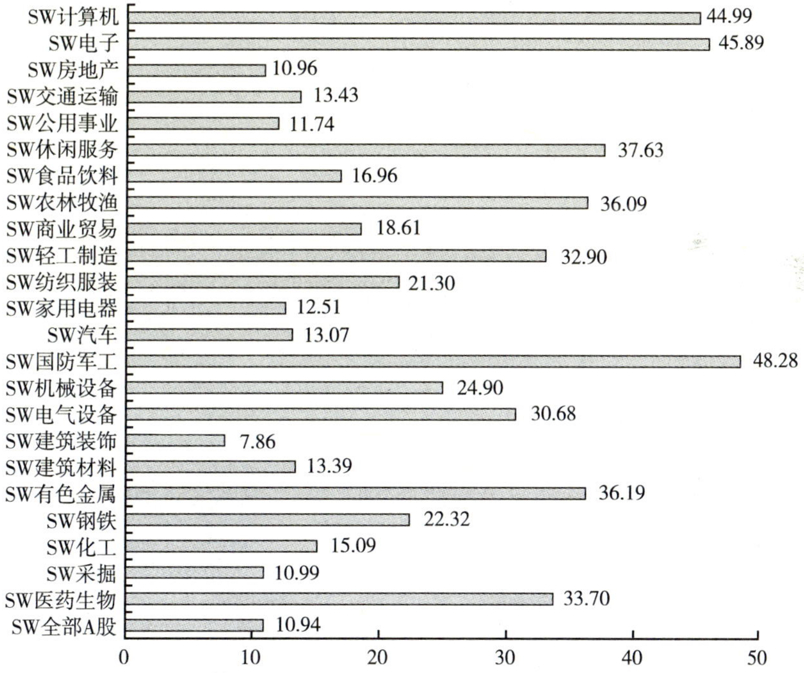

图 12　全部 A 股各板块市盈率情况

资料来源：Wind 资讯。

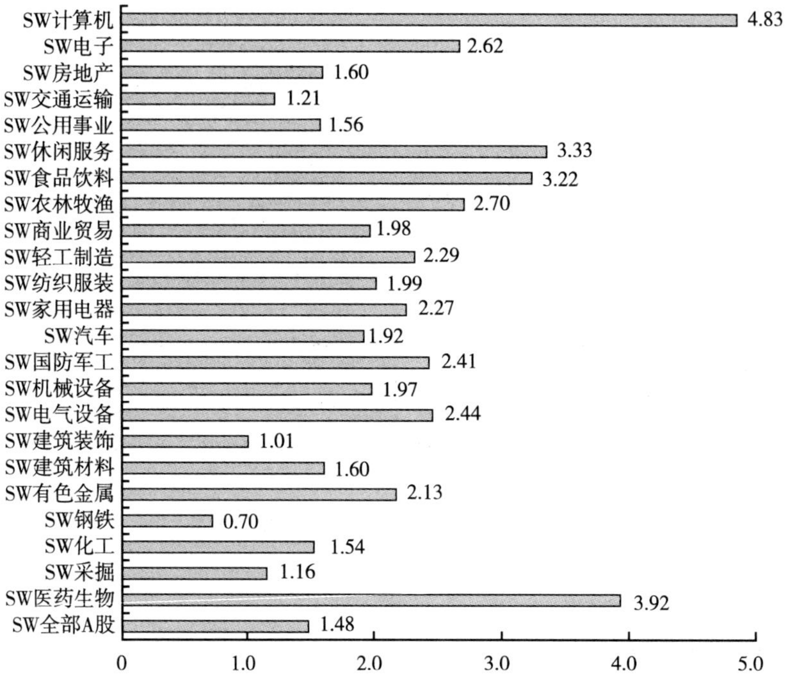

图 13　全部 A 股各板块市净率情况

资料来源：Wind 资讯。

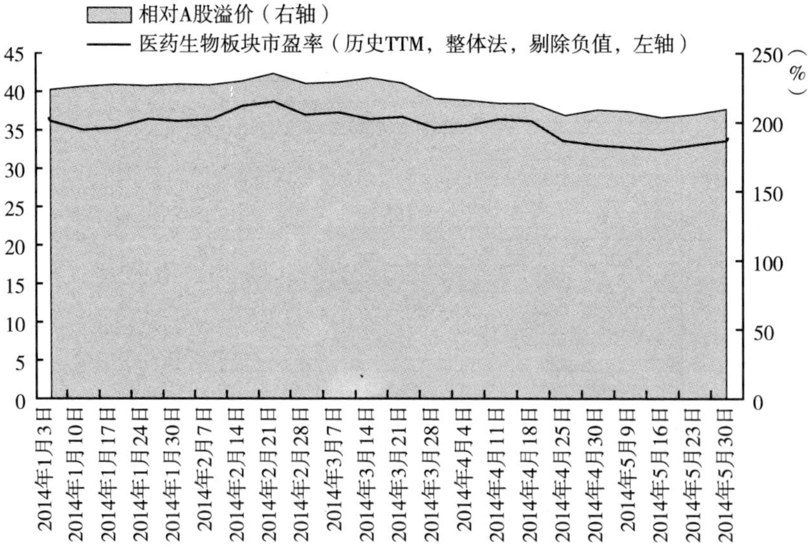

图 14　医药行业市盈率及相对溢价变动情况

资料来源：Wind 资讯。

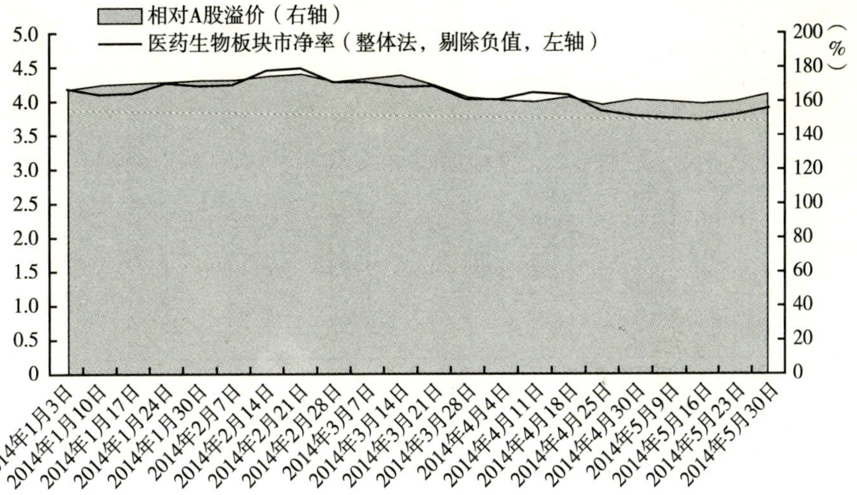

图 15 医药行业市净率及相对溢价变动情况

资料来源：Wind 资讯。

对比各子行业情况，医疗服务行业市盈率（整体法，剔除负值）和市净率（整体法，剔除负值）分别为 72.33 倍和 7.53 倍，明显高于行业整体 33.70 倍和 3.92 倍的估值水平，其次为医疗器械行业、生物制品行业、化药行业，而中药行业受未来产品限价等政策性利空因素影响较大，行业估值较低。

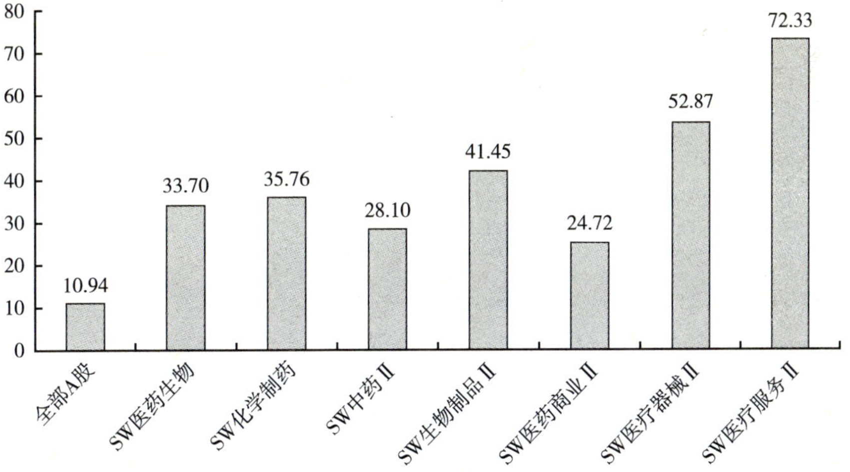

图 16 医药板块各子行业市盈率情况

资料来源：Wind 资讯。

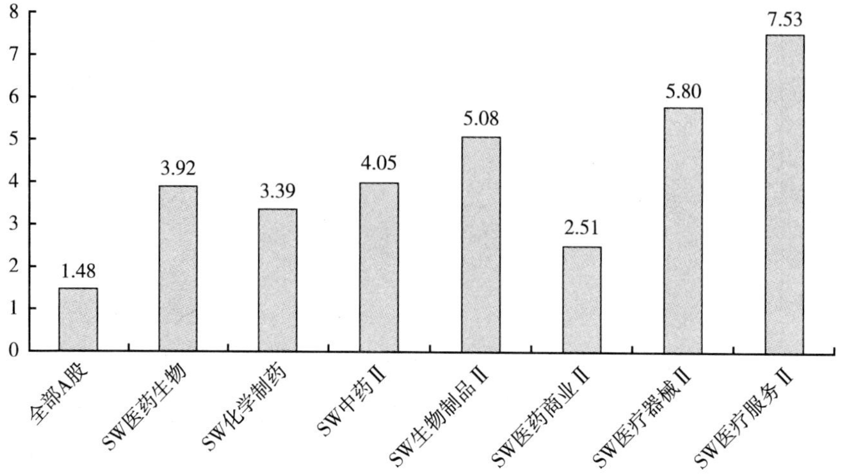

图 17 医药板块各子行业市净率情况

资料来源：Wind 资讯。

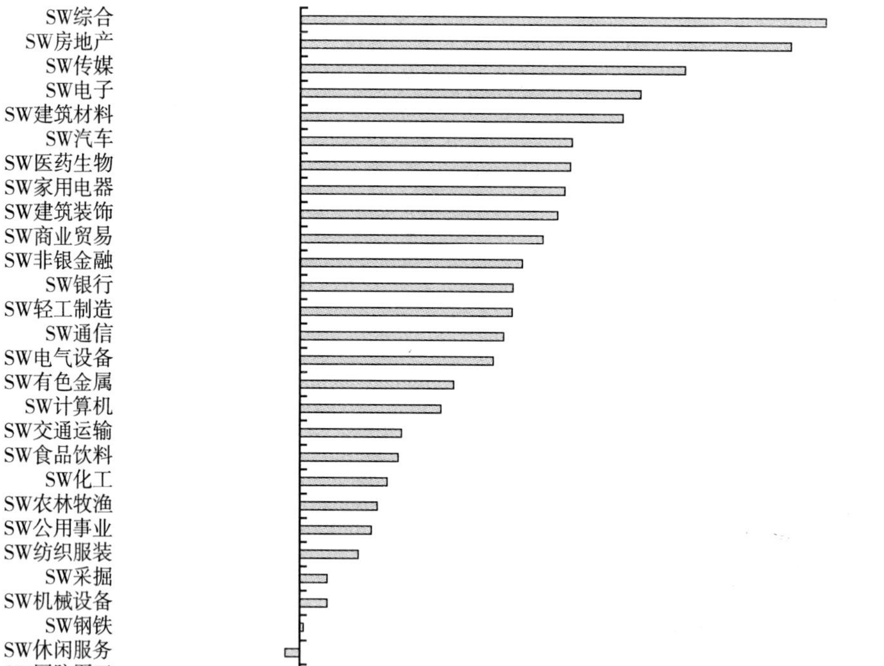

图 18 一级行业 2013 年收入增长情况

资料来源：Wind 资讯。

全年来看，医药行业上涨主要集中在2013年前三个季度，进入10月以来，尤其是第三季度公布后，行业第三季度增速环比下降，在一定程度上影响了市场投资者的信心，进而促使板块整体出现回调。进入2014年，行业指数就一直在高位震荡徘徊，二级指数呈现较为显著的分化趋势。

我们认为，医药生物板块2013年营业收入增长、归属上市公司净利润增速分别为17.86%、16.18%，虽较以往有所减缓，但是相对其他一级行业，仍具有较明确的业绩支撑，医药行业指数的回调只是对前期高涨情绪的修复。短期来看，板块整体估值明显偏高，部分医药股估值已经对2014年预期有所体现，投资者具有一定的兑现盈利和调整仓位的需求，再加上行业增速可能进一步放缓，将会造成医药板块面临较大的估值回调压力；但长期来看，医药行业因下游需求刚性而会出现稳定增长，并有望推动行业保持稳健增长的发展趋势，未来仍将会是市场关注的焦点板块之一。

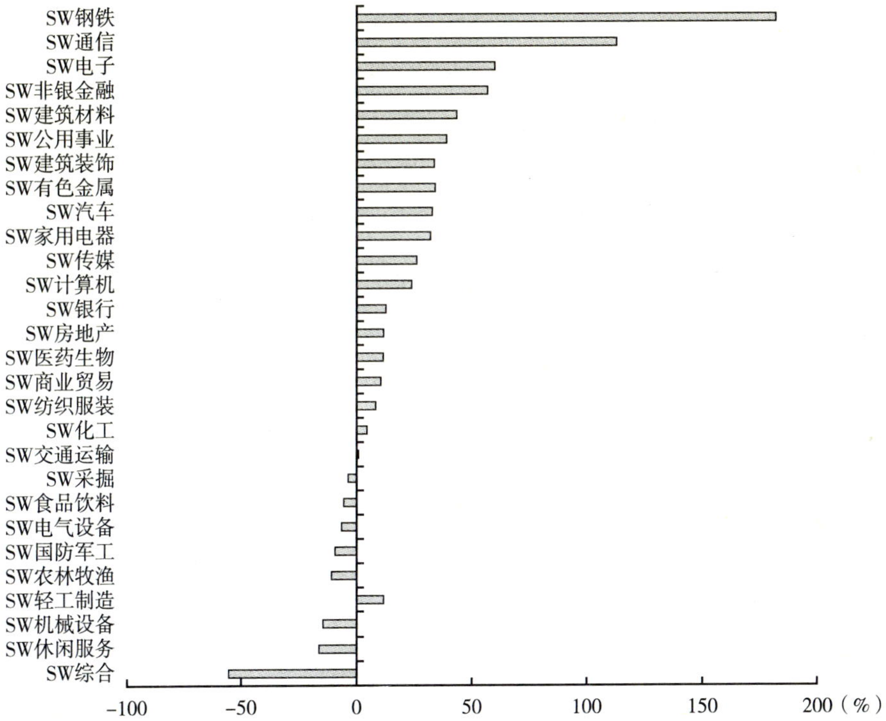

图19 一级行业2013年净利润增长情况

资料来源：Wind资讯。

三　医改动向：药品降价压力依旧，医疗服务回归公益

（一）借鉴香港模式，集中招标或有调整

有媒体报道称，2013 年 10 月 29 ~ 30 日国家卫生计生委闭门召开了“2013 年度药品集中采购工作座谈会”，会议就香港医管局招标采购制度与经验、各省招标计划以及未来招标政策进行讨论，其中一个重要的内容就是介绍与学习香港的药品采购经验，通过药品的采购工作进一步降低药品价格。

为了能够更好地了解香港药品采购工作，我们首先需要了解香港药品医疗保障制度。香港医疗保险制度脱胎于英国的全民健康服务制度（即国家医疗保险模式），由政府直接主办一体化的医疗健康护理服务，为市民提供高质量、全方位的医疗健康服务，同时，市民也可以自行购买商业健康保险，享受商业健康保险有关待遇。

表 4　全球主要的医疗保险制度

医保制度	特　　点	代表国家
国家医疗保障制度	由政府直接出资兴办医疗保险事业，个人纳税，国家则通过税收方式筹集医疗保险基金，采取预算拨款给公立医疗机构的形式，向本国居民直接提供免费（或低收费）医疗服务	英国
社会医疗保险制度	通过立法形式强制实施的一种社会保障制度，社会医疗保险基金主要来源于雇主和雇员，按单位工资总额和个人收入的一定比例筹集，政府酌情给予一定的财政补偿	德国
储蓄医疗保险制度	强调以个人责任为基础，政府仅分担部分费用，要求每个有收入的居民为其终身医疗保健需要而储蓄，每月按工资的一定比例缴纳，拨入个人储蓄账户，政府拨款建立保健信托基金，扶助贫困居民保健费用的支出	新加坡
商业医疗保险制度	商业保险组织根据保险合同约定向投保人收取保险费、建立保险基金，对于合同约定疾病的发生所造成的的财产损失承担赔偿保险金责任	美国

香港的医疗卫生服务主要由政府主办的公立医疗卫生机构、私立医院（诊所）共同提供，其中前者占主导地位，提供了全部80%以上的住院服务，公立医院所需经费主要来源于税收，由政府通过财政预算提供，市民在看病时只需交付少量的费用；后者则完全采取市场化运作，依据医疗服务成本自主确定价格，以“用者自付”的方式满足市民更高层次的医疗服务需求。

香港政府对公、私立医疗机构采取不同的管理模式，医院管理局作为香港公立医疗机构的唯一法人，其主要职责是管理、运营和发展公立医疗机构，向政府提出服务及资源需求意见和收费政策建议等，直接负责管理全港42家公立医院和医疗机构、48家专科门诊以及73家普通门诊；卫生署则负责监管私立医疗机构，通过巡查、调查医疗事故及处理公众投诉等方式，监察其遵守相关法律的情况，卫生署虽然不限制私立医院的收费，但要求其公开收费表或备有收费资料供病人参考。

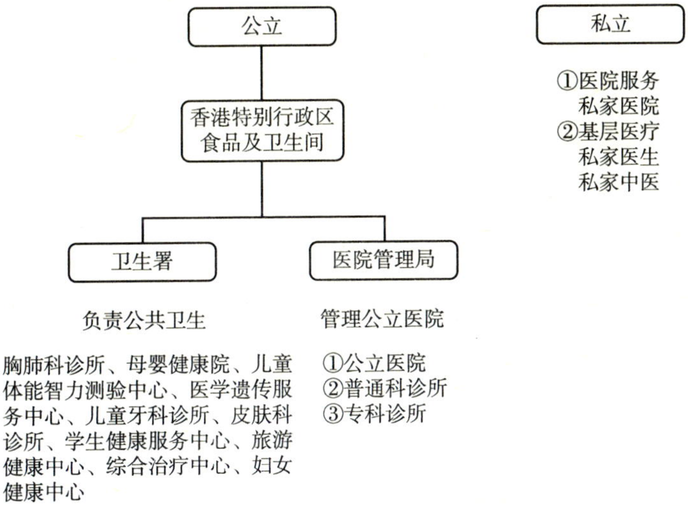

图20　香港医疗体制架构

资料来源：香港政府网站。

在目前的医疗体制下，香港药品采购基本上分为三个体系：医管局主要负责统筹公立医院及其门诊的药品，卫生署则负责维持普通科门诊的药品采购，私立医院（诊所）自行负责自用药品采购。整体上来看，医院管理局管理下的公立医院药品支出占香港药品支出的大头，因此其采购模式也将会是未来内地药品招标借鉴的重要蓝本。

香港医管局采购药品的基本策略是热衷于采购非专利药物，其把药品分为专利药、核心专利权届满的药品（有仿制药出现）和非专利药（全开放市场仿制药）三大类，对于专利药实施在单一货源承诺制的基础上，与供应商进行谈判议价的采购方式，对于第二、第三类非专利药品采用公开招标的采购方式。另外，医管局还密切关注具有相同疗效的几种专利药品的价格变化，并积极评价仿制药与专利药之间的可替代性，以控制药品费用的增长。

在运营方式上，香港公立医院的药品采购根据不同情况共采取“中央供应合同”“中央统筹报价”和“医院直接采购”三种采购方式。

①中央供应合同方式：采购的药品主要是公立医院普遍使用及用量较大的药品品种，具体的采购目录是由医管局下设的药物审批委员会在广泛征集各公立医院意见以后而最终确定，采购活动由总药办全权代理实施，各公立医院的药剂科不直接参与采购，总药办在汇总药品采购数量之后与中标的药品供应厂商直接签订采购合同。

②中央统筹报价方式：医管局把公立医院每年支出介于5万~100万港元的药品集中汇总采购数量，并以此数量作为采购预算参考，邀请药品供应商进行报价，经竞争性谈判最终确定价格和供应商。

③医院直接采购方式：每年支出少于5万港元的药品，由医院药剂科根据临床需求自行安排采购，适用于新引进的、用量不大或用量不稳定的药品，但医院直接采购药品的过程，包括药品供应商的选择及采购合同的签订都要在总药办统一的严格监督下进行。

香港采取集中和分散相结合的药品采购模式，既体现了集中招标采购的优势，获得了质优价廉的药品，又满足了医院自主经营特色和临床特色需求，在这种采购模式下，香港公立医院获得的药品的价格往往处于全球较低水平，有效地控制了药品费用的不合理上涨，对国内药品集中招标采购具有较大的借鉴意义。

我国药品集中招标采购试点开始于1999年，作为降低过高药价和规范药品购销工作的政策手段，药品集中招标采购被广泛应用到采购基本药物目录品种、医保品种以及部分自主定价品种中，招标周期原则上为一年一次，主要依据“质量优先、价格合理”的原则。

在招标过程中，主管部门一般会将所有的品种按质量进行分层，其分层原则如下：

第一质量层次的药品：有专利的原研药品、优质优价中成药、单独定价药品、中药保密处方品种、获得科技进步二等奖以上的品种；

第二质量层次的药品：进入全国排名前一百名的企业的产品、进入全国排名前五十名的中药企业的产品；

第三质量层次的药品：GMP 层次产品。

对于同一化学名或同一通用名的药品的中标定价原则为：第三质量层次的药品价格不得高于第二质量层次的药品，第二质量层次的药品中标价不得高于第一质量层次的药品；对于同一质量层次的同规格的竞争，生产企业要么获取差异化的证明加以区分，要么投出比竞争对手更低的价格，因此药品集中招标采购模式对生产企业众多的普药品种的价格冲击更为明显。

在确定分层以后，为了避免无序的中报报价，各省市招标主管部门一般会参考省内采购价、周边省市中标价以及全国最低中标价来确定中报参考价，企业报价不高于中标参考价即可直接中标，否则进入面对面的议标程序。

内地药品集中招标采购同香港药品采购模式的区别主要在于：香港药品采购模式中，香港医管局作为药品招标的发起人，同时也是药品采购活动的参与者，深入到药品采购、药品配送、药品使用的各个环节，使得药品招标、使用的全过程置于政府的严格监控中，在一定程度上限制了医疗机构大部分的药品采购自主权，隔离药品生产企业同医院之间的利益链条；而内地药品集中采购则要求多部门协同参与，且多数为“只招标、不采购”，使得其对中标药品的后续使用状况缺乏足够的监督，并未能有效切断企业与医院、医生之间的利益输送。

但是我们也需注意到，香港公立医院并不是一个独立的利益单位而是依附于政府，其大部分费用来源于政府财政拨款，医生和有关人员均享受公务员待遇，接受政府统一规定的工资待遇，也就不存在利用专业性谋取利益的动机；而内地医疗保障体制更多的是借鉴德国的社会医疗保险制度和新加坡的储蓄医疗保险制度，居民医疗费用的支出则由国家、企业、个人共同承担，同时作为主要出资方的保险基金对医疗服务供需双方缺乏有力的制约，这就为医院或医生利用技术优势诱导需求、刺激消费埋下了隐患。

因此，我们判断虽然在现阶段内地公立医院改革、医保付费机制改革尚未取得实质性进展的情况下，香港药品采购经验难以完全照搬到国内市场，但是学习香港经验的提出无疑表明主管部门的一个态度，那就是对药品降价幅度的不满，预计未来主管部门或将进一步收紧公立医疗机构的采购自主权、加大对中标品种的使用监督管理力度、通过调整招标模式（如带量采购）等方式促使药品价格下降。在这个过程中，预计专利药和独家品种因拥有自主谈判能力而受到的影响较小；原研药的超国民待遇有望取消，这无疑将利好国内仿制药生产企业；普药生产企业将有可能继续维持微利势态，进一步促使行业资源集中。

（二）基药招标进入集中期，独家品种仍将获益

2013 年 3 月，卫生部公布《国家基本药物目录》（2012 年版），同 2009 年公布的版本相比较，新目录增加了 233 个品种，同时根据配套文件的要求，2014 年基层医疗卫生机构将全部配备使用基本药物；二级医院基本药物使用量和销售额都应达到 40% ~50%，其中县级医院综合改革试点县的二级医院应达到 50% 左右；三级医院基本药物销售额要达到 25% ~30%。

毫无疑问，在基药品种数量增加、适用范围扩大以及医院配备比例提高等诸多因素的刺激下，未来我国基药市场有着广阔的市场增长前景。

2013 年是我国新版基药目录实施的第一年，6 月起各省的基药招标和地方基药目录增补工作陆续开展，但整体上由于各地相关配套细则实施的滞后，基药招标工作进展情况普遍低于市场预期。目前上海、广东、吉林、青海、山东等省份相继出台基药招标方案，预计 2014 年将会进入各地新版基药招标集中期。

对于立志在基药市场大有作为的企业来说，2014 年将会是其扩大营销的良机，同时，作为目前国内最大的药品政策市场，基药市场的招标无疑将会对未来两三年内医药生产企业乃至行业盈利水平产生重要的影响，牵动着社会各界人士的目光。

从目前已经公布的招标方案来看，降价依然是基药招标的主旋律，对比 2009 年基药实施的情况来看，当年基药目录发布后，总计 2349 个规格的基药中有 45% 被调低价格，平均降幅为 12%，而在整个基药制度实施过程中，全

国基层医疗卫生机构使用的基本药物价格平均下降了30%，部分地区甚至下降得更多。

一方面，经过上一轮招标挤压，基药品种价格虚高的现象在一定程度上有所缓解；另一方面，企业对中标价格也较为理智，超低价竞标的现象有望得到遏制，我们整体上判断本轮招标的降价力度将会弱于前次，且主要集中在新进品种以及中药品种上。

已经完成的北京市基药招标中，与2010年该市非基药中标价格相比，近900个品规的新增基药平均降价16%，其中，外资企业高价品种降价幅度为5.3%，独家品种降幅为4.55%。由此来看，独家品种没有市场竞争，生产厂家在招标环节具有议价权，使得终端价格体系更容易维护，其依旧将会是基药市场扩容的最大受益者。

（三）鼓励社会办医，推动公立医院回归公益性

从新中国建立初期至改革开放以前，我国公立医院的社会目标主要是保护国民健康、维护社会稳定，与之相对应的社会功能也主要体现在提供均等化的公共卫生服务、承担医疗保障等方面，其运行成本大部分为财政拨款承担。

但是自20世纪80年代起，由于当时政府财政压力过大，允许公立医院通过收取服务费等方式获取利润，极大地刺激了医院的营利动机，公立医院逐步演变为实行独立经济核算、具有独立经营意识的利益主体，进而引发一系列的社会问题。

在我国本轮医改方案中，着重提出要建立公立医院的新机制，破除“以药养医”的局面，促使其回归公益性。由于公立医院在我国医疗体制中占据绝对的主导地位，卫生部统计数据显示，截至2014年4月全国共有公立医院13381所，在全国医院总数中所占的比重为53.60%，但是在服务情况上，2014年1~4月公立医院累计诊疗2.22亿人次，出院人数1131.9万人，分别占同期医院总诊疗人次、出院人数的89.72%和88.07%，因此新医改的关键和瓶颈均在公立医院改革方面。

我们认为公立医院回归公益性的关键在于补偿机制，统计数据显示，当前在我国公立医院收入中财政补贴占比不足10%，而药品收入高达40%以上。

在2012年县级公立医院改革试点中，明确提出要取消公立医院的药品加成政策，医院由此减少的合理收入将通过调整医疗技术服务价格和增加政府投入等途径予以补偿。

但是现阶段，我国各级财政明显又难以完全承担持续增长的医疗卫生支出，补贴不足使得公立医院再次陷入公益性和营利性的困境中，其改革进程也低于市场预期。

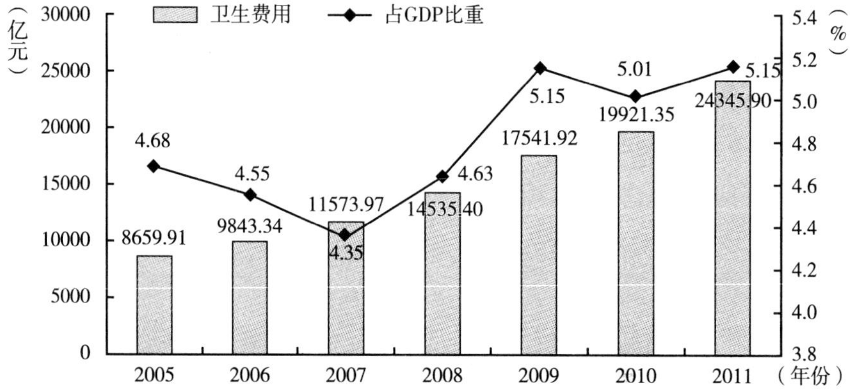

图21　我国卫生事业总费用及在GDP占比变动情况

资料来源：Wind资讯。

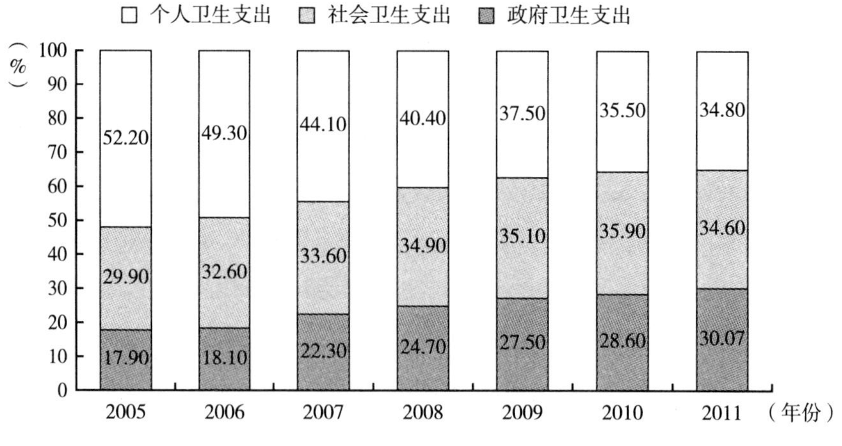

图22　我国卫生事业支出构成变动情况

资料来源：Wind资讯。

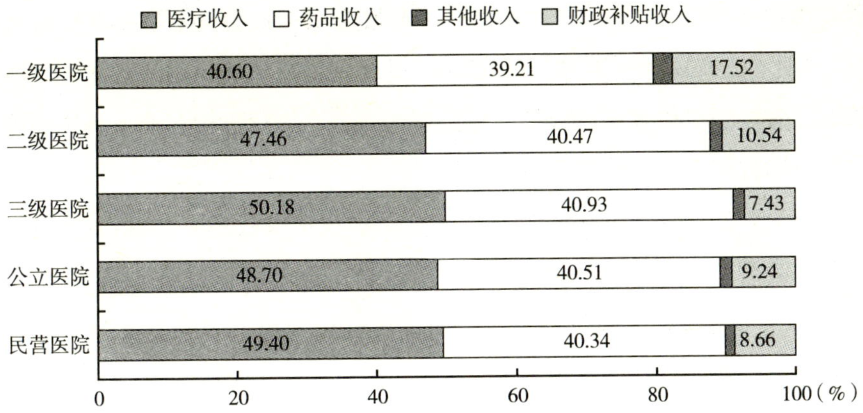

图 23　公立医院收入变动构成

资料来源：Wind 资讯。

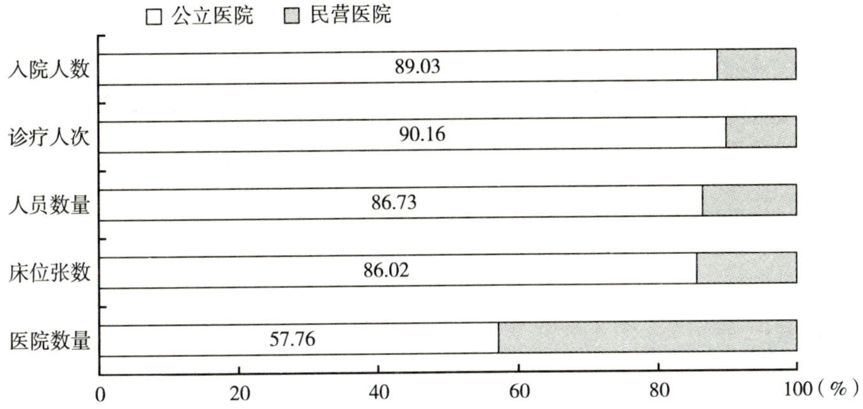

图 24　公立医院在我国医疗体系中的主导地位

注：图中数据为 2011 年。
资料来源：卫生部网站。

在公立医院改革步入瓶颈期的同时，政府逐步放开对医疗服务领域的准入限制，2013 年国务院下发《关于促进健康服务业发展的若干意见》，明确法律法规没有明令禁入的领域都要向社会资本开放，民办非营利性机构享受与同行业公办机构同等待遇，非公立医疗机构用水、用电、用气、用热实行与公立医疗机构同价政策等。

早在 2010 年，发改委等多个部门分别出台《国务院关于鼓励和引导民间投资健康发展的若干意见》《关于进一步鼓励和引导社会资本举办医疗机构的意见》，明确支持民间资本参与发展医疗事业，要求“完善和落实优惠政策，消除非公立医疗机构发展的政策障碍，确保非公立医疗机构在准入、执业等方面与公立医院享受同等待遇”。

在政策利好的驱动下，我国私立医院呈现快速增长趋势，截至 2014 年 4 月底全国共有民营医院 11584 个，同比增加 1350 个，环比 3 月增加 70 个。2013 年以来复星医药、康美药业、贵州百灵、独一味等多家上市公司公告进军医疗服务行业。

我们认为，鼓励社会资本进入医疗服务领域，有利于打破公立医院当前在医疗服务领域的垄断地位，在一定程度上促使其加快改革步伐。对于企业而言，此番进入医疗服务终端，有利于公司分散药品持续降价带来的经营风险，提升其盈利能力。

但是医院竞争的核心关键在于优秀的医生资源，相对而言，公立医院目前作为事业单位编制，具有明显的政策资源、科研资金、财政补贴等优势，无疑对优秀医生具有更强的吸引力，在打破公立医院垄断优势之前，我们对上市公司进入医疗领域的发展前景保持谨慎乐观。

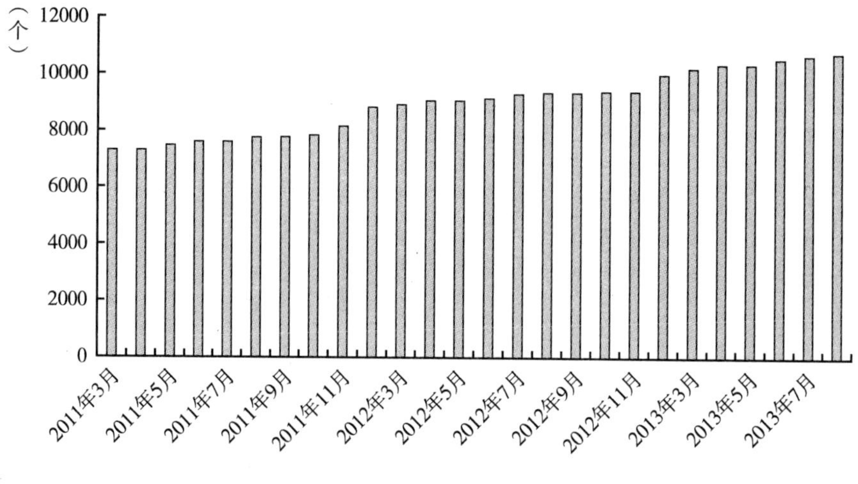

图 25　我国民营医院数量变动情况

资料来源：Wind 资讯。

表5　医药生物板块涉足医疗服务领域的部分上市公司

证券代码	证券简称	涉足领域	医　院　名　称
000919	金陵药业	综合医院	宿迁市人民医院、仪征医院有限公司、仪征市华康老年康复中心
000990	诚志股份	综合医院	丹东市人民医院
000999	华润三九	脑科	广东三九脑科医院
002004	华邦颖泰	整形、美容、口腔	贵州信华利康医药科技有限公司
002219	独一味	骨科、肿瘤科	德阳美好明天医院有限公司、蓬溪建顺王中医（骨科）医院有限责任公司、蓬溪中医院、蓬溪骨科医院、资阳建顺王体检医院有限公司、成都平安医院肿瘤业务、邛崃福利医院
002424	贵州百灵	糖尿病	贵阳市南明区天源医院有限责任公司
300015	爱尔眼科	眼科	已营业的医院网点达48家，连锁医院网络覆盖全国23个省（直辖市）
300049	福瑞股份	肝病科	福瑞医院
600196	复星医药	妇产科、综合医院	和睦家、济民医院、广济医院、钟吾医院
600518	康美药业	综合医院	普宁康美中医药（在建）、梅河口市妇幼保健院、梅河口市友谊医院、梅河口市中医药
600594	益佰制药	综合医院	灌南县人民医院
600763	通策医疗	口腔科	在杭州、宁波、沧州、黄石、北京、衢州等地拥有口腔医院
600829	三精制药	妇科、肾病科	哈尔滨三精女子医院、哈尔滨三精肾脏病医院
600976	武汉健民	消化科	武汉健民消化病医院（在建）
600993	马应龙	肛肠科	武汉马应龙中西医结合肛肠医院、北京马应龙长青肛肠医院、西安马应龙肛肠医院、大同马应龙肛肠医院、沈阳马应龙兴华肛肠医院、南京马应龙中医医院

四　行业变化：增长驱动回归城市，人口老龄化带动需求上涨

（一）增长驱动回归城市，技术将是竞争关键

新医改背景下，我国基层医疗保障制度逐步建立和完善，基层诊疗服务能力得到较大提升，促使我国基层医疗市场需求逐步释放，特别是新农合覆盖

面、筹资金额以及受益人群不断扩大，带动我国基层医疗机构诊疗人次快速增长，成为新医改以来国内医疗市场需求增长的主驱动力。

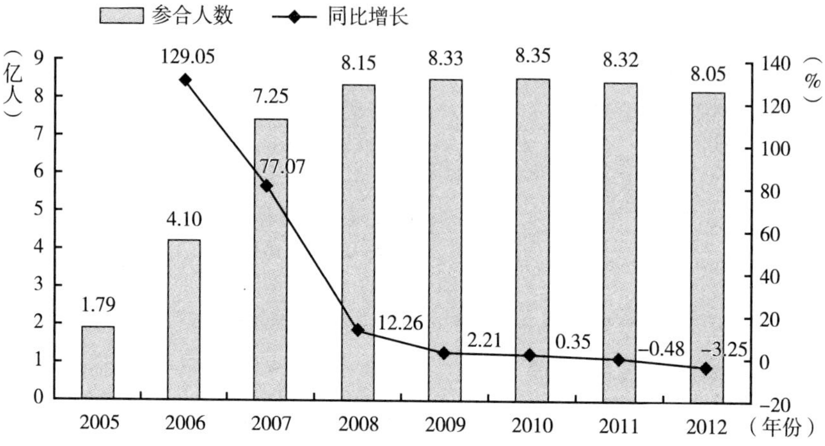

图 26　我国新农合参合人数变动情况

资料来源：Wind 资讯。

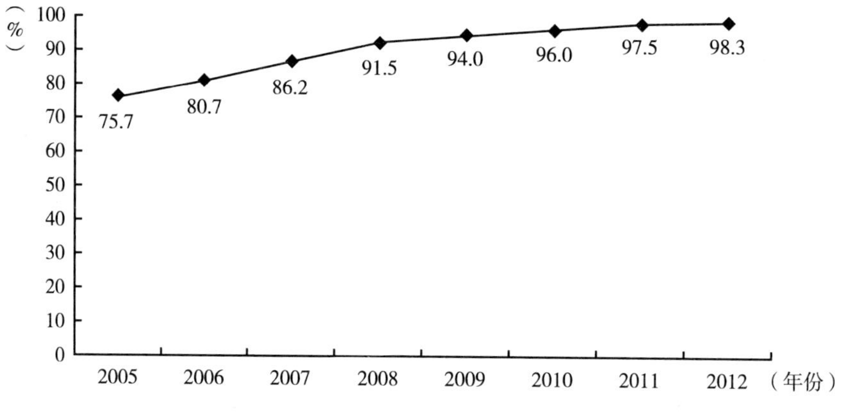

图 27　我国新农合参合率变动情况

资料来源：卫生部。

截至 2012 年底，我国基本医保的覆盖率基本已经达到 98.3%，未来可供提升的空间有限，同时受居民收入以及财政补助增长限制，人均筹资水平增速放缓的可能性较大，进而导致新农合筹资总额增速下降，再加上，农村居民对

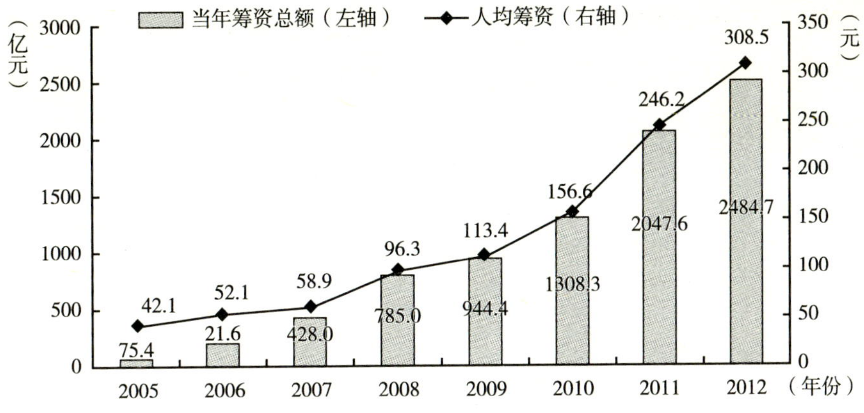

图 28　新农合筹资金额及人均筹资变动情况

资料来源：卫生部。

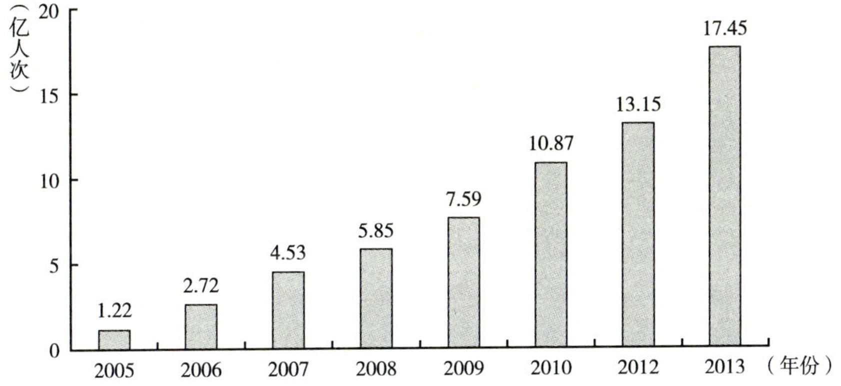

图 29　新农合基金补偿受益人次变动情况

资料来源：卫生部。

大城市医疗条件的盲目信任，使得新农合资金流向城市医院的趋势将会长期存在，因此我们判断未来基层市场对国内医药行业的增长驱动作用将会逐步减弱，医药行业增长的核心驱动力仍将会逐步回归城市。

医药增长驱动的转移使得我们对企业的关注重点也将随之改变，在基层驱动模式下，企业竞争的核心在于价格，其投资逻辑简单概括为“产品进入国家基药目录（或地方增补目录），然后竞价中标，实现放量增长”；在城市，

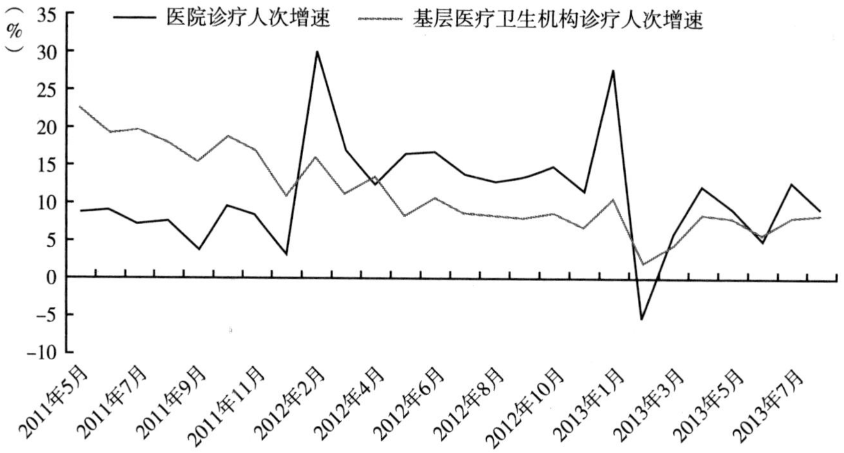

图 30　医院及基层医疗机构诊疗人次增速变动

资料来源：Wind 资讯。

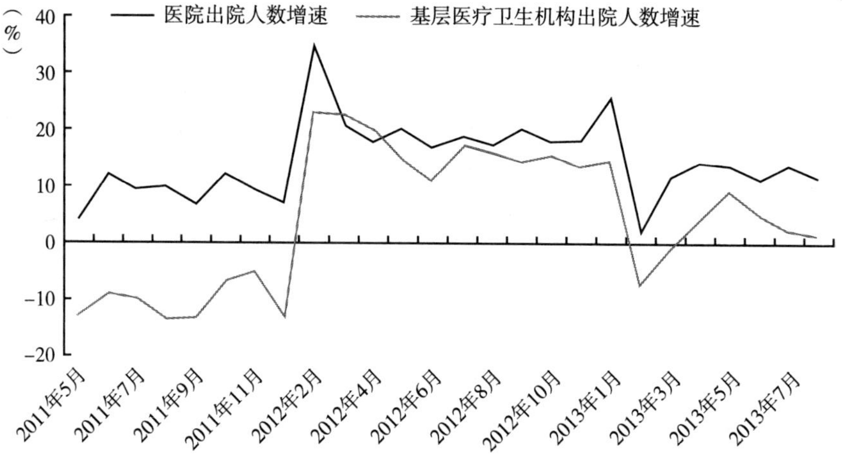

图 31　医院及基层医疗机构出院人次增速变动

资料来源：Wind 资讯。

消费者更为关注药品的疗效而非价格，尤其是随着医疗服务行业秩序的整治，医生将会更多地从患者需要的角度出发而非受自身回扣利益驱使，我们认为未来医药行业市场竞争的重点将会在技术和创新，拥有临床治疗效果明确且不可替代药物的生产企业无疑将走得更远。

（二）人口老龄化加速，带动需求上涨

人口老龄化是指总人口中因年轻人口数量减少、年长人口数量增加而导致的老年人口比例相应增长的动态，国际上通常把60岁以上的人口占总人口比例达到10%，或65岁以上人口占总人口的比重达到7%作为国家或地区进入老龄化社会的标准，以此标准我国早在1999年便进入老龄化社会。

当前我国正处于老龄化加速发展的阶段，据《2013年中国老龄事业发展报告》中的数据，中国将迎来第一个老年人口增长的高峰，2013年60岁以上老年人口数量将达到2.02亿，比例为14.8%，较上年（老龄人口1.94亿，占总人口的14.3%）继续增加。预计从2012年到2015年，全国60岁以上老年人将由1.94亿增加到2.21亿，平均每年增加老年人675万；老年人口比重将由14.3%增加到16.3%，平均每年递增0.5个百分点。2030年全国老年人口规模将会翻一番，到2050年我国60岁以上的老年人将达到4.4亿，约占总人口的三分之一。

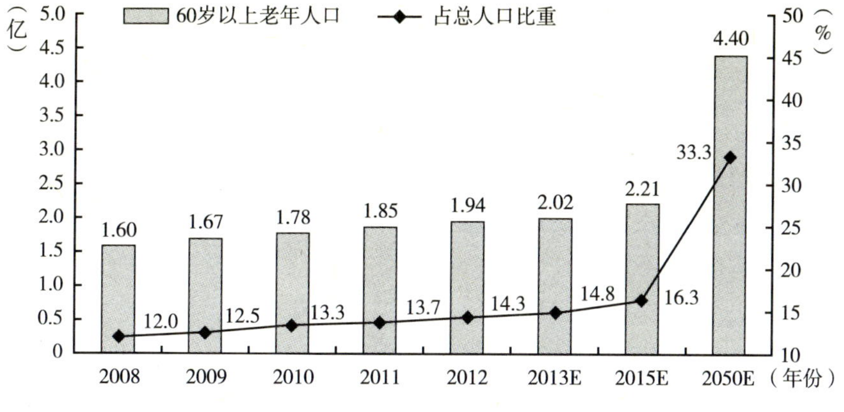

图32　老年人口变动情况

资料来源：国家统计局、老龄委。

老年人口的持续增加引起社会对“养老产业”的极大关注，我们认为养老的关键在于医疗。据卫生部统计，随着年龄增长，慢性病的发病率呈现出明显上升趋势，当前我国老年人全年人均医疗费用为总人口平均的2.56倍，老

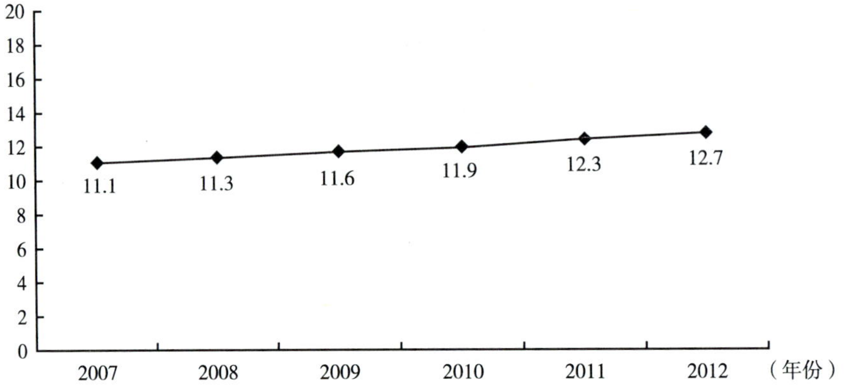

图 33 老年抚养比变动情况

资料来源：国家统计局、老龄委。

年人口的持续增长势必将带动我国医疗需求稳步上升，未来与老年病、老年护理等相关的投资机会将会是市场关注的焦点之一。

B.8

电子商务行业：生态竞争、技术驱动

李 皓*

摘 要：

本文通过参照市场上成功的电子商务案例，从电商生态链竞争模式入手，对中国电商行业进行实证分析，指出云计算平台是当前行业的核心竞争力所在。此外，本文还深入剖析了现阶段中国电商行业经营中常见的“困局”，认为多元化经营作为电商发展的大方向会使得行业内竞争更加激烈，与此同时，垂直型电商或将成为大型企业多元化战略的重要竞购标的。

关键词：

电子商务 B2C 生态链 多元化 云计算

一 电商生态链竞争模式开启

（一）B2C 模式是未来市场主流，自营 B2C 电商兼顾平台模式

我国网络零售市场正进入成熟增长期，截至 2013 年网络零售市场交易额达到 1.85 万亿元，同比增长约 42.8%，增速出现趋势性下降。网络零售额约占社会消费品零售总额的 8%，对比网络零售发达国家占比 9% 左右的水平仍有一定增长的空间与时间。从市场格局上看，国内网络零售市场跑马圈地的时期基本上已过去，淘宝（天猫）市场份额绝对领先的局面短期内不易被打破，

---

* 李皓，中航证券金融研究所首席研究员。

预计由京东、苏宁易购等构成的第二梯队在相对份额上的竞争将会更加激烈。我们认为竞争点不仅在价格、品类、物流售后等多方面展开，还在于商业模式和盈利模式的改变和探索，总体来说第二梯队电商盈利能力均存在较大的压力。

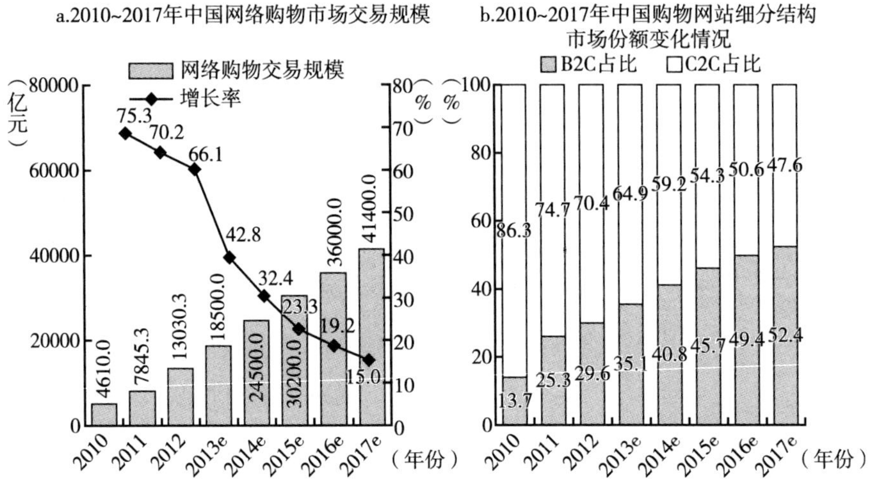

图 1　中国网络市场交易规模和 B2C 网站市场份额

资料来源：艾瑞咨询。

细分数据中，以淘宝为首的 C2C 模式的市场规模仍占据主导。截至 2013 年，C2C 模式交易量约达到 1.2 万亿元，B2C 模式交易量为 0.65 万亿元。在规模占比上可以观察到，B2C 模式交易量呈现连续放大趋势，由 2012 年第一季度的 23.7% 提升到 2013 年的 35%。同时消费者从 PC 端转向移动终端的购物模式也得以体现，2013 年第二季度移动网购在我国移动互联网市场份额中占到约 38.5%，金额接近 93 亿元，为移动互联网市场应用中最大的门类。

在国内消费升级的大趋势下，网络零售市场 B2C 销售额未来占据主流是趋势所向，现有 B2C 电商企业的商业模式正在向两个方向变化：自营型 B2C 向平台型 B2C 演化，京东、苏宁等第二梯队厂商均兼顾自营与平台两种模式；多元电商形态成为大型电商普遍业态，垂直电商形式逐渐“非主流”。我们认为，驱动变化的因素主要有以下三个。第一，消费升级促使 B2C 平台优势显现。消费者在追求低价的同时对品牌及售后服务有所重视，B2C 平台更具保障的消费模式正在被消费者接受，这是推动 B2C 模式逐渐成为行业主流模式的动力。按照美国 B2C 市场占比约 80% 来看，我国 B2C 市场发展尚有较大的空间。

第二，平台型 B2C 模式对企业实现盈利有重要意义。平台型 B2C 是服务交易双方的平台，本身并不参与实质性的交易，盈利模式上可以通过交易分成、广告服务、营销服务等多种形式体现，并依托平台聚合信息流、资金流、物流的功能为交易双方提供增值服务（金融类、管理类），获得额外收益。这种模式的规模化效应体现后，较自营 B2C 平台有更具确定性的盈利模式。即使天猫的财务数据不得而知，从阿里巴巴（B2B）80% 的毛利率水平推测，天猫的毛利率水平将显著高于竞争对手。而毛利率、仓储物流费用率与净现金流这三项指标，基本可以决定电商企业的盈利命脉。

第三，大型电商企业的竞争趋于白热化，通过为消费者提供一站式购物体验来提高用户黏性、扩大市场占有率是企业间竞争的核心指标。大型电商逐渐从垂直化走向多元化不仅是市场竞争的结果，也是业务同质化的必然结果。

表 1　电商盈利模式分析

类型	盈利模式	缺点	领导厂商毛利率
C2C	交易分成、广告、平台服务费、第三方服务分成等	交易分成模式实行困难	预计 50% 以上
自营 B2C	购销差价、广告	需要足够大的规模支撑	京东，低于 8%；苏宁易购，约 17%；亚马逊，24% 左右
平台 B2C	交易分成、广告、平台服务费、第三方服务分成等	生态链建设难度高	预计 50% 以上

在商业模式上，自营综合类 B2C 企业以市场占有率为核心指标的竞争主要遵循扩规模和价格战两大方式。规模由投资资本拉动，待一定规模效应后展开新一轮价格战以争夺市场份额。鉴于目前电商公开融资渠道逐渐受限，过去在市场份额圈地过程中被暂时忽视的盈利能力将逐渐成为股权基金投资电商的另一重要指标，驱使自营型厂商采取混合模式来实现盈利迫在眉睫。

即使是以差异化立足市场的厂商，如 1 号店（网上超市定位）、凡客（自品牌运营）、唯品会（网上奥特莱斯模式），它们的毛利率稍好于大型综合类电商，部分厂商也在向平台模式靠拢（1号店、凡客）。我们认为零售电商自营+平台B2C模式逐渐成为主流模式是一种必然，也是一种竞争中的无奈。从缓解运营压力和提升现金流水平的角度，平台型模式的支撑作用将不容小觑，其将是行业大的发展方向。

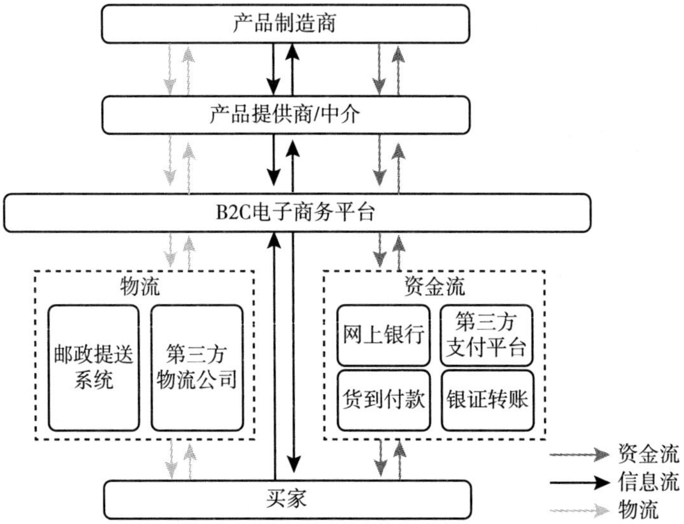

图2　B2C产业链

资料来源：中航证券。

（二）平台B2C对生态体系建设要求高，本质是开放

平台型B2C模式中最难以构建的是平台的生态体系，即平台参与者各方利益如何共赢。我们认为有个关键词——开放性。

通过开放性平台建立生态圈，是电商企业发展到当前阶段不可回避的竞争局面。从目前局面分析，各家电商企业开放的层次有着巨大的区别。我们认为以大淘宝战略为代表的模式是开放平台的本质：业务和数据平台的开放最终形成平台的生态系统。而京东、苏宁易购等的开放平台战略只是在业务模式上从垂直型电商向多元化电商转型，生态体系建立并不完善，还不完全属于我们所认为的“开放性平台”。

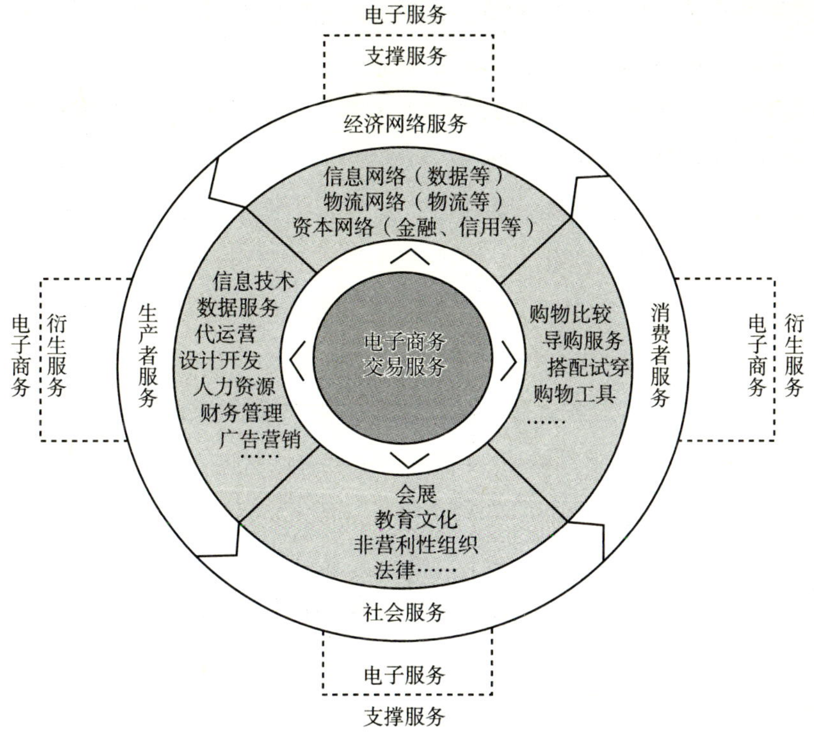

图 3　电子商务生态

资料来源：阿里巴巴。

1. 淘宝（天猫）

我们认为分析淘宝（天猫）开放平台至少应该从两个大的维度出发。

（1）层次一，阿里巴巴集团旗下的开放平台——淘宝（天猫）：数据源平台

这个维度的意义在于我们不能仅关注淘宝的业务模式，更应该看到这是阿里巴巴集团布局中的一个重要棋子，尤其是在步入集团一体化竞争的时代。阿里巴巴旗下三大块业务：阿里巴巴网站（B2B）、淘宝（C2C/B2C，淘宝网已经分拆为三家——淘宝、天猫、一淘）、支付宝。而隐藏在这三大业务背后的是阿里巴巴的云平台和小额贷款公司。

也就是说，按照阿里巴巴集团的构想，阿里巴巴、淘宝等实际上是一个大数据产生的平台，支付宝业务是连接平台的纽带，而阿里云和金融平台才是最

后将数据转化成价值的最终环节，这将促成阿里巴巴集团向数据与金融混合型企业演化。

从这个角度来看，我们认为淘宝（天猫）的开放性平台是为阿里巴巴集团未来新的盈利模式做准备。淘宝（天猫）的开放性平台与其他电商企业的开放平台完全属于两个层次上的意义：淘宝的开放性平台所构建的生态系统，将是产生无所不包的数据并与互联网金融融合，最终从信息优势中获取价值。

（2）层次二，平台型运营商——淘宝（天猫）：电商运营模式的开放平台

作为国内网络零售的巨头，淘宝在 C2C 市场占有率超过 90%，天猫在 B2C 市场占有率超过 50%，领先地位稳固。根据推算，2012 年淘宝销售规模约 8500 亿元、天猫销售额约 1900 亿元，两者合计超过万亿元。平台型电商盈利模式在于巨大交易量下的广告和交易分成收入：2012 年淘宝公布的广告收入约 172.2 亿元，成为位列百度之后的第二大广告商，其销售额分成收入我们推算在 52 亿元左右（主要来源于天猫），两者合计约 224.2 亿元。考虑到这部分收入的毛利率至少应该超过 50%，净利率超过 25%，也就意味在目前电商企业价格战当中，淘宝（天猫）具有足够强大的盈利能力对平台上的价格竞争进行补贴（很多形式的补贴并不需要现金，只是收入项的减计而已），竞争优势无可比拟。

淘宝（天猫）的盈利逻辑在于：流量→交易量→广告＋交易分成。

流量：网站联盟＋淘宝客＋用户黏性，这三点使淘宝（天猫）拥有巨大的流量导入能力，也就是淘宝的生态链的基本单元。网站联盟和淘宝客根据对淘宝的流量贡献度获得分成（流量分成或交易额分成等多种形式），核心是淘宝业务流程 API 的开放驱动了第三方的创新能力，促使第三方能够予以加工创新并从中获得利益，同时也使得平台上的商家切实受益，这种良性循环的机制，实现了淘宝（天猫）在买卖双方中的口碑，流量始终稳居网站访问量前三。

交易量：淘宝天量的流量导入，加之多元化品类和具有竞争力的价格，形成巨额交易量水到渠成。而支付宝在其中起到的信用中介作用对平台的信誉度提升来说功不可没。

广告＋分成：最终形成流量和交易量为淘宝带来的是巨大的广告收益和交

易分成收益。淘宝的广告收益来源于平台上商家营销需求的驱动，是内循环过程，这与依靠外部资源投放广告的模式相比有巨大的优势。淘宝（天猫）广告盈利模式包括搜索、橱窗展示、竞价排名等方式，加之结合网站联盟及淘宝客的合作模式，淘宝的广告价值由此激发，数据显示 2012 年网站联盟的分成收益大概在 30 亿元。天猫平台的销售分成模式更是平台上商户结构的优异性和巨大的交易量，这是其他电商企业努力模仿却短期内无法实现的。

我们认为，淘宝的良性循环模式是由背后生态链所支撑的。生态形成的原因正是淘宝的开放性。即使是淘宝的普通卖家，也能从淘宝平台上获得有关消费者偏好、人群分布、行为模式等的数据支持，这就是淘宝的开放性。共赢是淘宝大平台、大数据整合的价值，也巩固着系统的生态。

2. 京东开放模式

京东是 3C 品类自营型垂直电商演化而来的多元化电商，其开放平台主要还处于引入第三方销售，通过商城模式实现多元化品类发展的模式。京东相对苏宁及其他中小型电商做多元化的比较优势在于其网站流量要高很多：根据目前网站 Alexa 综合排名，京东为第 104 位，日平均百万人访问数在 5000 ~ 10000 人的水平，相比之下苏宁易购排名则在第 851 位，日平均百万人访问数在 2000 人以下水平。根据推测京东 2012 年销售额在 700 亿元左右，其中 3C 品类的销售额在 480 亿元左右，销售额甚至超过天猫商城；苏宁易购 3C 类在 150 亿元左右，排名第三。3C 类规模优势是京东能够带来较多的流量的重要原因。

我们认为京东的优势是先发优势：3C 品类的最早的自营型垂直电商之一，在近几年的发展中已经积累了大量的用户群体。但同时也应该注意到，这一先发优势并不是牢不可破的。3C 品类低毛利率、价格透明的特征是制约京东盈利的重要因素之一。当京东经过多轮融资而估值水平逐渐无动力向上后，开放平台引入商城模式，提升估值水平，传递未来预期盈利的信号是我们认为京东引入平台模式的原因之一。

但京东的开放平台对商户的支撑程度令我们有所怀疑：根据传统大型家电企业及卖场的毛利率水平，均值仅在 15% 左右。京东自营进货渠道未必比连锁卖场更有溢价优势，同时电商竞争又是价格为先的模式，京东的毛利率将会

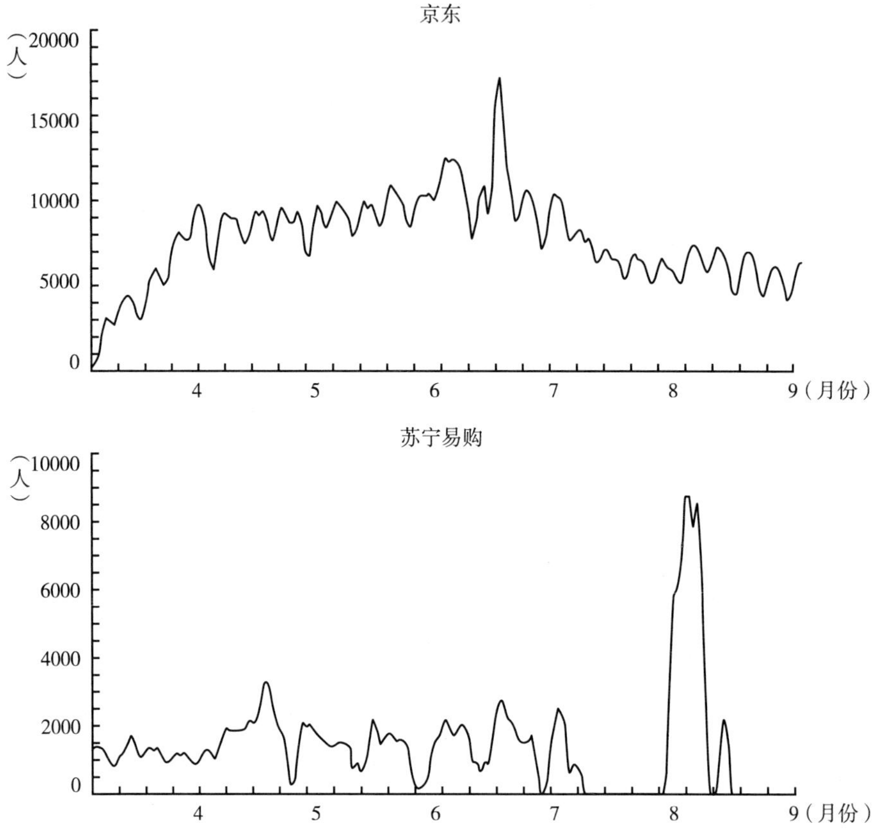

图4　京东与苏宁易购百万日均访问人数

资料来源：Alexa。

显著低于传统家电及卖场企业，这将导致持续亏损的京东如何再对开放平台上的商家进行支撑的问题。淘宝的商业模式下，通过几乎没有成本的形式就能对商城的商品进行补贴（实际就是将交易分成的一部分转移给了消费者），特别是在“双11”等电商狂欢中，这种优势尤其明显。京东这方面的短板则可能会陷入一个死循环，引入商家→销量不及增长预期→京东补贴价格战→加剧京东亏损。而破解这一循环的方法在目前看来还是靠投资将销售规模进一步拉动，驱动规模效应显现。

同时，京东宣称商城模式并不学习淘宝的直通车、搜索排名等伴生盈利形式，仅对交易额进行分成。实际上，这表明围绕京东平台还不足以支撑起服务

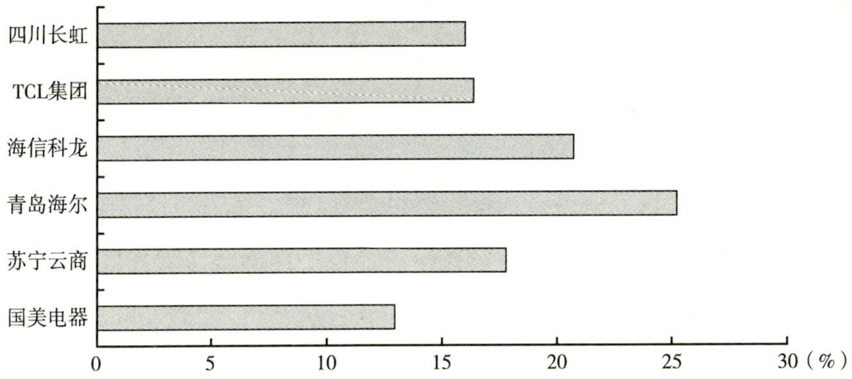

图5　传统家电厂商及连锁卖场毛利率对比

第三方生存的规模。这个例子类似于管理软件行业中，围绕着 SAP 和 Oracle，庞大的实施服务行业为其标准化软件针对不同客户形成差异化的服务，这种生态系统是共赢的，相比之下国内管理软件厂商的实施服务基本由自己团队完成。很显然，京东等的生态圈建设还有很长的路要走。

在生态圈中的另一个环节：金融服务，京东虽然同样布局，但与阿里巴巴（淘宝）模式有本质的差别。阿里小贷公司为阿里巴巴（B2B）、天猫（B2C）、淘宝（C2C）三个平台商家提供供应链融资服务，同时也向杭州地区普通会员开放。值得注意的是，这些客户都是平台上的商家，商家并不与平台之间发生商品贸易往来。而京东甚至苏宁易购介入供应链金融，绝大部分依赖对与自营业务有贸易往来的供应商提供服务，这也就意味着存在一个问题：京东与供应商之间账期的矛盾，京东如果依赖供应商账期错配获得现金沉淀，供应商现金流不足而向京东寻求供应链融资或以京东为信用担保融资，都不完全是一个共赢模式。

考虑到京东在物流上更是投资巨大，虽然这也将是开放性平台的支撑体系之一，但投资压力使得京东在盈利时点上不明晰。我们认为京东的生态体系建设还处于较为初级的阶段，与淘宝（天猫）有较大差距。

3. 苏宁易购开放平台模式

苏宁易购也是从垂直型电商向多元化电商转化而来的，采取自营与平台销售模式结合。开放平台政策上，苏宁易购有三个层面：①商户层面，区域性招商和“三免政策”保障商户利益，提升吸引力；②仓储物流层面，全程供应链服务支持；③金融层面，供应链金融模式形成共赢机制。

我们认为，苏宁的开放平台相对于京东有相似性，但最大的区别在于苏宁易购或者苏宁集团强调的O2O模式——线下体验线上购买模式，这也是苏宁计划打造的生态圈与京东有本质区别的地方。不过我们对苏宁O2O模式推进的速度持保守乐观的态度，原因在于有一点无法回避：O2O模式对3C类厂商的价格体系的冲击问题，没有任何一家企业希望自己的价格体系在多渠道形成互相干扰，而苏宁将线上与线下采购同权的形式对供应商价格体系就会有影响。同时，苏宁易购要求全网比价最低也将潜在影响供应商的盈利水平。

未来在整合线上线下资源及共享物流等多个环节，对苏宁的信息化整合和运营能力是一个考验。我们认为O2O模式不仅推进进度可能会低于预期，而且会有拉低苏宁整体毛利率的风险。然而相对于京东，苏宁的实体店规模不得不说是其比较优势的重要组成部分，实体店的客流通过一定方式引导形成线上的交易流是独特的商业价值体现，线下线上同时多品类布局形成苏宁的一个业务特色。

当然，苏宁易购与京东同样面临着自营的其他品类以价换量的局面，平台招商能力一般、用户黏性不高的通病。相对于京东，苏宁更接近资本市场。在集团现金流相对充沛的局面下，苏宁的资金压力会显著小于京东。在未来很长的一段时间苏宁易购与京东将直接形成激烈的竞争局面。

综合来看，虽然各家企业开放平台的模式不一，但淘宝模式代表着开放性平台的本质：数据、金融、共赢。淘宝模式下，平台企业盈利模式呈现出更加多样化的特征，更重要的是，实现了各方对平台更强的依赖性。这种模式形成的生态链条，远比单纯依靠价格和品类来吸引用户的模式要牢固，特别是在电商多元化运营已是大方向的背景下，不渗透第三方服务、不叠加金融模式，在未来的竞争中将处于劣势。

交易闭环对平台厂商至关重要，第三方支付和信贷牌照几乎是兵家必争。

互联网金融无论对传统银行业还是电商产业都具有重要的意义，从目前互联网金融的模式来看分类如图7所示。

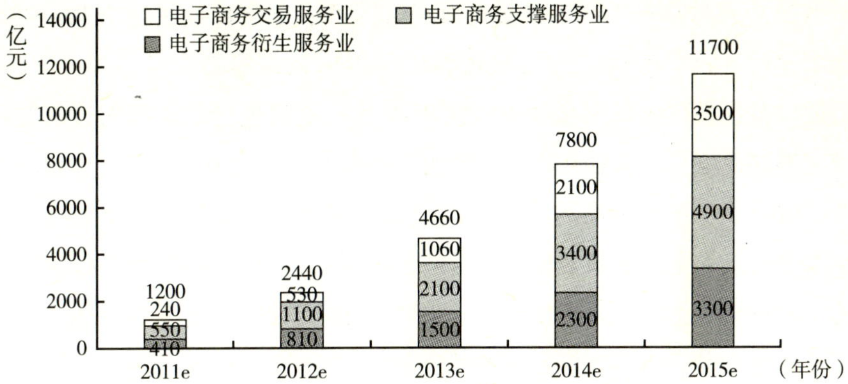

图6　电商支撑业态市场规模

资料来源：阿里巴巴。

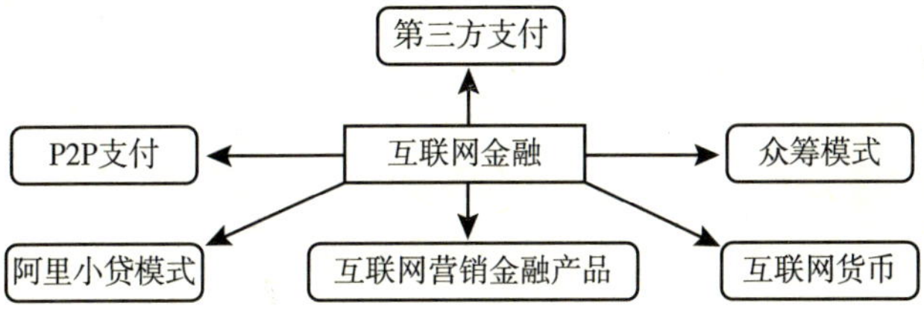

图7　互联网金融模式

我们认为第三方支付不仅是互联网金融的起点，更加是电商建设生态链的重要环节。只有基于平台上的交易闭环才能对资金流形成掌控，第三方支付牌照正是企业掌控现金流的重要手段。将物流、信息流通过资金流贯穿起来的企业，才具备叠加互联网金融的更多模式。第三方支付牌照目前已是国内领先的电商企业的必争领域。

表2　核心电商第三方支付牌照

电　商	子公司	获取方式
阿里巴巴	支付宝网络技术有限公司	成立
腾　讯	财付通科技有限公司	成立
京　东	网银在线	收购
苏宁易购	南京苏宁易付宝网络科技	成立

数据显示，2013 年第二季度我国互联网第三方支付金额达 1.12 万亿元，环比增速约 10.6%。第三方支付市场已呈现出较高的集中度，其中支付宝、财付通以及银联在线三家累计份额接近 80%。对阿里巴巴集团而言，支付宝接近垄断的地位是其扩张互联网金融的重要利器，不仅公司能从线上收单市场中获得较线下收单更加高的收益（线上收单费用基本由互联网企业独享，其他网络平台接入支付宝服务还需要缴纳通道费用），同时在巨量资金的流转中沉淀下的资金收益同样非常可观。但相对于支付宝的垄断地位，其他电商布局第三方支付更多的还是为首先实现平台上的交易闭环。最近频繁传出大型电商对财付通、支付宝等电商系支付渠道的屏蔽，显示出第三方支付很显然已经不局限于一种支付手段，而演化成了一种竞争手段。

交易闭环促使资金在平台中流转，不仅能充当交易双方的信用中介，提升平台信誉度，同时依托沉淀的资金量形成新的盈利点（目前银行对第三方支付资金有严格管理，但对资金产生利息的归属并未明确界定）。更为重要的是，平台企业对企业的信息流、资金流的整合将会催生出互联网金融的更多形式，如阿里小额贷模式、互联网整合营销金融产品、消费者信贷等增值服务。这对传统的电商乃至银行业都是革命性的颠覆。这也就意味着传统电商平台信息聚合的属性将进一步演化到大数据与金融投融资的属性上，平台的定位将发生根本性变化。

（三）云计算平台是核心竞争力所在，阿里巴巴和亚马逊竞争力优势明显

开放性平台模式隐含的是电商企业的大数据和互联网金融的战略。我们认为以技术变革驱动模式创新是这种战略能否实现的基石，大型电商企业中具有深厚技术基因的仅阿里巴巴、腾讯、亚马逊三家企业，其中亚马逊和阿里巴巴背后的支撑体系具有极高的相似性：两家企业都具有对外部企业信息化服务的云计算平台，这是两家企业通过大数据实现商业价值的核心竞争力。

公有云计算平台的意义在于数据不仅来源于电商平台内部，而且可以来源于外部企业，尽量完备性数据的采集才对分析结果有重要的影响作用。而大数据应用能力是企业的技术基因，需要通过大量资源和时间进行积累。这也是两家企业均早已部署该服务的原因。

弹性计算	云服务器 | 负载均衡
数据存储·计算	关系型数据库服务 | 开放存储服务 内容分发网络 | 开放数据处理服务 开放结构化数据服务
云引擎	云引擎
安全与监控	矛盾　云监控

AWS云计算使用案例

Amazon Web Services提供了一整套云计算服务，让您能够构建复杂、可扩展的应用程序。如今，成千上万家各种规模的客户都在使用这些云计算服务，它们涉及各个行业，包括医疗保健、传媒、金融服务、保险、房地产和零售行业以及教育和公共部门

Web、移动与社交应用程序	大数据	备份和存储
使用AWS的云计算服务为Web、移动与社交应用程序提供支持	使用云计算服务存储和处理大数据集，以解决业务问题	使用AWS的云计算服务随时随地存储和检索任何数据
数字媒体	企业应用程序	游戏
使用AWS的云计算服务对您的媒体进行提取、存储、编码、保护和流式处理	使用AWS的云计算服务运行企业应用程序	使用AWS的云计算服务交付休闲或MMO游戏

图 8　阿里云和亚马逊云服务的业务

资料来源：阿里巴巴、亚马逊网络服务。

1. 阿里巴巴集团的云计算平台称为阿里云

阿里云涵盖的业务包括弹性计算、数据存储计算、云引擎、安全与监控四大类，可以为企业特别是中小企业提供信息化所需要的一揽子服务，包括网站建设、财务管理、供应链管理等企业核心应用，甚至云平台上还包括无论是电商企业或视频网站都需要的提升网络访问体验的 CDN 网络服务，而这些服务的目标客户既可以是阿里巴巴或天猫（淘宝）的供应商或客户，也可以是同业的竞争对手，还可以是平台外部需要信息化的众多小微企业。

阿里巴巴的云平台业务将有能力获取到较国内其他竞争对手更加完备的数据信息（结构性和非结构性数据都已经涵盖），这使得阿里巴巴的数据业务将

具有较强的准确性和公信力，这一点其他国内竞争对手无可望其项背。技术实力上，阿里研究院作为集团核心研发机构承载了集团技术演进的重任。国内大多数电商企业还仅仅是局限在电商业态和商业模式层次，背后并无强大的技术支撑体系，核心竞争力明显弱于阿里巴巴（淘宝）。

2. 国际巨头亚马逊的云计算平台称为亚马逊网络服务

业务结构与阿里巴巴基本类似，但更为强大和广度覆盖。亚马逊将该服务定位于：基于云计算平台为各行业提供信息化的一揽子解决方案，在减轻企业的信息化投资负担的同时兼顾了价格的低廉性和部署的灵活性。很显然，这是亚马逊大数据信息处理运用的基石。

根据亚马逊 2012 年年报数据，亚马逊网络服务收入在 20 亿美元以上，近 3 年复合增长率超过 50%，是亚马逊分类业务中增长最为迅速的板块。当我们诧异亚马逊很多时候能够实现精准推送消费者事先并未计划购买的商品时，大数据平台在背后的支撑就起到了决定性作用。同时亚马逊在商品搜索引擎、供应链管理系统等方面在业界也享有口碑。这种基于企业技术基因形成的核心竞争实力驱动着亚马逊能够实现更为高效的运行效率。

即使我们对亚马逊高高在上的估值逻辑存在争议，实际上也应该看到亚马逊不仅是一家综合性电商企业，还是一家具有互联基因的云计算大数据企业。即使抛开科技股的溢价泡沫，仅从该平台对亚马逊电商业务的支撑程度来看，其他厂商也是无可比拟的。

国内其他电商企业除腾讯外均不具备大数据的技术基因。腾讯的短板在于缺乏服务于外部企业信息化的平台，也就是类似阿里云和亚马逊网络服务相似的业务体系。余下其他竞争者几乎无模仿可能性，唯有在自身企业信息化建设上投入重金，或与国际知名机构合作两种方式（苏宁易购通过与 IBM 的合作来弥补信息化的劣势）。

我们认为电商在信息化上的投入加大是长期的过程，对市场占有率低的企业无疑是沉重的投资压力。鉴于电商企业信息化投入（基础软硬件、带宽成本、信息人员薪酬等）大致在营收中占比达 5% 以上的水平，对于毛利率偏低的企业在未来很长一段时间都将形成较大的压力。

二 B2C 电商趋同的模式之困

（一）大型电商多元化经营促使竞争更为激烈

根据艾瑞咨询 2013 年第二季度的 B2C 电商市场规模排名，天猫市场份额达 50.8%，第二位的京东市场份额为 17.1%，而排名第三的腾讯市场份额则锐减到 5.6%。数据反映出两个特征：市场集中度虽高，但排名前两位的厂商的市场份额差距较大且相对稳定，强者恒强的局面短期内无法改变；市场份额接近的厂商排名变动频繁，相对竞争呈胶着状态。

天猫在市场规模、用户数量、盈利模式上均存在巨大的优势，领先地位几乎无可撼动。而第二梯队的企业——京东、腾讯、苏宁易购等，由于竞争趋于白热化，多元电商模式已现端倪。

但同时也应该注意到，主流电商企业所提供商品的品类几乎完全一致，甚至团购、医药、奢侈品等以往垂直化电商的专属领域都逐渐被涵盖其中，大而全已经成为大中型电商所追求的终极目标，这导致：①业务层面的同质化。大型电商基本已经涵盖所有品类产品的销售，但细分品类不全，区域性缺货、自营品类盈利能力低下等现象基本上普遍存在。②运营模式的同质化。为追求“最后一公里”差异化体验，大型电商对自建物流投入较大，通常物流成本大致占销售额的 10% 以上，对低毛利率厂商的业绩形成长期的压力。③加剧垂直型电商洗牌。大型电商多元化战略对垂直型电商意味着市场的分流，运营压力进一步加大，近期垂直型电商倒闭和并购的案例逐渐增多。

在这里我们应该强调下自建物流配送对大型电商业绩的影响。自建物流配送的目的既是为了强化“最后一公里”的竞争力，提升用户体验，同时对于电商企业也是无奈之举——早就传闻第三方物流企业有意涉足电商，为避免被第三方物流所“绑架”，自建物流配送是必然选择。而相关的费用成本对电商企业的盈亏有重大的影响。

在主流的大型电商企业中，主要的物流模式有以下几种。

图9　大型电商品类对比

资料来源：天猫、京东、苏宁易购、1号店。

（1）亚马逊采取自营仓储+外包配送模式

亚马逊通过自建与租赁相结合的模式对物流中心投入重金，除满足自营品类的仓储需求外同时为销售第三方提供服务。在配送环节由第三方物流提供服务，如在本土外包给美国邮政及UPS、海外外包给联邦快递等。亚马逊通过自身强大的信息系统将订单、仓储、物流三者紧密地结合起来，实现消费者体验的最优化。值得一提的是，亚马逊认为低廉的商品价格和优质的配送服务是满足公司消费者体验至上的必要条件。亚马逊用户选择了79美元的PRIM服务后，不仅能提供在线流媒体服务，在美国本土更可享受网购2日到达并不再附加配送费用的优惠。据2012年年报披露，PRIM用户达1500万户以上，相关收费达10亿美元以上。虽然亚马逊在仓储和物流这一块实际上每年均需“补贴”用户超过20亿美元的费用，但换来的是亚马逊在注册用户和销售额的快速成长。在亚马逊600亿美元级别的销售规模上，仍然能获得20%的成长率，亚马逊世界电子商务巨头的称号名至实归。

（2）京东仓储物流全自建模式

根据公开信息，京东计划2011~2015年对仓储物流的总投资额将达到100亿~200亿元级规模，2013年投资额将达40亿元以上规模，形成95%的自主配送能力。由于京东是一家垂直3C类电商转型而来的多元化企业，3C品类所依赖的进销差价和返点模式与国美苏宁相比并不存在更多的竞争优势，POP平台上第三方百货销售额虽然逐渐超过自营百货品类，但其销售能力对总体营收贡献度并不高，且公司毛利率水平约8%。因此，京东为提升3C品类上销售的规模优势和客户体验，同时也为增强POP平台对第三方厂商的服务能力，加大自建物流形成差异化服务之路是重要的举措。当然这一举措也使得京东的盈利压力十分巨大。

（3）阿里巴巴（淘宝）混合模式

由于平台型厂商属性，阿里巴巴（淘宝）前期采取参股等方式进行仓储和物流合作。但由于平台销售规模的扩大化，自建仓储物流体系已经被提上议程。有报道称阿里巴巴（淘宝）欲在50个城市自建物流中心，我们猜测其模式将会更接近于亚马逊的模式。

表 3　电商费率结构

单位：%

项目	数值	变动趋势和影响因素
毛利率	10.0	价格竞争导致大多数企业在10%，垂直型电商略高，亚马逊2012年为24.8%
物流配送相关费用率	13.1	国内电商自建物流预计仍将持续2~3年，规模效应是下降的前提，亚马逊为10.5%左右
广告费用率	4	依赖于规模效应，目前仍在高投入期，亚马逊2012年为3.9%
研发费用率	2.5	信息化投入将驱使费用有上升趋势，亚马逊2012年为7.5%
净利润率	-10	除淘宝外，大型电商几乎全行业亏损

资料来源：笔者计算。

从上面的分析来看，无论大型电商以何种模式运营，最终在用户级次增长到一定程度后，为维系原有的用户体验最终都会走上多元化品类运营和对仓储物流的重金投入。而这种投入在企业看来是形成综合竞争力的体现，是平台型企业必备的特征。从另一个角度来看，商户选择何种平台最终还是要考察平台对流量导入的效果，天猫、京东、苏宁都拥有最大的流量导入功能，也将会吸引同一品牌或旗舰店同时入驻各个综合电商平台。但应该关心的是，厂商对平台合作的深度将有很大差异。最为典型的例子是，企业在其认为的核心平台上不仅在线上销售方面与平台方紧密合作，而且在仓储物流等环节也采用平台的增值服务，而次要平台仅被厂商视作辅助销售渠道，进而可能形成大多数电商平台的投资并不能完全转化成效益的问题，这又将形成各平台之间为吸引商家和消费者而展开新一轮价格竞争的态势。

（二）垂直电商或将成为大型企业多元化战略中的重要竞购标的

在大型电商多元化的道路上，垂直型电商的业务不断被渗透。缺乏资金支撑的企业2010年以来开始出现大量的倒闭。大型电商多元化渗透并不意味着运营优秀的垂直类电商的利润立刻就会受到侵蚀，毕竟从品牌树立到用户积累需要较长的时间，消费者习惯的迁移也需要一定的时间，但大型电商并购垂直电商已经成为其迅速获得市场和用户流量的最重要手段。在差异化道路上，有一定特色并拥有融资能力的垂直电商虽然仍有生存的空间和时间，但竞争的压力将迫使部分垂直电商引入多元化模式。这里我们可以对凡客、唯品会做出一定的分析。

1. 凡客

凡客作为一家典型的互联网自有品牌服饰电商被人熟知，品牌定位族群以价格敏感型年轻人为主，通过特定的形象代言人、打造营销互动社区等方式来树立品牌形象和用户口碑。而低廉的价格和差异化的服务（当面试穿、货到付款等）提升了对价格敏感族群的吸引力。2010 年中期，凡客开启了开放平台战略，通过开放 API、网站联盟、引入第三方品牌等方式对原有凡客体系进行战略性调整。公开信息显示，凡客 2012 年销售额约 65.4 亿元，公司宣称第四季度已经实现盈利。

由于我们并不能获取公司的财务数据，但是可以从以下几个角度进行分析。

（1）互联网快时尚品牌的溢价能力不足

目前国内服装零售行业存在严重的库存积压问题，在运动休闲类服装上尤为明显。显然，凡客的品牌定位与线下零售服饰品牌并无任何优势。这也就意味着凡客的价格必须具有足够的杀伤力，同时在整体运营时必须维持较线下厂商更快的周转水平才有获得盈利的可能。这一点我们认为具有极高的难度，或者说是不具备可持续的模式。毕竟凡客品牌提升空间已经不大，运营效率和物流成本将是直接决定其盈亏的重要门槛。

（2）线下品牌线上销售的冲击

由于服饰行业全行业库存的问题，线下品牌走上线上已是普遍现象。如与凡客定位族群近似的美邦服饰，在天猫及其他大电商平台上均有旗舰店，同时也有自身的电子商务渠道。大多数线下厂商进入线上的意图是将线上作为分销库存的另一个方式，在尽力不冲击线下产品价格体系的前提下，对货品的促销力度也不小，这对凡客这类自品牌商有客户分流作用。

（3）运营能力

无论是凡客还是美邦，都将 ZARA 或 H&M 等模式进行融合，以打造高效的供应链体系。在信息化投入或供应链协同能力上，凡客未必能够做到比美邦更为优秀，这也是服饰行业的一个共同点——都在模仿，却无法更出色。最终的结果仍是加大广告力度来维系品牌知名度以及通过特定渠道清除积压存货的模式，对品牌长期盈利有压制效应。

（4）服饰商城模式对凡客意义不大

凡客在自品牌运营的模式后导入商城模式以吸引第三方品牌入驻。这里有一个核心的问题不能回避。如京东、苏宁等引入第三方是为扩充品类，如延伸到服饰、家居等领域，而凡客引入的仍是服饰类企业，首先对自身品牌有一定冲击的可能性，我们也注意到，凡客品牌馆中能够被大众所知的品牌实际上并不多，我们认为凡客在入驻品牌的选择上应该也考虑到了这个因素，因此凡客的品牌商城体系有着天生的缺陷，并不具备规模化的发展前景。

因此我们认为即使凡客的销售收入呈现增长态势，主要原因或在于细分市场的容量尚未达到饱和，当然公司对品牌运营也起到推动作用，但长期来看凡客并不能回避产品价格低、广告费用及物流费用相对较高的问题，唯一能在这三者高压的态势下实现盈利的可能是依靠极高的运营技巧以提升周转率。凡客盈利的不确定性将显著高于大型电商。

2. 唯品会

唯品会是以折扣奢侈品销售起家的垂直型电商。根据公告显示，公司2013年第二季度实现销售额3.51亿美元，同比增长约159.7%，毛利率提升至23.5%，有效用户增长至3500万美元，增幅约138.7%，总的运营成本占比从26%下降到22%，其中仓储物流成本从15.2%下降到12.2%是公司实现季度盈利约900万美元的重要原因，同时也是唯品会连续两个季度实现盈利的关键因素。

从唯品会商业模式的发展历程来看，唯品会最初通过折扣奢侈品销售模式来树立网站品牌形象，但最终选择的道路是线上品牌折扣商的模式，即网上的奥特莱斯模式。虽然奢侈品的限时折扣销售仍存在于公司的业务形式中，但该业务已经成为唯品会吸引流量的特色服务，而真正实现销售规模的是公司折扣快销品的成长。

我们认为唯品会最大的特点是限时特卖。这种模式有以下两个好处。

（1）表象上是销售商品，实际上更类似于品牌商的品牌展示广告。我们认为这是吸引品牌商与唯品会合作的重要因素。从唯品会页面的布局来看，与传统自营电商存在着极大的区别，更像是品牌的展示而非罗列产品，同时由于限时特卖具有时间区间，意味着这一区间针对某几类厂商就是独家展示机会。只要唯品会流量持续增长，品牌商与其合作的意愿就会更强，商家对唯品会采购价格更多的优惠实际上可以看作是对“广告”的付费，这将会形成一个良性的循环。当然我们在天猫的品牌街也看到了类似的版面布局，可以推测天猫品牌街中进入第一版面的品牌同样是需要“广告费”的，同时也表明此模式存在被模仿的风险。

（2）限时销售的模式本质上对采购量有一定约束作用，公司一般不会出现对某类货品过量备货的情况，同时根据运营数据的积累，对各类品牌备货的特点是具有学习曲线的，这一点从公司存货减值占存货金额的比率变化可以看到。在拿货过程中，唯品会通常会获得余货返售的权利，使得公司相对于其他自营 B2C 电商有着更为优秀的存货表现和经营现金流水平，这对电商企业或者服装零售电商企业非常关键。

在仓储物流方面，根据测算唯品会现有四大物流中心 90% 以上空间属于租用性质，而物流采用三方的模式。从现在费率数据上分析尚未达到边际效用递减的状况，对改善盈利状态有巨大帮助。虽然招股书中唯品会已经提到对自建仓储物流有规划，但目前租用和自建之间的成本收益比使其似乎更倾向于前者。不过当用户数量再上台阶的时候，情况可能会出现逆转。

总体来说，唯品会现阶段表现出良性发展的态势，但我们认为业务模式上壁垒仍旧偏低。天猫、京东、苏宁等已经逐渐涉足该领域，在其主导品类竞争同质化后必将发力于特色服务方面，对唯品会有着潜在的负面影响。而唯品会在自有仓储和物流上的短板将使其在销售规模进一步扩大后出现服务水平走低的风险。虽然自建仓储物流对电商企业的业绩拖累较大，但是存留下的企业将会获得最终的回报。唯品会的业绩出现转折的风险同样存在，而我们需要考量的指标是：大型电商这个领域的发展速度和力度；唯品会自建仓储物流的时点和效果。

综合来看，我们认为垂直型电商在未来的盈利空间将逐渐被多元化的大型电商所压缩。虽然不可否认在一些特殊的利基市场中垂直电商以独特的客户价值将会得以生存壮大，但在目前所研究的厂商中，并不具备有深厚“护城河”的企业的存在。优秀的企业未来溢价被纳入多元化电商的旗下的情况可能会出现。这与线下零售行业并购的模式几乎类似。如近期欧莱雅收购美即的案例，实际上就可以给我们启示。

国内电商企业的竞争是在不同层次上展开的，集团化一体的竞争模式已经开启。

淘宝、亚马逊的竞争地位较为稳固，长远布局才是这类企业应关注的重点。以技术优势和市场优势驱动新的商业模式是核心竞争力的体现，短期即使盈利水平有波动，也不妨碍企业的长期价值。

京东、苏宁易购等则处于对规模及多元化的追求之中，叠加更多的商业模式在现阶段仍有难度。预计未来两家企业相对的市场份额竞争会更为激烈，何时由规模转化为盈利尚待观察。

凡客和唯品会这类垂直型电商企业的未来生存空间将逐渐被大型多元化电商挤压。在集团化一体的竞争模式下，即使未来盈利能力优秀也可能成为被收购的对象。同时在企业规模化扩大后，随之而来的投资压力可能使盈利状况出现反转。

B.9

商贸零售业：行业拐点仍需等待、模式创新着眼未来

薄晓旭*

摘　要：

本文通过对商贸零售行业的现状以及当前困境的分析，指出行业变革已经刻不容缓，并指出行业未来发展的方向：一是发展线上业务，让部分丧失的渠道重新回归；二是积极推进行业内的整合，提升行业内龙头企业的竞争力，两者可以相辅相成同时进行。此外，本文还分别对商贸零售各子行业进行分析，指出其各自的投资价值和发展方向。

关键词：

模式创新　O2O　行业集中度　渠道融合

一　行业回顾

（一）行业指数先抑后扬，下半年大幅跑赢大盘

2013 年商贸行业指数与年初相比上涨 14.89%（截至 11 月 15 日收盘），跑赢沪深 300 指数 21.72 个百分点，是自 2010 年下半年以来表现最好的一年。分时段来看，7 月之前，行业一直延续此前疲软的态势，7 月之后指数掉头向上，从最低的 2160.74 点涨至最高 2775.84 点，最大涨幅约达 28.5%，大幅跑赢沪深 300 指数。

---

* 薄晓旭，中航证券金融研究所研究员。

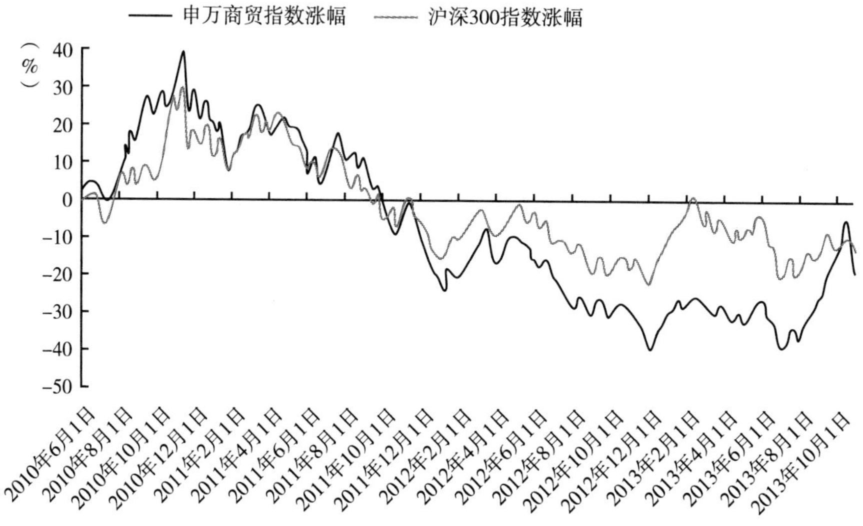

图 1　2010～2013 年行业指数和沪深 300 指数涨幅对比

资料来源：Wind 资讯。

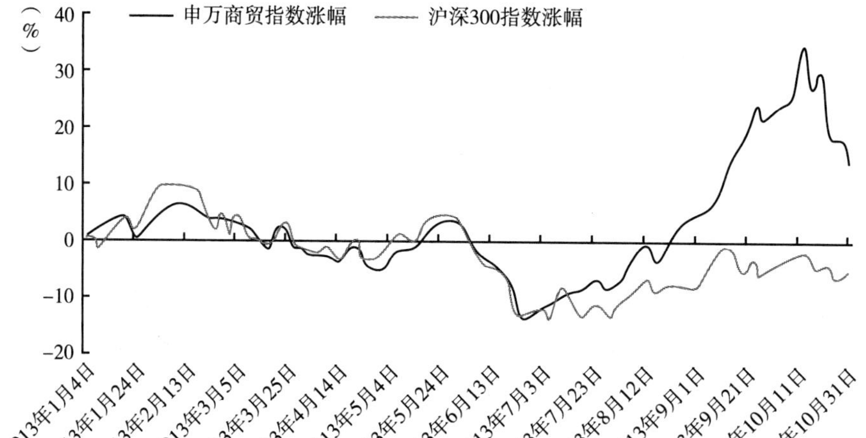

图 2　2013 年行业指数和沪深 300 指数涨幅对比

资料来源：Wind 资讯。

行业指数从 7 月开始大幅上涨，我们要判断此轮上涨是行业在几年寒冬之后终于迎来暖春，还是寒冬中的一个小洋流。

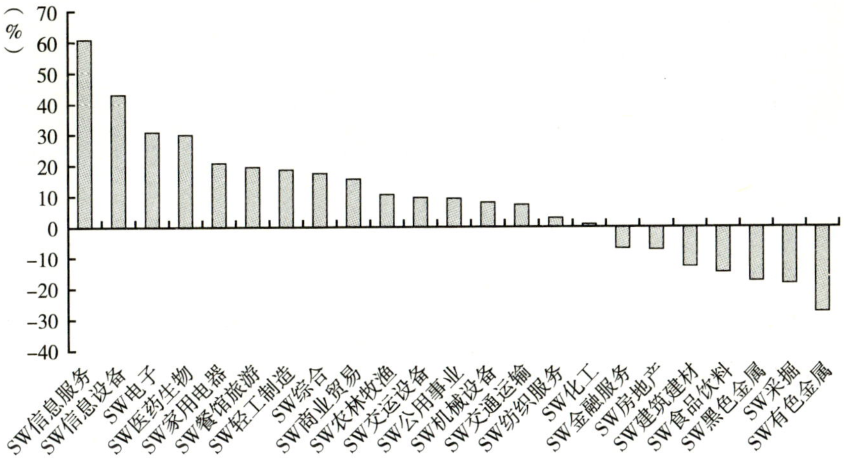

图3　2013年板块涨跌排行

资料来源：Wind资讯。

从行业角度来看，受宏观经济影响，消费品零售总额增速的中枢从2008年金融危机之后一直在下移，尽管在2010年初和2011年初都曾有过强势反弹，但最终仍难抵大势，年平均增速逐年放缓，从2010年的18.44%降至2011年的17.09%、2012年的14.28%，截至2013年12月该数据为13.07%。限额以上企业零售总额增速仅有2011年至今的数据，但也能明显看出增速中枢的下移趋势。

值得注意的是，仅看2013年的数据，即上面两张图的尾部，能看到增速在下滑之后形成一个上翘走势，为了区分该走势是否是行业整体情况开始转好的标志，我们将消费总额的绝对值进行统计，可以发现，零售额有季度波动的规律，每年开年零售额都在上一年末的基础上有所回落，而下半年则是消费旺季，零售额较上半年明显好转。以此来看，2013年下半年行业增速的上翘走势有较大概率并不是我们盼望的拐点，而仅仅是一个行业旺季带来的小幅反弹。

从企业角度来看，板块内企业的营业收入增速在经历了2011年第三季度以来的持续下滑之后逐渐趋稳，2013年前三个季度增速保持在12%以上，而营业利润的增速也较上年有所好转，2011年第四季度至2012年第三季度企业

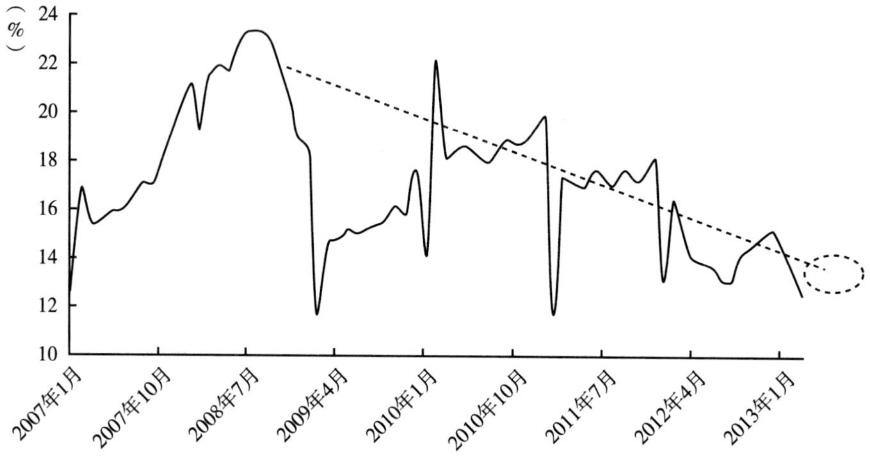

图 4　消费品零售总额增速持续下滑

资料来源：Wind 资讯。

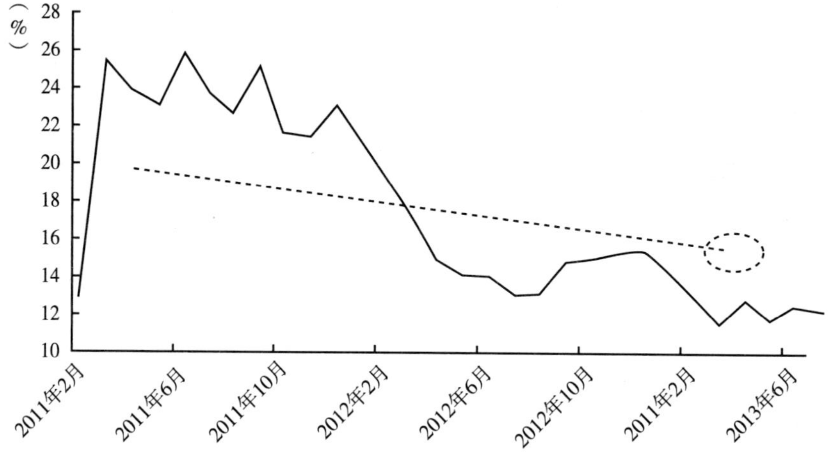

图 5　限额以上企业商品零售总额增速

资料来源：Wind 资讯。

的营业利润增长率一度为负，2012 年第四季度才重新转为正增长，2013 年的增速则均为正。

我们也统计了板块内企业的营业收入和营业利润总额的绝对数值，可以看到，营业收入的总额近几年一直保持低速增长，2013 年并没有出现明显的转

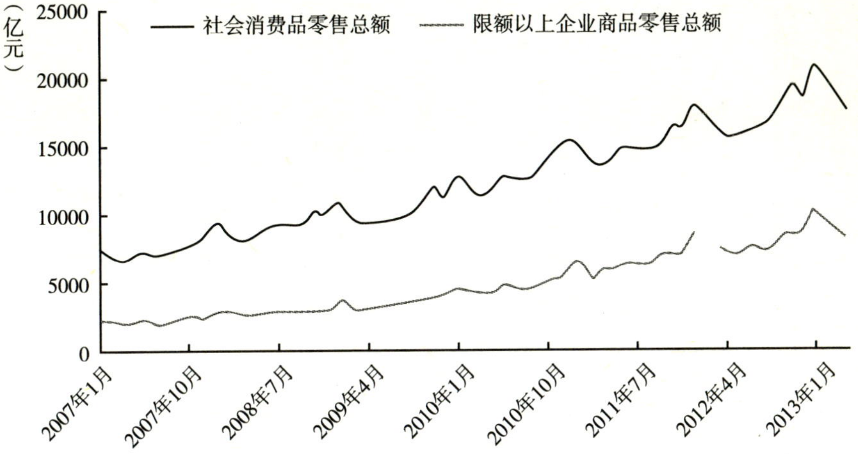

图 6　2007 年至 2013 年消费品零售总额

资料来源：Wind 资讯。

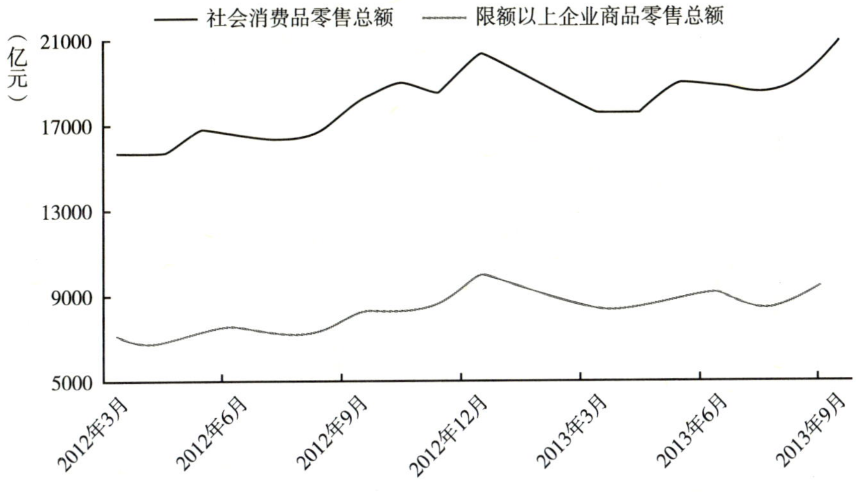

图 7　消费品零售总额

资料来源：Wind 资讯。

好；营业利润在 2013 年上半年表现平平，第三季度出现明显增长，主要原因是＊ST国商第三季度因确定公允价值变动损益获得营业利润 55 亿元，剔除该数据，第三季度商贸板块营业利润为 58.65 亿元，同比增长 19%。

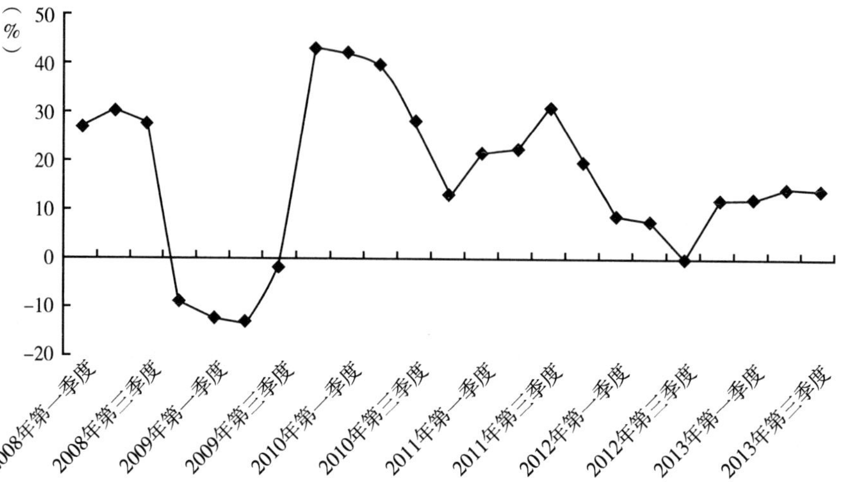

图8　商贸板块企业营业收入单季度同比增速

资料来源：Wind资讯。

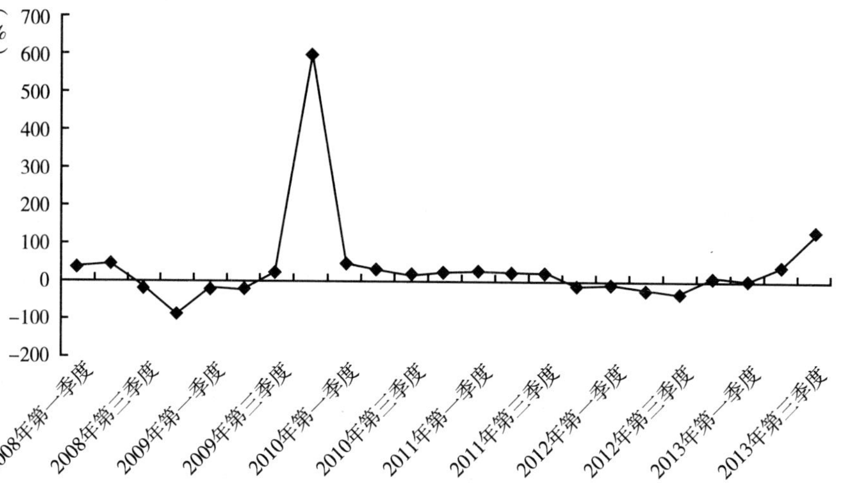

图9　商贸板块企业营业利润单季度同比增速

资料来源：Wind资讯。

从上面的分析可知，到目前为止行业的拐点并未出现，导致下半年行业大幅上涨行情的原因，我们只能从行业的刺激政策以及消息面进行解读。契合下半年的上涨时点，我们认为，推动这波行情的因素主要有以下几个。

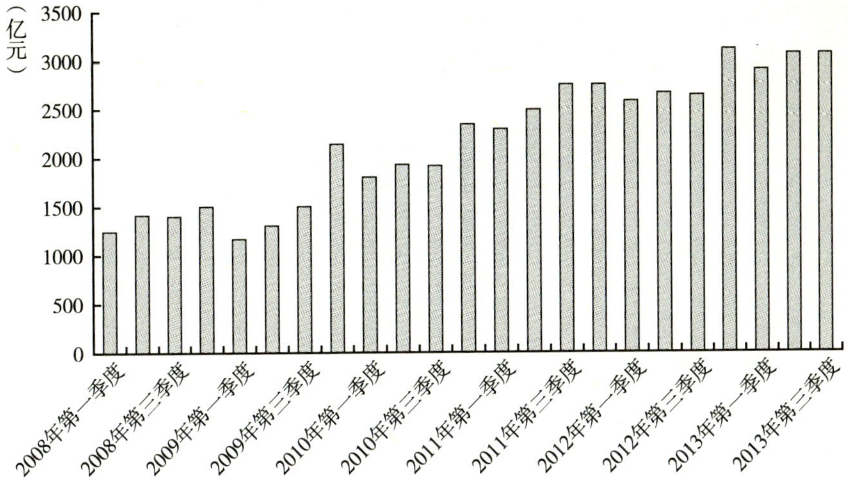

图 10　商贸板块企业营业收入总额

资料来源：Wind 资讯。

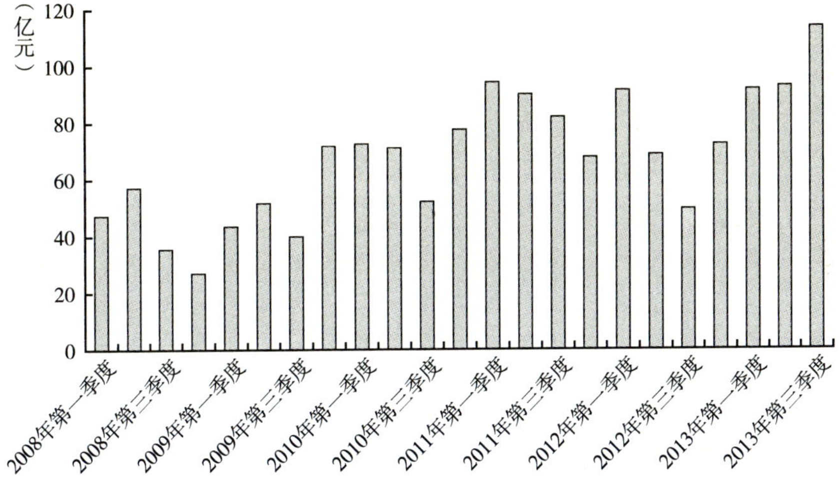

图 11　商贸板块企业营业利润总额

资料来源：Wind 资讯。

（1）上海自贸区成立

自贸区的提法由来已久，直至 2013 年，上海自贸区的雏形基本形成，并于 8 月经国务院正式批准成立。上海自贸区范围涵盖上海市外高桥保税区、外高桥保税物流园区、洋山保税港区和上海浦东机场综合保税区4个海关特殊监管区域，总面积为28.78平方公里。

表1　上海自贸区成立进度

时　间	进　　度
2013年7月3日	国务院常务会议原则通过在上海外高桥保税区等海关特殊监管区域建设中国(上海)自由贸易试验区的方案
2013年8月22日	国务院正式批准上海自由贸易试验区设立
2013年9月29日	上海自贸区正式挂牌开张

表2　上海自贸区成立对行业的影响

行　业	影　　响
商　贸	区域内税收优势将使商品价格具备竞争优势,有助于拉动区域内商品销售;在区域商品价格优势的带动下,来沪消费人数有望增加,提升区域商贸行业的景气度
旅　游	上海自贸区将使商旅活动更加频繁,带动住宿、餐饮和购物消费;另外,中免等公司已有意开设免税店等可能在自贸区的整体框架中体现,旅游零售等相关产业或将受益
金　融	加快金融制度创新,增强金融服务功能,推进银行创新和综合经营
物　流	有利于区域内的货物流动和吸引国际商务客流
房地产	地价迎来新一波升值机会

资料来源：百度新闻。

上海自贸区的成立是中国经济改革的重要里程碑，被誉为中国经济的“改革开放”，预计在未来很长一段时间内部分相关企业都能享受到政策红利。受此影响，区域内商贸类企业如上海物贸、友谊股份、上海九百等都在7～8月有较好的表现。

（2）金融改革

新一届政府成立之后，明显加快了金融改革的节奏，陆续出台了一系列政策，如取消贷款利率下限、取消票据贴现利率管制、扩大人民币汇率浮动区间等，而国债期货、融资融券扩容、拟发行优先股等涉及股市债市的政策的推出更明确了金融改革的方向。同时，上海自贸区的成立也将金融改革推向深水区，金融改革全面提速。

表3　上海自贸区金融改革政策要点

	政　策　要　点
加快金融制度创新	在风险可控的前提下，可在试验区内对人民币资本项目可兑换、金融市场利率市场化、人民币跨境使用等方面创造条件进行先行先试
	在试验区内实现金融机构资产方价格实行市场化定价
	探索面向国际的外汇管理改革试点，建立与自由贸易试验区相适应的外汇管理体制，全面实现贸易投资便利化
	鼓励企业充分利用境内外两种资源、两个市场，实现跨境融资自由化。深化外债管理方式改革，促进跨境融资便利化
	深化跨国公司总部外汇资金集中运营管理试点，促进跨国公司设立区域性或全球性资金管理中心
	建立试验区金融改革创新与上海国际金融中心建设的联动机制
增强金融服务功能	推动金融服务业对符合条件的民营资本和外资金融机构全面开放，支持在试验区内设立外资银行和中外合资银行
	允许金融市场在试验区内建立面向国际的交易平台
	逐步允许境外企业参与商品期货交易
	鼓励金融市场产品创新
	支持股权托管交易机构在试验区内建立综合金融服务平台
	支持开展人民币跨境再保险业务，培育发展再保险市场

资料来源：百度新闻。

商贸零售板块中，有不少公司涉及金融改革概念，在这波改革热潮中备受瞩目。

表4　行业中涉及金融改革的个股

上市公司	控股(参股)公司
苏宁云商	重庆苏宁小额贷款有限公司、北京通州国开村镇银行股份有限公司、江苏银行股份有限公司
友阿股份	友阿投资担保有限公司、长沙市芙蓉区友阿小额贷款有限公司、长沙银行股份有限公司、资兴浦发村镇银行股份有限公司
海宁皮城	海宁皮革城担保有限公司
小商品城	义乌市惠商小额贷款股份有限公司、申银万国证券股份有限公司
江苏舜天	江苏苏物期货经纪有限公司
大东方	国联信托股份有限公司、无锡新区景信农村小额贷款有限公司、江苏银行股份有限公司
轻纺城	浙商银行股份有限公司

资料来源：Wind 资讯。

（3）移动互联概念

另一个推动该波行情的因素是下半年大众追捧的互联网概念，除了信息设备、信息服务等板块大幅上涨之外，商贸行业中与互联网相关的公司也都受到追捧，如有移动互联概念的爱施德以及“O2O”概念的天虹商场、苏宁易购等。

（二）子行业涨跌不一

从子行业内个股的表现来看，专业连锁表现最好，涨幅为32.87%；贸易和商业物业经营居中，涨幅分别为15.01%和10.38%；百货零售表现较弱，涨幅仅为4.24%。

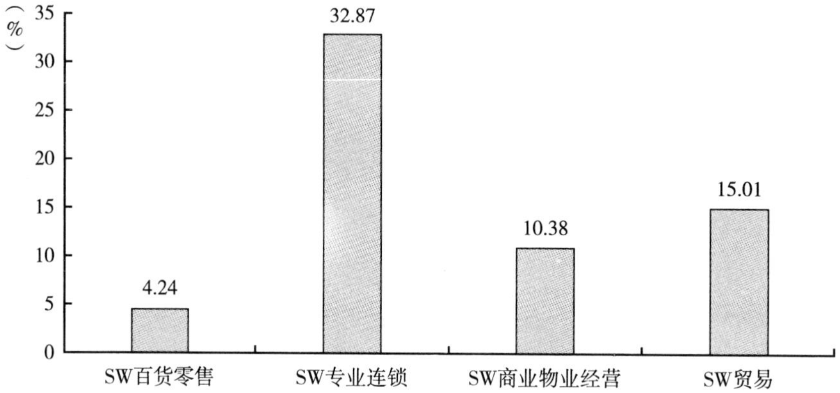

图12　2013年各子行业涨跌

资料来源：Wind资讯。

收入增长方面，前三个季度百货零售同比增长9.13%，略低于社会零售总额增速，原因是传统的百货零售受电商等其他经营渠道冲击较大；专业连锁同比增长13.75%，表明连锁超市等业态受宏观经济和电商等其他业态的冲击小于百货零售；商业物业经营同比增长18.8%，该子行业的营业收入主要来自物业租赁，受2013年以来房价整体上涨的影响，行业整体增长较为稳定；贸易同比增长15.17%。

营业利润增长方面，前三个季度百货零售同比增长12.14%，整体经营仍较为低迷；专业连锁同比下降 18.81%，主要是苏宁云商前三个季度营业利润减少 23.4 亿元，扣除该数据，专业连锁同比增长 21.84%；商业物业经营同比增长 196.41%，主要是＊ST 国商第三季度因确定公允价值变动损益而获得营业利润 55 亿元，剔除该数据，商业物业经营同比增长 10.88%；贸易同比增长 173.28%，其中异常值较多，江苏舜天将重庆舜天西投实业有限公司等十家公司的控股权或参股权以评估值转让给江苏舜天国际集团有限公司，合计形成股权转让收益并增加利润总额 3.13 亿元，五矿发展收回前年度欠款以冲减原计提的坏账准备等，我们对行业研究重点主要放在零售上，对贸易行业暂不给予分析。

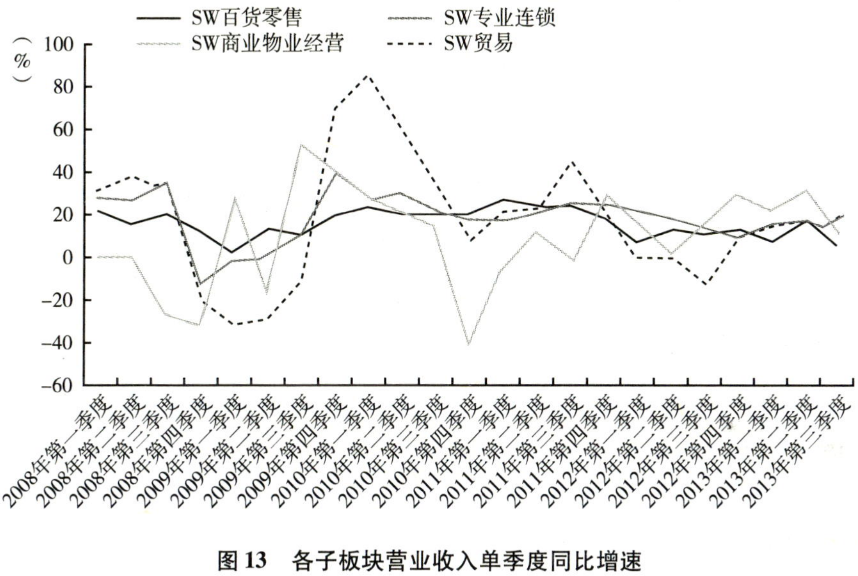

图 13　各子板块营业收入单季度同比增速

资料来源：Wind 资讯。

（三）个股分化，传统零售股仍表现低迷

从行业内个股的表现来看，涨幅领先的公司可以分为两类。

一类是与热门话题相关的概念股，如涉及上海自贸区的上海物贸，涉及移动互联概念的爱施德、苏宁云商、天虹商场等。

爱施德是国内最大的苹果授权零售商，9 月公司公告拟收购迈奔灵动科技

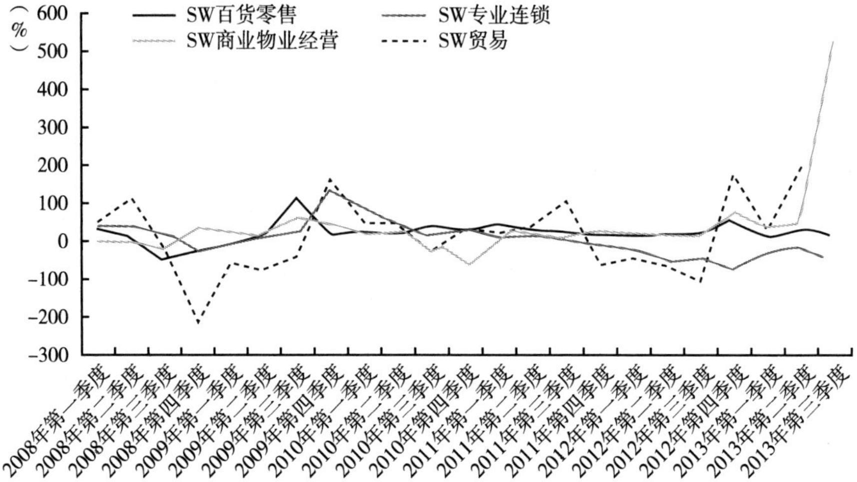

图 14　各子板块营业利润单季度同比增速

资料来源：Wind 资讯。

（北京）有限公司 100% 的股权，迈奔灵动是运营机锋网及机锋手机客户端业务的唯一主体，业务主要涵盖机锋市场、机锋门户、机锋论坛及机锋游戏；同时公司宣布收购深圳市彩梦科技有限公司 85% 的股权，彩梦科技在手机游戏、手机音乐、手机阅读、手机动漫等产品开发和运营推广等方面较有经验，是国内三大电信运营商重要的合作伙伴之一。通过对迈奔灵动和彩梦科技的收购，爱施德加快了在移动互联领域的布局，同时与 A 股市场上较为热门的移动互联概念、手游概念都有所关联，因此爱施德是零售行业内年初至今增长最多的公司。

9 月，天虹商场宣布与微信合作，联手打造天虹应用平台，推出微信服务号“天虹”。通过此平台将商场商品、优惠和服务信息上传，让顾客通过订阅获取个性化资讯，同时实现会员系统的无缝对接，让会员无须持会员卡即可享受会员优惠，同时获取积分和消费信息，并通过智能客服，实现与顾客“一对一”的互动、活动预约报名等功能。天虹与微信的战略合作，虽然暂时未为天虹带来收入与利润的大幅增长，但是不能否认，这种合作模式开启了传统百货零售企业线下与线上结合的新方向。

苏宁云商是线上与线下紧密结合的先驱。2013 年 2 月苏宁正式更名为“苏宁云商”，实施多渠道融合的云商模式，在传统经营模式的基础上融合电商平台、物流、民营银行等供应链上的主要环节，同时，苏宁易购游戏平台上线，并与中国移动合作，开辟在手机游戏等领域的合作，全面开花。尽管苏宁云商目前仍在亏损当中，但其转型思路前卫，我们非常期待公司业绩出现反转。

另一类是专业市场中的佼佼者。比如海宁皮城，该公司是国内皮革专业市场的领导者，在产业链整合、客户积累和品牌营销等方面做得非常出色。该公司一方面实现了皮革市场的连锁化经营；另一方面在全产业链上实行整合，充分发挥了皮革市场的价值。

跌幅居前的公司主要是传统百货零售商，包括百货龙头王府井、大商股份等，以及地方百货的代表重庆百货、广州友谊、合肥百货等。

表5　重点公司股价表现说明（截至11月15日收盘）

单位：%

公司	年初至今股价涨跌幅	原因说明
友阿股份	24.61	金融改革概念股,筹建民营银行
豫园商城	21.11	金价下跌拖累业绩,但股东增持增强信心
深圳华强	106.04	设立深圳电子商品交易所,公司逐步向全产业链转型
海宁皮城	45.56	全年高增长基本确定,异地复制项目成功,期待未来增长
农产品	39.00	创立“前海农产品批发市场价格指数”,探索线上发展模式
银座股份	-22.19	整体业绩受房地产业务影响,公司扩张放缓
王府井	-22.84	新店亏损额度大,期待未来全渠道转型
苏宁云商	58.41	实施多渠道融合的云商模式,短期亏损,期待长期效果
鄂武商A	14.17	收入增长稳健,湖北领头羊的地位难以撼动
合肥百货	-14.73	以合肥为中心,外延扩张稳步进行
重庆百货	-18.49	重庆百货龙头,业务整合效应持续释放
大商股份	-18.68	资产重组方案被否,公司股权纷争持续
广州友谊	-20.14	高端消费疲软,公司需要转型突破
海印股份	-25.78	地产业务影响业绩,期待转型成效
小商品城	-3.47	建立B2R平台,逐步推进电商业务
天虹商场	-4.02	与微信合作,试水“O2O”,开启零售行业新模式
人人乐	2.11	超市竞争激烈,消费疲软,步入调整期
永辉超市	8.45	门店拓展放缓,赢利能力逐步改善
轻纺城	4.27	新注入市场带来租金大幅提升
步步高	0.91	布局四川重庆,全面布局电商

资料来源：Wind资讯。

二 行业当前的困境

（一）市场总量增长缓慢

由图 4、图 5 可以看到，消费品零售总额和限额以上企业商品零售总额增速的中枢近几年持续下降，我们认为最主要的原因是金融危机之后国内宏观经济不景气。

2013 年第一季度国内 GDP 增速为 7.7%，第二季度降为 7.4%，第三季度虽有所回升，达到 7.8%，但整体来看，GDP 增速向下的趋势仍未改变，而政府也表示能容忍这一数据，结构调整仍将继续。从价格指数来看，当前的 CPI 增速基本处在正常水平，而工业品 PPI 增速的负值已持续一年多，通胀转通缩的信号进一步增强，面对仍高企的资产价格和过高的资金成本，政府宏观调控的难度较大，十八届三中全会让世界看到中国政府改革的决心，我们预计，政府对 GDP 增速的容忍下限仍在下降，未来很长一段时间内行业都将在不景气的宏观经济中呈现低迷的态势。

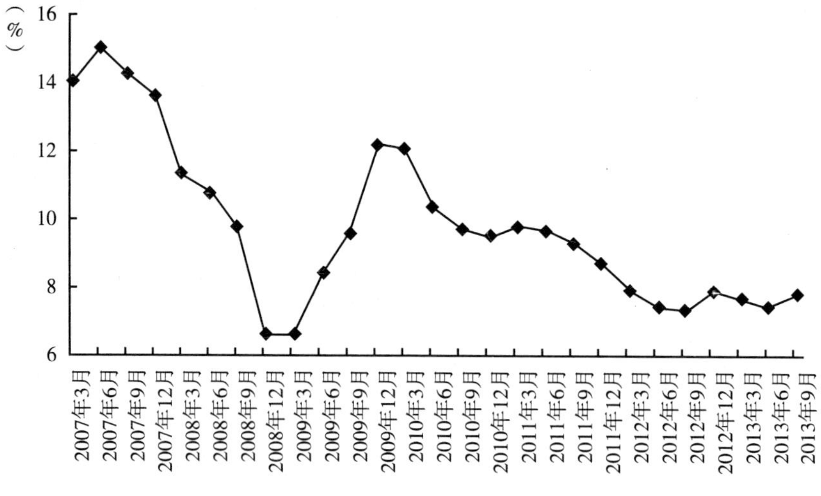

图 15 国内 GDP 增速

资料来源：Wind 资讯。

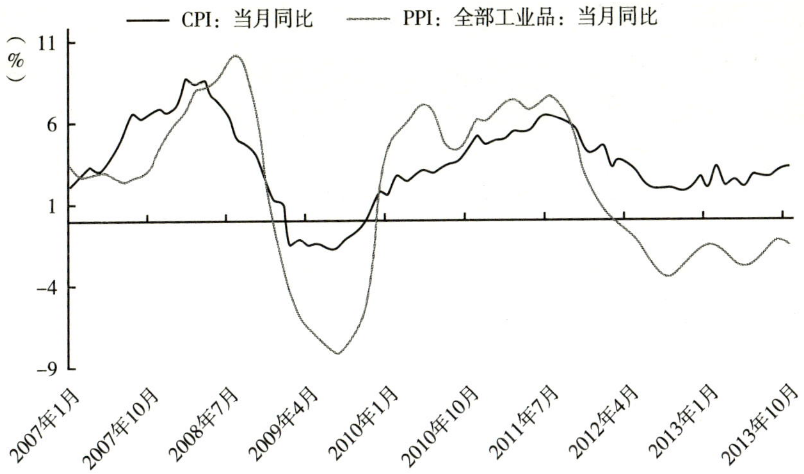

图 16　国内 CPI 和 PPI 当月同比

资料来源：Wind 资讯。

（二）市场份额被瓜分

目前传统的百货零售商在低迷的市场环境中面临的竞争来自两个方面：一方面是电子商务快速发展的冲击，另一方面是新的商业物业投放的分流压力，其中，电商的冲击为主要原因。

电子商务以及快递行业的迅猛发展改变了人们的生活方式，为传统零售行业带来了巨大的挑战。艾瑞咨询的数据显示，第三季度中国网络购物市场交易规模为 4547.6 亿元，同比增长 42.4%，网络购物在社会消费品零售总额中的占比为 7.8%，环比提升 0.5%，前三个季度网络购物交易规模为 12439.7 亿元，同比增长 41.67%，增速远高于同期社会消费品零售总额的增速。一是因为网络购物市场正逐步向三、四线城市渗透；二是网络购物企业的营销手段日益多样化，优惠措施丰富化。

从天猫的“双 11”活动就可以看出电商的火爆。数据显示，2013 年天猫“双 11”支付宝交易单日成交额超过 350 亿元，远超上年 191 亿元的交易额，参与网购的中国网民人数超过 4 亿，这是传统零售商难以企及的。

同时，根据艾瑞咨询的研究数据，第三季度网络购物中 B2C（含 C2C 推出的 B2C 商城）交易规模为 1662.6 亿元，在整体网络购物市场交易规模中的比重达 36.6%，同比提升 5.6 个百分点，从增速来看，第三季度 B2C 网购市场同比增长 68.1%。长期来看，B2C 将是未来电商发展的主要模式，一方面是由于 B2C 平台商品质量及商家信誉相对 C2C 更有保障，对客户更有吸引力；另一方面部分传统零售企业加快转型，加入 B2C 行业。

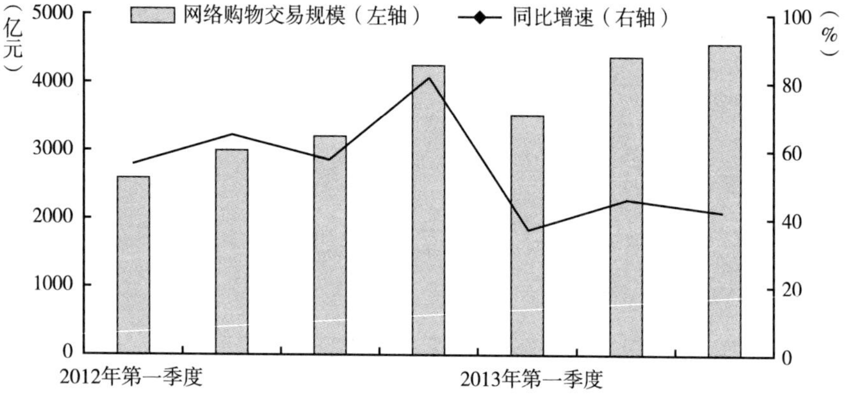

图 17　网络购物交易规模

资料来源：艾瑞咨询。

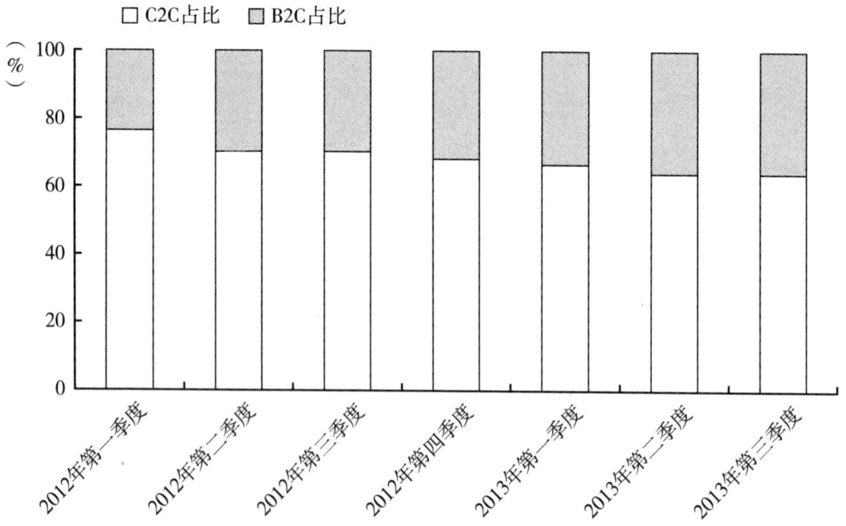

图 18　购物网站细分结构市场份额变化情况

资料来源：艾瑞咨询。

（三）成本上升挤压利润空间

近年来，租金、人工成本的持续刚性上升已严重影响了零售企业的赢利能力。从零售板块的净利率走势来看，2011 年之后净利率处于持续下滑状态，2013 年有小幅回升。将子行业分开来看，百货和专业连锁的净利率并没有出

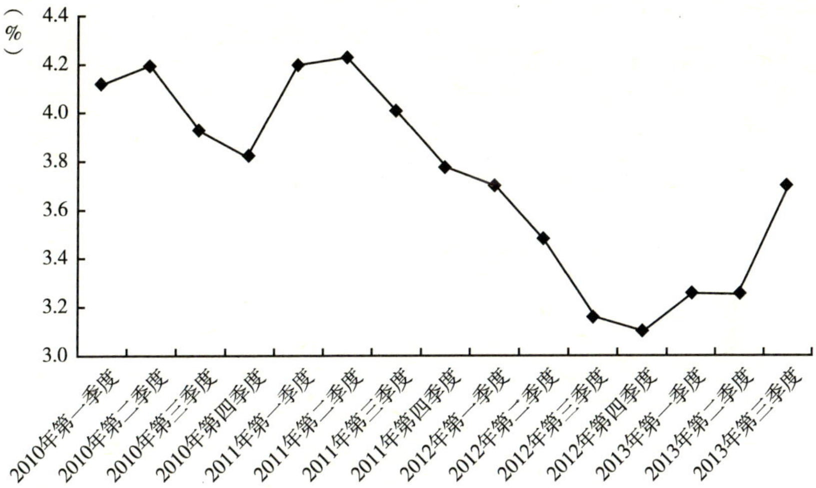

图 19　零售板块净利率走势

资料来源：Wind 资讯。

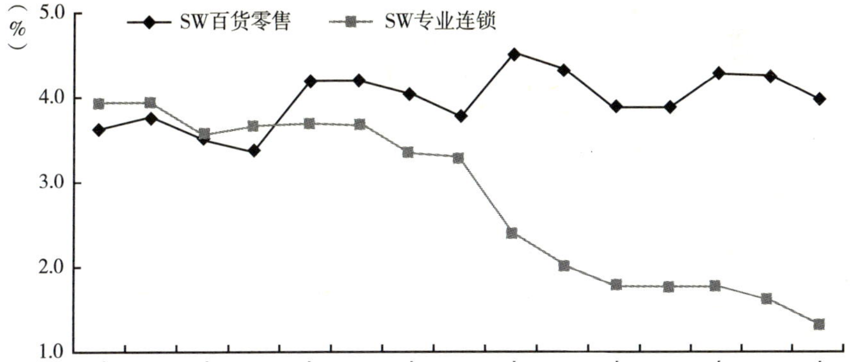

图 20　百货和专业连锁子板块净利率走势

资料来源：Wind 资讯。

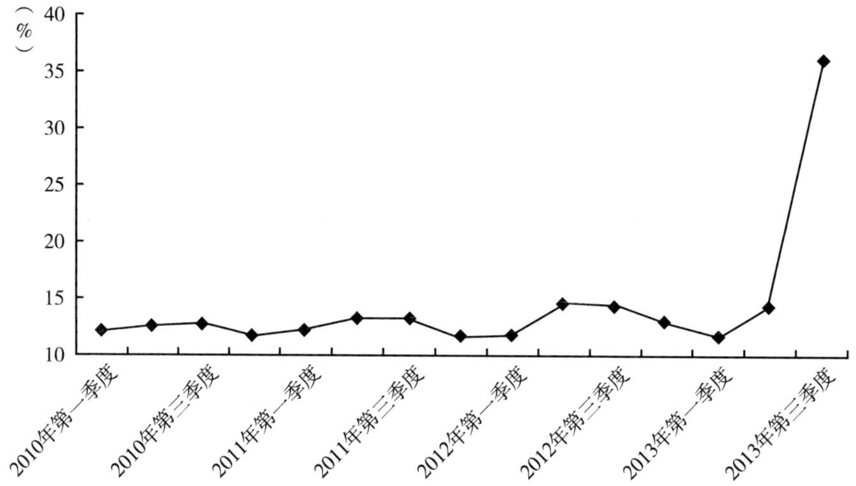

图 21　商业物业经营子板块净利率走势

资料来源：Wind 资讯。

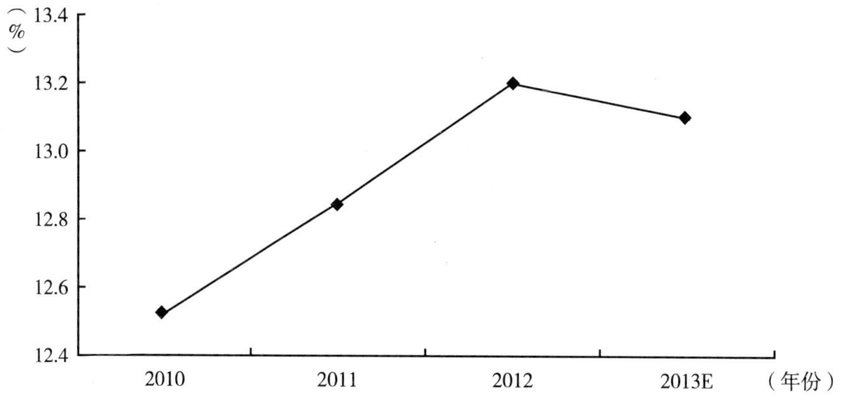

图 22　零售板块费用率变动

资料来源：Wind 资讯。

现好转。零售板块 2013 年净利率好转的主要原因是商业物业经营板块净利率出现大幅回升，而在前面的分析我们也提到了，这主要是由异常值造成的。

三　行业机会何在

宏观经济低迷，造成社会整体的消费增速持续下降，同时，受电商以及新的物业投放的冲击，传统零售企业的市场份额逐渐减少，加上人工、租金等成本的上升，传统零售企业的经营举步维艰，因此众多的零售企业开始摸索着转型。我们认为，行业未来的机会主要来自两个方面：一是发展线上业务，让部分丧失的渠道重新回归；二是积极推进行业内的整合，提升行业内龙头企业的竞争力，两者可以相辅相成同时进行。

（一）发展线上业务，实现渠道融合

与纯电商品牌不同，传统零售企业发展线上业务有其优势，网络购物虽然方便，但是缺少了线下体验的好处，而传统零售商则可以解决这一问题，通过线上线下融合，实现线上销售、线下体验。

零售企业试水电商目前主要是入驻 B2C 网站或者自己建立网上平台，线上线下差异化经营，线上销售清理存货，线下主要销售新品，如李宁、耐克等品牌在凡客诚品、天猫等网站均有自己的旗舰店，这是大部分零售企业转型的第一步。这种方式通过品牌的知名度和号召力，融合线上优势，促使部分客户回流。目前较为热门的“O2O”也是零售企业与互联网结合的新模式，O2O 模式实现线上与线下完美对接，客户线上支付购买、线下体验服务，或者反向 O2O，通过线下渠道和推广活动将客户引导至线上。

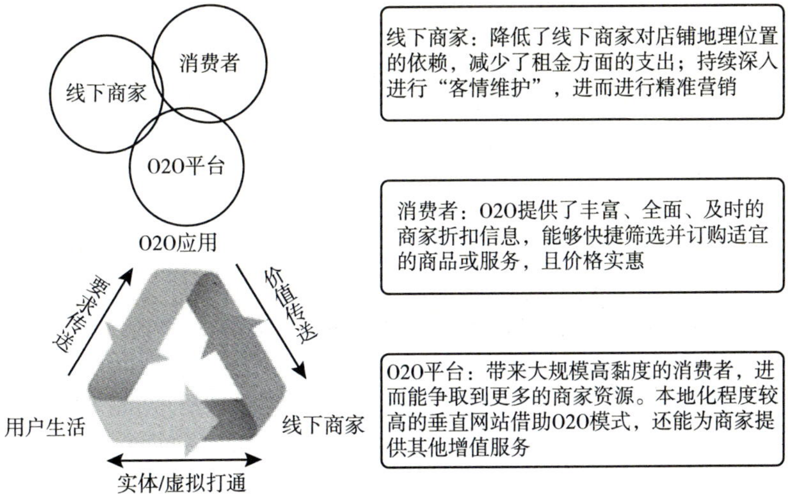

图 23　O2O 模式的优势

资料来源：《基于 O2O 商务模式的浅析》。

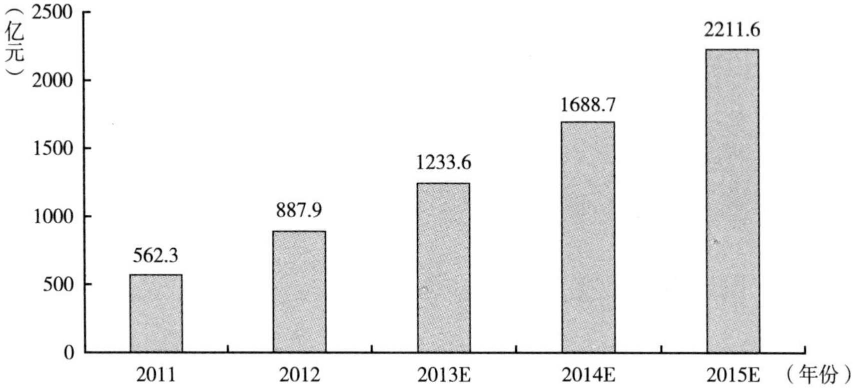

图 24　O2O 市场规模及预测

资料来源：《基于 O2O 商务模式的浅析》。

案例：天虹商场

①线下：立足深圳，布局全国

目前公司在全国 9 省 21 个城市共拥有直营百货门店 59 家，其中“天虹”品牌直营门店 57 家，“君尚”品牌直营门店 2 家，此外公司还以特许经营方式管理 2 家商场。

表 6　天虹门店地区分布情况

单位：家

项目	华南区	华中区	华东区	东南区	北京	成都	合计
“天虹”门店数量	32	10	6	6	3	2	59
“君尚”门店数量	2	—	—	—	—	—	2
合　计	34	10	6	6	3	2	61

注：华南区包括深圳、东莞、惠州；华中区包括南昌、长沙、赣州、岳阳、娄底、株洲；华东区包括苏州、杭州、湖州、嘉兴、绍兴；东南区包括厦门、福州、三明、泉州。门店包括直营店、购物中心和特许加盟店，2 家特许加盟店分别为华南区 1 家、东南区 1 家，购物中心为深圳宝安中心区天虹购物中心。

资料来源：该公司公告。

②线上：网上天虹

2010 年 3 月，网上天虹平台（http：//www. tianhong. cn/）上线营业，主要经营母婴用品、品牌折扣、美容护理、家居床品、食品饮料、厨卫清洁、生活家电七大类别的商品，网上天虹与线下天虹商场紧密协同，提升了品牌影响力。

③线上线下融合：微信端促进无缝对接

9月，天虹商场宣布与微信合作，联手打造天虹应用平台，推出微信服务号“天虹”，通过此平台将商场商品、优惠和服务信息上传，让顾客通过订阅获取个性化资讯，同时实现会员系统的无缝对接，并于10月中旬开通购物功能，此后，公司打造的另一款移动应用平台“天虹微店”也正式上线。天虹微店将实体店数字化、可视化至手机端，顾客可在手机上随时随地订阅喜欢的品牌、商品，打造专属百货，可以在天虹微店中购买实体门店中的精选商品，也可以购买网上天虹的商品。顾客通过在“天虹微店”进行注册即可获得会员资格及绑定实体店会员卡，并获取各种优惠券。“天虹微店”的上线将天虹实体门店、网上天虹和天虹微信联系起来，共同构成天虹全渠道零售平台。

（二）积极推进行业内兼并，提高行业集中度

国内零售企业存在区域分布的特点，行业集中度低，规模效应难以完全发挥。在目前的行业困境中，企业可以通过推进行业内整合，提高市场占有率和企业竞争力，特别是已在全国完成布局的龙头企业，如王府井，可以在行业低迷时抓住机会进行兼并，实现从龙头到巨头的转变。

B.10

TMT 行业：互联网引领生活的二次改变

李 皓*

摘 要：

TMT 行业承载着中国经济转型升级的历史重任，在这个行业中不断涌现出改变人们生活方式的公司和应用。伴随着人们的生活方式改变，中国的经济转型方向也初露端倪，因此我们应该用更加长远的眼光去审视这个行业，把握业务渗透这个行业的主旋律，关注互联网逻辑下的“平台型”企业。

关键词：

智能终端 TMT 互联网金融 生态链

一 2014 年生活方式将迎来新的转折点

伴随着智能手机及平板电脑进入高速增长期，我们的生活方式也因此发生了巨大的改变——娱乐模式、资讯来源乃至消费方式均更加依赖于此。然而，智能终端的范畴并未止步，可穿戴设备、互联网智能电视均在 2013 年崭露头角，更值得关注的是与之配合的商业模式也渐渐初具形态，因此我们认为 2014 年人们的生活方式将发生另一次重大转变，TMT 行业孕育着巨大的投资机会。

（一）智能手机渗透率超越 50%，平板电脑高增长延续

2013 年，智能手机对功能手机的渗透率首次达到 51%，预计全球手机出

* 李皓，中航证券金融研究所首席研究员。

货量约 18.26 亿部，其中智能手机约 9.37 亿部，功能手机约 8.89 亿部。虽然全球手机市场增速已经放缓至 5% 以内，但智能手机增长率仍旧高达 36%。在这个阶段出现了两个变化。

（1）智能手机市场分化。高端智能市场趋于饱和，中低端智能手机性价比带来的高成长性拉低了整个平均售价。这一变化促使智能手机厂商形成了强烈的洗牌趋势，“中华酷联”和小米成为智能手机市场中崛起的新贵。中国已经是最大的全球智能手机生产国和需求国，消费比率超过 50%。值得注意的是，互联网的“基因”被带入智能手机中对用户的使用习惯造成强烈影响，加速了在线购物、移动支付等新的行为模式的盛行。

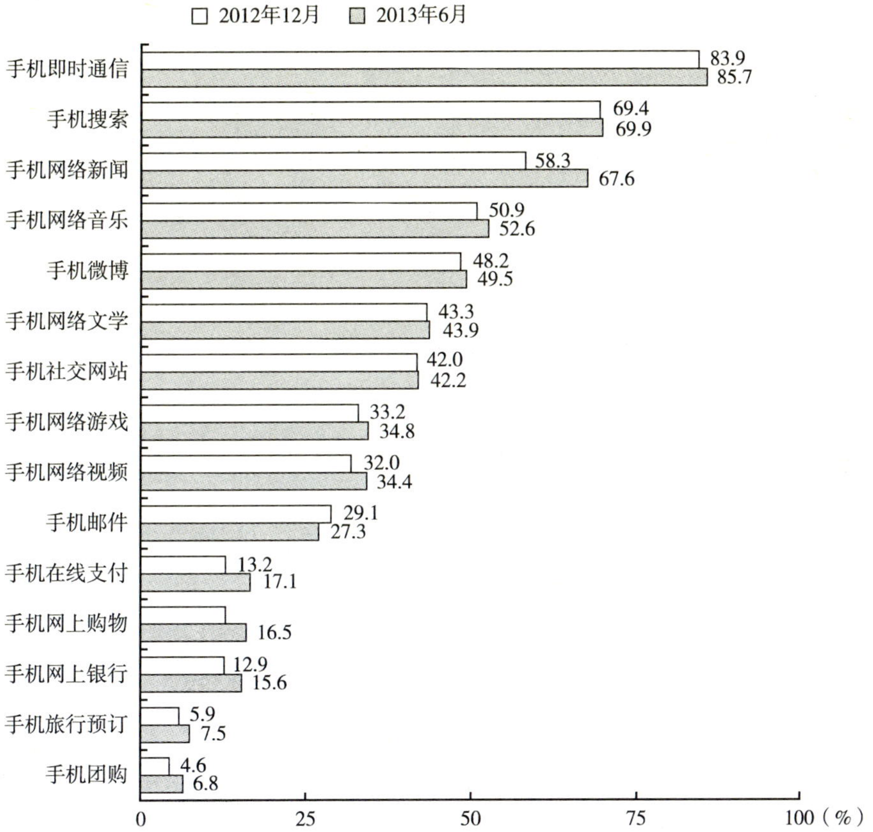

图 1　2012 年 12 月和 2013 年 6 月手机网民各类手机应用使用率

资料来源：笔者根据网站资料整理。

智能手机的分发渠道由传统卖场向运营商及网商渠道转化，这一变化实际上体现了运营商渠道对智能手机的高速普及起到了重要的推动作用，特别是年末国内 4G 牌照的发放预期将驱使 2014 年运营商定制机型进一步升温，由运营商与银联合作的 NFC 移动支付产业链将会获得实质性的巨大发展。

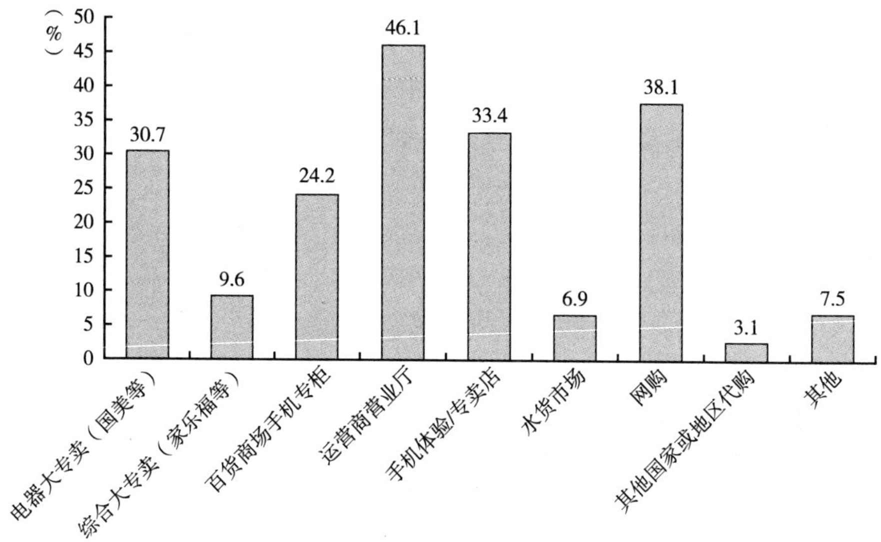

图 2　手机销售渠道调查

资料来源：网站资料。

智能终端的另一主流形式平板电脑，在本年度同样也实现了对笔记本电脑的超越，2013 年全球平板电脑的出货量约为 2.6 亿台，同比增长约 67%；同期笔记本电脑的出货量约为 2 亿台，处于增长与衰退的分水岭阶段。平板电脑近 3 年的复合增长率超过 80%，预期未来 3 年复合增长率仍会保持在 30% 以上，极有可能在 2014 年实现对 PC 产业的超越。

当然，我们看到目前该市场仍由苹果和三星主导，合计占比在八成，但是白牌平板电脑也逐渐开始崭露生机。我们认为平板电脑市场预计仍将呈现两极分化的局面：高端平板电脑格局由苹果和三星保持，品牌、体验、工艺性是“护城河”。低端平板电脑有较大成长空间，动因来源于 Android 系统支持的硬件构架更完善，特别是强调性价比 MIPS 构架的 Android 平板大量问世是满足中低端用户性价比需求的利器。

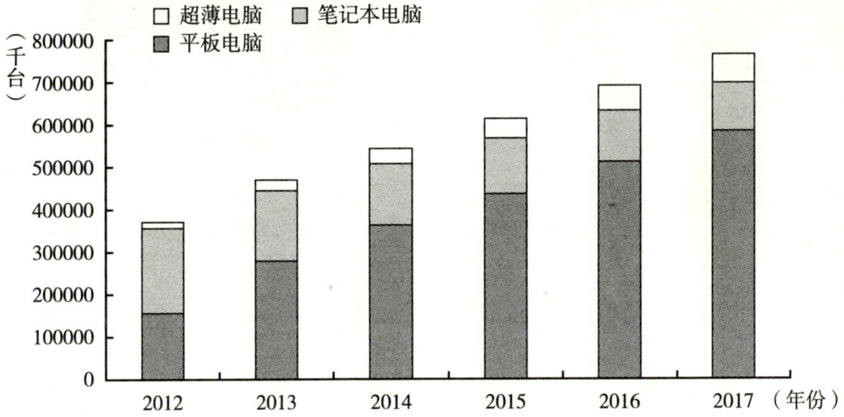

图 3　平板电脑渗透情况

资料来源：网站资料。

平板电脑的高速普及带来了娱乐化的升级效应，视频及社交类应用的盛行实际上对移动广告市场形成了新的利好因素。特别是 RTB 广告在移动端的发展是比较值得我们期待的形态之一。

（二）智能终端范畴在延续，可穿戴设备关注核心元元器件供应链

智能终端的范畴已经从智能手机及平板电脑向智能可穿戴设备的层面延伸，这是另一个大的发展契机。当然从形态上可以是智能眼镜、智能手表或手环以及嵌入式智能监测设备等，但其核心是具有运算能力和跨设备交互性、可联网等特征。这是与智能手机及平板电脑形成协同的重要特性，更为重要的是可以与云计算模式相结合，是企业打造一体化商业模式的重要衍生形态。

目前问世的具有代表性的智能可穿戴设备有谷歌的 Google Glass、三星的 Galaxy Gear 以及由国内盛大生产的 GEAK Watch 等。这一场盛宴中互联网企业并不会袖手旁观，如百度、360 等厂商也已经推出了其可穿戴智能设备，当然最为期待的还是苹果的 iWatch。在这里我们并不想介绍不同厂商之间产品的形

图4　智能手环与手表

态和优劣，而是要再次强调可穿戴设备背后实际上是厂商之间的商业模式的延伸。这种模式的延伸将会改变人们的行为习惯。互联网企业涉足可穿戴设备具有巨大的数据计算优势，侧重“痛点”应用。

可穿戴设备的大方向应该是满足人们需求的“痛点”，市场对可穿戴设备在医疗、运动监测、儿童安全管理等领域具有一致性看好的预期，而我们认为这些都离不开大数据及云计算的支撑，也就意味着互联网数据型企业渗透至该领域实现原有业务的延伸将具有显著的优势，如谷歌眼镜结合搜索功能、360手环主打定位和安全。因此我们并不看好国内制造型企业对可穿戴式终端的打造，没有强大的后台数据整合和支撑能力，这类型企业的产品可能会昙花一现，但是极有可能会在一段时期内出现竞相开发的局面。鉴于 Android 系统对 MIPS 构架的支持程度已经完善（谷歌眼镜就采用的是 MIPS 构架的处理器），国内 MIPS 构架芯片厂商的市场机会可能会显现，如北京君正。

苹果这类领导型厂商可穿戴设备具有强大的品牌号召力，侧重于应用整合及终端生态。

我们认为苹果这一类主导着创新潮流的厂商，对可穿戴设备的布局是基于原有产品上的创新型体验，主打的是终端生态体系的完善和相互融合的商业模式，iWatch 整合 iPod 的功能基本上已无悬念，而与 iPhone 及 iPad 之间的交互特性实现健康监测等应用亦非难事。因此从这个角度，其他厂商类苹果的可穿戴设备同样在生命周期上也不会长久，但如小米这类具有一定粉丝群体的厂商，其可穿戴设备或具有略好的前景，将会给潜在核心供应链带来新的市场热度，值得进行跟踪，如水晶光电、深天马等。

（三）互联网电视发展迎来契机，体育大年是重要催化剂

智能终端范畴的延伸还体现在其对传统家庭终端的渗透，客厅已经是互联企业的必争之地，智能电视早已不是概念，而互联网电视也正步入我们的生活。同时可以看到智能电视和互联网电视之间的界限越来越模糊。

我们认为，作为新流量入口的互联网电视，是互联网企业对其争夺的重要原因。当然从国内现实的角度来看，涉及牌照、内容及品牌三者之间的利益协调。苹果的 ITV 虽未问世，但若进入国内亦不可避免地将与牌照和内容方合作，这就留下了巨大的想象空间。国内的互联网企业如阿里、小米、乐视等均纷纷借道“盒子”的形态加上性价比的智能电视来实现互联网电视的模式。

我们认为 2014 年大环境对互联网电视的推广十分有利。

政策层面上，信息消费和宽带中国战略正逐步扫清商业模式及硬件设施制约的障碍，互联网电视的用户体验将获得提升。

事件层面上，由于 2014 年是世界杯年，本身就对电视销售形成利好，因此无论是家电厂商还是互联网厂商均有十足的动力借此契机扩大销售规模，这正是提升城市家庭第二台电视终端渗透率的极好时机，互联网电视推广正遇良机。

2014 年体育年互联网电视主流方式以“盒子 + 电视”的形态呈现的概率更大一些，而这种形态需要的是“盒子”内容的丰富性和电视硬件的廉价性，这对互联网企业在现阶段以市场占有率而非盈利指标推出的方案将十分契合，也就是说对百视通、乐视网等这类型的企业形成新一轮热点的概率将较高。

我们还注意到，互联网电视的另一个需求在于多屏合一，这也是实现厂商硬件生态完备化的另一种重要形式，因此我们判断无论是走高端路线的苹果还是走亲民路线的小米均会加快布局，借道“盒子”打造家庭娱乐终端，实现前后向变现模式是驱动企业的内在动力，因此我们对国内牌照型厂商百视通、华数传媒应给予高度关注。在本文的后面部分将对这一领域的商业模式作进一步论述。

（四）NFC 移动支付和 O2O 模式将改变着我们的生活方式

我们认为新的生活方式体现为对传统模式的不完全替代，如在支付环节、消费环节。智能手机标配 NFC 已是大势所趋，SIM 标配安全芯片形态即 SWP - SIM 卡成为主流也在演进过程中；O2O 模式依赖于电商企业对线上线下的整合能力。其中 NFC 移动支付已经达到商用临界点。

NFC 智能手机迅速普及是重要的外部条件。

数据显示，2012 年全球 NFC 智能手机出货量约 1 亿台，渗透率约 18%，预计 2013 ~ 2014 年渗透率分别达 30% 和 50%。我们认为推动力来自于两个方面：芯片成本下降，特别是整合芯片方案极大地降低了厂商的 BOM 成本，规模部署已具时机。运营商合约机的强力推广，NFC 移动支付是运营商的另一个重要商业模式创新点。由于目前手机厂商对运营商渠道的依赖度仍高达 40% 以上，运营商以合约机形式补贴 NFC 机型的势头已经出现，本年度仅中移动 NFC 合约机预计出货量就将达千万级次，是提升渗透率的重要因素。

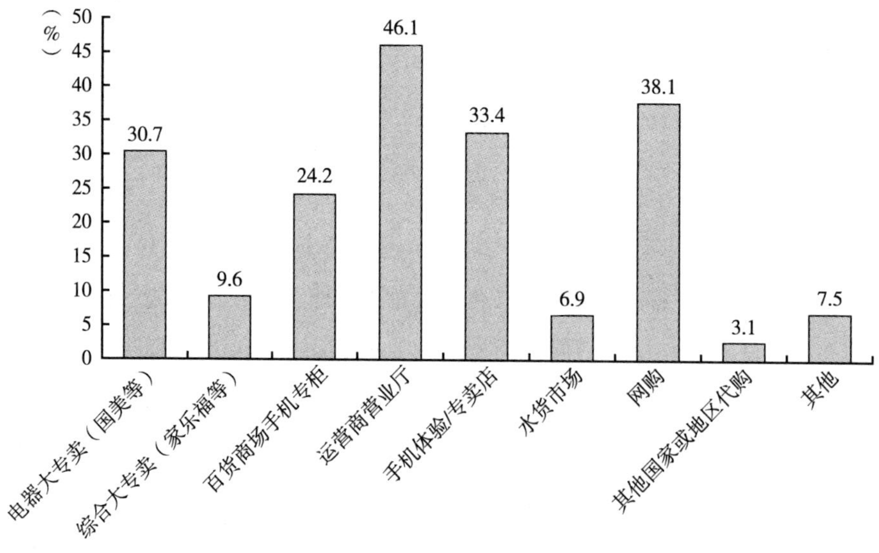

图 5　国内智能手机消费者意向购买渠道示意

资料来源：艾瑞咨询。

我们认为未来 3 年将会是 NFC 智能手机的高速普及期。随着 NFC 行业应用场景的多元化，渗透率超预期的概率较大，对 NFC 移动支付形成极好的外部硬件条件。

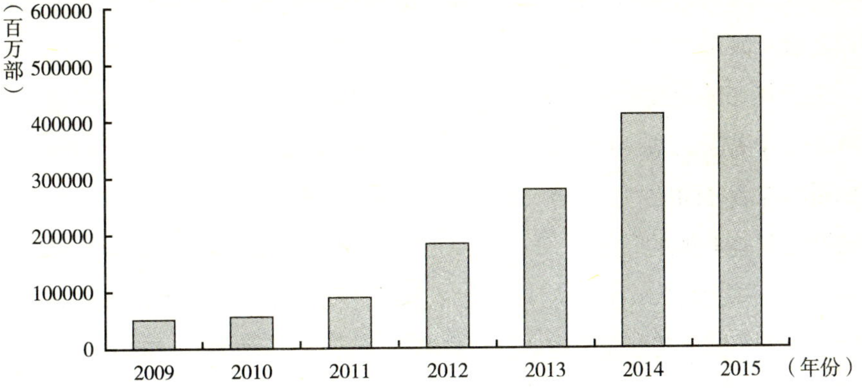

图 6　2009～2015 年 NFC 智能手机出货量预测

资料来源：物联网在线。

金融卡 IC 化为 NFC 移动支付带来了显著的正外部性。国内金融卡 IC 化过程，最本质的考虑是在于提升银行卡的安全性。这个过程同时也涉及了大量 POS 机/ATM 机具的改造，数据显示全国 700 万余台 POS 机中已有超过 120 万

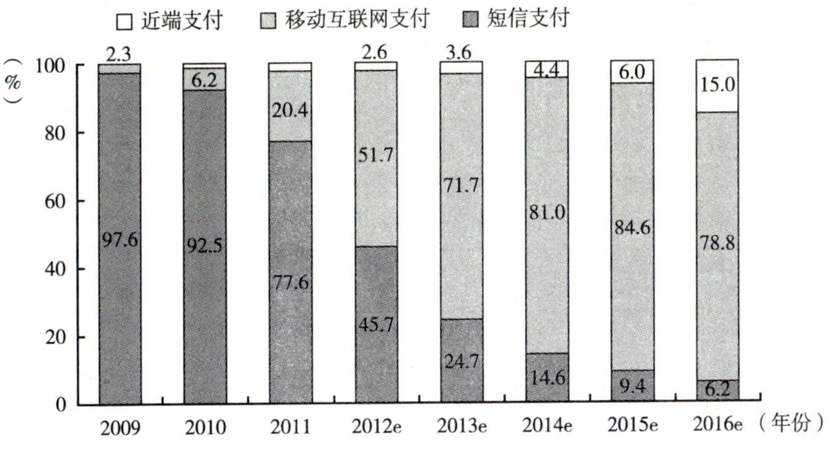

图 7　2009～2016 年中国第三方支付细分市场结构

资料来源：艾瑞咨询。

台部署了闪付功能。由于银行卡闪付与智能手机 NFC 移动支付是同一过程，实质上已经共享了金融卡 IC 化带来的正外部性，推进难度非昔日可比。同时信用卡 IC 化的过程也顺应了消费者的刷卡习惯，未来信用卡加载于 NFC 安全芯片中将促使消费者的习惯得到良好传承和迁移，基于 NFC 移动支付的消费规模将会出现爆发性增长。

最为核心的突破是利益参与者之间已经达成共识。银联和中国移动合作的 TSM 平台上线标志着 NFC 移动支付正式商用。我们认为移动支付的爆发最重要的是参与者之间的利益平衡，银联 13.56M 标准胜出和 SWP - SIM 卡方案成为主流都是利益平衡的结果。NFC 应用的核心是一卡多用，银联和中国移动的 TSM 平台正式上线为多行业应用奠定了基础，同时在第三方支付牌照新规中对线下收单资质和机构数量限定，促使银联、银行以及运营商之间甚至可以在收单市场等多个领域进一步展开合作，是推动 NFC 移动支付发展的重要内在逻辑。

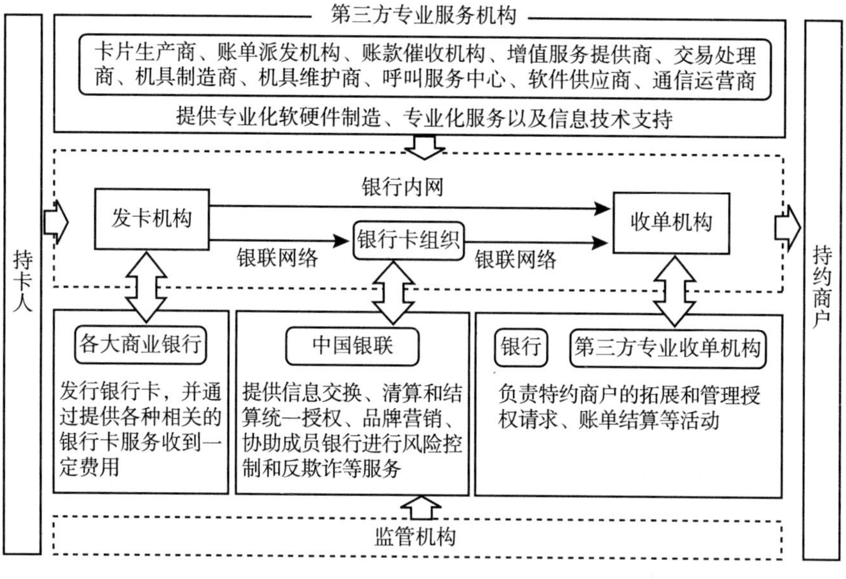

图 8　银行卡收单市场参与者结构

资料来源：网站资料。

可以很清晰地观察到，NFC 移动支付无论从软硬件条件，还是商业模式的构架上，都已经达到了可以实质性爆发的临界点。NFC 移动支付应用的爆发对于上游 SWP－SIM 卡芯片商来说是一场新的盛宴。

我们认为在这个产业链中，同方国芯作为国内第一家通过银联安全检测的智能卡芯片商，已经具备有量产能力的 SWP－SIM 卡芯片产品。同时作为国内 SIM 卡芯片最大的供应商，同方国芯与运营商之间良好的合作关系更加促使公司在新一轮竞争周期中获得先机，而现在我们仅需等待的是 SWP－SIM 卡演化成为运营商标准卡的时间。当然，天喻信息这类与金融体系和电信体系均有较深业务往来的企业同样存在事件型驱动机会。

另一个我们将面对的生活方式改变是 O2O。我们认为 O2O 模式是线上线下由竞争到融合的一个过程，体现的是网上消费便利性和网下消费体验性的结合。既依赖于主导厂商，如淘宝、苏宁、腾讯等平台型企业整合资源的能力，同时也依赖于科技进步带来的创新性体验。我们认为 O2O 体验中不可回避的环节是搜索、定位及支付，也就是说，基于 LBS 信息的应用将是 O2O 体验的基石，LBS 产业链相关的企业具有整合与被整合的机会。从阿里巴巴并购高德软件的事件上来分析，“图资源”价值已经被激发，目前面临的是商业模式的整合问题以及如何在移动端发力。高德已经对移动端应用采取了免费策略，这是一个短期利空但长期利好的策略，比较符合互联网企业先用户再盈利的模式。但四维图新这类企业在互联网或移动互联网的大背景下，尚缺失一些互联网思维，但若能在理念上实现突破并找到适合的战略伙伴，其价值仍值得关注。

二　互联网逻辑下信息传媒大有可为，关注“平台型”企业

透过纷繁复杂的业务体系，我们看到的是信息传媒行业一场商业模式的变革，互联网的思维正在改变着行业，即：传统模式中产品优先的形态向用户需求优先在转变。以满足用户基本需求的产品为突破口，通过用户数量的积累来叠加新的赢利模式已成为信息传媒行业新的发展趋势。通过建立用户、服务第三方、平台企业三者之间共存共赢的形态，形成多方位的盈利模式的生态系统。

在这个过程中，企业的属性在发生转变，形成能够对信息、资金、技术的聚合、分发、处理的“平台”，信息传媒企业平台化的趋势已经展现。关注平台型企业的商业模式转化是把握信息传媒行业投资逻辑的本质。

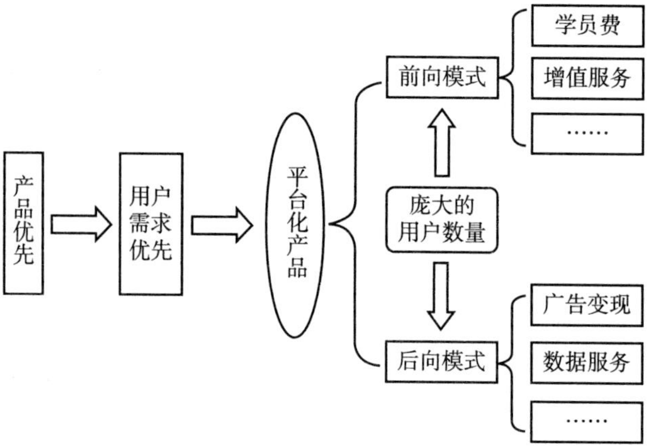

图9　互联网的商业逻辑

资料来源：笔者设计整理。

（一）宽带中国、大数据、互联网金融是驱动行业热度的大背景

综合来看，宽带中国、大数据与第三方支付三大方面的变革是推动信息传媒行业商业模式变革的重要驱动因素，其中内容、资源、牌照、资金等多个方面的排列组合是市场追逐的热点题材，把握住这几项元素的脉络，即对信息传媒行业主要投资有清晰的把握。

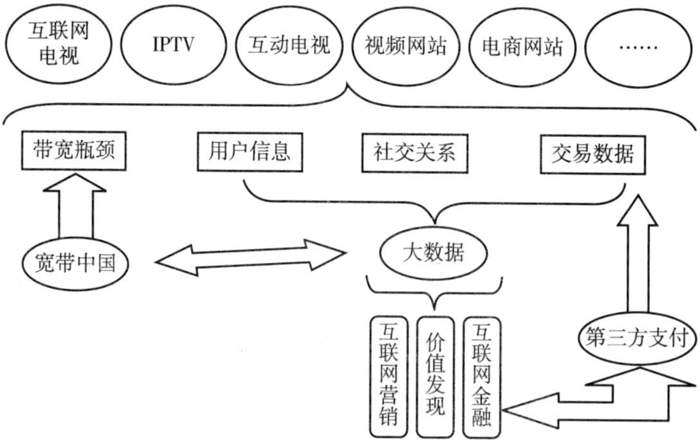

图10　宽带中国、大数据与第三方支付

资料来源：笔者整理。

（1）宽带中国战略：国家意志层面建立对经济转型驱动的基础设施

互联网商业模式的建立离不开网络基础设施的完善。无论是 IPTV、互动电视还是各类 OTT 业务，带宽的不足都将使得用户的体验呈现出巨大的差异，从而对新型商业模式的构建形成制约。根据数据显示，截至 2013 年上半年，我国宽带用户平均下载速率不足 3Mbit/s，虽然地区间存在差异性，但总体来说我国“宽带不宽”现象较为突出。

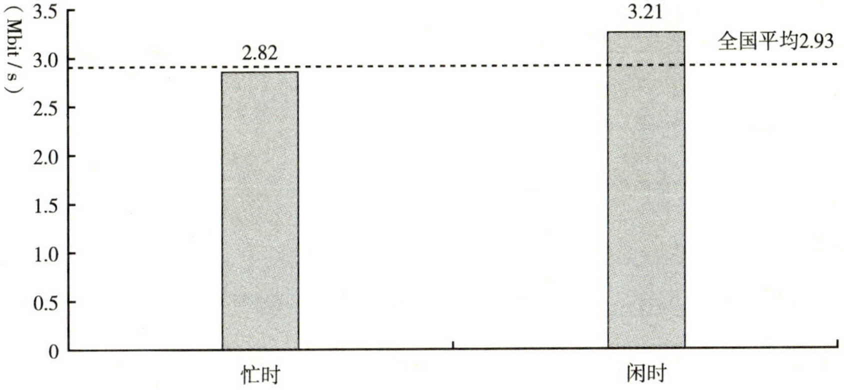

图 11　宽带数据对比

资料来源：笔者计算。

宽带中国战略主旨在于让全民享有高速获取信息与服务的渠道，是信息化消费战略中重要的基础环节，同时也是互联网行业新型商业模式构建的基石。根据宽带中国战略的时间表，2014 ~2015 年正是重要的推广普及阶段。

宽带中国战略重点强调带宽的提升和覆盖人群的普及，特别是对 3G/LTE 用户数量和有线电视互联互通平台的覆盖预期是政策的亮点之一，传递出的信号不仅是对国内 4G 投入的开启，而且包含了对三网融合范围会持续扩大的政策暗示。

三网融合本质上是形成广电和电信双方业务相互渗透的局面，而在广电方面因市场化经验不足而享受一定的政策保护，2015 年底双向有线电视网络用户覆盖 80% 意味着广电的双向改造即将步入高峰期，对广电系设备提供商形成了政策面的利好因素。进一步来说，广电双向网络的覆盖率提升以及互联网带宽的增长都将为其新媒体产业提供更为广阔的发挥空间。无论是 IPTV 还是双向互动电视乃至互联网电视多个层面，广电系新媒体企业拥有的播控和内容

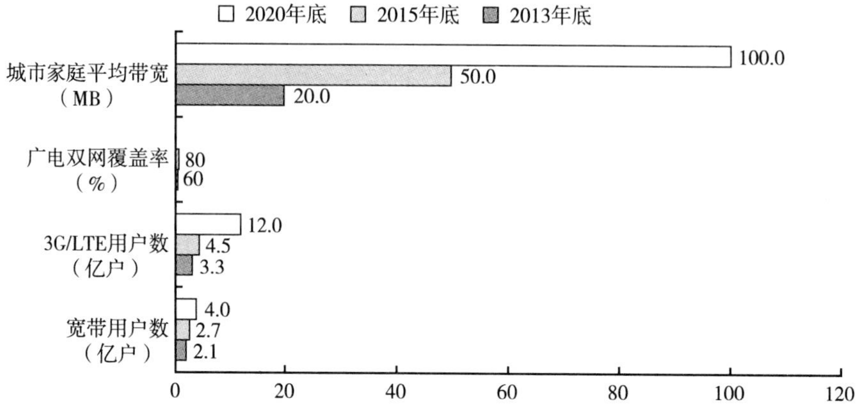

图 12　宽带中国时间表

资料来源：笔者整理。

牌照都是一个重要的竞争壁垒。

（2）大数据应用：通过对海量数据的分析处理实现与之对应的商业模式

在互联网接入速度提升的背景下，信息的产生和传导将会更加快速和便捷。而在大量的信息中如何发现价值和驱动商业模式转型就必须依赖对数据的处理方式。传统的数据挖掘对模型和因果关系的要求较为苛刻，而在大数据时代，人们追求的是相关关系而非绝对的因果关系。这种理念的变化对信息传媒产业的影响是深远的。

①大数据强调信息处理的范围

所谓大数据，是指包含结构性和非结构性数据的总和，强调的是数据范围的最大完备性。与传统的样本统计的不同在于，大数据并不拘泥于统计样本的大小、类型、模型等制约因素，在承认混杂性的前提下追寻相关性，而处理数据的方式从依赖于单机到依赖于“云”，通过数据的分析形成对商业模式驱动的作用。这一点也是我们对互联网大数据企业切入可穿戴设备具有信心的重要原因。我们还可以看到几个典型的利用大数据进行商业模式探索的行业，如电子商务、互联网金融。

大数据应用加速着信息传媒行业平台化的变革趋势，这一点我们应该时刻牢记，因为这是一轮以技术驱动的商业模式变革，在我们对企业的把握中应该更加注重对其技术基因的考察，这一点在研究电子商务企业中尤为重要。

②大数据强调信息处理的时间

传统方式对信息处理的时间较长，而在大数据背景下不仅要求对数据处理的完备性还要求对数据处理的及时性。这对信息传媒行业中相关的应用软件企业提出了更高的要求。我们可以看到，SAP 等著名的大数据应用提供者，其 HANA 产品显著地改变着企业对数据处理的效率，而基于云计算平台将 HANA 与原生产品相结合完备地为企业信息化应用提供了极佳的应用体验，这对国内相关行业有重要的启示。考察国内信息化服务厂商在云计算平台的构架和产品路线的延伸方式成为把握其投资逻辑的重要主线。

③互联网金融：金融互联网化浪潮已致，其中第三方支付对优化资金流功不可没

互联网金融依赖于大数据应用来实现数据整合和风险控制，而互联网金融的发展又将促进企业传统职能的进一步转变，“跨界”成为互联网企业最新的发展方向，比较典型的就是阿里小贷模式。我们认为在互联网金融发展过程中，第三方支付的发展对信息传媒行业构架新型商业模式起到了推波助澜的作用。在企业平台化运营中通过第三方支付牌照构建平台的交易闭环功能是众多企业竞争的焦点区域。

a. 2012年第二季度至2013年第二季度中国第三方互联网支付业务交易规模

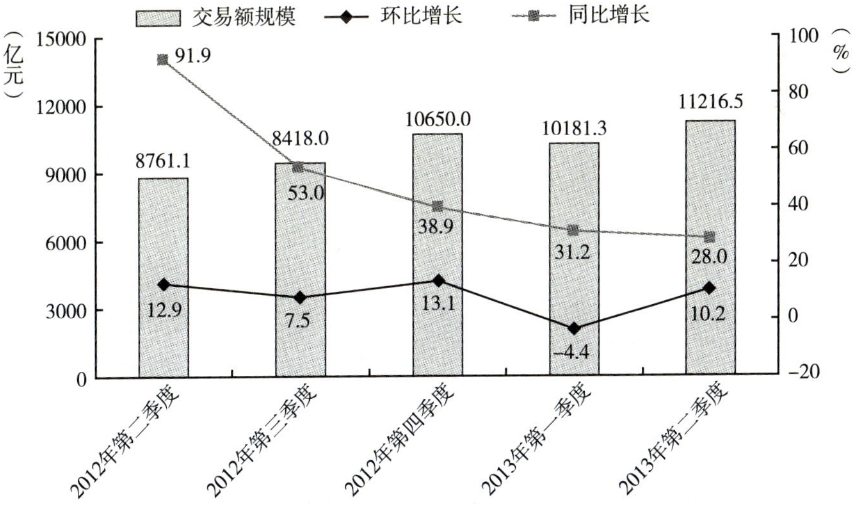

注：①互联网支付是指客户通过台式电脑、便携式电脑等设备，依托互联网发起支付指令，实现货币资金转移的行为；②艾瑞根据最新掌握的市场情况，对历史数据进行修正。

b. 2013年第二季度中国第三方互联网支付核心企业交易规模市场份额

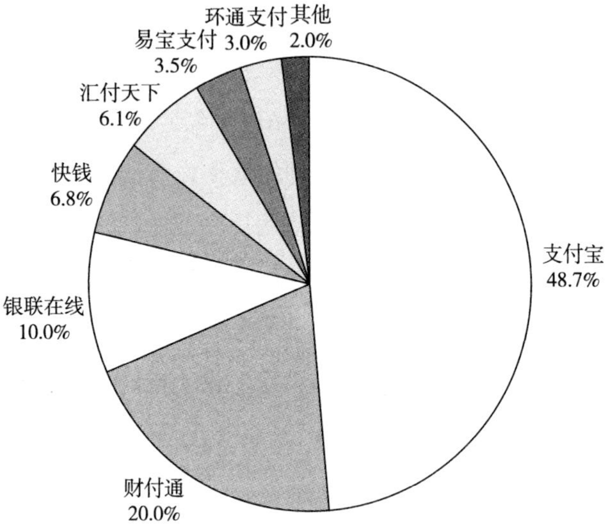

注：①互联网支付是指客户通过台式电脑、便携式电脑等设备，依托互联网发起支付指令，实现货币资金转移的行为；② 2013年第二季度中国第三方互联网支付市场整体交易规模为11216.5亿元；③ 艾瑞根据最新掌握的市场情况，对历史数据进行修正。

图 13　第三方支付交易规模和核心厂商份额

资料来源：艾瑞咨询。

在这里我们更多的是强调互联网第三方支付对企业构建交易闭环的重要性，数据显示，2013 年互联网支付规模已达 19.4 万亿元，增速为 50%。可以看出，互联网支付增速逐渐放缓趋势已经显现。在这样的格局下，企业布局线上第三方支付的目的显然并不是看中收单市场的利润水平，而是从自身商业模式上进行新一轮布局。较为典型的例子是各大电商企业均涉足第三方支付牌照。第三方支付牌照的意义在电商企业看来已经远超出了支付的意义，从中衍生出如余额宝、供应链金融等创新互联网金融模式才是企业下一轮竞争的重要起点。同时，虽然目前央行通过四轮牌照的发放促使拥有第三方支付牌照的企业接近 200 家，但仔细梳理可以看到，获得牌照的企业在诸如线下收单、线上收单、电视支付、互联网支付等多个环节上存在差异性，第三方支付牌照中的细节是值得我们进一步挖掘的，特别是在电视成为互联网下一个重要入口的敏感期，支付牌照与内容之间的结合模式可以成为未来资本市场中值得关注的题材之一。

（二）生态链塑造是平台型企业的核心竞争力体现

信息传媒产业中，平台化运营已经成为众多企业的必然选择。其中最为典型的平台型企业莫过于电子商务、资讯和视频网站、软件信息服务三个大类。传统的格局中，企业的产品是竞争的主要载体，而竞争的形式无外乎价格战与差异化两种方式。但这种格局已经被打破，我们认为现在信息传媒企业的竞争是集团一体化的生态竞争，也就是说竞争不仅局限于企业个体，同时也依托于企业所属集团的综合实力，更加在于将这种综合实力演化成围绕企业生态系统的竞争。

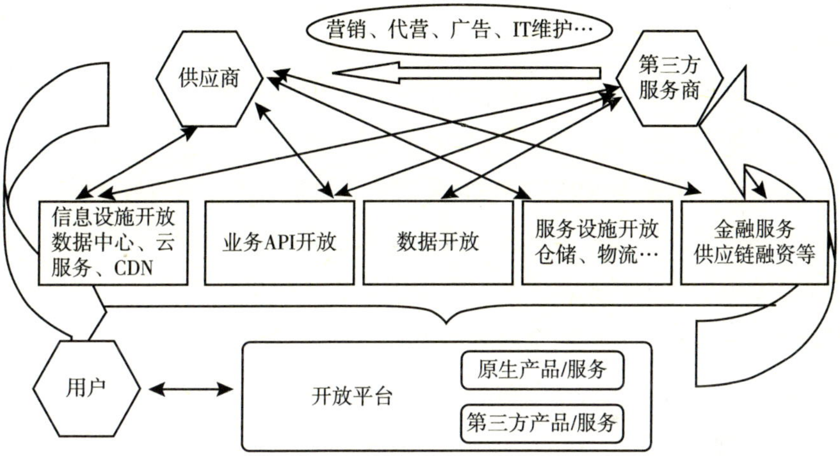

图 14　开放平台的本质

生态链的重要性已经被提升到了前所未有的高度，同时也形成了企业间真正的“护城河”。我们可以从电商、社交视频网站、软件服务三个行业角度去理解这个问题。

（1）电商：（模式上大体可分为 B2B、B2C、C2C 类，这里仅以 B2C 模式进行分析）

国内主流的 B2C 电商主要有天猫、京东、苏宁易购、唯品会等多家企业。数据显示，截至 2013 年，天猫市场占有率为 50.19%、京东为 22.4%、苏宁为 4.9%、唯品会为 2.39%。根据过往历史数据，天猫的市场份额数据几乎稳定在50%以上，其余竞争者的市场份额呈现出波动的态势。而从盈利能力的角度，天猫实现了较高的净利润率水平，唯品会在年初实现了净盈利，京东、苏宁易购等仍旧处于亏损状态。从更深层次的原因来看，我们认为造成这种局面的原因在于各家企业的生态链之间有较大差异。

天猫属于平台型多元化 B2C，盈利模式依赖于平台上商家的交易量分成及其营销广告的收入，支撑这种盈利模式的前提是开放平台上的生态系统：

庞大的用户群——带来巨量的交易量规模，是实现盈利模式的基础；

庞大的优质商户数量——带来品类的多元化，从中获取广告收入、交易额分成及平台使用费；

众多的第三方服务商——满足商户个性化营销及运营需求，并从中获得佣金抽成；

众多的流量导入伙伴——满足平台及商户的曝光率，与之分享流量导入收入。

可以看出，天猫平台的开放性特征使平台上参与者之间的利益形成共赢的局面，再通过阿里巴巴集团下的支付宝使业务完全呈现闭环的特征，有效地锁定了资金流。更值得关注的是，天猫的背后是阿里巴巴集团，旗下业务涵盖大数据、云计算、互联网金融等多个领域的领导型互联网企业，使得天猫无论是在技术上还是在信息上均具有显著优势，从而形成独树一帜的核心竞争力。

相比之下，无论京东还是苏宁易购，均是由自营垂直型 B2C 电商转型而来。两者的开放性平台战略还处于较为初级的阶段，优质商户和第三方服务商的规模上尚不足以与天猫相提并论。由于两者在优势的 3C 领域仍旧采取以自营为主导的策略，标准化产品价格竞争的属性导致盈利水平较低下，第三方销售的规模不足同时也无法有效实施，如广告收入、平台使用费等其他的盈利模式。对信息系统、仓储物流建设方面的投入还处于高压阶段，因此短期内盈利的可能性并不大。而构建一套完整的具备内循环的生态体系也还需要较长的时间。

当然我们对苏宁云商（易购）向互联网转型的姿态是较为肯定的，毕竟转型需要阵痛期，但 O2O 模式是电子商务发展到今天必然出现的形态，可密切关注公司的情况。

（2）资讯和视频类网站

资讯和视频类网站的典型盈利模式是前向和后向收费相结合的形态，前向模式包括会员费、增值服务费等形式，后向收费包含广告收入、版权分销等形态。这种盈利模式毫无疑问将对内容资源形成较强的依赖性，同时为提升用户覆盖度，企业的生态链必须向多方面延伸。

我们观察到的现象是，资讯和视频类网站在前端内容上，逐渐与上游内容提供商形成更紧密合作的态势，并逐步培育具有快销性质的自制内容节目以满足差异化的需求；在后端，资讯和视频类网站开始渗透终端硬件层次，通过合作和定制等手段对 PC 以外的手机终端、电视机等多屏展开争夺，从而形成内容、平台、终端三者紧密联合的生态系统。乐视网的发展战略正是沿着这个思路。这当中最值得关注的就是多屏合一趋势对资讯和视频类网站的重要意义，这将显著提升平台在后端变现的价值性。试想一下 PC 端的广告可以在电视上无障碍的展示，无论是覆盖的人数还是展示效果均会有显著地提升，因此我们也不难理解对多屏合一最为迫切推动的均是视频类相关企业。

（3）软件信息服务行业

软件服务行业在近年的演化过程中已出现了典型的平台竞争局面。传统的 SaaS 模式正逐步向 PaaS 和 IaaS 模式转化，其根本的原因在于云计算方式的出现导致软件服务行业逐渐转化为平台类的商业模式。在对企业信息化服务的过程中，标准化的软件系统和个性化的需求之间存在一定的矛盾，而解决这一矛盾的方式有以下两种。

依托专业的实施服务商实现客户定制化需求，同时实施服务商也成为软件商一个举足轻重的销售渠道。这种模式在国内巨头信息服务软件巨头（如 ORACLE、SAP）中比较常见，原因是企业用户的需求规模足以支撑实施服务商这个产业环节的存在，而国内信息服务商在这个层次上几乎无法复制。

采用平台化模式，通过功能组件的拆解组合满足中小企业信息化需求的多样性，并通过云平台简化实施服务流程，缩短中小企业项目上线的周期和节约资金成本。这种模式无论是国际厂商还是国内信息服务业者均已开始广泛采纳。在这个方式上，国内企业除在软件层次上进行丰富外，应更加注重平台上的社交圈的建立及细分市场定位的方式，形成略差异化的竞争形态。

在我们看来，国内软件信息服务产业的生态构成还需要一个较长的周期。由于国际企业利用先进技术及并购等多个层次的手段已经将目标客户群体整体下移，国内厂商除在细分定位上存在一定的政策壁垒外，更重要的策略是通过云平台覆盖信息化程度较低的一些行业，形成长尾效应，这才是长久可依赖的属于企业本身生态体系的重要形式。金蝶国际和用友软件正在向着这个方式前进，短期内由于推广的费用可能会压制企业盈利水平，但从长远来看，特别是当前强调信息化消费的格局下，其是企业中长期发展的重要基石。

（三）牌照制体现政策管控意志，内容、牌照、平台整合是行业事件驱动机会

由于国内较为严格的管制制度，许多领域的牌照制成为公司天然的“护城河”，当然也起到了挖掘公司价值的定向标。具体到信息传媒行业，结合互联网金融、三网融合的背景下，第三方支付业务、互联网电视业务两大业务领域就涉及多个牌照制度。

第三方支付业务在促成交易流程的简化以及交易信用的保障方面已经取得了较为广泛的认可，是平台型企业构建交易闭环中无法回避的一个环节。从目前的局面上看，信息传媒行业特别是互联网企业对第三方支付牌照具有浓厚的兴趣，第三方支付已不是一个简单的支付方式，而演化成叠加互联网金融模式的基础。

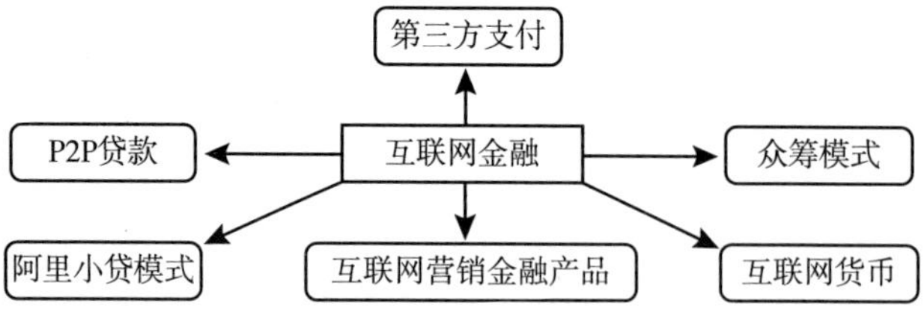

图 15　互联网金融

截至目前，央行通过四批次总计发放了 196 张第三方支付牌照，其中绝大多数企业获得了包含互联网支付、银行卡收单等在内的核心业务。目前国内主

流综合型电商均通过设立或并购获得了第三方支付牌照，同时也在自身的平台上屏蔽了其他电商竞争对手的第三方支付通道，进而实现平台交易的完全闭环。在借助大数据分析的前提下，大型电商企业开始试水供应链金融以及类余额宝业务，同时针对普通消费者也开始考虑提供信用购物的模式。第三方支付牌照在大型电商及互联网企业中已经转变成构建新的竞争手段的工具。在 A 股市场中，B2B 业务的企业也竞相模仿这一模式，未来值得期待的是其互联网金融业务的开拓。

表 1　主流电商第三方支付牌照获得方式

电　商	子公司	获取方式
阿里巴巴	支付宝网络技术有限公司	成立
腾　　讯	财付通科技有限公司	成立
京　　东	网银在线	收购
苏宁易购	南京苏宁易付宝网络科技	成立

还需要指出，第三方支付牌照中允许开展的业务各家企业有一定差异，如数字电视支付牌照据不完全统计在 4～5 张，传统的互联网企业（如阿里巴巴等）申请该类型牌照几乎都被驳回，获得该牌照的几家企业或多或少均与广电领域存在联系，数量的稀缺性具有一定的含金量，特别是目前在电视上网还受到诸多限制的时间段，电视支付牌照方与播控平台方相结合在双向互动电视中为用户解决公用事业缴费或特定的电视购物方面具有一定价值。从这个角度看，数码视讯在这个领域尚具有待发觉的价值。

在互联网电视领域，同样是国家严格管控的领域之一。我国的电视传媒领域不仅起到了丰富人民群众文化生活的作用，更是宣扬主旋律和社会价值观的重要阵地，其封闭性的需求要远超互联网领域。因此我们认为在未来宣扬的多屏合一的趋势中，实际上最难以攻克的领域是电视屏，这本身并不是技术上的问题，而是意识形态层面的问题。在三网融合的背景下，无论是 IPTV 还是 OTT 业务，牌照始终都是一个极强的壁垒。而对互联网电视的竞争，就是对流量入口的竞争。信息传媒行业围绕着流量入口，业务出现相互渗透。

三　业务渗透是信息传媒行业当前的主旋律

（一）流量入口是信息传媒行业 OTT 模式的源动力

在当前互联网化乃至移动互联网浪潮中，信息传媒行业不可避免地借助于自身技术、内容优势去开拓新的市场，OTT 这个关键词一再地出现在我们的视野中。宽泛地说，OTT（Over The Top）业务可以理解为某类型厂商绕过基础运营商的制约直接向终端用户提供与基础运营商近似的业务。这个过程可以有以下两种形式。

（1）将基础运营商的设施及服务作为管道，基于此进行创新从而实现新的用户体验。典型的例子就是腾讯的微信。这种模式一定程度上对运营商基础业务有较强的冲击，如在微信推出后三大运营商的短信、彩信等业务加速下滑就体现了这个后果。

（2）通过管道异化绕开运营商基础设施而直接提供创新型应用体验，如互联网电视除直接联网实现视听服务功能外还对游戏等具备娱乐性的应用进行了补充。这种模式形成的初期就是对以广电为首的基础运营商的直接挑战。

无论以何种形式，实质上都对原有的利益格局具有颠覆性的影响，因此 OTT 业务从诞生至发展到今天，国家相关机构不断通过“规则”去规范这种行为。也就使得我们看到了如在互联网电视和互联网机顶盒领域出现的双牌照制度，但从信息传媒行业角度这仅仅是创新的开始。

我们认为，OTT 模式最终的逻辑是信息传媒行业，特别是其中的互联网企业对新的流量入口的争夺行为。流量对互联网企业意味着价值变现，无论采取什么样的外在形式，如微信、互联网电视或者互联网机顶盒，这些均是聚集用户基数的形态，最终目的均是为变现的路径做铺垫。在这个过程中，内容、牌照、管道三方达到各自预期利益均衡点很重要。

在互联网电视领域，最终若能促使电视终端成为新的互联网入口，最后受益的还是互联网企业，原因很简单，以 OTT 机顶盒为例，表象上通过每月固定费用为用户提供互联网视听服务，该固定费用由内容方和平台方协议等构成。但内容方获得的新增流量的变现价值是自己独享的，这才是我们认为最本质的所在。

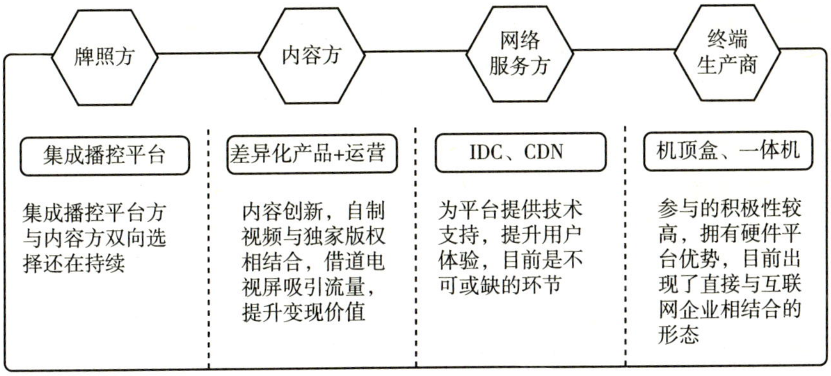

图 16　互联网电视产业链

值得强调的是，在互联网电视领域目前仍呈现出多方博弈的格局，在这里有多方面的参与者：互联网企业如阿里巴巴和小米；视频网站及新媒体企业如乐视网和百视通；硬件厂商如传统家电企业及机顶盒厂商。市场的热点在这几类企业中频繁切换。最新的资讯是百视通与微软进行合作，虽然具体细节不得而知，但微软拥有的 XBOX 不得不令人浮想。由于国内目前限制纯游戏终端如 PS、XBOX 等的销售，而 XBOX 通过再包装完全可以以游戏机顶盒或家庭智能控制终端的形态出现，这对部分消费人群确实具有较强的吸引力，虽然在售价及消费群体范围上会有较为明显的短板，但同时也表征了各路参与者之间的配对组合将在这个领域不断创造市场热点，事件驱动型投资机会仍在，值得重点关注。

（二）三网融合下广电与电信之间的业务渗透是长期过程，重点关注政策导向和技术演化

三网融合被提及很多年，其核心是打破广电在内容传输与电信在宽带服务等领域的垄断格局，促使双方的业务相互渗透。从现实的情况看，目前三网融合的效果还不太显著，意味着在这一长期的过程中，我们可以从中不断地寻觅

投资热点，其中有两个角度值得关注——政策方向和技术路径。

三网融合中最令人关注的是广电的互动电视与电信 IPTV 的博弈局面，对政策的敏感度尤为显著。目前，三网融合试点城市将进一步扩大已无悬念，但在政策细则上，将各省级广电转变成运营主体的思路已经出现，也就意味着在 IPTV 层面，原本由 CNTV 和百视通等主导的局面逐渐演化成以省级广电单位主导和前者参与的格局，这种变化必将引起不同区域 IPTV 和双向互动电视的发展局面呈现更为不均衡的态势。在新媒体运营比较发达的区域如江苏等省，广电运营商对电信运营商的谈判优势将更为明显，商业模式上可能会更加灵活，广电运营商主导 IPTV 的可能性将有所提高，而在欠发达地区情况就可能完全不同。

广电运营商目前所欠缺的主要有几点：①市场化运作经验不足；②互联网带宽资源受制于电信运营商；③省网间个体差异较大，特别是资产结构尚未理顺。

这些制约因素都依赖于政策的进一步细化。特别是工信部与新闻出版广电总局两个监管主体之间的思路走向，是决定着三网融合的关键因素之一。我们认为这当中各省网资产与用户价值重估具有较大的想象空间。

在技术路径这个层次，宽带中国战略为广电和电信发展互联网相关服务提供了良好的契机。在业内人士看来，无论是广电或者电信企业寄予期望的互联网增值服务模式均依赖于对现有基础设施的技术改造思路。以广电为例，不同区域的接入网拓扑结构和用户规模实际上对双向改造的难度差异巨大，有 CTMS 或者 EPON + EOC/LAN 等多种方式可以进行选择。这当中我们认为有一个很重要的逻辑：国内电信企业的发展离不开中兴华为等世界级设备提供商的支撑，而在广电方面，可以信赖的支撑企业并不多，这给予我们的启示是，在三网融合是长期过程的背景下，广电系技术设备提供商的价值将会有一个逐步显现的过程，这既是三网融合深化的需要，同时也是国家意志的需要。而聚焦的重点可以在接入网改造、网络加速、多屏合一等层面。广电运营商介入互联网服务是大的趋势，设备商先期受益的局面较为确定。这当中数码视讯同样面对着较大的市场空间，只是静待政策以便启动行业热点而已。

（三）手游并购热持续性存疑，互联网巨头的切入挤压中小厂商空间

手机游戏产业作为本年度的绝对热点，吸引了大批资金的竞逐。可以说资本改变了“游戏”原有的规则。高溢价、短周期、挣快钱成为众多进入者的典型特征。仅上市公司中，自 2012 年起，陆续有华谊兄弟收购银汉科技、浙报传媒收购边锋游戏和浩方对战平台、凤凰传媒收购慕和网络、博瑞传播收购漫游谷、天舟文化收购神奇时代、华策影视参与幻游互动等。此外，还有掌趣科技、朗玛信息、中青宝、星辉车模、神州泰岳等一批企业大举进军手游行业。

游戏产业是典型的前向模式结合后向收费的行业，特别是 Android 系统占据智能手机半壁江山以上之后，后向模式的运用促使手游行业更加依赖于占有率和分发渠道。特别是在题材同质化严重的当下，游戏的生命周期和投入成本水涨船高，手游投放渠道（如 UC、91 助手、360 平台、iTunes 商店等）的垄断优势愈发明显，有限的优质渠道面对众多手游产品的局面已经出现，渠道对手游产品选择的可能性导致其在收入分成中的话语权迅速提升，过往游戏公司和渠道 7∶3 的分成模式已被 5∶5 及更低的比例代替。

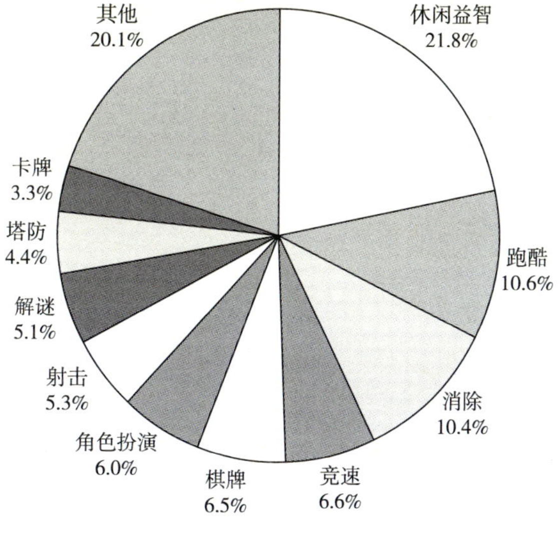

图 17　mstoretracker-2013 年 8 月 20～31 日中国 Android 游戏 91 助手榜单游戏类型分布情况

资料来源：艾瑞咨询。

以腾讯为例，前期腾讯通过微信渠道在朋友圈中进行游戏推广，创造了全民争相“打飞机”的热潮，紧接着逐步通过手机 QQ 和微信在移动终端推广腾讯自主游戏，其自主游戏的题材选择也参考了当下各类细分游戏题材中的成功大作，包括经典卡牌类游戏智龙迷城。凭借腾讯庞大的客户基础和雄厚的资金优势，腾讯的渠道优势逐步显现。此外，百度对 91 无线的收购更加剧了对渠道资源的瓜分。可以预见的是，未来一段时间国内手机游戏分发渠道将掌握在腾讯、百度等一批互联网巨头手中，而上游的手游制作在面对同业激烈竞争的同时还需要面对下游渠道的选择以及渠道方自主游戏的冲击，竞争的激烈程度可想而知。同质也导致了单纯的手机游戏厂商的运营压力在未来可能会充分地暴露出来，积累的风险等待释放。

B.11

军工行业：改革推动重组

李军政*

摘　要：

过去十年军工板块走势的主要驱动因素为国家政策、资产证券化和事件性驱动。未来中美军队改革趋势一致，将重点加强海军、空军和信息化建设，中国军队组织形态将发生重大改变，军事装备在未来相当长的时期内处于供需两旺的态势，推动军工体制改革和军民融合深度发展。从军队改革的角度，国防军工板块的投资重点关注陆、海、空、天、电全域作战体系的核心供应商。从军工改革的角度，国防军工板块的投资应着眼于军工企业资产证券化预期、国企混合所有制化预期、民企参与军工生产三个维度。

关键词：

军队改革　军工改革　军民融合

一　国防军工行业投资概要

（一）国防科技工业是国家安全基石

人类历史上，先进科学技术总是被首先用于军事，研制出各种新型武器装备，而新型武器装备又在很大程度上改变战争形态和结果，从而影响历史进程。在先进技术转化为武器装备这一过程中，国防科技工业是当之无愧的中坚力量。军事力量事关国家存亡，先进的军事力量必须依靠先进的国防科技工

* 李军政，中航证券金融研究所高级研究员。

业。拥有独立完备的国防科技工业体系，是世界大国的主要标志。目前较为完备的国防科技工业体系只有美国、俄罗斯、中国、法国、英国这几个安理会常任理事国拥有，构成其国家安全的基石。

正是由于国防科技工业的重要性，新中国成立之初，中国就依靠苏联援助和仿制苏式武器建立了部委制的体系化国防科技工业，后经历1958年、1982年、1999年三次大规模调整，目前形成了由陆、海、空、天、电、核六大领域十一大国有军工集团和部分参军的民营企业组成的国防科技工业体系。

表1 中华人民共和国国家国防科技工业局管理的军工单位

军工集团	中文简称	英文简称	成立日期	经营范围
中国航空工业集团公司	中航工业	AVIC	2008年11月6日	军用和民用飞机、航空发动机、航电系统等
中国航天科技集团公司	航天科技	CASC	1999年7月1日	运载火箭、载人飞船、战略导弹等
中国航天科工集团公司	航天科工	CASIC	1999年7月1日	防空导弹、飞航导弹、运载火箭等
中国兵器工业集团公司	中国兵器	CNIGC	1999年7月1日	军品、民品、战略资源、金融流通
中国兵器装备集团公司	兵装集团	CSGC	1999年7月1日	特种产品、车辆、新能源、装备制造
中国船舶重工集团公司	中船重工	CSIC	1999年7月1日	造修船、民用船舶、设备
中国船舶工业集团公司	中船集团	CSSC	1999年7月1日	造船、修船业、船用配套
中国核工业集团公司	中核集团	CNNC	1999年7月1日	核军工、核电、核燃料、核应用
中国核工业建设集团公司	中国核建	CNEC	1999年7月1日	核工程、国防工程、核电站
中国电子科技集团公司	中国电科	CETC	2002年3月1日	军民用大型电子信息系统
中国电子信息产业集团有限公司	中国电子	CEC	1989年5月26日	集成电路、关键元器件、软件服务
中国工程物理研究院	中物院	CAEP	1958年	核武器研制生产

资料来源：百度百科、中航证券金融研究所。

十一大军工集团目前直接或间接持有80多家A股上市公司股权，其他参与军品生产的国有和民营企业也持有大约80家A股上市公司股权。这些上市公司共发行股票约1200亿股，总市值约1.3万亿元，占A股总市值超过5%。军工板块已经成为A股的重要组成部分。

（二）中国军费增速回升

国防科技工业的客户主要是国内外政府和军队，其国内收入主要来源于中国的军费开支，国外收入主要来源于军工贸易。过去十年，中国的军费开支保持稳定增长，这奠定了军工企业稳定增长的基础。从收入来源角度，国防科技工业的前景首先取决于中国军费增速及其分配比例，其次取决于武器出口前景。

2014 年 3 月 5 日，财政部向十二届全国人大二次会议提交《关于 2013 年中央和地方预算执行情况与 2014 年中央和地方预算草案的报告》。该报告提出 2014 年全国财政收入 139530 亿元，增长 8%；预算国防支出 8082.3 亿元，比上年预算数增加 880.62 亿元，增长率为 12.2%。

表 2　2004～2014 年中国军费预算与实际支出比较

单位：亿元，%

年度	财政部预算值	预算值比统计值增速	国防支出统计值	统计值增速	统计值与预算值差	与财政收入增速差	与名义 GDP 增速差	财政收入占比	GDP 占比
2004	2117.01	10.96	2200.01	15.31	3.92	-6.24	-2.40	8.79	1.40
2005	2477.56	12.62	2474.96	12.50	-0.10	-7.40	-3.18	8.33	1.38
2006	2838.29	14.68	2979.38	20.38	4.97	-2.09	3.41	7.82	1.34
2007	3509.21	17.78	3554.91	19.32	1.30	-13.09	-3.56	7.69	1.38
2008	4177.69	17.52	4178.80	17.55	0.03	-1.95	-0.60	6.93	1.34
2009	4806.86	15.03	4951.10	18.48	3.00	6.76	9.93	6.81	1.33
2010	5321.15	7.47	5333.40	7.72	0.23	-13.56	-10.06	7.23	1.45
2011	6011.56	12.72	6027.91	13.02	0.27	-11.98	-4.81	6.42	1.33
2012	6702.74	11.20	6691.92	11.02	-0.16	-1.86	1.22	5.80	1.27
2013	7201.68	7.62	7201.97	7.62	0.00	-2.52	-1.88	5.71	1.29
2014	8082.30	12.22	—	—	—	4.18	1.22		

资料来源：国家统计局、财政部、中航证券金融研究所（2013～2014 年数据根据财政部两会报告计算）。

回顾过去十年，从 2006 年开始中国国防开支增长率整体呈下降趋势，2005～2013 年年复合增长率为 14.3%，低于名义 GDP 复合增速 15.1%，更低于财政收入复合增速 19.2%。过去十年，除了 2009 年，其余 9 年军费增速都低于财政收入增速，其中 7 年低于名义 GDP 增速。

虽然普遍认为 21 世纪以来军费呈现补偿性增长，但统计数据表明，中国的军费开支增速在大多数年份要低于名义 GDP 增速，更低于财政收入增速，占比持续下降。这一情况在 2014 年发生了转变，按照政府预算，中国军费增速结束了过去的下降趋势，开始显著回升，高于财政收入增速和名义 GDP 增速。根据十八届三中全会构建中国特色现代军事力量体系的要求，预计未来军费投入将呈持续上升趋势，中国军费真正进入补偿性增长态势。此外，我国国防投入的 GDP 占比显著低于美国、俄罗斯两个军事大国，甚至低于印度、巴西等发展中国家，未来提升空间很大。

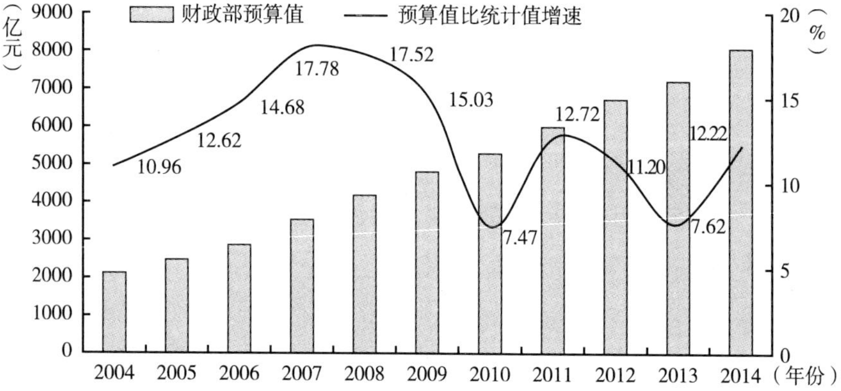

图 1　过去十年中国军费预算及其增速

资料来源：中航证券金融研究所。

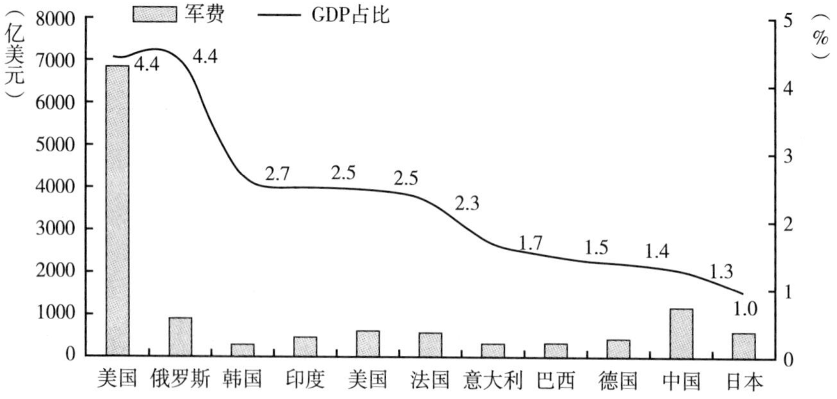

图 2　2013 年各国军费支出及 GDP 占比

资料来源：中航证券金融研究所。

在军费分配结构方面，人员生活费、训练维持费、装备费各约占三分之一。随着军队改革的推进，军队员额精简后，更多的人员生活费将可以配置到训练维持费和装备费上。2014 年增加的国防经费将重点向武器装备倾斜，训练费用也将相应增长，军兵种方面则会向海空二炮倾斜，从而进一步提高军工产品的有效需求，间接提振上市公司业绩。

二　国防与军队改革大幕拉开

（一）习近平担任多个中央领导小组组长，国防和信息安全重要性凸显

十八届三中全会以来，习近平担任四个新的中央领导小组组长（国家委员会主席），分别是全面深化体制改革领导小组、中华人民共和国国家安全委员会、中央网络安全和信息化领导小组、中央军委深化国防和军队改革领导小组，分别负责体制改革、国家安全、信息安全、军事安全。

表 3　十八届三中全会以来成立的四个中央领导小组（委员会）

设立日期	名称	组长	副组长(副主席)	负责领域
2013 年 12 月 30 日	全面深化体制改革领导小组	习近平	李克强、刘云山、张德江	体制改革
2014 年 1 月 24 日	中华人民共和国国家安全委员会	习近平	李克强、张德江	国家安全
2014 年 2 月 27 日	中央网络安全和信息化领导小组	习近平	李克强、刘云山	信息安全
2014 年 3 月 15 日	中央军委深化国防和军队改革领导小组	习近平	范长龙、许其亮	军事安全

资料来源：新闻报道、中航证券金融研究所。

这四个小组（委员会）中，有三个直接与安全相关，除了刚成立的军改小组，均为习近平担任组长、李克强担任副组长，充分表明党中央在安全和改革方面的坚定决心。李克强并未在中央军委担任职务，军改小组组长和副组长由中央军委主席和副主席担任顺理成章。目前党中央至少有 18 个“中”字头小组，习近平总书记除了这四个小组外仅担任中央财经领导小组组长，由此可见军事和信息安全的重要性。

面对强大的周边军事力量和严峻的地缘安全形势，十八届三中全会提出“创新发展军事理论，加强军事战略指导，完善新时期军事战略方针，构建中国特色现代军事力量体系”的要求。在《中央关于全面深化改革若干重大问题的决定》中，有3条专门阐述了中央关于国防和军队改革的方针。

表4　《中央关于全面深化改革若干重大问题的决定》中关于国防和军队改革的阐述

条款	涉及的主要领域和内容
第55条第一部分	军队体制编制，包括领导管理体制、联合作战指挥体制、训练和保障体制等
第55条第二部分	优化军队规模结构，包括部队编成、人员比例、新型作战力量和军事人才培养体系等
第56条	军队政策制度调整，包括军事人力资源政策、军费管理制度、军事法规制度等
第57条	推动军民融合深度发展，包括统一领导、军地协调、需求对接、资源共享、国防工业体系、军队保障社会化、国防动员体制、边海空防管理体制等

资料来源：《中央关于全面深化改革若干重大问题的决定》、中航证券金融研究所。

习近平在军改小组第一次会议讲话中指出，深化国防和军队改革是中国特色社会主义军事制度自我完善和发展，是为了更好地发挥中国特色社会主义军事制度的优势。习近平明确了国防和军队改革的要求：

①要牢牢把握军队组织形态现代化这个指向。没有军队组织形态现代化，就没有国防和军队现代化；

②要深入推进领导指挥体制、力量结构、政策制度等方面的改革，为建设巩固国防和强大军队提供有力的制度支撑。

（二）军队组织形态现代化是国防和军队现代化的前提条件

1. 战争形态的改变促使军队组织形态改变

人类战争形态经历石器化、青铜化、铁器化、火药化和机械化等发展阶段，正向信息化加速挺进，军队组织形态也由单一兵种、单一军种向诸军兵种高度合成的信息化军队逐步转型。过去的战争实践证明，新型军事装备在很大程度上改变了战争形态，军队组织形态也必然随之改变。组织形态的滞后是根本的滞后，用机械化军队去打信息化战争，结局必然是失败，海湾战争就是典型的例证。未来信息化战争将更加重视海、空作战和远程精确作战，更加强调体系对抗和一体化联合作战，更加注重“三非”（非对称性、非接触性与非线式）作战和信息战、网络战等。

军改小组常务副组长许其亮在十八届三中全会后曾撰文指出，深化国防和军队改革，是适应世界新军事革命加速发展、战争形态和作战样式深刻演变的迫切需要。随着科技革命、产业革命、军事革命蓬勃发展，现代战争呈现出技术形态信息化、组织形态体系化等鲜明特征，陆海空天网电多维战场融为一体，制信息权成为夺取战场综合控制权的核心，一体化联合作战成为基本作战形式，打击方式更加注重立体、远程、快速、精确和非线性。世界主要国家竞相调整军事战略，加紧推进军事转型，改革组织体制，重塑军事体系，竭力抢占军事竞争制高点。军事技术和战争形态的革命性变化，给我军提出了严峻的挑战，也提供了难得的机遇。

2. 现代军事力量组织形态已经发生根本性改变

全球现代化军事力量的标杆无疑是美军。早在20世纪末的海湾战争，美军就让全球见识到机械化军队与信息化军队的巨大差距，虽然那时的美军还不能完全称为信息化军队。之后美军将构建“新三位一体”军事战略体系和实现网络中心环境下的全军联合作为美国军事转型的两大基本目标：一是单项战略型武器构成的“老三位一体”（核潜艇、洲际弹道导弹、战略轰炸机）军事战略，让位给了由战略打击力量、快速机动反应部队和军事工业基础所构成的“新三位一体”军事战略，军事工业已经成为国家军事力量的有机组成部分；二是网络中心环境下的全军联合和军工联合。

21世纪初美军参联会确定了由五项作战能力组成的联合作战能力体系，即作战空间感知、指挥与控制、兵力运用、兵力和本土保护、聚焦后勤，2004年进一步调整为作战空间感知、指挥与控制、兵力运用、兵力和本土保护、聚焦后勤、网络中心战6大领域。目前美军的联合作战军事力量体系已经初步完成，由9个联合作战司令部按职责分工指挥。由于军费和技术能力的巨大落差，我军的现代化建设虽然在过去20年中取得了长足进步，但依然存在很大差距，尤其是在作战空间感知、指挥与控制、兵力运用、网络中心战等方面。

表5　美军9个联合作战司令部（6个按地理划分、3个按功能划分）

司令部	现任司令官	基地	战区和职责
美国北方司令部（USNORTHCOM）	Charles H. Jacoby, Jr. 上将（美国陆军）	美国科罗拉多州彼得森空军基地	北美洲、美国本土以及协助美国国土防卫、民兵等武装力量
美国中央司令部（USCENTCOM）	Lloyd James Austin Ⅲ上将（美国陆军）	美国佛罗里达州 MacDill 空军基地	从中东、东非至中亚地区
美国欧洲司令部（USEUCOM）	James G. Stavridis 上将（美国海军）	德国斯图加特帕克兵营	欧洲、土耳其、格陵兰以及俄罗斯（不包含中亚五国）
美国太平洋司令部（USPACOM）	Samuel J. Locklear 上将（美国海军）	美国夏威夷檀香山	亚洲及太平洋地区、印度
美国南方司令部（USSOUTHCOM）	John F. Kelly 上将（美国海军陆战队）	美国佛罗里达迈阿密	南美洲、中美洲以及周边海域
美国非洲司令部（USAFRICOM）	David M. Rodriguez 上将（美国陆军）	德国斯图加特凯利兵营	非洲（埃及除外）
美国特种作战司令部（USSOCOM）	William H. McRaven 上将（美国海军）	美国佛罗里达州 MacDill 空军基地	为美国陆军、海军、空军以及陆战队提供特别作战支援
美国战略司令部（USSTRATCOM）	C. Robert Kehler 上将（美国空军）	美国内布拉斯加州 Offutt 空军基地	运用战略威慑力量以及协调太空武器运用
美国运输司令部（USTRANSCOM）	William M. Fraser Ⅲ上将（美国空军）	美国伊利诺伊斯州 Scott 空军基地	为地区司令部提供全球运输支援

资料来源：网络资料、中航证券金融研究所。

表5中9个联合作战司令部的司令官，陆海军各占3个，空军2个，陆战队1个，这与相应司令部的主要作战形态和职责有关：北方、中央和非洲司令部主要作战形态是陆战，太平洋、欧洲、南方、特种作战司令部的主要作战形态则是从海上介入，而战略威慑、太空武器、全球运输等主要由战略空军承担。

美军各个联合作战司令部管辖的地域、担负的职能完全不同，因此内部机构设置也不尽相同。首先联合作战司令部主要采取的是联合参谋部加军种成为司令部的内部结构模式。美军的中央总部、欧洲总部、非洲总部、特种作战司令部和运输司令部都是如此。但是，太平洋总部和战略司令部不一样。太平洋总部除了以上两种机构设置之外，还有二级联合作战司令部以及常设联合特遣司令部。战略司令部里面没有军种组织司令部，它是按照核、太空和网络等不同领域设立机构。此外，联合参谋部的机构设置也不一样。联合参谋部基本上与参联

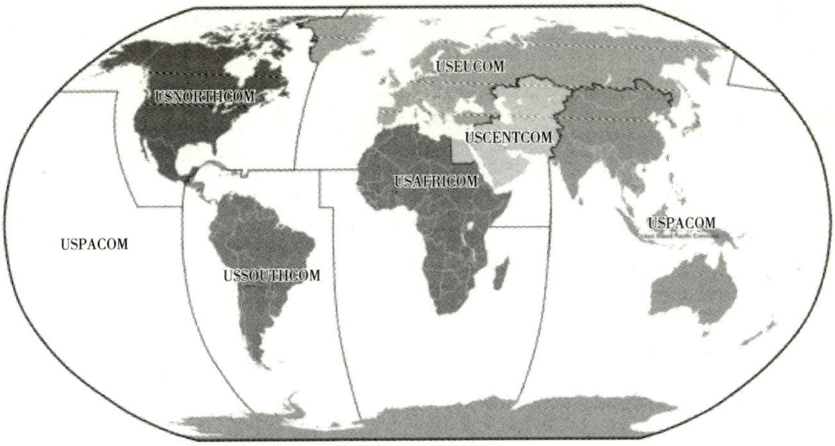

图3　美军6个按地理划分的联合作战司令部管辖区域示意

资料来源：网络资料、中航证券金融研究所。

会联合参谋部保持一致，但南方总部和非洲总部比较特殊，由于受到作战任务和编制员额等因素的影响，参谋机构没有单独的作战部门、没有单独的后勤部门。

美军方重要智库兰德公司指出，工业时代的战略战是核战争，信息时代的战略战主要是网络战。2007 年 5 月，美国空军组建的第一个网络战司令部已经形成战斗力。2010 年 5 月 21 日美国国防部宣布，为了打击敌对国家和黑客的网络攻击，位于马里兰州的米德基地的“网络司令部”于当天正式启动，以网络防御作战为主要任务。网络司令部目前是隶属美国战略司令部的二级司令部。按照计划，整个美军的网络战部队将于 2030 年左右全面组建完毕。届时，它将担负起网络攻防任务，确保美军在未来战争中拥有全面的信息优势。最终网络司令部将升格为一个由四星空军上将领导的一级司令部，成为与其他 9 个一级司令部平级的单位。

2014 年初中国国防部对英文报纸《中国日报》表示，建立联合作战司令部是信息时代的基本要求，中国军方已着手设立联合作战司令部的试点工作。中国军队将“适时”建立联合作战司令部，以增强应对突发事态的协调能力和战斗力。未来我军各军种在一体化全域作战空间展开有效军事行动，必然要发展与其他军种无缝联合和合成的军事能力，模糊军种界限，构建全域探测防御打击的军事力量体系。

3. 装备信息化和利益诉求促使我军组织形态发生改变

新中国建立以来，我军组织形态主要参照苏联模式，后虽历经多次调整，例如形成集团军，但各军兵种以营建制（飞行大队、舰艇等）为代表的各类基本作战单元，依然沿袭原有编成，影响了改革效益的发挥。2013 年 4 月 16 日，中国国务院新闻办公室发布《2013 中国国防白皮书——中国武装力量的多样化运用》，对和平时期的中国如何运用武装力量进行了系统介绍，这也是我国第一次用专题形式发布的国防白皮书。

表 6　中国各军种现状和规划

军种	人数	战略要求	担负任务	未来规划
陆军	85 万	机动作战 立体攻防	陆地作战	积极推进由区域防卫型向全域机动型转变，加快发展陆军航空兵、轻型机械化部队和特种作战部队，加强数字化部队建设，逐步实现部队编成的小型化、模块化、多能化，提高空地一体、远程机动、快速突击和特种作战能力
海军	23.5 万	近海防御	保卫国家海上方向安全、领海主权和维护海洋权益	注重提高近海综合作战力量现代化水平，发展先进潜艇、驱逐舰、护卫舰等装备，完善综合电子信息系统装备体系，提高远海机动作战、远海合作与应对非传统安全威胁能力，增强战略威慑与反击能力
空军	39.8 万	攻防兼备	保卫国家领空安全、保持全国空防稳定	加强以侦察预警、空中进攻、防空反导、战略投送为重点的作战力量体系建设，发展新一代作战飞机、新型地空导弹和新型雷达等先进武器装备，完善预警、指挥和通信网络，提高战略预警、威慑和远程空中打击能力
二炮		战略威慑 精干有效	遏制他国对中国使用核武器、遂行核反击和常规导弹精确打击	加快推进信息化转型，依靠科技进步推动武器装备自主创新，利用成熟技术有重点、有选择改进现有装备，提高导弹武器的安全性、可靠性、有效性，完善核常兼备的力量体系，增强快速反应、有效突防、精确打击、综合毁伤和生存防护能力，战略威慑与核反击、常规精确打击能力稳步提升

资料来源：《2013 中国国防白皮书》、中航证券金融研究所。

2014 年 6 月 5 日，美国国防部发布了《2014 年度中国军事与安全发展报告》，涉及中国军事战略、军力发展、中美两军交往、台海军事形势等内容，并且列出侦察卫星、隐形技术、中国航母及防空一体化四个专题。与2013年度报告相比，2014年度报告篇幅缩短，但最后仍然延续2013年报告，以示意图的形式展示解放军七大军区和19个集团军的兵力分布及其任务。

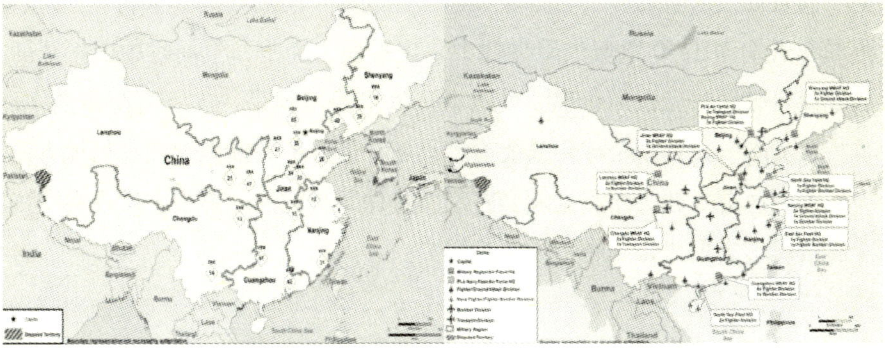

图4　中国人民解放军七大军区和各集团军、空军基地及空中力量分布

资料来源：美国《2014年度中国军事与安全发展报告》、中航证券金融研究所。

苏联解体和海湾战争以来，我军的军事理论和装备发展在很大程度上参照美军动向，预计未来我军组织形态将会在美军转型经验的基础上继续做出适应中国国情的改变，按照不同的战场环境和作战对象，建立健全适应不同能力要求的基本作战单元编制，以适应从陆权强国向海权大国的转变。例如，未来我军组织形态中将可能出现航母作战群、远洋护航作战群、两栖登陆作战群、防空反导司令部、网络作战司令部等，这是由我军军事装备现代化和战争形态以及利益诉求所决定的。

表7　中美陆海空代表性主战装备对比

主战装备	解放军在役	解放军下一代	美军在役	美军下一代
坦克	85式、88式	96式、99A式	M1、M1A2	M1A3
武直	直-8、直-9	武直-10、直-20	阿帕奇、黑鹰	X2
航母	改装型常规动力 滑跃式辽宁号	—	第二代核动力 蒸汽弹射尼米兹级	第三代核动力 电磁弹射福特级
驱逐舰	051、052、956E	—	阿利·伯克级	朱姆沃尔特级
护卫舰	053、054、056	—	佩里级	濒海战斗舰
战斗机	第四代 J-10、J-11、J-15	第五代 J-20、J-31	第四代 F-15、F-16、F-18	第五代 F-22、F-35

资料来源：中航证券金融研究所整理。

军队组织形态现代化还需要充分考虑中国的安全诉求和利益结构。目前中国已经成为全球第一实物贸易大国，2013 年的进出口总额突破 4 万亿美元，这已经全方位改变了中国的安全诉求和利益构成。贸易航道安全、侨民和资本安全、利益攸关区域的和平与稳定等都已经成为中国的重大安全利益。这一利益困局在近期 MH370 航班失踪事件中表现得尤为突出，但同时中国军队的搜救表现使得破局曙光已经显现。中国军队未来不仅仅是一支近海防御的军队，而是将像美军一样具备全球作战能力，具备在需要的时候出现在任何地方的能力，为中国海上丝绸之路和丝绸之路经济带保驾护航。习近平主席现在明确提出军队组织形态现代化问题，恰逢其时。

虽然本世纪以来我军新型装备层出不穷，部分武器装备已经达到国际先进水平，国防和军队建设已取得巨大成就，我军履行使命任务能力显著增强，但同时要清醒地看到，我军目前依然处于摩托化向机械化过渡阶段，信息化建设仅仅取得初步成就，还存在主战装备比较落后、高技术兵器数量和种类不多、支援保障装备不够配套、机械化程度比较低、电子战和信息战能力比较弱等诸多薄弱环节，在军事力量体系上依然是分军种编制体系而非网络中心环境下的全军联合作战体系，军队现代化水平与国家安全需求和世界先进军事水平相比还有较大差距。

4. 加强海空军和信息化建设成为中美军事战略调整方向

美国 2015 财年国防预算减支提案中大幅裁减军费，陆军规模减至 1940 年以来最小。从美军裁军目标来看我国的兵种配置，美军裁军目标达成后陆、海、空兵员比例约为 1.2∶1∶1，俄罗斯为 1.4∶1∶1，而中国目前这一比例约为 7∶1∶1.7，陆军规模显著高于美、俄两国。配置如此庞大的陆军数量有一定的历史渊源，也与我国广袤的疆土和地缘位置有关，但就新形势下的信息化作战要求以及中国走向深蓝的大国战略来看，该配置亟待转变。

美军此轮结构性改革或将起到全球标杆作用，全球新一轮军队改革浪潮渐行渐近。目前，中美军事改革趋势一致，存在兵力配置失衡和装备陈旧落后问题的解放军有强烈的变革诉求，或将审时度势按照信息化作战要求跟进“军队组织形态调整 + 高科技装备换装 + 军工体系改革”步伐，从而强化解放军参与全球军事治理的信心。军工改革有望与军队改革一并推进，陆权强国向海权大国的转变以及“网络中心战”的新军事变革要求解放军重点发展海、空军装备，太空武器，智能装备，网络战技术装备等。

解放和发展生产力靠改革，解放和发展战斗力同样靠改革。加快建设信息化军队，实现我军现代化建设跨越式发展，必须深入推进改革，尽快实现战场感知装备、精确打击装备、指挥控制装备、机动突击装备和综合保障装备的协调配套，逐步构建起具有我军特色的编制装备体系，同时下大力气突破制约战斗力建设的体制性障碍、结构性矛盾、政策性问题，不断提高我军打赢信息化条件下局部战争的能力。

三　军民融合发展背景下关注两大投资主线

国防和军队改革是未来十年最大的投资主题，而军事工业已经成为军事力量的有机组成部分，因此在军事变革和军民融合的大背景下，我们应当关注军队改革和军工改革两条主线。

（一）构建中国特色现代军事力量体系

1. 新型舰艇加速列装，蓝水海军雏形初现

国家安全首要是军事安全。中国属于传统陆权强国，是唯一击败联合国军的国家，也是唯一在冷战期间和两个超级大国打过仗却还能全身而退的国家。目前中国拥有全球最庞大的陆军，在可预见的将来，不会有任何国家对中国的陆权构成有效威胁，这也是过去30年中国大规模裁减陆军的原因之一。中国的主要威胁来自海上，随着经济实力的强大和全球运输保障的需求，中国必然谋求转为海权国家。而中国周边遍布现代化海军力量，包括美国第七舰队、俄罗斯太平洋舰队、日本海上自卫队、韩国海军、印度海军等。其中实力最强的无疑是美国第七舰队。

美国《2014年度中国军事与安全发展报告》指出，中国将把远程反舰巡航导弹作为反介入/区域拒止作战的“关键武器”，能够依托多种平台，包括基洛级、元级、宋级、商级等常规潜艇和攻击核潜艇，052B/C、052D、051C、

现代级、054A、056 等新型水面驱护战舰，以及歼轰－7A、轰－6G、苏－30MK2等空中对海打击力量。从远程反舰巡航导弹发射平台这一个侧面我们可以看到，面对强大的周边海军力量，中国军队的武器平台种类和数量都在呈爆发式增长。

表 8　中国与周边主要现代化海军力量对比

单位：艘

项目	美国第七舰队	俄罗斯太平洋舰队	日本	韩国	印度	中国
航空母舰	1	0	2	1	2	1
巡洋舰	2	1	0	0	0	0
驱逐舰	7	5	43	12	11	25
护卫舰	2	约 20	6	34	8	57
大型两栖舰	5	1	3	0	0	3
潜艇	3	24	16	14	15	69

注：航空母舰包括直升机航母。

资料来源：网络资料、中航证券金融研究所整理。

过去几年，中国进入新一轮造舰高潮，054A 型护卫舰和 056 型轻型护卫舰大批量列装。2014 年 3 月 21 日上午，中国海军首艘 052D 级驱逐舰 172 号昆明舰正式服役，该型舰使得中国海军的防空反导能力得到了相当程度的提高。其更重要的意义在于，中国拥有了除美国以外唯一的以四面阵全向相控阵扫描雷达、先进垂直发射技术为基础专门面向大型航母编队作战的现代化舰载战斗信息决策系统，而这正是美国“宙斯盾”系统的核心要素，从而证明中国具有最顶层海军体系作战设计的能力，而这种能力显然是日本、韩国所不具备的。据俄塔社 4 月 16 日的报道，中国海军还将在短期内装备三艘最新型的 052D 型多用途驱逐舰。据外媒称，如果中国将 10 ~ 15 艘 052D 型这样的先进驱逐舰投入战场，其他装备不变，那么它将成为亚太地区继美国海军之后的第二大海上作战力量。

据媒体报道，2012 年中国海军共计退役约 22 艘各类水面舰艇，下水 15 艘千吨级以上水面舰艇。2013 年，中国海军共服役导弹驱逐舰 2 艘、导弹护卫舰 3 艘、轻型导弹护卫舰 9 艘、大型补给舰 2 艘、常规潜艇 4 艘、潜艇支援

图5　2014 年 3 月 21 日入役的中国海军首艘 052D 级驱逐舰 172 号昆明舰

资料来源：网络图片、中航证券金融研究所。

舰 2 艘、核潜艇 1 艘、双体测量船 2 艘、水声装备试验船 1 艘和扫猎雷舰 2 艘。从开工数量和后续舰艇的建造计划上，我们判断中国海军会在未来相当长一段时间内，继续保持军舰建造下水数量世界第一、建造总吨位世界第二的水平。海军装备相关个股将持续获得高额订单。

美国国会服务局于 2012 年 8 月公布、10 月后又略加修正的《中国海军现代化：对美国海军作战能力的影响》指出，2020 年中国海军将达到拥有4～5 艘战略核潜艇、72 艘攻击潜艇、2 艘航母（搭载 90 架飞机）、26 艘驱逐舰和 42 艘护卫舰的庞大规模。目前，由于驱逐舰和护卫舰的大批量建造，这个规模必然被超越。

我们应该清醒地认识到，虽然近年来在中国新一轮造舰高潮中舰艇建造数量惊人，但中国海军与美国海军的差距仍然巨大，美国海军舰艇普遍大型化，而中国海军舰艇即使与日、韩相比也吨位偏小。仅美国海军一年接收的舰艇吨位可能就超过我军三大舰队现役全部水面主力舰艇（驱逐舰和护卫舰）总和（仅 1 艘福特级航母的满载排水量就相当于 16 艘 052D，或 29 艘 054A，或 80 艘 056）。这种造舰能力的巨大差异在一定程度上体现了中美军事工业和军民融合程度的差距。中国在由传统陆权强国向海权大国转变过程中，建设一支可以挺进深蓝的强大海军，必须依托军民深度融合下的强大军工生产能力。

2. 建设空天一体攻防兼备的强大空军

2014 年 1 月，世界著名的航空专业杂志《国际飞行》公布了 2013～2014 年度世界空中力量发展报告。报告显示，2013 年美国拥有作战飞机（战斗机、攻击机、轰炸机和战斗轰炸机）总数为 2740 架，约占全球总量的 19%。排名第二的中国为1453架，排名第三的为俄罗斯，总数为1438架，两者各占约10%。排名第四至第十的分别是印度、朝鲜、埃及、韩国、巴基斯坦、日本和中国台湾。我们可以看到，排前十的国家和地区中，只有埃及与中国没有地缘关系。毫无疑问，亚太地区尤其中国周边是目前全球空中作战力量最集中的区域。

面对严峻的空中压力，习近平于2014年4月14日专程到解放军空军总部机关视察，强调要加快建设一支空天一体、攻防兼备的强大空军。习近平于2014年6月17日在京接见空军第十二次党代会代表时再次强调，建设空天一体、攻防兼备的强大人民空军，是时代赋予空军的重大使命，是新形势下维护国家主权、安全、发展利益的必然要求。

空天一体，是指国家空天力量结构与作战活动实行航空与航天一体、防空与防天一体。空天一体化的战争态势内涵就是空天一体战。把“空”的概念限制在100公里的大气层内是由人类的装备发展历史造成的。进入21世纪，随着人类技术能力的提高，空天融合在技术装备上有了实现的可能。

过去很长的一段时间内，由于国力所限、任务所限，中国空军一直是纯粹的国土防空军，只有防空能力。中国空军于2004年第一次提出了“空天一体、攻防兼备”的军种发展战略，时任解放军空军司令、现任中央军委副主席的许其亮上将在接受采访时指出，进入21世纪，随着航空力量与航天力量逐渐融合，空中力量在支持国家战略、决定战争进程与结局、影响国际战略格局中的地位和作用直线攀升，成为举足轻重的战略支撑力量。同时，信息化条件下的作战重心从地面向空天转移，空天一体作战正成为世界军事强国发动战争的基本手段。到21世纪中叶，把空军建设成一支政治思想素质过硬，总体规模适度，力量结构合理，能够应对多种安全威胁，支撑我国大国地位，适应打赢信息化条件下局部战争和完成多样化军事任务需要的战略军种。

战略空军需要大量基于大中型飞机平台的后勤特种飞机支持。美国空军是全球唯一的战略空军，而其最显著的物质基础和外在特征就是由数量庞大的大中型飞行平台构成的加油机、运输机、轰炸机和特种飞机机群。这些宝贵的军事资产是美国空军有别于世界上其他任何空军的主要特征，也是美国空军实现“全球警戒”“全球到达”“全球力量”战略目标的基础。中国要建设强大的、攻防兼备的、空天一体的战略空军，大中型飞行平台数量必须呈几何级数的增长。

发展大飞机平台成为我国战略空军转型的关键。缺乏大规模远距离兵力投送能力是制约空军转型的主要瓶颈。如何发展自己的航空军用运输力量，是我国国防现代化所面临的重要问题之一。中国空军从规模数量上已经达到了世界第三的水平，从技术水平上也正在大批量装备歼－10、歼－11 等四代机，未来还将列装两种五代机歼－20、歼－31，中国空军在战斗机数量和质量上正在逐步超越俄罗斯空军，稳步追赶美国空军。但严格意义上来说，远程力量的投送能力不能弥补，我国空军依然还达不到战略空军的层次。根据公开资料，我国空军列装主要以中小型战术运输机为主，这类飞机采用涡桨发动机，起飞重量为 60～80 吨，载重在 20 吨左右，航程 3000～4000 公里。我国的运－8、运－9以及美国“大力神”C－130 都属于中型战术运输机。运－8 是比较成熟的中型运输机，空警－200 国产预警机的平台就是从运－8 飞机平台发展而来，运－9 为运－8 系列机型的改进型。我国目前军事航空运输的主力机型是运－8 中型中程运输机以及约 20 架俄伊尔－76 大型运输机，空运力量严重不足，不但满足不了现代战争的需要，甚至难以应付小型突发事件。

“大飞机”作为载机平台可用来改造多型先进特种机。中国空军以前受国土防空战略影响，在战略战术机动中的军事空运领域一直存在空白，空中预警、远距离投送以及战略轰炸能力明显成为短板。空军战略转型还包括信息化转型，预警能力、电子战能力都是衡量空军战斗力的关键，干扰并瘫痪信息系统是现代战争的重要法则，各种电子装备至关重要，电子战飞机、空中预警机、空中加油机、电子干扰机、海上巡逻机等特种任务飞机成为现代战争的先行制胜点，这些支援机型都需要由大运平台改造。目前中国已经装备“空警”2000/200 形成预警机装备体系，但使用国外平台研制装备毕竟不是长久之路，使用自主研发的装备成为提升战略投送能力的迫切需要。

中国军用运输机正处于整体换代升级的节点。大型军用运输机在未来战争中将起到越来越重要的作用，目前各国普遍重视其研制和发展。一直以来军队的兵力投送能力严重制约中国空军的战略转型，国防现代化发展带来大量新型重型技术装备的投入使用，军队对大型军用装备的运输需求持续提升。国产大

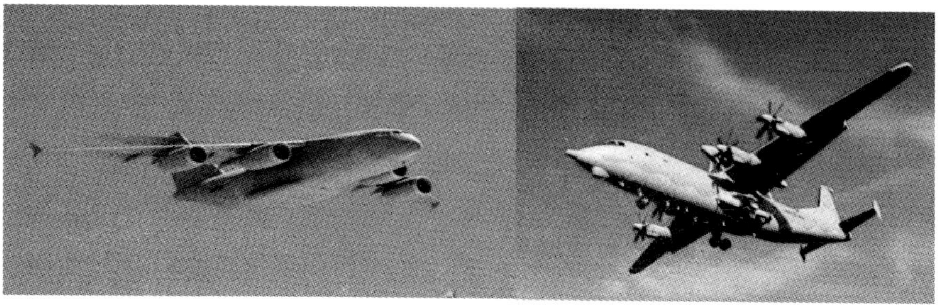

图 6　中国大中型飞机平台运－20、运－9

资料来源：网络图片、中航证券金融研究所。

运已实现首飞，未来十年将有能力大量列装空军。如果未来我国装备军用大运，以及由此平台衍生的大型空中加油机、大型预警机、反潜巡逻机以及电子侦察机等专用飞机达到 150 架的规模，我国列装军用大运平台装备的支出将超过 500 亿元。

我国军用飞机整机制造商主要包括沈飞集团、成飞集团、洪都集团以及西飞集团。成飞集团、沈飞集团是我国两大最具实力的战斗机研制生产企业，包括歼－10、歼－11、歼－20、歼－31 以及舰载机歼－15 等，正在注入上市公司成飞集成。洪都航空是我国具有相当研究设计制造军机的特大型航空企业，旗下产品包括军用教练机系列、通用飞机系列等。大飞机机体由中航工业下四大整机制造商主体参与，目前西飞集团为军用大型运输机的主要研制平台。重点关注大飞机产业链的中航飞机、航空动力、中航电子以及中航机电。

3. 国防信息化是装备发展的核心

军队信息化是革命性的进步，也是未来中国军队前进的方向。当前信息技术已成为军队战斗力提升的倍增器，成为国防科技跨越发展的强大驱动力。建设信息化军队，打赢信息化战争，必须以武器装备的信息化发展为牵引。各国军队的机械化装备不断地向信息化装备过渡，机械化战争加速向信息化战争转变。从未来战争形式的演变来看，武器装备的信息化成为下一步军事力量建设的重点方向。信息化相关的卫星导航、卫星通信、雷达、指挥控制、先进航电、光电、红外等领域未来 3～5 年的增速将有望持续高于军工行业平均增速。

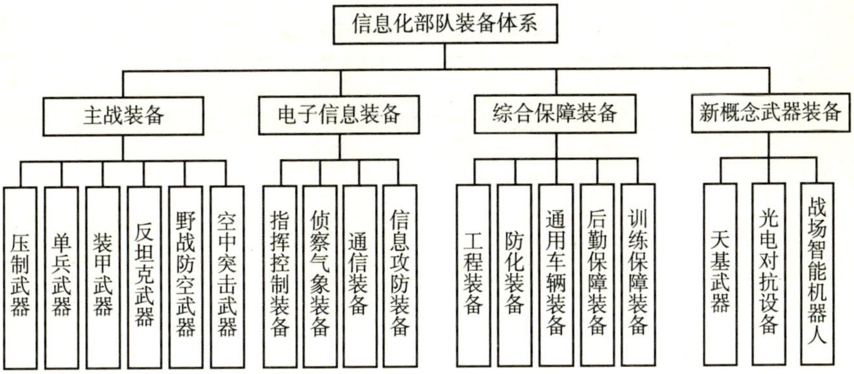

图7　未来信息化部队装备体系

资料来源：国防科技、中航证券金融研究所。

我国在信息化过程中应吸取经验教训，关注以信息技术为核心的技术革命，重视隐身、夜视、精确制导和电子战等高技术装备的发展。20 世纪的大量装备核武器、航母、核潜艇、飞机和坦克等平台，片面强调装备数量以及规模将不能适应现代常规战争的需求。信息化武器装备主要包括 C4ISR 综合电子信息系统、信息化杀伤装备，功能上覆盖信息获取、信息处理、信息传输和指挥控制 4 个分系统，精确制导、信息站武器以及无人机等新概念武器装备将得到重点发展。在科索沃战争和伊拉克战争中，美军战场上的胜利主要得益于分布在陆、海、空、天、电五维战场的 C4ISR 系统的有序运行。目前，各主要大国都在构建自己的 C4ISR 系统，我国也在推进搭建三军一体、信息共享的 C4ISR 系统，综合电子信息系统的突破将带动其他方面信息化建设的快速发展。

近年来美国网络司令部的成立和波及全球的“棱镜门”事件，向我们展示了信息战争的图景。没有信息作战能力，信息化军队反而更易被瘫痪。信息网络空间已经成为继陆、海、空和太空之后的第五维战场，是世界各国战略竞争的重要领域。信息安全也成为与国防安全、能源安全、粮食安全并列的四大安全领域之一，是国家制定积极防御战略的重要一环。当前，信息安全在全球范围所面临的威胁和挑战与日俱增，网络攻击的趋利性和敌对性愈发明显。

表9　未来国防信息化发展相关技术方向

信息化技术	技　术　应　用
电子对抗	削弱或破坏敌方而同时又保护己方的这种能力，为掌握战场主动权，夺取战役、战斗的胜利创造有利条件。随着电子技术在军事上的广泛应用，电子对抗将成为对抗敌方自动化指挥系统和武器控制系统的重要手段
电子军务相关技术	和平时期就是军队基本建设、后勤保障以及训练
信息战技术	包括陆、海、空、天、电五维战场信息战以及城市信息战
信息火力侦察	是以火力袭击的方法，迫敌或诱敌还击，以暴露其火力配系，从而判明其兵力部署、阵地编成等情况
网络战相关技术	相通于民用网络技术，包括网络高可靠性、军事网络高抗毁能力，以及在战争环境下的抗毁能力和网络高检测能力
敌我识别技术	敌我识别技术是在战争中正确地自动区分敌我目标。由于缺少一套合适的敌我识别系统而造成己方伤亡已经成为现代战争中的一个突出问题
精确制导与精确定位	包括全球定位系统技术（如俄罗斯的太空定位系统、北斗定位系统之间的数据转换，以色列的定点清除等）
军用机器人技术	如中国的863计划，包括太空、空中、陆地、水面、水底机器人
军用无线射频识别(RFID)技术	是一种无线通信技术，可通过无线电信号识别特定目标并读写相关数据，而无须在识别系统与特定目标之间建立机械或光学接触，可运用于军备物资运输等
军用人工智能相关技术	无人机就是军用人工智能在空中无人机上的发展，通过各种决策发射机载武器装备
军用模拟作战装备相关技术	用于低消耗条件下训练出具有较强作战技能的部队
军用软件与军用网络测评与测试技术	武器装备系统尤其是其控制系统大量采用了各类微处理器及相应的控制软件，软件及软件密集系统的广泛使用大大提高了武器装备的性能，使其作战效能倍增，改变了作战模式
军用物资与装备调度的相关技术	包括战时物资与装备运输道路的路径优化、油料配送的准确定位、战场远程求助的信息资料等
自主产权军用数据库的管理技术	数据库在国内是相对弱项，军用数据库的自由知识产权更是寥寥无几

资料来源：中航证券金融研究所。

美国《2014年度中国军事与安全发展报告》中也对中国的网络战能力有所涉及，认为中国正在信息技术等尖端技术方面进行“巨大的投入”并取得“快速的进步”，称赞中国在防止网络窃密和黑客活动的国际合作中发挥的重要作用，但同时又在“中国的战略”章节中专门用了一节“针对美国国防部的网络攻击”来指责中国通过网络对美国实施窃密行动，我们可以认为这是中美网络空间的军事行动。

十八大报告中提出“高度关注海洋、太空、网络空间安全”。我国从以陆地疆界为主的国防战略，拓展到陆、海、空、天、电五位一体多维空间。制海权、制空权、制信息权成为战争胜负的决定因素。我们认为未来军队作战模式将会以这三大空间战的需求为导向，重点拓展3个领域的战斗能力：信息战能力、远洋作战能力、空天一体作战能力。未来国防信息化建设重点在于研发建造信息系统、隐身武器装备、无人作战系统、巡航导弹和精确制导武器等高端装备，注重预警能力和远程精确打击能力。

未来打造信息化队伍，国防支出将以军队信息化武器装备需求为调整导向，重点投入到符合新军事变革的装备领域，微观层面将进一步调整军工企业产品结构。对于军工上市公司，我们看好符合新军事变革需要的信息化武器装备平台，航天卫星、大飞机、发动机、军工电子等产业链内上市公司长期受益于信息化基本设施建设。

（二）全面深化国防科技工业改革

既然军事工业已经成为军事力量的有机组成部分，那么军队改革必然伴随着军工改革。军民融合的军工改革必然是市场化改革，从宏观上需要进行军品科研生产能力调整，完善“小核心、大协作、开放型”的军民融合式武器装备科研生产体系，从微观上需要进行市场化改革，包括军工企业的资本化运作、军品的市场化定价、军贸出口、管理层激励等，全方位提升军企盈利水平。

1. 军工改革大势所趋，中央政策指明方向

十八届三中全会审议通过的《中共中央关于全面深化改革若干重大问题的决定》关于国企改革的部分提出，“国有资本投资运营要服务于国家战略目标，更多投向关系国家安全、国民经济命脉的重要行业和关键领域”。军工行业显然属于关系国家安全的重要行业，以前属于国有资本绝对控制的领域，民营资本虽有进入但很难涉及核心军品。过去军工企业大多属于垄断性企业，受政府较多政策优惠及资金、资源等方面的支持，自主创新动力相对不足。

《中共中央关于全面深化改革若干重大问题的决定》提出，健全国防工业体系，完善国防科技协同创新体制，改革国防科研生产管理和武器装备采购体制机制，引导优势民营企业进入军品科研生产和维修领域。这意味着未来将打破行业、军民及所有制界限，充分利用社会各方面科技力量进行国防建设，提升国防科技工业的整体能力和水平，给优势民营企业进入国防科技工业体系扫清了障碍。

表 10　近年来涉及我国军工企事业单位改革发展的主要政策规章

政　策　文　件	颁布年份	颁布部门	涉及领域
《国家中长期科学和技术发展规划纲要（2006～2020年）》	2006	国务院	发展战略规划
《实施〈国家中长期科学和技术发展规划纲要（2006～2020年）〉的若干配套政策》	2006	国务院	发展战略规划
《军工企业股份制改造实施暂行办法》	2007	国防科工委	投资体制改革
《国防科工委关于非公有制经济参与国防科技工业建设的指导意见》	2007	国防科工委	投资体制改革
《深化国防科技工业投资体制改革的意见》	2007	国防科工委	投资体制改革
《关于推进军工企业股份制改造的指导意见》	2007	发改委、国资委、国防科工委	投资体制改革
《国务院中央军委关于建立和完善军民结合寓军于民武器装备科研生产体系的若干意见》	2010	中央军委、国务院	投资体制改革
《中共中央关于全面深化改革若干重大问题的决定》	2013	党中央	投资体制改革

资料来源：百度百科、中航证券金融研究所。

各项政策法规已经给出了改革的明确方向，《中共中央关于全面深化改革若干重大问题的决定》进一步提出“完善国有资产管理体制，以管资本为主加强国有资产监管，改革国有资本授权经营体制，组建若干国有资本运营公司，支持有条件的国有企业改组为国有资本投资公司”。这意味着军工企业未来也有可能成为国有资本投资公司控制下的资产。但是由于军工行业关乎国家安全的特殊性，军工企业资产证券化的范围和程度必须严格界定，制定适合于军工行业的政府管理和科研订货操作细则以及相关法律法规，是军工企业在体制改革后依然能够确保完成国家任务、不损害国家利益、让监管部门放心的当务之急。

我们认为可以对这一问题可以进行分类管理。首先，根据股份制改造分类推进的总体思想，对从事战略武器生产、关系国家战略安全和涉及国家核心机密的少数核心重点保军企业，保持国有独资；其次，对从事关键武器装备总体设计、总装集成以及关键分系统、特殊配套件生产的重点保军企业，可以面向国内资本进行股份制改造；再次，对从事重要武器装备生产的其他重点保军企业，根据承制武器装备的重要程度，实行国有绝对控股、相对控股、参股等多种形式的股份制改造，这类企业的资产证券化可以有条件地允许民资、外资参与；最后，对军民两用产品、一般武器装备及配套产品生产的军工企业可以采取与一般企业资产证券化相同的方式，根据企业自身特点和发展要求，在国内外资本市场上进行多种多样的融资活动。

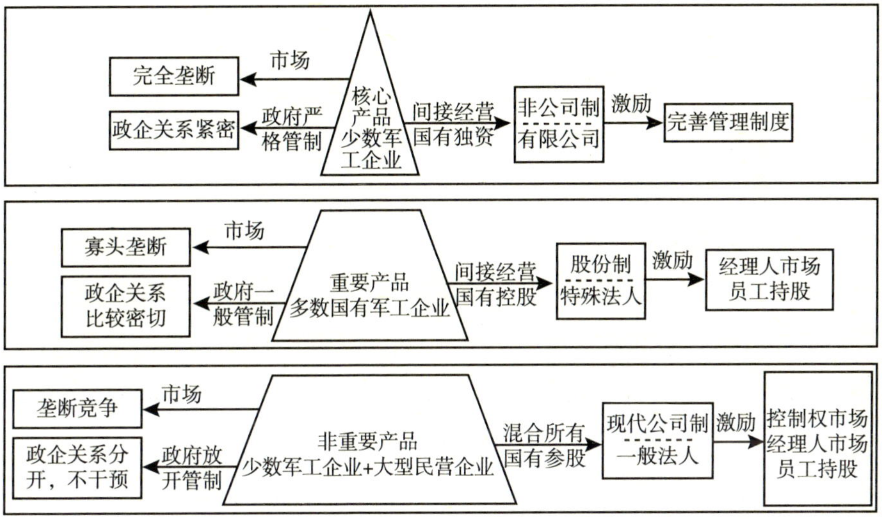

图8　我国军工企业、政府与市场制度创新的关系框架

资料来源：中航证券金融研究所整理。

随着国有经济战略性调整和国有企业改革的不断深化，目前大部分军工企业的垄断地位已经或正在被打破，其所面临的市场竞争日趋激烈。随着经济全球化的发展和“走出去”战略的实施，军工企业的主要竞争对手已经不是本土企业，而是世界著名跨国公司。这些跨国公司往往在企业规模、技术水平、研发能力等方面拥有更大的全球性竞争优势，控制了所在行业或领域的科技制高点。如果不能尽快提高自主创新能力、掌握核心技术，军工企业就会受制于人，难以突破跨国公司的垄断和狙击，难以向国际产业分工的高端移动，以至在国际竞争中处于劣势地位，沦为国际巨头的零部件转包工厂，因而无法实现做优做强、走向世界的发展目标。从国外军事工业发展的经验可以看出，不断推动企业进入市场、参与竞争，借助资本市场加速扩张是企业发展的重要途径，持续推进军工资产证券化成为当务之急。

2. 即将启动第四次军品科研生产能力结构调整

建国六十多年来，我国的国防科技工业管理体制几经变化调整，总是在不断调整政府、军队、军工科研院所和企业三者间的关系，发展到现在，还存在对外开放不够、军工科研院所和企业改革力度不大、军工科研生产运行机制不畅等问题，这些都在制约着我国国防科技工业的健康持续发展。

冷战结束后，美国对军工产业作出了两次重大调整。第一次是冷战结束后至克林顿政府执政时期，美国制定了以军工产业调整为主要内容的《国防转轨战略》，提出了一个战略目标，即建立既满足军事需求又满足商业需求的一个军民融合的“国家技术与工业基础”，核心是将经济承受能力作为军工产业调整的因素，力求优先考虑国防预算。第二次主要是指小布什政府执政以来的一段时期，美国制定了《国防工业基础转型路线图》，提出了构建“基于能力的国防工业基础”的战略思想。其核心是改变按照产品属性划分军工产业（例如造船、航空制造业等）的传统做法，将工业基础按照作战需求重新划分为 5 个领域，2004 年进一步调整为作战空间感知、指挥与控制、兵力运用、兵力和本土保护、聚焦后勤、网络中心战 6 个领域。西方军工大洗牌之后重新搭建起了一个更为牢固的产业金字塔。这个金字塔以原材料制造供应商为基础，依次为元器件制造供应商、分系统制造供应商及最顶层的武器体系和服务集成商。军工产业体系不断扩大，边界越来越模糊（重叠），军工产业基础被看作是基于实现作战效能（能力）的各个部分组成。

目前我国的国防科技工业分类鲜明，仍是按机械化战争时代陆、海、空、天、电、核六大领域组织，对应 12 家军工单位。这是经历 1958 年、1982 年、1999 年三次大规模调整后形成的国防科技工业结构体系。虽然随着武器装备现代化的进程，各军工集团在产品上存在一定的互相渗透和竞争，但“自成体系、部门封闭、企业全能、产研分离”的状态尚未完全改变，严重滞后于新形势下军队的需求，已经不能适应打赢信息化条件下局部战争、应对多种安

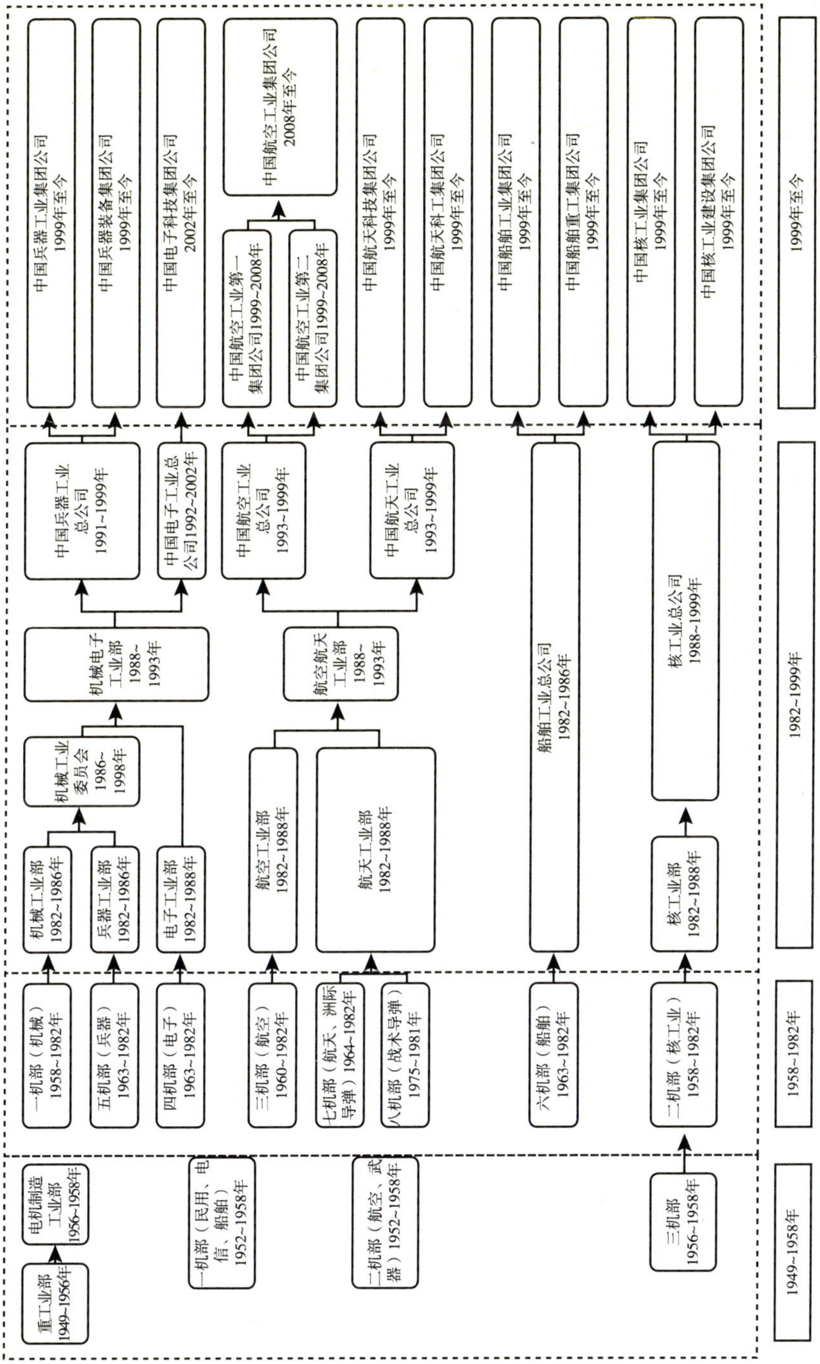

图 9 中国前三次军品科研生产能力结构调整

资料来源：中航证券金融研究所。

全威胁、完成多样化军事任务的能力要求，科研生产能力结构调整已成为当务之急，中国的军工体系亟须变革。

中国的国防科技工业体系是从20世纪90年代起逐渐开始发生变化。以1998年开始的国务院机构改革为序幕掀起了国防科技工业历史上力度最大的一次改革，并取得累累硕果，尤其是海、空军建设成就有目共睹。但是按照机械化战争时代的专业领域划分的军工体系明显不能满足新的战争形式的需求，科研生产能力结构调整已成为当务之急。在2014年2月13日召开的国防科技工业工作会议上，工信部部长苗圩提出政府要组织启动第四次军品科研生产能力结构调整，推进军工能力的科学分类、合理布局、开放发展、动态管理，不断优化军品科研生产能力结构、规模和空间布局。该项改革意味着我国军工体系将发生大规模变动。这无疑会掀起资本市场继军工资产证券化之后的更大一波风暴。

3. 军工资产证券化涉入深水，核心军品逐步上市

军工市场化改革的重要内容是军工资产重组上市，这是军工企业借助资本市场谋发展的主要手段，也是去过五年军工估值溢价的主要驱动因素。从海外经验看，全球前100大军工企业中，80%以上是上市公司。洛马、波音、GE和三菱等军工巨头的成长历程均见证了市场体制下的资本市场对军工企业发展壮大的推力。我国的军工资本证券化进程在经历了2009～2010年的高速发展期和2011～2012年的短暂停滞期后，在2013年重新启动，也解决了之前存在障碍的核心军品上市和科研院所改制上市等焦点、难点问题，以中国重工、航空动力、成飞集成为代表，目前正在如火如荼地进行中，预计这一进程未来几年仍将继续，其深度和广度将远超2009～2010年。

2014年3月24日，中国政府网刊发《国务院关于进一步优化企业兼并重组市场环境的意见》。该意见指出，企业兼并重组相关行政审批事项逐步减少，审批效率不断提高，有利于企业兼并重组的市场体系进一步完善，市场壁垒逐步消除。该意见要求取消下放部分审批事项。系统梳理企业兼并重组涉及的审批事项，缩小审批范围，对市场机制能有效调节的事项，取消相关审批。取消上市公司收购报告书事前审核，强化事后问责。取消上市公司重大资产购买、出售、置换行为审批（构成借壳上市的除外）。这将进一步解除将军工资产并购的审批障碍，类似航空动力在上一轮重组中因行政审批久拖不决而失败的事情将不再发生。

早在 2010 年，航空动力（600893）公布资产收购草案，拟收购西航集团拥有的与航空发动机业务有关的资产和负债、南方航空工业 100% 的股权、黎阳航空动力 100% 的股权和三叶精密机械 80% 的股权。但由于航空动力迟迟未能获得国资委出具的批复文件，多次推迟股东大会后，于 2011 年底终止重组。2013 年航空动力重启资产注入，在 2010 年重组草案的基础上，增加了对黎明、晋航、吉发、贵动公司的全部股权收购，基本实现了中航工业发动机资产的整体上市，收购资产估值高达 96 亿元，规模空前。这也促成了整个军工板块 2013 年初以来的上涨。

2013 年中国重工（601989）公布非公开发行预案，作为国内首例军工重大总装装备资产证券化，将注入超大型水面舰船、大型水面舰船、军用舰艇等军工重大总装装备业务及相关资产。同时，大船集团注入的资产中包括大连船研所 100% 的股权。这一重组预案覆盖了核心军品上市和事业单位改制上市两大难题，获得监管部门包括国防科工局的通过，标志着军工重组步入深水区。

2014 年成飞集成（002190）公布重组预案，注入估值 158.5 亿元的沈飞集团、成飞集团及洪都科技 100% 的股权，同时配套融资 52.8 亿元用于先进战斗机及航空武器系统和沈飞民机零部件等项目。此次重组意味着我国生产最核心军品之一的战斗机资产整体实现证券化，无论是规模还是意义都远超以往，军工资产上市基本再无障碍。

军工行业资产证券化是建立现代企业制度、推进资源整合、获取研发资金、组织批量生产的必然选择。从国外经验来看，冷战后的美国军工行业由 50 多家整合到目前的五大军工集团，也造就了洛克希德·马丁、波音等世界著名的军工企业巨头。我国加快推进军工行业资产证券化将会给资本市场提供优良的投资机遇，为外部资金进入到国防工业提供正规的投资渠道，为国防工业和资本市场提供实现双赢的历史性机遇。核心军品上市一度制约了军工企业的资产整合，但随着中国重工、航空动力和成飞集成的重组，军工核心资产整合大幕已经拉开。政策指引下的军工集团的资产重组、收购兼并和产业整合仍是当前军工行业最大的投资机会。而作为事业单位的军工科研院所改制上市为军工资产整合提供了新的想象空间。

4. 军工科研院所转制是提升盈利的重大举措

在高技术条件下的局部战争中，军工科研院所的重要性更为凸显。在和平与发展的时代主题下，未来爆发大规模战争的可能性下降，“多研制、少生产、少装备”成为具有共性的武器装备发展趋向。相对于生产能力而言，国防科研能力特别是基础研究、预先研究能力，占有更加突出的地位，军事技术储备与创新比武器装备储备与更新更为重要。因此，冷战结束后，美国、英国、法国等西方发达国家逐步建立和完善了以预研管理为核心、以军民两用技术开发应用为重点、以全维产业链为依托的产学研有机结合的新模式。

在 2014 年 2 月 13 日召开的国防科技工业工作会议上，工信部部长苗圩强调要推动军工科研院所转制，推进军工企业市场化改革。十一大军工集团是我国国防科技工业的主体，也是改革的重要对象。军工科研院所改制的进度直接影响了军工改革的市场化进程，是需要克服的关键节点。当前军工科研院所改制的思路已基本明晰，将科研院所分为基础类、工程类、工艺类三类，除基础类保留事业单位属性之外，其余两类均需完成转企改制，而改制之后进入有关上市平台的步伐预计将会加快。据媒体 2013 年底的报道，目前最新的思路是，2013 年底完成分类试点，2016 年底前完成全部分类改革工作，最终在 2022 年完成过渡。

大部分军工集团的架构是厂所配套，即军工科研院所研制军品，配套军工厂生产军品，只有极少数上市公司［如洪都航空（600316）］是厂所合一。航天系两集团的各下属研究院均为事业单位，集团以研究院为主体进行研发制造工作，主要资产也集中在各研究院，研究院下设研究所和制造厂。中国电子科技集团自诞生之日起即有所无厂，所内设厂，47 家研究所构成了集团的主干。因此，中国电科集团、航天科技集团和航天科工集团的上市公司将最大程度上受益于科研院所改制，但其进度可能较慢。

表 11　军工 A 股上市公司可能涉及的军工科研院所

股票代码	股票简称	对应的军工科研院所	主营军品业务
000768	中航飞机	中航工业 603、605 所	轰炸机、运输机、特种飞机设计
600893	航空动力	中航空天发动机研究院（606、608、624、649 所）	航空发动机和燃气轮机设计研制
600038	哈飞股份	中航工业 602 所	直升机型号研制和技术预先研究
002190	成飞集成	中航工业 601、611、612、648 所	歼击机、空空导弹设计
600372	中航电子	中航工业 607、613、615、618、631 所	航空电子系统研制
002013	中航机电	中航工业 609、610 所	机载设备研制
000738	中航动控	中航工业 614 所	发动机控制系统
600862	南通科技	中航高科技发展有限公司（301、303、304、621、623、625、626、627、633、634、637 所）	航空气动、强度、材料、制造、标准、计量、测试和信息化等
600118	中国卫星	航天科技五院及下属 12 家研究所	卫星研制、载人飞船
600343	航天动力	航天科技六院及下属 6 家研究所	火箭主动力系统、轨姿控动力系统及空间飞行器推进系统
600151	航天机电	航天科技八院及下属 11 家研究所	战术导弹、运载火箭、应用卫星、载人航天、深空探测
600879	航天电子	航天科技九院及下属 4 家研究所	微电子与计算机、惯性导航、遥测遥控
600855	航天长峰	航天科工二院及下属 10 家研究所	地（舰）空导弹、潜地战略导弹、陆基机动战略导弹
000901	航天科技	航天科工三院及下属 6 家研究所	飞航导弹、无人机
600501	航天晨光	航天科工四院及下属 1 家研究所	对地导弹系统、专用车
600184	光电股份	中国兵器 205 所	光电系统、光电基础器件、光学材料
601989	中国重工	中船重工下属 28 家研究所	舰船设计、舰载武器、舰载分系统等
002544	杰赛科技	中国电科 7 所	移动通信系统、通信网络规划、云计算应用、印制电路板、物联网技术研究
600562	国睿科技	中国电科 14 所	雷达、通信、信息系统、电子对抗等
002368	太极股份	中国电科 15 所	信息化顶层设计、软件研发、计算机产品研发、系统综合集成
002268	卫士通	中国电科 30 所	信息安全、保密通信、重大系统工程
600850	华东电脑	中国电科 32 所	基础软件、关键芯片、军用计算机系统、软件工程
600990	四创电子	中国电科 38 所	雷达综合电子信息系统工程
002415	海康威视	中国电科 52 所	计算机信息存储技术

资料来源：中航证券金融研究所。

从表 11 中可以看出，军工科研院所改制过程中，中航工业集团走在前列，早在 2012 年 4 月 15 日，中航空天发动机研究院有限公司就揭牌成立，整合了 5 个发动机研究所中的动力所（608 所，中国航空动力机械研究所）、动研所（606 所，沈阳航空发动机研究所）、涡轮院（624 所，中国燃气涡轮研究院）、贵发所（649 所，贵州航空发动机设计所）4 个发动机技术研究和型号研制主机所。此外，中航电子（600372）对应的 5 家研究所改制已为市场熟知，南通科技（600862）刚刚公告其重组标的可能是拥有 10 家研究所的中航高科技发展有限公司（原中航工业基础技术研究院）。可见，各大军工集团将军工科研院所转制并注入对应上市公司的思路正在循序推进。

军工科研院所是各大军工集团最优质的军工资产。由于军工科研院所的高精尖武器产品往往附加值和技术含量较高，因此价值量占比较高，而其产品研制的资本性开支全部或大部分由国家承担，人力成本方面由国家拨付事业费，因此利润较高。目前中国十一大军工集团资产证券化率参差不齐，总体仅为 30% 左右，大量优质资产仍未上市。如果这些科研院所完成改制、注入上市公司，将是提升军工上市公司盈利的重大举措，这对股市投资者而言属于重大利好。

5. 军贸处于重要战略机遇期

近期中国武器出口增加成为外界关注的焦点。美国《商业周刊》2014 年 3 月 17 日称，一年前，中国超过英国，60 年来首次跻身全球军火出口前五名。而现在，中国又超过了法国，位居全球军火出口国第四。斯德哥尔摩国际和平研究所（SIPRI）的报告称，2009 ~ 2013 年与 2004 ~ 2008 年相比，中国主要武器装备出口增长 212%，中国占全球武器出口的比重从 2% 提升到 6%。2009 ~ 2013 年，中国向 35 个国家（主要是中低收入国家）供应武器装备，近 3/4 出口到巴基斯坦、孟加拉国和缅甸。报告称，中国军事科技的快速发展是其武器出口发展的一大原因。2013 年，北约成员国土耳其在选购地对空导弹系统时没有选择欧洲、俄罗斯和美国系统而首选中国。

目前全球地缘政治紧张局势加剧，国际军贸市场需求持续增长，而中国国家实力、国际地位和影响力的上升，创造了更为有利的军贸环境。近期沙特对“枭龙”战机的购买意向以及“红旗 - 9”在北约成员国土耳其的竞标胜出是

图 10　中国出口巴基斯坦的枭龙战机、ZDK－03 预警机和 F－22 护卫舰

资料来源：网络图片、中航证券金融研究所。

中国军贸的标志性事件，表明中国高端军事装备已经逐步在国际上获得认可。随着近年来中国军工产业研发制造水平的急速提升，中国已经稳稳地跨入“世界先进武器俱乐部”，未来必将获得更多的国际订单，预计在不久的将来就可超过德国成为仅次于美、俄的第三大武器出口国。

2014 年 6 月 16～20 日，两年一度的欧洲防务展在法国巴黎近郊举行。中国共 20 家军工企业参展，规模创参展以来历届之最，其中除了北方工业公司外全是民企。中国企业展出的高精尖武器产品也在不断升级，向世界展示了中国军工企业的进步与自信。有媒体指出，中国的展品不仅年年更新，且技术水平大幅提升，特别是远程火箭炮、制导火箭炮、制导炸弹、近程弹道导弹等装备，逐渐形成了自己的风格。技术水平更是跻身世界前列，有些甚至处于显著领先地位。欧洲防务展上向中国军贸代表团询问展品情况、索要技术资料、进行贸易洽谈的外军代表络绎不绝。

众所周知，出口军火的利润率远超国内成本加成 5% 的水平，中国军工企业可通过开展军贸产品体系、市场体系和科研生产能力建设，增强军贸产品出口竞争力，消除制约军贸发展的障碍，为军贸发展创造良好的环境，大幅提高军工企业盈利水平，从而获得更多资金用于先进武器装备研发，形成正反馈。

6. 推动军民融合深度发展

“推动军民融合深度发展”是十八届三中公报中唯一直接涉及军事工业的表述。冷战结束后，世界主要国家普遍调整了军事战略，由准备打世界大战转向准备打局部战争。军费减少、军队缩减，装备需求数量减少、质量水平要求提高，加之经济上的承受性开始成为发展国防科技工业面临的主要问题。在这种情况下，苏联模式下的军、民分离的工业体系对国防科技工业的发展的制约表现得更加突出。继续分别维持相互独立的国防和民用科技工业基础，将在很大程度上导致资源重复浪费和工作效率低下。而随着科学技术突飞猛进的发展，许多对军事至关重要的高技术，如计算机、半导体、电子、通信、先进材料和先进制造技术的发展，已主要由民用市场所推动，军用技术、设备和民用技术、设备之间的界限也越来越模糊不清。在这种情况下，主要军工大国都在加强军民融合，大力发展军民两用技术，特别是信息技术、电子、计算机、先进材料等最重要的军民两用技术，积极开展军用与民用领域技术的双向转移，即“军转民”和“民转军”，以加快科技进步在军事领域的应用，降低获得前沿技术的成本，缩短武器装备的研制周期，促进军用和民用工业基础的一体化的实现，增强国防科技工业的竞争力。

“军民融合”使军工产业的专业界限变得更加模糊，军工产业基础将变得更加广泛。以航空发动机为例，航空发动机被誉为现代工业“皇冠上的明珠”，是大国军工体系的核心，但这是我国军工体系一直以来的短板之一，严重制约着我国陆海空军装备的性能和数量。预期出台的“航空发动机和燃气轮机专项”将会整合全国科研院所、军工企业、军方用户、民营企业等各方力量在流体力学、材料研制、工艺制造、稳定可靠、维修保养等整个产业链上完成对全系列航空发动机的基础性研究和产品试验、制造及改进。研制出的核心机系列经过不同演进可以用于歼击机、轰炸机、教练机、大型运输机、大型客机等军民用飞机，衍生的不同功率型号的燃气轮机可以用于坦克、军舰主动力、分布式发电、天然气输送等军民用领域，而在这一研究过程中的许多基础性技术成果（如高温合金和陶瓷材料以及空气动力学技术）又可以延伸应用至其他军民用领域。显然，航空发动机是“军民融合”的典型代表，诸如此类的国家级军工项目还有很多。

为了指导国防科技工业领域的“军民融合”，国家和军队相关部门近年来发布了一系列的政策法规，规范“军民融合”过程中的固定资产投资、军品科研、项目验收、装备采购等行为，为军民融合奠定了基础指导方针，不仅有效提高了武器装备建设的质量、效益，而且带动了民营企业自身能力的提升。

表 12　近年来国防科技工业领域关于“军民融合”的主要政策法规

序号	政策法规名称	发布单位	发布时间
一　国家颁发的政策法规			
1	关于鼓励和引导民间投资健康发展的若干意见	国务院	2010 年 5 月
2	国防科技工业固定资产投资项目管理规定	国防科工局	2013 年 8 月
3	国防科技工业固定资产投资贷款贴息项目管理暂行办法	国防科工局	2012 年 6 月
4	国防科技工业社会投资项目核准和备案管理暂行办法	国防科工局	2009 年 12 月
5	国防科技工业社会投资领域指导目录（放开类 2010 年版）	国防科工局	2009 年 12 月
6	国防科技工业固定资产投资项目招标投标管理暂行办法实施细则	国防科工局	2012 年 9 月
7	国防科技工业固定资产投资项目竣工验收实施细则	国防科工局	2013 年 8 月
8	军品配套科研项目管理实施细则	国防科工局	2012 年 2 月
9	国防科工局科研项目管理办法	国防科工局	2012 年 1 月
10	国防科技工业科研经费管理暂行办法	国防科工局	2008 年 1 月
11	国防科工具科研项目责任制暂行办法	国防科工局	2010 年 1 月
12	国防科工局军工项目财务决算审计管理办法	国防科工局	2012 年 7 月
13	国防科工局科研项目验收工作准则	国防科工局	2011 年 12 月
14	国防科工局关于补充完善军工项目财务决算审计内容的通知	国防科工局	2013 年 12 月
15	武器装备科研生产许可现场审查规则	国防科工局	2010 年 10 月
16	武器装备科研生产许可监督检查工作规则	国防科工局	2010 年 10 月
二　军队颁发的政策法规			
17	装备预先研究条例	中央军委	2004 年 12 月
18	装备科研条例	中央军委	2004 年 2 月
19	装备采购条例	中央军委	2002 年 10 月
20	装备维修工作条例	中央军委	2002 年 6 月
21	深化装备保障体制改革实施意见	解放军四总部	2012 年 9 月
22	装备预先研究演示验证管理规定	总装备部	2006 年 6 月
23	武器装备探索研究管理规定	总装备部	2006 年 11 月
24	国家安全重大基础研究管理规定	总装备部	2003 年 5 月
25	装备预先研究基金管理项目规定	总装备部	2009 年 5 月
26	关于加强竞争性装备采购工作的意见	总装备部	2009 年 2 月
27	装备采购方式与程序管理规定	总装备部	2003 年 12 月
28	装备采购合同管理规定	总装备部	2003 年 12 月

续表

序号	政策法规名称	发布单位	发布时间
29	同类型装备集中采购管理规定	总装备部	2003 年 12 月
30	装备购置目标价格论证、过程成本监控和激励约束定价工作指南(试行)	总装综合计划部	2013 年 9 月
31	关于进一步加强装备承制单位资格审查工作的通知	总装综合计划部	2010 年 12 月
32	装备承制单位资格审查实施指南	总装综合计划部	2011 年 4 月
33	装备承制单位资格监督实施细则	总装综合计划部	2011 年 4 月
34	武器装备质量管理体系认证工作程序	武器装备质量管理体系认证委员会	2010 年 5 月
三　国家和军队联合颁发的政策法规			
35	关于建立和完善军民结合寓军于民武器装备科研生产体系的若干意见	国务院、中央军委	2010 年 10 月
36	武器装备科研生产许可管理条例	国务院、中央军委	2008 年 4 月
37	武器装备科研生产许可实施办法	工业和信息化部、总装备部	2010 年 5 月
38	武器装备科研生产单位保密资格审查认证管理办法	国家保密局、国防科工局、总装备部	2008 年 12 月
39	关于进一步推进军民一体化装备维修保障建设工作的意见	国防科工局、总装备部	2009 年 9 月
40	关于鼓励和引导民间资本进入国防科技工业领域的实施意见	国防科工局、总装备部	2012 年 6 月
41	武器装备科研生产许可退出管理规则	国防科工局、总装备部	2013 年 6 月

资料来源：中航证券金融研究所。

在 2014 年 2 月 13 日召开的国防科技工业工作会议上，工信部部长苗圩指出要加快放宽市场准入，深化军工投资体制改革，发挥市场配置资源的决定性作用，积极支持、引导和鼓励优势民营企事业单位、社会资本进入国防科技工业领域。

民营企业进入国防科技工业主要有三种途径：一是进入军用产品和技术市场，参与军品的研制和生产，或进行零部件的配套研制和生产；二是进入军工资本市场，参与国有军工企业的股份制改造，或合资合作组建新的股份制项目公司；三是进入军工人才市场，各类民营科技和经营管理人才应聘于军工企业。

2013 年新取得武器装备科研生产许可的单位中非公有制企业占 2/3。截至 2013 年底，列入总装备部装备承制单位名录和获得国防科工局武器装备科研生产许可的企业中，民营企业超过 1/3，部分优势民营企业还承担了整机或主战装备科研生产任务。

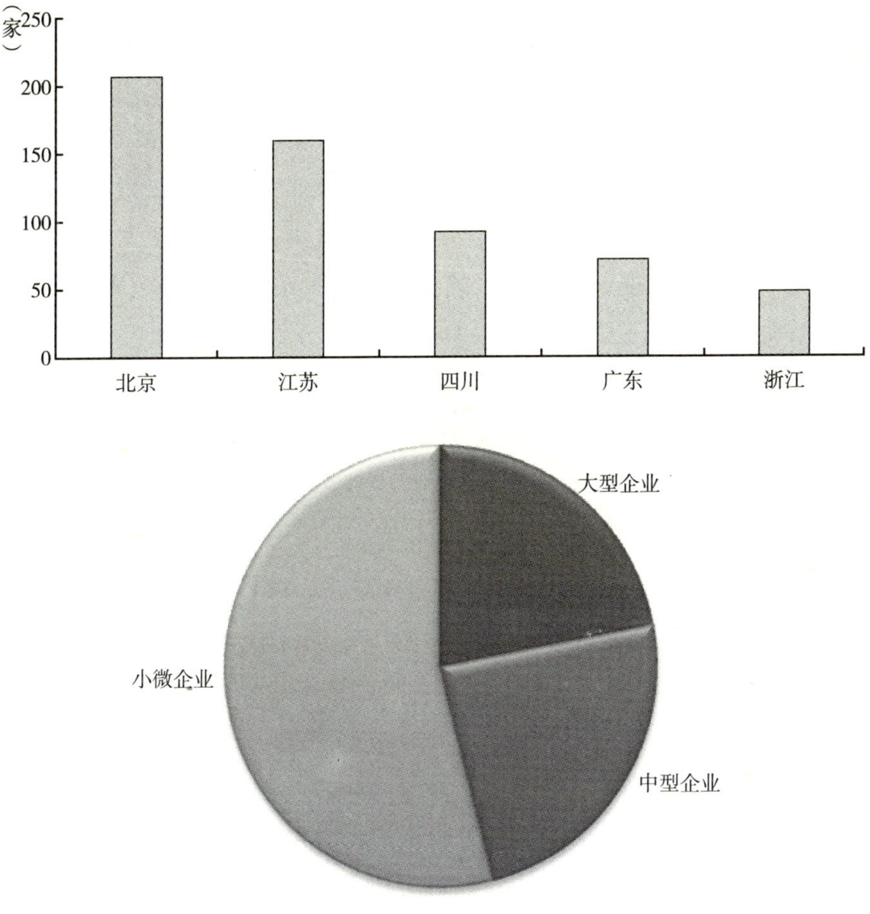

图 11　获得许可参与军工生产的民营企业主要地区分布和企业规模分类

资料来源：中航证券金融研究所。

可以预期，国防科技工业领域对民资充分放开后，必将激发民间资本和民营企业参与热情，社会资本的大举进入将加速我国现代国防科技工业体系的形成，军工企业中的民营比例将稳步上升，非绝密核心主战装备和装备分系统研制任务将逐步下放，我国“小核心、大协作、开放型”的军民融合式的武器装备科研生产体系将逐步完善。

四　军工行业投资逻辑与重点公司推荐

（一）国防军工板块走势回顾及驱动因素解读

国防军工板块近十年明显呈现出三次大幅上涨、两次大幅下跌的态势，四年约为一个周期。由于军费平稳增长，军工企业业绩增速也较为平稳，军工板块的波动呈现估值溢价的变化。我们分析认为，过去几次大波段的驱动因素主要来源于两方面：驱动因素之一——国家政策。2005 ~ 2007 年大幅上涨的驱动因素与 A 股其他板块一样，即股权分置改革。此后包括国防科技工业市场化改革、武器装备研制采购的市场化改革等都是由国家政策推动的。2013 年底十八届三中全会成立国家安全委员会，构建中国特色现代军事力量体系，这一重大决策推动行业大幅上涨。驱动因素之二——军工资产证券化。2008 年底中航工业集团合并成立，开始了军工资产证券化的第一轮运作，军工板块应声上涨，至 2010 年底大幅跑赢大盘指数。此后两年，军工资产重组暂停，受航空动力重组失败等事件影响，军工板块深度调整，完成一个 4 年波动周期。2013 年初哈飞股份重组获得国防科工局批复，航空动力再次停牌重组，标志着军工资产证券化重启，点燃了资本市场热情，同年第三季度中国重工注入核心军工资产，此次资本运作标志着军工资产证券化改革逐步进入深水区，军工板块再次出现大幅上涨。目前以成飞集成作为资本运作平台，中航工业集团正在进行核心飞机装备资产的注入整合。未来更多的军工集团会陆续跟进，军工资产证券化浪潮正在全面、有序地铺开。

国防军工板块的小波段波动主要来自于各类事件性驱动，包括周边地缘政治紧张、相关政策出台、新型武器曝光或列装、新技术概念、军事演习、阅兵等。这些因素都会加大投资者的想象空间，从而提升相关个股估值。

（二）国防军工行业长期投资路径

武器装备信息化建设与军民融合发展下的体制改革为国防工业发展的两大基石。其中信息化武器装备建设由国防军费投入支持，平衡军事需求和装备生产能力，体现为新型装备技术的持续提升，从而满足国防需求；国防体制改革以行业市场化改革为方向，主要涉及军工资产注入、研究所事业单位改制等，提升行业运营效率，优化军工资源配置。根据军工行业研究框架，中长期国防军工行业投资路径主要集中在以下四个方面。

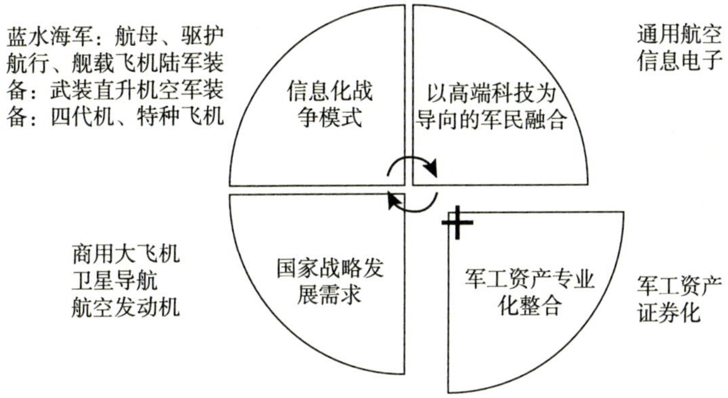

图 12　军工行业投资路径

资料来源：中航证券金融研究所。

1. 路径一：国家战略发展需要

关系到国家未来经济转型，以及可持续发展，保证国防经济实力的战略性行业，国家政策倾斜度高，支持力度大。具体新兴战略性产业以及国家重大科技专项所涉及重要部分包括大飞机项目、卫星导航以及航空发动机等。

2. 路径二：信息化战争模式下关键装备列装

蓝海海军装备：航母、高技术舰艇、舰载机群。

空军：四代战斗机、整体战斗力所需预警机、电子干扰机、加油机等特种飞机。

陆军航空兵：重型武装直升机、轻型侦察直升机等。

3. 路径三：军民融合发展

军民融合是行业长期发展模式，通过军民用资源共享，降低运营成本，提高军工企业的整体效率，同时积累高端专业科技人才。从国外军工企业成熟经验看，军民融合为军工企业的持续发展提供了基础。目前军民融合平台最易搭建、资源共享最紧密的三个细分市场是通用航空、电子信息产业、卫星导航。

4. 路径四：军工体制改革

其中资产证券化是行业投资的主要热点。行业需求空间打开的同时，军工企业股份制改革不断深入，资产证券化为军工企业深入体制改革、消除军工企业以往相对封闭环境、融入自身发展资金提供了良好的平台。

表 13　2014 年军工行业触发因素预测及相关上市公司

类型	触发因素	受益板块	主要相关上市公司
安全形势	东海和南海争端升级	海军装备产业链	中国重工、广船国际、中航飞机等
	东海防空识别区冲突加剧	雷达、预警、战斗机产业链	四创电子、国睿科技、中航飞机
装备升级	新型战机开始批量交付	航空装备产业链	成飞集成、航空动力、中航电子等
	国产航母建设取得进展	航母相关产业链	中国重工、中航光电等
	新型航空发动机研制突破	航空发动机产业链	航空动力、中航动控、成发科技、中航重机、钢研高纳等
产业政策	航空发动机重大专项出台		
	低空开放与通航政策出台	通用航空产业链	哈飞股份、海特高新、威海广泰等
重组预期	研究所改制具体政策出台	中航工业、中船重工、中国电科、航天科技等	中航电子、中国重工、中国卫星、航天电子、四创电子、国睿科技等
	集团层面明确资本运作战略	航天科技、中国电科、中船集团	航天电子、航天动力、广船国际等

资料来源：中航证券金融研究所。

（三）军工板块估值存在上行空间

从国防军工板块近十年走势的 PE - Bands 和 PB - Bands 可以看出，其走势大致分别围绕 60 倍的 PE 估值和 3.8 倍的 PB 估值上下波动，波动周期大致为四年。目前，板块估值正处于上升浪的底部区域，PE 和 PB 区间估值分别为 48X 和 2.5X，低于全周期估值中枢。近期军工板块估值风险得到一定程度的释放，在未来宏观经济走势不明朗的情况下，随着国防军工市场化改革的进一步推进，军民融合发展格局下军工资产证券化逐步进入深水区，军工行业未来将呈现穿越经济周期的中长期投资价值。

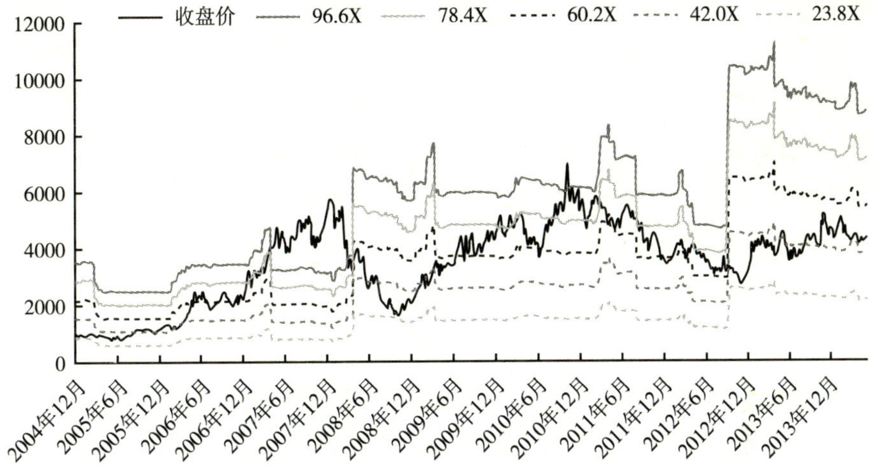

图 13　国防军工板块 PE – Bands

资料来源：Wind 资讯、中航证券金融研究所。

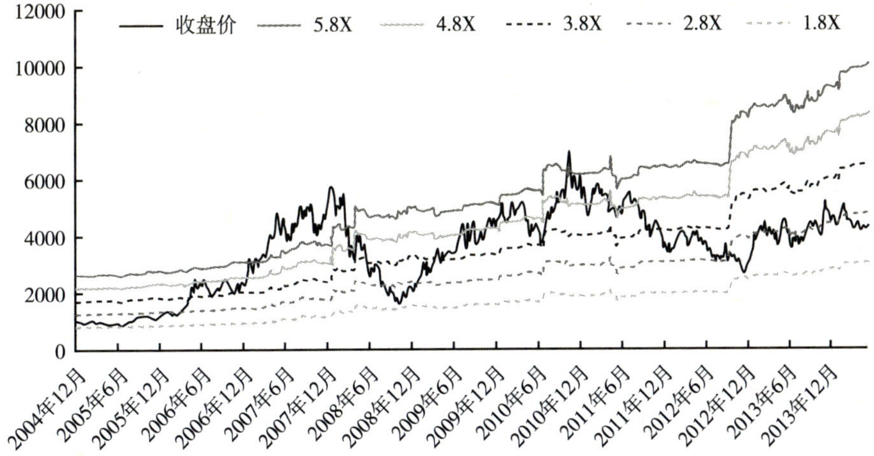

图 14　国防军工板块 PB – Bands

资料来源：Wind 资讯、中航证券金融研究所。

（四）改革——军工行业投资的关键词

从军队改革的角度，投资国防军工板块应重点关注陆、海、空、天、电全域作战体系的核心供应商。

十八届三中全会决议成立国家安全委员会，将国家安全上升为重要战略层面，构建中国特色现代军事力量体系，蓝水海军雏形初现，中国正在从陆权强国转向海权大国。中美军事改革趋势一致，存在兵力配置失衡和装备陈旧落后问题的解放军有强烈的变革诉求，或将审时度势按照信息化作战要求跟进“军队组织形态调整 + 高科技装备换装 + 军工体系改革”步伐，从而强化解放军参与全球军事治理的信心。为适应这一转变，中央军委深化国防和军队改革领导小组已经成立，中国军队组织形态将发生重大改变。未来很长一段时期内我军对新型海空军装备、信息化装备的需求将不断提高，精兵简政和军费增速重回上升趋势也使得装备支出仍有较大提升空间，军事装备在未来相当长时期内处于供需两旺的态势。

从军工改革的角度，国防军工板块投资着眼于军工企业资产证券化预期、国企混合所有制化预期、民企参与军工生产三个维度。

2014 年国防科技工业工作会议明确了军工体制改革的方向，将启动第四次军品科研生产能力结构调整，预计中国军工体系将进行大规模调整，这将媲美 1993 年美国军工“最后的晚餐”事件。军工改革将推动军民融合深度发展，改革国防科研生产管理和武器装备采购体制机制，未来军工资产证券化将持续推进，事业单位改制使得军工重组涉入深水，为优势民营企业跨入国防科技工业体系扫清障碍。随着民间力量的合理引入，未来 5 ~ 10 年我国高端装备制造业将迎来黄金发展期，国防科技工业也逐步进入业绩持续增长时期。

（五）重点上市公司推荐

1. 中航飞机（000768）：战略空军制造商，民机成国家名片

中航飞机是我国最大的飞机制造商，其军机大多属于战略机型，主要用于对海对陆作战，包括轰 -6 系列、飞豹系列、运 -8、运 -9 系列等，未来还将

负责运－20的零部件生产；民机方面负责新舟系列整机、ARJ21－700、C919的部分机体和机翼制造，这些机型均已成为国家名片，获得数百架国内外意向订单；为空客和波音制造飞机零部件的国际转包业务也维持高速增长。公司已经度过低谷期，募投项目于2014年完全达产，民机产能充分释放，未来将维持较高增速。

2. 哈飞股份（600038）：直升机制造商，长期需求确定

哈飞股份是我国最大的直升机制造商，国内主要直升机制造资产注入已经完成，天津基地的产能得到极大地提升，未来随着陆军航空兵的大规模扩张、防恐维稳的警用直升机的大规模装备以及低空开放导致的通用航空飞行器的巨大需求，公司的长期持续增长前景确定。

3. 航空动力（600893）：三军动力提供商，国家战略受益者

航空动力是我国最大的航空发动机制造商，国内主要航空发动机制造商的资产注入已经完成，发动机零部件募投项目已达预定产能，军用发动机维修业务平稳增长，毛利率稳步提升。航空发动机和燃气轮机专项发布后，航空发动机研制将成为国家战略，公司将成为显著受益者。

4. 中航机电（002013）：航空机电提供商，内生外延增长兼具

中航机电是我国航空机电系统提供商，具有显著的垄断地位，将充分受益于我国航空工业整体发展与机电一体化趋势，盈利能力显著高于整机制造与零部件，目前相对估值较低。而我国近一半的航空机电类资产尚未实现证券化，公司作为机电系统资产整合平台，未来具备想象空间。

5. 中航电子（600372）：航空电子提供商，盈利位于产业链顶端

中航电子是我国航空电子系统提供商，也具有显著的垄断地位。一代飞机需要更换2～3代电子系统，而先进飞机的航电系统占比持续提升，目前已超过飞机总价值的50%，因此其增速明显高于飞机制造增速，盈利能力处于产业链顶端。此外军工科研院所的资产注入进程中，航电系统研究所也可能率先行动，将进一步提升公司的盈利水平。

6. 中国卫星（600118）：小卫星研制商，持续稳定增长

中国卫星是我国小卫星和微小卫星研制商，同时负责卫星地面应用系统及设备制造，提供卫星运营服务。根据我国卫星发射计划，卫星研制业务维持稳健发展，通过卫星应用服务逐步提升盈利质量。作为航天五院的上市平台，随着军工科研院所改制的推进，市场预期大卫星相关资产将注入。

7. 中国重工（601989）：蓝水海军制造商，整体上市持续推进

中国重工是中船重工集团整体上市平台，已经完成两轮资产注入，新的资产注入承诺已经公告，在未来若干年内，中船重工集团的制造厂和研究所资产都将注入，最终实现整体上市。中船重工集团承担了我国大约80%的军船制造任务，将显著受益于我国本轮造舰高峰。此外，公司对于海洋工程和民船的建造周期也把握得较好，盈利能力将持续提升。

8. 光电股份（600184）：光电信息化龙头，受益于装备信息化

光电股份是中国兵器工业集团北方光电集团上市平台，主要生产反坦克导弹装甲车、精确制导导引头、光电信息系统、光学材料与器件等军民用产品，此前受累于云南天达光伏的持续亏损，已计提资产减值损失，甩掉包袱轻装上阵。作为光电材料与信息系统提供商，未来公司将显著受益于陆海空军的信息化进程。

9. 四创电子（600990）：雷达安防双管齐下，融资完成放量可期

四创电子是中国电子科技集团38所旗下上市公司，是我国领先的雷达系统和应急通信系统供应商，业务聚焦雷达和公共安全两大领域，同时积极培育北斗卫星应用业务。公司刚完成配股融资，募投项目将于两年后达产，其中航管雷达和气象雷达将受益于机场建设和低空开放，安防业务将受益于安全维稳和智慧城市建设，未来放量可期。

五　军工投资利器——军工指数

军工行业投资将面临前所未有的历史机遇。但是由于军工的相对封闭性，大多数市场参与者对军工行业不甚了解，参与二级市场投资时难以选择合适的标的股票。这时就需要能够反映军工行业市场行情的投资标的。在这一背景下，资本市场慧眼识珠，各市场机构纷纷推出自己的军工指数，如上海证券交易所和中证指数有限公司于2013年12月26日分别正式发布上证、中证军工指数。

中航证券有限公司也与中证指数有限公司合作，于2013年12月26日对中证中航军工主题指数（399959，以下简称“中航军工指数”）进行调整。此次调整后的中航军工指数包含40只成份股，作为第二代主题性指数，是在原有包含80只成份股的宽基军工指数基础上精练而成，更能代表军工行业的战略布局以及发展趋势，能够敏锐地反映周边局势变化所带来的投资热点，从而使指数精准地反映军工市场行情，更适用于军工行业投资产品的开发。除了考虑市场通行的市值、流动性等指标外，创新性地将样本空间成份股票与核心军工股票的走势相关性作为筛选成份股票的指标，以保证指数的行业代表性。

中航军工指数于2014年6月13日进行定期调整，将成飞集成调入核心股票，更换4只成份股，目前包含41只成份股，很多都是能够代表所属军工板块的上市公司。

表14　中航军工指数成份股

所属板块	股票代码	股票简称	简　　介
航空	000768	中航飞机	隶属中航工业集团飞机公司，轰炸机和运输机制造商，主要生产轰-6、飞豹、运-8、新舟系列等
	002190	成飞集成	隶属中航工业集团，正在注入战斗机和空地导弹资产
	600391	成发科技	隶属中航工业集团发动机公司，航空发动机零部件生产商，主要外贸转包
	600038	哈飞股份	隶属中航工业集团直升机公司，直升机整机平台，主要生产直-9系列、运-12系列等
	600765	中航重机	隶属中航工业集团通飞公司，航空锻铸件和液压件生产商，3D打印技术等全国领先
	600893	航空动力	隶属中航工业集团发动机公司，航空发动机生产平台和维修平台
	002013	中航机电	隶属中航工业集团机电系统公司，航空机电系统平台
	600316	洪都航空	隶属中航工业集团航空装备公司，教练机生产商，主要生产K-8、L-15教练机
	000738	中航动控	隶属中航工业集团发动机公司，航空发动机控制平台
	002179	中航光电	隶属中航科工，陆海空天电连接器生产商
	600372	中航电子	隶属中航工业集团航电系统公司，航空电子系统平台
	600523	贵航股份	隶属中航工业集团通飞公司，汽车和航空零部件生产商
	300114	中航电测	隶属中航工业集团通飞公司，世界上电阻应变计、称重传感器最大的供货商之一

续表

所属板块	股票代码	股票简称	简　　介
航天	600118	中国卫星	隶属航天科技集团五院，微小卫星、地面应用系统和设备制造及卫星运营服务商
	600879	航天电子	隶属航天科技集团九院，航天电子设备生产商
	600343	航天动力	隶属航天科技集团六院，特种泵、液力变矩器、特种电机和化工设备生产商
	002025	航天电器	隶属航天科工集团061基地，航天连接器、电机、继电器生产商
	000901	航天科技	隶属航天科工集团三院，航天和汽车电子、电力设备件生产商
	600677	航天通信	隶属航天科工集团，军用通信设备和近程轻型防御导弹武器系统生产商
	600501	航天晨光	隶属航天科工集团四院，航天用特种车产研平台
	600271	航天信息	隶属航天科工集团，防伪税控系统、IC卡、系统集成商
船舶	601989	中国重工	隶属中船重工集团，军用舰船、能源装备、海洋工程制造商
	600482	风帆股份	隶属中船重工集团，军用起动铅酸电池制造商
	600685	广船国际	隶属中船工业集团，华南地区最大的现代化造修船综合企业
	600150	中国船舶	隶属中船工业集团，集团核心民品主业上市公司
兵器	600184	光电股份	隶属兵器工业集团，精确制导武器系统和航空显控信息装备生产商
	600435	北方导航	隶属兵器工业集团，军工光电、火控、制导设备生产商
通信	002465	海格通信	隶属广州国资委，军用通信和导航设备生产商
	000561	烽火电子	隶属陕西国资委，通信装备及电声器材料生产商
雷达	600990	四创电子	隶属电子科技集团38所，雷达、通信设备生产商
	600562	国睿科技	隶属电子科技集团14所，雷达整机系统和子系统生产商
导航	002383	合众思壮	民营企业，国内卫星导航定位领军企业之一
材料	300034	钢研高纳	隶属钢研科技集团，航空航天用高温合金材料生产商
	600399	抚顺特钢	隶属辽宁国资委，特钢和军工材料生产商
	600456	宝钛股份	隶属陕西国资委，中国最大的钛合金生产商
	002297	博云新材	隶属中南大学，飞机和汽车刹车材料生产商
安防	600855	航天长峰	隶属航天科工集团二院，安防、医疗、红外设备生产商
	002268	卫士通	隶属电子科技集团30所，中国“信息安全第一股”
通航	002111	威海广泰	民营企业，航空地面设备和消防设备制造商
	002253	川大智胜	民营企业，空中交通管理领域大型软件和重大装备供应商
	002023	海特高新	民营企业，重要飞机发动机设备维修商、航空培训和零部件提供商

资料来源：中航证券金融研究所。

B.12

2013 年新三板企业 20 强创值业绩评析

郭昀　但瑞华*

摘　要：

本文通过分析“净利润”“净现金流”在衡量业绩方面的局限性，采用“经济增加值”作为反映上市公司收益当期性和真实性的指标。在此基础上，本文从创值收益评析、创值能力评析、市值合理性评估三方面对新三板上市公司进行了排名比较，力图帮助投资者从三个维度全面了解新三板优质企业。

关键词：

经济增加值　新三板　创值收益　创值能力　市值

2013 年 12 月 14 日，国务院发布了《关于全国中小企业股份转让系统有关问题的决定》，从而将为创新型、创业型、成长型中小微企业融资服务的新三板正式推向了全国。截至 2013 年 12 月 31 日，新三板挂牌了 354 家企业。从公开披露的 2013 年年报来看，有较多企业的净利润为负，这引起了投资者的疑虑：如何判断新三板的好企业？

什么是好企业呢？长期以来，投资人用净利润或现金流为指标来评价企业的核心业绩。

净利润是收入与运营成本费用、债务资本成本费用之间的差额。虽然从会计核算的角度扣减了以利息支出所代表的债务资本成本，但没有扣减因使用股东资本而产生的成本；不仅少计了资本成本，而且还多计了费用，比如将应该长期摊销的投入费用（如研究开发等费用）都在当期扣减，因此，利润并不

---

* 郭昀，中国社会科学院上市公司研究中心研究员；但瑞华，中国社会科学院上市公司研究中心 研究员。

是真实的净值性的收益。

净现金流是现金流入与流出差额。它不仅考虑到企业收益的数额，而且计算了获取收益的时间，从长期来看，具有较高的精确值。但与资本投入的匹配性不强，当期收到的现金可能包括了前期发生的应收账款；当期支付的现金可能包含了前期发生的应付账款，而不包含属于当期应付但在下期实际支付的款项。因此，净现金流不能准确地判断当期的业绩。

显然，会计核算的“净利润”“净现金流”在衡量业绩上有一定的局限性，因此，经济学家从净值的角度提出了——经济增加值。

经济增加值反映了真实的当期收益。经济增加值源于马歇尔的经济利润学说，其计算公式为：经济增加值 = 调整性运营利润 - 资本成本。首先，调整性运营利润剔除了会计数据的扭曲和曲解，调整了不属于在用性、营业性、当期性的投入、费用和收益；其次，在调整的基础上，不仅扣减了运营成本和债务资本成本，而且扣减了股东资本成本，因此，经济增加值是真正从投资者角度度量的净值收益，反映出收益的真实性和当期性。

经济增加值构成了价值的核心要素。经济增加值估值与现金流估值相等，优于现金流的是不仅可以对整个周期的投入绩效进行评估，而且可以对周期中的每个阶段的业绩进行计算衡量，构成了价值的核心要素。其估值公式为：价值 = 投入资本 + 经济增加值折现值。当经济增加值大于零时，表明在扣除所有的成本和费用后的剩余收入归股东所有，企业价值增大；当经济增加值小于零时，表明企业经营所得不足以弥补包括股权资本成本在内的成本和费用，企业价值降低。因此，经济增加值的增减直接影响企业价值的大小。

为此，我们将以创造经济增加值（创值）为核心指标来评价新三板挂牌企业的业绩。

由于新三板企业中有许多企业是在 2013 年 12 月底挂牌，年报中仅披露了 2013 年的数据，缺乏 2012 年、2011 年的数据，我们仅对披露了完整三年财务数据的 201 家企业进行创值业绩监测评析，并且以经济增加值为标准，评选出新三板挂牌企业 20 强，力图帮助投资者了解新三板优秀企业：

（1）创值收益有多大？创值收益最多的企业是哪家？影响创值的主要因素是什么？

（2）创值能力有多强？创值能力最强的企业是哪家？驱动创值的关键要素是什么？

（3）新三板的优秀企业的市值合理吗？创值收益对市值的支撑性如何？创值能力对市值的支持性如何？市值是高还是低？

一　创值收益评析

创值收益从定量上说，表现为经济增加值总量；从定性上说，是价值创造的标志。价值是投入资本与经济增加值之和，经济增加值为正，意味着创造价值；经济增加值为负，意味着减损价值。创值收益的量反映其规模，创值收益的质体现在收益增长、收益构成、收益过程等方面。

（一）创值总量

2013 年，新三板企业 20 强创造经济增加值共计 371011154.86 元，意味着创造价值。其中，总量最多的是中科软，为 54379839.76 元；最少的是天友设计，为 8254691.12 元，企业间相差较大（见表 1）。

表 1　经济增加值总量

单位：元

排序	经济增加值	企业名称	排序	经济增加值	企业名称
1	54379839.76	中科软	11	15462203.78	首都在线
2	47552861.17	原子高科	12	13670400.89	天大清源
3	28808819.14	双杰电气	13	12130456.93	星昊医药
4	24627651.31	创世生态	14	10545785.23	九尊能源
5	22476110.36	沃捷传媒	15	10058826.16	莱富特佰
6	19676929.04	七维航测	16	9254625.73	意诚信通
7	18228146.09	聚利科技	17	8961732.81	腾龙电子
8	17802235.33	久日化学	18	8631863.95	康斯特
9	16185990.84	卡联科技	19	8350884.31	金润科技
10	15951100.91	六合伟业	20	8254691.12	天友设计

注：①本文所用资料来源于全国中小企业股份转让系统披露的新三板挂牌公司 2011～2013 年的年报数据及行情数据，其数据由“创值核算与分析”专业软件统计处理。②经济增加值 = 净运营利润 - 资本成本费用 - 所得税。

资料来源：笔者计算。

从表1可以看出，新三板企业20强的经济增加值规模不大，在5000万元左右的有2家，2000万~3000万元的有3家，1000万~2000万元的有10家，1000万元以下的有5家。

（二）创值增长

与上年相比，企业20强的经济增加值的平均增幅为-2.80%，企业间差距极大（见表2）。

表2　经济增加值增长率

单位：%

排序	经济增加值增长率	企业名称	排序	经济增加值增长率	企业名称
1	519.9	意诚信通	11	1.56	原子高科
2	149.29	莱富特佰	12	-4.43	久日化学
3	50.34	金润科技	13	-9.99	九尊能源
4	39.31	聚利科技	14	-11.85	天大清源
5	36.62	七维航测	15	-15.85	中科软
6	32	卡联科技	16	-21.5	双杰电气
7	25.2	首都在线	17	-21.79	腾龙电子
8	14.51	六合伟业	18	-26.41	天友设计
9	4.73	创世生态	19	-31.68	康斯特
10	3.97	沃捷传媒	20	-63.4	星昊医药

资料来源：笔者计算。

从表2可以看出，正增长有11家，负增长有9家。由于企业挂牌新三板后，资本有了较大的扩充，有的企业经济增加值增幅达500%以上；有些企业因效益下滑，负增长达60%。

（三）创值构成

经济增加值将营业外收入等偶然的、非常态的收益剔除在外，主要由经营性经济增加值和投资性经济增加值两方面所构成。2013年，新三板企业20强创造的经营性经济增加值为484950916.25元，增长率为3.18%；投资性经济增加值为6665951.60元，增长率为-43.67%。

一般来说，经营性经济增加值的贡献率只有在 75% 以上，才能显现出经济增加值的稳定性。2013 年新三板企业 20 强的经营性经济增加值对经济增加值的贡献率为 98.17%，投资性经济增加值对经济增加值的贡献率为 1.83%，显示出超稳定性。

1. 经营性经济增加值

各企业创造的经营性经济增加值差距很大，如表 3 所示。

表 3 经营性经济增加值

单位：元，%

排序	企业名称	经营性经济增加值	增长率	权重
1	中科软	66107350.68	-17.42	100
2	原子高科	52791208.83	6.57	81.84
3	双杰电气	39543779.26	-13.68	100
4	沃捷传媒	33236229.19	9.97	100
5	创世生态	31125522.77	9.94	100
6	聚利科技	25953902.61	72.1	100
7	星昊医药	25595626.66	-35.85	100
8	七维航测	25513932.02	46.29	100
9	久日化学	23757486.65	4.88	100
10	卡联科技	20408986.95	37.06	100
11	六合伟业	19837429.41	12.41	100
12	天大清源	19254632.48	0.99	98.50
13	首都在线	18580051.83	19.32	99.40
14	九尊能源	13777508.57	-2.71	100
15	康斯特	13429761.85	-17.73	100
16	金润科技	13204977.18	82.2	100
17	莱富特佰	12217531.37	112.23	100
18	天友设计	11382630.63	-37.56	100
19	意诚信通	10759133.17	212.9	98.72
20	腾龙电子	8473234.157	-33	84.40

注：经营性经济增加值 = 经营利润 - 经营资产成本费用。

资料来源：笔者计算。

从表 3 可以看出，新三板企业 20 强的经营性经济增加值状况为：5000 万元以上的有 2 家，2000 万～4000 万元的有 9 家，1000 万～2000 万元的有 9 家。

各企业经营性经济增加值的增长率差异很大。正增长的有 13 家，有的高达 200% 的增长；负增长的有 7 家，最高为 -37.56%。

除了 2 家企业的经营性经济增加值的权重在 81% 左右外，其他都在 98% 以上。

2. 投资性经济增加值

各企业投资性经济增加值的差异也较大（见表 4）。

表 4　投资性经济增加值

单位：元

排序	投资性经济增加值	企业名称	排序	投资性经济增加值	企业名称
1	11716707.81	原子高科	11	0	久日化学
2	1565597.612	腾龙电子	12	0	创世生态
3	294068.08	天大清源	13	0	沃捷传媒
4	139286.0828	意诚信通	14	0	六合伟业
5	112063.2937	首都在线	15	-37138.19	天友设计
6	0	康斯特	16	-289895.047	中科软
7	0	双杰电气	17	-991760	九尊能源
8	0	莱富特佰	18	-1747691.79	星昊医药
9	0	七维航测	19	-1846392.79	聚利科技
10	0	卡联科技	20	-2248893.46	金润科技

注：投资性经济增加值 = 投资收益 - 投资资产成本费用。

资料来源：笔者计算。

从表 4 可以看出，新三板企业 20 强的投资性经济增加值创正值的有 5 家。其中 1000 万元上的有 1 家，为原子高科；150 万元左右的企业有 1 家；10 万 ~ 30 万元的有 3 家。9 家的投资性经济增加值为 0，其原因是没有对外投资。创负值的有 6 家，-200 多万元的有 1 家，-17 万元左右的有 2 家，-3 万 ~ -10 万元的有 3 家。

（四）创值过程分析

正如经济增加值的经典计算公式：经营性经济增加值 = 营业收入 - 营业成本及附加 - 营业费用 - 管理费用 - 债权资本成本 - 股权资本成本，所显示的那样，从经济增加值形成过程来看，营业收入是源头，减去营业成本及附加后形成主业利润，再减去销售费用后形成主业主利，再减去管理费用加上调整后费用形成经营利润，再减去资本成本（债权和股权）后才形成最终的净值的经营性经济增加值，从而构成了创值的完整过程。2013 年，新三板企业 20 强的创值过程如图 1 所示。

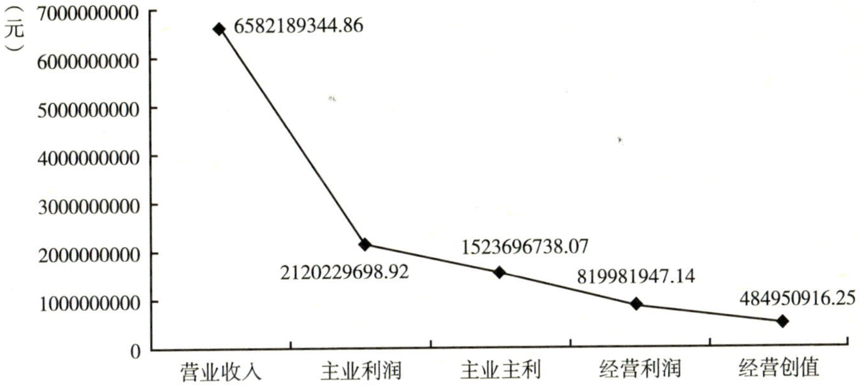

图 1　创值过程

如图 1 所示，从营业收入到主业利润的下滑线是营业成本及附加线，幅度最大；从主业利润到主业主利的下滑线是销售费用线，幅度较小；从主业利润到经营利润的下滑线是管理费用线，幅度比销售费用线大；从经营利润到经营创值的下滑线是经营资产的资本成本线，幅度最小。各种成本的占比为：营业成本占总成本的 60. 75%；管理费用占成本的 18. 90%；销售费用占总成本的 10. 40%，资本成本费用占总成本的 9. 95%。

2013 年新三板企业 20 强营业收入、主业利润、主业主利、经营利润、经营创值（经营性经济增加值）都有所增长，营业收入是 6582189344. 86 元，增长率达 29. 08%；主业利润 2120229698. 92 元，增长率为 28. 05%；主业主利是 1523696738. 07 元，增长率为 30. 14%；经营利润是 819981947. 14 元，增长率为 32. 26%；经营性经济增加值是 484950916. 25 元，增长率为 3. 18%。经营利润增长最快，增长最慢的是经营性经济增加值。各个企业的营业收入、主业利润、主业主利、经营利润、经营性经济增加值的状况如表 5 所示。

表 5　营业收入、主业利润、主业主利、经营利润、经营性经济增加值排序

单位：元

排序	营业收入	企业名称	主业利润	企业名称	主业主利	企业名称	经营利润	企业名称	经营性经济增加值	企业名称
1	2679651734.09	中科软	611147772.8	中科软	369615644.60	中科软	122359175.99	中科软	66107351	中科软
2	576954766.50	原子高科	287774971.27	原子高科	162134341.19	原子高科	93901088.95	原子高科	52791209	原子高科
3	505820151.79	沃捷传媒	178698853.76	双杰电气	122869564.56	双杰电气	75407883.57	双杰电气	39543779	双杰电气
4	448145959.00	双杰电气	135227166.67	星昊医药	104582743.56	星昊医药	71367982.42	星昊医药	33236229	沃捷传媒
5	381920720.90	创世生态	84279808.68	康斯特	67230701.29	久日化学	48805203.99	创世生态	31125523	创世生态
6	323895280.98	久日化学	79165508.48	聚利科技	66380476.52	聚利科技	45902614.24	久日化学	25953903	聚利科技
7	257679427.36	星昊医药	72591341.07	久日化学	65432493.69	创世生态	44443260.18	沃捷传媒	25595627	星昊医药
8	201041524.92	聚利科技	66466002.38	创世生态	61603913.89	天友设计	38929141.72	七维航测	25513932	七维航测
9	150084907.51	首都在线	62578639.36	天大清源	56204751.49	天大清源	35974192.06	聚利科技	23757487	久日化学
10	146951962.25	七维航测	62229984.28	莱富特佰	54775276.84	七维航测	31943370.75	天大清源	20408987	卡联科技
11	118011646.59	天友设计	61987173.06	首都在线	52520539.76	康斯特	30699247.87	六合伟业	19837429	六合伟业
12	117752476.40	天大清源	61603913.89	天友设计	51294021.62	沃捷传媒	30438945.16	康斯特	19254632	天大清源
13	117717117.97	康斯特	61584730.55	沃捷传媒	49763353.71	卡联科技	28416583.54	卡联科技	18580052	首都在线
14	110188285.87	六合伟业	61525424.19	七维航测	49740940.87	六合伟业	23856337.88	首都在线	13777509	九尊能源
15	107434871.78	莱富特佰	58109808.46	卡联科技	48348200.04	首都在线	21720795.44	九尊能源	13429762	康斯特
16	104790208.43	意诚信通	57275040.07	六合伟业	39204882.38	莱富特佰	18478533.16	天友设计	13204977	金润科技
17	102268429.67	九尊能源	37719415.73	九尊能源	36530699.34	九尊能源	15491744.98	意诚信通	12217531	莱富特佰
18	74335276.97	卡联科技	35930097.29	意诚信通	26452939.76	意诚信通	15027906.45	莱富特佰	11382631	天友设计
19	32119795.54	金润科技	28196080.03	金润科技	22873286.04	金润科技	14808336.85	金润科技	10759133	意诚信通
20	25424800.34	腾龙电子	16137966.92	腾龙电子	16137966.92	腾龙电子	12009601.94	腾龙电子	8473234	腾龙电子

资料来源：中科创值课题组。

二　创值能力评析

创值收益标志着创造价值的程度、规模。决定创值收益的是其创值能力。创值能力主要体现为创造经济增加值的效率，检验的核心指标是创值率，即投入资本与经济增加值比。由于经济增加值的主体是经营性经济增加值，因此，创值能力的核心是经营创值力，即经营创值率 = 经营性经济增加值/经营资产。

2013 年新三板企业 20 强的经营创值率是 0.2238，表示每 1 元的投入创造了 0.2238 元的经营性经济增加值。各个企业之间的差异很大（见表 6）。

表 6　经营创值率

排序	经营创值率	企业名称	排序	经营创值率	企业名称
1	0.6300	金润科技	11	0.1753	六合伟业
2	0.5130	莱富特佰	12	0.1599	天大清源
3	0.3771	首都在线	13	0.1562	创世生态
4	0.2824	卡联科技	14	0.1476	天友设计
5	0.2604	沃捷传媒	15	0.1383	原子高科
6	0.2577	聚利科技	16	0.1257	中科软
7	0.2549	腾龙电子	17	0.1127	双杰电气
8	0.2344	意诚信通	18	0.0970	久日化学
9	0.2137	九尊能源	19	0.0800	康斯特
10	0.1856	七维航测	20	0.0741	星昊医药

注：经营创值率 = 经营性经济增加值/经营资产合计平均值。

资料来源：笔者计算。

从表 6 可以看出，最高的是金润科技、莱富特佰；最低的是康斯特、星昊医药。

经营创值能力的公式可以细化为：

经营性经济增加值 = 投入资本收入率（经营资产收入率）×（1 - 营业收入运营成本率 - 营业收入资本成本率）× 投入资本（经营资产）

因此，经营创值能力主要由投入资本创收力、运营成本管理力、资本成本管理力、投入资本实力四项构成。它体现为创值效率与规模的统一，效率表现为投入资本创收率、运营成本率、资本成本率，规模表现为一定收入前提下的投入资本实力。

（一）投入资本创收力

创收力是指净投入资本创造营业收入的能力，营业收入是没有扣除成本费用的资金流入，也是影响价值的起点因素；净投入资本是剔除了非当期投入（如在建工程）的当期在用性资产。创收力体现着投入资本的市场效率，凸显出企业满足市场需求的业务（产品或服务）价值。营业收入大，意味着市场接受的程度大，资金流入的规模大，但不能说明创造收入的能力强。因为收入是需要投入资本驱动的，收入大，也可能投入越大，而投入大则会使得资本成本增加，最终减少了企业价值。因此，必须将投入与收入配比分析。创收力是指营业收入与投入资本的比率关系，公式为：营业收入/净投入资本。它表示每1元的资本净投入获得了多少营业收入，体现了收入与投入资本占用之间的关系。该指标高，意味着投入创造的营业收入高，资本周转快。它可以排除企业规模大小、占用资源多少的影响，体现企业的创收能力。

2013年，新三板企业20强的创收力较强，平均值为1.9312，意味着新三板企业上市公司每1元的经营投入可以创造1.9312元的营业收入。但企业间差异较大，最大的为中科软4.80，最小的为康斯特0.70，具体如表7所示。

表7　创收力

排序	创收力	企业名称	排序	创收力	企业名称
1	4.80	中科软	11	1.51	原子高科
2	4.51	莱富特佰	12	1.32	久日化学
3	3.96	沃捷传媒	13	1.28	双杰电气
4	3.05	首都在线	14	1.07	七维航测
5	2.28	意诚信通	15	1.03	卡联科技
6	2.22	金润科技	16	0.98	天大清源
7	2.00	聚利科技	17	0.97	六合伟业
8	1.92	创世生态	18	0.77	腾龙电子
9	1.59	九尊能源	19	0.75	星昊医药
10	1.53	天友设计	20	0.70	康斯特

资料来源：笔者计算。

从表7可以看出，高达4.0以上的有2家，2.0~4.0的有5家，1.0~2.0的有8家，1.0以下的有5家。

（二）运营成本管理力

在营业收入既定的情况下，决定经营利润的就是运营成本，即经营利润 = 营业收入 - 运营成本。经营利润是营业收入减去运营成本（不含资本成本）的经营业务所得，是经营创值的关键环节。在创收率既定的条件下，能否控制运营成本是创造经营利润的关键，运营成本管理能力与创收力一起构成了创造运营利润的能力。

运营成本是企业业务营运如产品生产、销售过程中的资金耗费，成本控制反映出经营管理水平。因此，运营成本管理力就是对运营成本进行控制，以创造经营利润的能力。核心指标为营业收入运营成本率，其公式为：营业收入运营成本率 = 运营成本/营业收入。该指标越低，意味着运营成本管理能力越强；越高，则意味着运营成本管理能力越弱。

营业收入运营成本率就是分析运营成本占营业收入的比重，因为单纯看成本总量无法分析成本的管理能力，只有结合收入，分析成本占收入比，才能分析出成本管理的能力。一般来说，运营成本率越小，意味收益越高，运营成本管理力越强。

2013 年，新三板企业 20 强的营业收入运营成本率平均值为 0.7799，意味着每 1 元收入中有 0.7799 元的运营成本，各企业的情况如表 8 所示。

表 8　营业收入运营成本率

排序	收入运营成本率	企业名称	排序	收入运营成本率	企业名称
1	0.5538	腾龙电子	11	0.8325	双杰电气
2	0.5562	金润科技	12	0.8385	原子高科
3	0.6181	卡联科技	13	0.8424	首都在线
4	0.7218	六合伟业	14	0.8438	天友设计
5	0.7243	星昊医药	15	0.8529	意诚信通
6	0.7294	天大清源	16	0.8592	久日化学
7	0.7354	七维航测	17	0.8601	莱富特佰
8	0.7435	康斯特	18	0.8724	创世生态
9	0.7880	九尊能源	19	0.9132	沃捷传媒
10	0.8212	聚利科技	20	0.9543	中科软

资料来源：笔者计算。

营业收入运营成本率控制得较好的是腾龙电子、金润科技，控制得比较差的是中科软、沃捷传媒。

（三）资本成本管理力

检验经营收益的最终指标是经营增加值，检验经营创值力的最终指标是经营创值率。由于经营创值率 = 经营创收率（1 − 收入运营成本率 − 收入资本成本率），可以转换为：经营创值率 = 经营创利率 −（经营创收率 × 收入资本成本率）。因此，在创收率、创利率已定的情况下，影响经营创值率的是资本成本管理。

资本成本的管理效率是通过收入资本成本率体现出来。该指标越小，说明资本成本越小，资本成本管理成效越好；该指标越大，说明资本成本越大，资本成本管理成效越差。综合计算新三板企业 20 强的收入资本成本率，其收入资本成本率平均值为 0.0832，意味着每 1 元收入中包含着 0.0832 元的资本成本，各企业的情况如表 9 所示。

表 9　收入资本成本率

排序	收入资本成本率	企业名称	排序	收入资本成本率	企业名称
1	0.0195	中科软	11	0.0800	双杰电气
2	0.0222	沃捷传媒	12	0.0874	九尊能源
3	0.0262	莱富特佰	13	0.0913	七维航测
4	0.0352	首都在线	14	0.0986	六合伟业
5	0.0463	创世生态	15	0.1077	卡联科技
6	0.0509	聚利科技	16	0.1089	天大清源
7	0.0605	天友设计	17	0.1097	金润科技
8	0.0625	意诚信通	18	0.1445	康斯特
9	0.0684	久日化学	19	0.1729	腾龙电子
10	0.0773	原子高科	20	0.1931	星昊医药

资料来源：笔者计算。

从表 9 可以看出，资本成本管理力比较强的是中科软、沃捷传媒、莱富特佰等企业。

（四）投入资本实力

创值力的基础是投入的合理性和稳健性。长期以来，我们通常从会计角度来评价分析企业的投入，简单地将资产负债表的资产总计（负债及所有者权益总计）视为企业运行的投入资本。其实，从经济学的角度看，这不能准确地反映企业的投入实力。因为，会计报表记录的资本资产的内容，表示的是由于过去的交易或事项，企业所拥有或控制的经济资源，强调企业对资本资产的拥有性，而不是强调资本资产的使用性。从使用的角度来看，反映企业拥有的资金总量的资产总计，仅表示企业资本规模，不能反映当期真实的使用资本。一是未剔出多计部分。一般来说，资产中的经营流动资产与负债中的经营负债是密切的循环关系，都围绕着营业循环展开。因此，流动负债中的经营负债（也称无息债务）不能单独构成营业循环中的净投入。只有经营流动资产与经营负债之差，才是营业净投入。二是未计入应计部分。在经营资产中有一部分是扣除的准备金，如坏账准备、存货跌价准备、短期投资跌价准备、长期投资减值准备、委托贷款减值准备、固定资产减值准备、在建工程减值准备、无形资产减值准备等，但这些准备金是预防性的，而非真实的现金流动，扣除则混淆了现金的真实流动时点。显然，会计报表中资产总计并不完全反映企业当期正常运营实际所占用的资本，不能表示投入运营的资产净额。

经济增加值强调净投入，区分资本的占用和在用。占用表明资本的有偿使用，占用资本意为正在投入使用的有偿资本；在用说明资产当期发挥的作用，在用资产意为正在发挥作用的资产。所以，为了真实地反映资本和资产的使用性，纠正对公司真实投入资本的扭曲，以准确地表述企业为运营所做的资本投入，经济增加值认为投入资本应该是企业运营的净投入，也是有偿使用的占用资本。因此，投入资本虽源于会计数据，但按照资产的在用性和收益的匹配性等原则将资产中的多计部分、应计部分进行了调整，包括所有当期已经投入企业的正常业务经营过程或旨在产生经营利润且能为管理人员所控制的资本，强调的是为产生正常收益而投入的实际数值，使得投入资本与经济收益相匹配。

2013 年，新三板企业 20 强的投入资本总量为 3349011945.69 元，各个企业差异较大，有的达 5 亿多元，有的只有 2000 多万元，具体如表 10 所示。

表 10　投入资本

单位：元

排序	投入资本	企业名称	排序	投入资本	企业名称
1	561486796.01	中科软	11	113143942.31	六合伟业
2	414343310.38	原子高科	12	102806617.21	聚利科技
3	375191219.95	星昊医药	13	77581608.93	天友设计
4	350920785.83	双杰电气	14	72524731.16	九尊能源
5	244968225.52	久日化学	15	72270727.37	卡联科技
6	199319968.65	创世生态	16	63561756.72	意诚信通
7	167909015.81	康斯特	17	49334850.51	首都在线
8	137450919.07	七维航测	18	41311961.07	腾龙电子
9	127642722.00	沃捷传媒	19	31782488.15	金润科技
10	121643561.16	天大清源	20	23816737.93	莱富特佰

注：本数据根据投入资本 = 资产总计 - 待用资产 - 递延所得税资产 - 无息负债 + 调整性在用资产计算，其中：待用资产 = 在建工程 + 工程物质 + 固定资产清理 + 长期待摊费用 + 其他非流动资产，无息负债 = 无息应付票据 + 应付账款 + 预收款项 + 应付职工薪酬 + 应缴税费 + 应付利息 + 应付股利 + 其他应交款 + 其他应付款 + 预提费用 + 预计流动负债 + 递延收益 + 其他无息流动负债，调整性在用资产 = 长期性投资费用（研究发展费用 + 大型广告营销支出 + 培训支出） + 资产准备金余额。

资料来源：笔者计算。

投入资本质量表现为净投入充实稳健、投入分布合理。

1. 净投入充实稳健

当期投入的合理性就是看投入资本占资产比和净资产占资产比。一般来说，如果投入资本在 75% ~95% 就说明当期投入充实；如果净资产在 50% ~70%，就说明资本结构稳健、合理。

2013 年，新三板企业 20 强的投入资本占资产比为 73.95%，说明资本投入比较充实（见表 11）。

表 11　投入资本占资产比

单位：%

排序	投入资本占资产比	企业名称	排序	投入资本占资产比	企业名称
1	99.21	六合伟业	11	73.59	意诚信通
2	96.65	腾龙电子	12	68.91	聚利科技
3	95.71	金润科技	13	66.92	首都在线
4	88.37	七维航测	14	66.65	双杰电气
5	88.21	康斯特	15	66.09	星昊医药
6	86.26	创世生态	16	64.32	原子高科
7	84.05	天大清源	17	63.79	九尊能源
8	83.88	卡联科技	18	58.62	沃捷传媒
9	80.91	天友设计	19	46.57	莱富特佰
10	78.44	久日化学	20	28.83	中科软

资料来源：笔者计算。

从表 11 可以看出，投入资本占总资产比在 75% 以上的有 9 家，表明投入资本很充实；在 55% 以下的有 2 家，不太充实；其他都比较充实。

2013 年新三板 20 强的净资产占资产比为 60.99%，说明资本结构较为合理。各企业情况有一定差异（见表 12）。

表 12　净资产占资产比

单位：%

排序	净资产占资产比	企业名称	排序	净资产占资产比	企业名称
1	95.54	金润科技	11	61.24	原子高科
2	92.60	腾龙电子	12	56.21	聚利科技
3	78.78	天大清源	13	55.78	双杰电气
4	73.12	卡联科技	14	52.54	天友设计
5	73.10	六合伟业	15	50.33	创世生态
6	72.64	星昊医药	16	49.71	久日化学
7	70.11	康斯特	17	49.46	莱富特佰
8	66.32	七维航测	18	37.83	沃捷传媒
9	64.77	意诚信通	19	36.06	九尊能源
10	61.35	首都在线	20	22.29	中科软

资料来源：笔者计算。

净资产占资产比在 90% 以上的有 2 家，显示出超稳定性；65% 以上的有 8 家，表明资本结构稳健；但有 3 家在 40% 以下，甚至有的在 30% 以下，表明资本结构很不稳健，具有一定风险。

2. 投入分布合理

投入资本分布实际上是资产的使用结构。一般将投入资本按照企业运行的内容划分为经营资产、投资资产、待用资产三大部分。新三板企业20强将资产的83.91%都用在了经营方面，除了两家企业的经营资产占比在75%以下外，其他都在80%以上（见表13）。

表13 经营资产占比

单位：%

经营资产占比	企业名称	经营资产占比	企业名称
100	康斯特	99.75	首都在线
100	双杰电气	99.57	中科软
100	莱富特佰	98.98	天友设计
100	七维航测	98.93	聚利科技
100	天大清源	91.58	原子高科
100	卡联科技	85.49	星昊医药
100	久日化学	83.78	九尊能源
100	创世生态	81.86	腾龙电子
100	沃捷传媒	74.39	意诚信通
100	六合伟业	45.90	金润科技

资料来源：笔者计算。

综上所述，我们在比较相关行业数据的基础上，认为新三板企业20强经营价值创造能力较强，达0.2238；投入资本创收力较强，达1.9312；运营成本管理力一般，为0.7799；资本成本管理力一般，为0.0832；投入资本实力较为充实稳健，因此，当前创值能力具有一定的可持续性。但具体到各个企业，相差较大，需要具体分析评价。

三 市值合理性评估

创值能力不仅决定了创值收益，而且也决定了企业的内在价值。内在价值是企业基本面所决定的本身所固有的价值，主要源于拓展市场的创收力、管理运营成本的创利力、控制资本成本的创值力等能力，并体现为：满足用户需求，创造营业收入的产品服务价值；满足运营者需求，创造运营利润的运营管理价值；满足投资者需求，创造经济增加值的资本运作价值。

企业的外在价值被称为市场价值，简称为市值，一般表现为投资者认定的交易价格。从本质上看，市场价值是由内在价值所决定的。由于人们的主观因素或市场信息不完全等诸多因素的影响，企业的市场价值通常围绕其内在价值上下波动，其偏离程度通常跟市场的成熟性密切相关，在不成熟市场上这种偏离程度往往会非常大。从一定意义上说，创值能力影响着市场价值。基于此，我们将以创值能力为核心，判断市场价值与内在价值的相关性，评价市场价值的合理性。

对于上市公司而言，市值计算方法是收市价格乘以其股份总数。2013 年底，新三板企业 20 强的市值为 6015145312.40 元，各企业市值大小不一（见表 14）。

表 14　市值

单位：元

排序	市值	企业名称	排序	市值	企业名称
1	1272000000	中科软	11	142537500	七维航测
2	938030080	双杰电气	12	102960000	意诚信通
3	870141272	星昊医药	13	67200000	天友设计
4	525350000	久日化学	14	54000000	腾龙电子
5	512999542	沃捷传媒	15	50000000	创世生态
6	331400000	原子高科	16	48000000	聚利科技
7	300000000	九尊能源	17	47289160	天大清源
8	300000000	卡联科技	18	32500000	六合伟业
9	197372000	金润科技	19	30906000	康斯特
10	172459757.60	首都在线	20	20000000	莱富特佰

资料来源：笔者计算。

新三板企业 20 强中市值最大的在 12 亿元以上，最小的仅有约 2000 万元，这些数据反映出投资者对企业未来的预期，这一预期值与企业的内在价值相比，是高还是低呢?

一般来说，未来的预测基于两大原则：根据现在推算未来、根据已知推断未知。目前，我们已知现在的创值能力，因此我们的预测基于创值能力的可持续性和可增长性：如果预测企业价值，前者可称为当前运作价值，后者称为未来增长价值；如果预测股东价值，前者可以称为当前股权价值，后者称为未来股权增长价值。

（一）当前股权价值评析

当前股权价值是以当前创值能力的可持续性为假设，度量当期经济增加值在未来的无变化的等额数值。通常的计算方法是，将经济增加值按适当的资金成本率折现，再加上为产出这些经济增加值而投入的股权资本。根据数据计算出当前股权价值为6479769090.48元，各个企业的当前股权价值如表15所示。

表15　当前股权价值

单位：元

排序	当前股权价值	企业名称	排序	当前股权价值	企业名称
1	1003351594.50	中科软	11	232132282.03	天大清源
2	830178477.17	原子高科	12	218160501.83	康斯特
3	595432950.90	双杰电气	13	211465965.35	卡联科技
4	512536839.04	星昊医药	14	191784493.15	首都在线
5	408593702.89	创世生态	15	146228644.03	意诚信通
6	373391523.25	久日化学	16	139935929.68	天友设计
7	343227847.38	沃捷传媒	17	123957807.85	腾龙电子
8	292951818.53	七维航测	18	121612421.91	九尊能源
9	264699760.53	聚利科技	19	110154813.81	莱富特佰
10	253005856	六合伟业	20	106965860.67	金润科技

资料来源：笔者计算。

从表15可以看出，当前股权价值最大的为10亿元以上，最少的约为1亿元。这些数值反映出企业内在的可持续的可能性股权价值。根据上述数据，市值为6015145312.40元，当前股权价值为6479769090.48元，当前股权价值与市值的构成率为107.72%，即当前股权价值大于市值，市场预期显然低估了未来股权增值。各企业的当前股权价值与市值的构成比如表 16 所示。

表 16　当前股权价值与市值的构成比

单位：%

当前股权价值与市值的构成比	企业名称	当前股权价值与市值的构成比	企业名称
817. 19	创世生态	142. 02	意诚信通
778. 48	六合伟业	111. 21	首都在线
705. 88	康斯特	78. 88	中科软
551. 46	聚利科技	71. 07	久日化学
550. 77	莱富特佰	70. 49	卡联科技
490. 88	天大清源	66. 91	沃捷传媒
250. 51	原子高科	63. 48	双杰电气
229. 55	腾龙电子	58. 90	星昊医药
208. 24	天友设计	54. 20	金润科技
205. 53	七维航测	40. 54	九尊能源

资料来源：笔者计算。

表 16 显示，当前股权价值与市值的构成比有的企业高达 800% 以上，而有的企业仅有 40% 左右。显然，有些企业被高估了，而有些企业被低估了。

（二）未来股权增长价值评估

未来股权增长价值是股权价值的增值部分，是以创值能力的可增长性为假设，度量的是未来经济增加值增长部分的折现值。

1. 未来股权增长价值

从投资者的期望值来推算，即：未来股权增长价值 = 市值 - 当前股权价值。

2013 年底，新三板企业 20 强的市值为 6015145312. 40 元，当前股权价值为 6479769090. 48 元，根据上述公式计算，未来股权增长价值为 -464623778. 08 元。这一数据意味着不仅不需要增长，而且负增长就能实现市值。这显然低估了这些企业的成长性。在股权价值预测中，如果当前股权价值的比例高，则说明公司当前创值能力良好，具有较强的可延续性，但未来股权增长价值能力并不被市场看好，极端情形是当前股权价值占100%，未来股权增长价值为0，此时表明，公司完全没有创造未来增值的能力，市场对其毫无信心。反之，如果未来股权增长价值比例高，可以认为公司属增长型。高科技和创业公司多属此类。极端情形是未来股权增值占100%。按投资者预期计算的各企业未来股权增长价值如表17所示。

表17　未来股权增长价值

单位：元

排序	未来股权增长价值	企业名称	排序	未来股权增长价值	企业名称
1	357604432.96	星昊医药	11	-69957807.85	腾龙电子
2	342597129.10	双杰电气	12	-72735929.68	天友设计
3	268648405.50	中科软	13	-90154813.81	莱富特佰
4	178387578.09	九尊能源	14	-150414318.53	七维航测
5	169771694.62	沃捷传媒	15	-184843121.23	天大清源
6	151958476.75	久日化学	16	-187254501.83	康斯特
7	90406139.33	金润科技	17	-216699760.53	聚利科技
8	88534034.65	卡联科技	18	-220505856.00	六合伟业
9	-19324735.55	首都在线	19	-358593702.89	创世生态
10	-43268644.03	意诚信通	20	-498778477.17	原子高科

资料来源：笔者计算。

这是市场对未来增长价值的预期值，正值意味着未来价值正增长，负值意味着未来价值负增长。

2. 未来股权增长价值对市场价值的构成比

根据市值预期测算，未来股权增长价值与市场价值的构成比为-7.72%，即现在市值不需要未来股权增长价值，即使递减都可以实现价值。这显然低估了未来增长收益。各企业未来股权增长价值与市场价值的构成比如表18所示。

表 18　未来股权增长价值与市场价值的构成比

单位：%

企业名称	未来股权增长价值与市场价值的构成比	企业名称	未来股权增长价值与市场价值的构成比
中科软	21.12	天大清源	-390.88
原子高科	-150.51	金润科技	45.80
星昊医药	41.10	卡联科技	29.51
康斯特	-605.88	久日化学	28.93
双杰电气	36.52	腾龙电子	-129.55
意诚信通	-42.02	创世生态	-717.19
首都在线	-11.21	聚利科技	-451.46
莱富特佰	-450.77	沃捷传媒	33.09
七维航测	-105.53	六合伟业	-678.48
九尊能源	59.46	天友设计	-108.24

资料来源：笔者计算。

表 18 显示，有 8 家企业的未来股权增长价值与市场价值的构成比为正，12 家为负。

（三）市值合理性评价

市场预期常常受市场层面的较多方面因素影响，不太注重企业的内在属性，由市值推算出来的未来股权增长价值常常脱离企业的内在价值，因而，不能真实合理地反映企业未来业绩增长的实际可能情况。市场的预期可能因对企业未来业绩的错误估计而导致股价脱离其内在价值。未来是高度不确定的，从而使这个问题的解决出现了很大的困难。在这种情况下，有以下三种判断方法。

一是增长率判断法，即把未来增长价值转化成一个增长率，并参照一定标准来评判增长率是否契合实际可能，认为只有当一个企业在未来若干年内必须保持一个怎样的增长速度才能达到目前的未来股权增长价值，从而评判市场对企业的预期的合理性。

第二种方法是现金流预测法，即在预测未来详细的财务报表的基础上，转化为现金流，按照现金流估值法预测，然后与市值相比较。

第三种方法是能力预测法，即在界定创值能力和创值业绩的基础上，根据企业的发展环境、历史数据及行业数据，对市场拓展能力、运营成本管理能力、资本成本管理能力及投入资本实力进行预测，然后预测出未来经济增加值，计算出未来股权增长价值。我们将从未来经济增加值的增长率和创值能力支撑的未来股权增长价值的可能性展开分析评估。

1. 增长率分析

增长率分析是把未来增长价值转化成一个增长率，并参照一定标准来评判增长率是否契合实际可能，即认为只有当一个企业在未来若干年内必须保持一个怎样的增长速度才能达到目前的未来股权增长价值，从而支撑起现有的股价，因此，我们用这个增长率的可行性来评判市场对企业的预期的合理性。

我们采用依据固定增长红利贴现模型，即：

$$MVA = \sum_{i=1}^{10} EVA(1+g)^{i-1}/(1+WACC)^{i}$$

其中，i 表示第 i 年的时间。

假定加权平均资本成本保持不变，且未来 10 年的经济增加值以一固定比率 g 增长。我们将已知的 MVA（市场增加值 = 市值 - 投入资本）、EVA（经济增加值）、WACC［加权平均资本成本率 = 税前债务资本成本率 × 债权权重 ×（1 - 所得税率）+ 权益资本成本率 × 权益权重］等数据代入 matlab 软件进行如下计算。

按照市场预期，2013 年新三板企业 20 强经济增加值的未来增长率只需要 -4.80%，就可以支撑市值。

新三板 20 强企业涉及领域大多数是信息技术业，少量为生物制药业、文化传播业。这些产业都有着较高的成长性、较快的增长率（一般在 20% 左右），因此，-4.80% 的增长率显然低估了这些企业未来的增长性。各个企业的差异如表 19 所示。

表 19 中的正值意味正增长才能实现未来股权增长价值，负值意味着负增长才能实现未来股权增长价值。根据历史的 EVA 增长率和未来的可能条件，比

表 19　市值合理性评价

单位：%

企业名称	增长率	市值合理性评价	企业名称	增长率	市值合理性评价
中科软	1.97	低估	九尊能源	31.59	较高估
原子高科	-23.65	极低估	天大清源	-24.09	极低估
天友设计	-26.90	极低估	金润科技	26.59	较合理
星昊医药	37.54	较高估	卡联科技	21.21	较合理
康斯特	-26.11	低估	久日化学	24.27	较合理
双杰电气	29.70	较高估	腾龙电子	-60.52	极低估
意诚信通	-10.66	低估	创世生态	-24.36	极低估
首都在线	6.67	低估	聚利科技	-23.40	极低估
莱富特佰	-21.60	低估	沃捷传媒	26.87	较合理
七维航测	-20.44	低估	六合伟业	-24.29	极低估

较上述 EVA 固定增长率，我们认为有一些挂牌企业的市值较为合理，但有一些被极大地高估了，而有一些又被低估了。

2. 未来股权增长价值预测

未来股权增长价值究竟如何？更基础的方法是通过内在的创值能力展开具体的分析和预测。

准确地估计未来股权增长价值应该围绕每个企业的政策环境、行业变化、治理机制、市场发展、内在能力等展开，但鉴于本文主题是对新三板企业 20 强的综合分析和预测，因此我们仅从企业的基本面上展开分析和预测。新三板企业 20 强中有 6 家是信息产业、9 家是高端制造业、1 家是生物医药业、1 家是文化传播业、1 家是采掘业、2 家是社会服务业。首先，预估创收力、收入运营成本率、收入资本成本率。我们根据行业数据和企业三年的数据及其所占权重进行综合预测。创收力为 1.45，收入运营成本率为 0.793，收入资本成本率为 0.0832。预估投入资本，我们估计十年间营业收入按 25% 的速度增长，达到 273596129638.78 元。按照投入创收率 1.45 的配比原则，估计投入资本为 188686985957.78 元。因此，将上述数据代入公式：

$$\triangle EVA = \text{创值力的增长值} \times \text{投入资本的增长额} = \text{创收力的增长率} \times (1 - \text{收入运营成本率增长率} - \text{收入资本成本率}) \times \text{投入资本增长额}$$

通过计算，未来经济增加值的增加额为27203349177元，再以折现率1.95折现，未来增长价值为14285156686元，然后加上当前运作价值7617305014元（这里是投入资本加经济增加值折现的企业整体价值，而不是股权价值），内在价值为21567740489元。再以内在价值减去有息负债566945695.7元，股权价值为21000794793元，这与目前市值6015145312元相比，多出14985649481元。

显然，新三板企业的市值与内在价值有一定的距离。究其原因，我们认为全国性的新三板刚刚扩容到全国，一是挂牌企业大多数还处于成长期；二是投资者的注意力还没有聚集在新三板，也没有对新三板企业的内在价值进行深入挖掘。因此，新三板企业20强的市值在一定程度上背离了基本面，远离其内在价值。精确的估值不是本文的目的所在，此处只是对市值合理性进行基本判断，更为精确的估值还需要根据每个企业市场增长的可能性、投入资本增长的可行性、创收率增长的可能性、创利率增长的可能性、创值率增长的可能性等方面进行细致的分析评估。

附　　录

Appendix

B.13

中国上市公司综合排名

（一）银行

排名	股票代码	公司名称	财务状况	估值与成长性	创值能力	公司治理与社会责任	创新能力与战略资源	综合得分
1	000001. SZ	平安银行	6. 59	7. 35	6. 09	5. 19	4. 85	6. 53
2	601166. SH	兴业银行	6. 2	5. 04	5. 74	5. 06	4. 22	5. 62
3	600016. SH	民生银行	5. 77	4. 45	6. 03	5. 61	6. 9	5. 48
4	600015. SH	华夏银行	4. 78	5. 18	5. 95	5. 16	6. 48	5. 08
5	601169. SH	北京银行	5	4. 87	5. 8	5. 09	4. 92	5
6	600036. SH	招商银行	5. 36	4. 25	5. 6	4. 56	4. 68	4. 94
7	002142. SZ	宁波银行	5	4. 59	6. 54	5. 04	3. 9	4. 88
8	601009. SH	南京银行	5	4. 92	6. 04	4. 85	3	4. 88
9	601939. SH	建设银行	5. 21	4. 33	2. 63	4. 92	5. 58	4. 86
10	600000. SH	浦发银行	4. 57	5. 23	5. 46	4. 99	5. 01	4. 85
11	601998. SH	中信银行	4. 53	5. 07	5. 67	5. 18	4. 87	4. 81
12	601988. SH	中国银行	4. 93	4. 8	2. 99	4. 7	4. 67	4. 78
13	601398. SH	工商银行	4. 68	4. 33	2. 73	4. 85	5. 4	4. 57
14	601818. SH	光大银行	3. 99	5. 34	5. 25	4. 94	4. 68	4. 55
15	601328. SH	交通银行	4. 03	5. 18	3. 79	5. 1	5. 71	4. 55
16	601288. SH	农业银行	4. 26	4. 56	3. 69	4. 9	5. 28	4. 45

（二）非银行金融

证券

排名	股票代码	公司名称	财务状况	估值与成长性	创值能力	公司治理与社会责任	创新能力与战略资源	综合得分
1	600030. SH	中信证券	7. 59	5. 61	3. 1	5. 02	4. 42	5. 46
2	000562. SZ	宏源证券	4. 99	5. 83	5. 7	5. 53	4. 5	5. 4
3	000783. SZ	长江证券	4. 96	5. 63	4. 95	4. 92	7. 85	5. 34
4	600837. SH	海通证券	7. 27	5. 65	3. 02	4. 72	4. 8	5. 31
5	000686. SZ	东北证券	4. 54	5. 63	5. 36	5. 43	4. 38	5. 19
6	600739. SH	辽宁成大	4. 35	5. 26	4. 76	5. 7	4. 66	5. 15
7	601377. SH	兴业证券	5. 09	5. 58	4. 74	5. 02	5. 26	5. 15
8	000776. SZ	广发证券	6. 93	4. 76	4. 54	4. 68	4. 44	5. 14
9	002673. SZ	西部证券	4. 39	4. 68	6. 63	5. 08	6. 41	5. 1
10	601688. SH	华泰证券	5. 05	5. 67	2. 97	4. 82	5. 93	4. 98
11	600999. SH	招商证券	6. 22	5. 4	4. 81	4. 25	4. 54	4. 98
12	601901. SH	方正证券	4. 78	5. 17	5. 66	4. 97	4. 18	4. 97
13	601788. SH	光大证券	5. 08	4. 92	2. 68	5. 44	4. 58	4. 94
14	600369. SH	西南证券	4. 79	5. 51	6. 01	4. 58	4. 02	4. 9
15	000750. SZ	国海证券	4. 29	2. 76	7. 1	5. 82	4. 51	4. 85
16	600109. SH	国金证券	4. 21	4. 42	7. 15	4. 96	4. 48	4. 84
17	601099. SH	太平洋	3. 96	3. 7	8. 11	5. 02	5. 52	4. 83
18	601555. SH	东吴证券	4. 43	5. 29	5. 27	4. 85	3. 96	4. 81
19	002500. SZ	山西证券	4. 17	4. 66	5. 93	4. 82	4. 44	4. 71
20	000728. SZ	国元证券	4. 18	5. 74	3. 05	4. 68	4. 44	4. 63
21	000623. SZ	吉林敖东	3. 44	3. 99	3. 47	4. 33	7. 37	4. 26

保险

排名	股票代码	公司名称	财务状况	估值与成长性	创值能力	公司治理与社会责任	创新能力与战略资源	综合得分
1	601318. SH	中国平安	5. 63	6. 68	4. 26	5. 26	3. 88	5. 71
2	601336. SH	新华保险	5. 75	4. 91	6. 51	4. 28	4. 25	5. 31
3	601601. SH	中国太保	5. 04	4. 65	5. 43	5. 21	6. 22	5. 04
4	601628. SH	中国人寿	3. 58	3. 75	3. 8	5. 25	5. 66	3. 94

多元金融

排名	股票代码	公司名称	财务状况	估值与成长性	创值能力	公司治理与社会责任	创新能力与战略资源	综合得分
1	600705. SH	中航投资	4. 99	7. 74	5. 03	4. 83	5. 31	5. 96
2	600816. SH	安信信托	6. 17	4. 56	6. 28	4. 8	6	5. 42
3	000666. SZ	经纬纺机	5. 02	5. 29	2. 43	5. 16	7. 37	5. 29
4	000563. SZ	陕国投 A	5. 12	5. 25	5. 1	4. 88	4. 63	5. 07
5	000415. SZ	渤海租赁	4. 88	5. 41	4. 11	4. 93	3. 89	4. 9
6	600783. SH	鲁信创投	5. 02	4. 30	5. 49	4. 71	5. 68	4. 84
7	600830. SH	香溢融通	5. 12	4. 45	5. 01	5. 49	4. 4	4. 84
8	000996. SZ	中国中期	4. 77	4. 24	6. 17	5. 32	5. 09	4. 78
9	600635. SH	大众公用	4. 59	4. 95	4. 15	5. 22	4. 06	4. 7
10	600747. SH	大连控股	4. 55	4. 6	6. 12	4. 76	4. 27	4. 65
11	600643. SH	爱建股份	4. 77	4. 2	5. 11	4. 89	4. 3	4. 54

（三）房地产

排名	股票代码	公司名称	财务状况	估值与成长性	创值能力	公司治理与社会责任	创新能力与战略资源	综合得分
1	000668. SZ	荣丰控股	7. 91	5. 4	5. 27	4. 95	4. 74	5. 95
2	002077. SZ	大港股份	6. 91	5. 38	4. 93	5. 03	6. 28	5. 76
3	000732. SZ	泰禾集团	7. 65	5. 16	5. 14	4. 73	4. 48	5. 71
4	600340. SH	华夏幸福	7. 08	5. 09	6. 64	4. 81	4. 59	5. 63
5	002146. SZ	荣盛发展	6. 08	5. 23	5. 16	6. 2	4. 86	5. 55
6	600743. SH	华远地产	6. 23	5. 48	4. 94	5. 03	4. 66	5. 55
7	000002. SZ	万科 A	6. 32	5. 6	3. 94	4. 53	4. 81	5. 52
8	600048. SH	保利地产	6. 12	5. 56	3. 47	5. 1	4. 61	5. 49
9	000961. SZ	中南建设	7. 06	5. 25	3. 23	4. 47	4. 69	5. 48
10	002244. SZ	滨江集团	6. 03	5. 39	3. 87	5. 41	4. 67	5. 44
11	000638. SZ	万方发展	6. 74	4. 92	6. 36	4. 6	4. 52	5. 41
12	600565. SH	迪马股份	5. 3	5. 47	4. 54	5. 03	6. 64	5. 39
13	000838. SZ	国兴地产	4. 48	5. 82	6. 12	4. 91	5. 39	5. 35
14	600683. SH	京投银泰	7. 25	4. 76	4. 72	4. 45	4. 59	5. 35

续表

排名	股票代码	公司名称	财务状况	估值与成长性	创值能力	公司治理与社会责任	创新能力与战略资源	综合得分
15	002133. SZ	广宇集团	5. 33	5. 52	3. 31	5. 87	4. 69	5. 35
16	600734. SH	实达集团	5. 09	5. 03	6. 68	5. 57	7. 75	5. 35
17	600239. SH	云南城投	6. 92	5. 1	2. 33	4. 49	4. 77	5. 33
18	600658. SH	电子城	5. 18	5. 32	5. 62	5. 74	4. 85	5. 33
19	000718. SZ	苏宁环球	5. 46	5. 26	5. 55	5. 42	4. 72	5. 32
20	600383. SH	金地集团	5. 68	5. 43	3. 51	5. 09	4. 82	5. 32
21	600208. SH	新湖中宝	5. 35	5. 4	4. 59	5. 48	4. 45	5. 3
22	600724. SH	宁波富达	5. 53	5. 47	4. 42	4. 63	4. 91	5. 3
23	002285. SZ	世联行	5. 08	5. 05	6. 23	6. 56	4. 81	5. 29
24	002305. SZ	南国置业	5. 03	5. 25	5. 92	5. 26	6	5. 27
25	000043. SZ	中航地产	5. 88	5. 32	3. 16	4. 76	5. 08	5. 27
26	000909. SZ	数源科技	5. 11	5. 16	5. 78	4. 56	8. 13	5. 27
27	000046. SZ	泛海控股	5. 44	5. 1	5. 26	5. 41	5. 7	5. 27
28	600621. SH	华鑫股份	5. 19	5. 36	5. 55	5. 08	4. 83	5. 26
29	000546. SZ	光华控股	4. 23	5. 72	6. 5	5. 03	4. 77	5. 24
30	000558. SZ	莱茵置业	5. 34	5. 2	6. 07	5. 19	4. 32	5. 23
31	600185. SH	格力地产	5. 69	5. 22	5. 22	4. 35	4. 75	5. 21
32	600240. SH	华业地产	5. 07	5. 35	5. 13	5. 18	4. 56	5. 2
33	600791. SH	京能置业	5. 02	5. 53	4. 03	4. 81	4. 84	5. 19
34	000926. SZ	福星股份	5. 3	5. 44	0. 94	5. 05	6. 9	5. 19
35	600067. SH	冠城大通	4. 97	5. 28	3. 71	6. 06	4. 83	5. 19
36	000069. SZ	华侨城 A	4. 49	5. 52	4. 34	5. 79	4. 85	5. 19
37	600223. SH	鲁商置业	5. 42	5. 24	5. 11	4. 67	4. 85	5. 19
38	000918. SZ	嘉凯城	5. 94	5. 2	2. 63	4. 92	4. 66	5. 19
39	600052. SH	浙江广厦	5. 38	5. 26	5. 02	4. 85	4. 42	5. 18
40	600463. SH	空港股份	5. 47	5. 1	5. 69	4. 85	4. 8	5. 18
41	600716. SH	凤凰股份	5. 28	5. 04	6. 16	5. 21	4. 78	5. 17
42	002208. SZ	合肥城建	5. 03	5. 35	4. 77	4. 99	4. 84	5. 17
43	000667. SZ	美好集团	5. 44	5. 35	2. 74	5. 16	4. 42	5. 16
44	000511. SZ	烯碳新材	4. 75	5. 36	6. 17	4. 99	4. 7	5. 16
45	600533. SH	栖霞建设	5. 18	5. 53	3. 22	4. 62	4. 75	5. 16
46	000797. SZ	中国武夷	5. 14	5. 36	5. 06	4. 57	4. 79	5. 16

续表

排名	股票代码	公司名称	财务状况	估值与成长性	创值能力	公司治理与社会责任	创新能力与战略资源	综合得分
47	600325. SH	华发股份	5. 66	5. 46	1. 08	4. 9	4. 56	5. 16
48	000537. SZ	广宇发展	5. 16	5. 1	4. 9	5. 62	4. 93	5. 16
49	000965. SZ	天保基建	4. 83	5. 44	4. 94	4. 8	4. 83	5. 15
50	601588. SH	北辰实业	4. 81	5. 66	2. 99	4. 77	4. 85	5. 14
51	000671. SZ	阳光城	5. 33	4. 9	5. 48	5. 84	4. 51	5. 14
52	600665. SH	天地源	5. 14	5. 5	4. 15	4. 3	4. 54	5. 14
53	600246. SH	万通地产	5. 23	5. 34	3. 29	5. 08	4. 7	5. 14
54	000809. SZ	铁岭新城	5. 33	4. 93	5. 57	5. 43	4. 77	5. 12
55	600175. SH	美都控股	5. 4	4. 91	6. 14	5. 11	4. 68	5. 12
56	000979. SZ	中弘股份	5	5. 13	5. 88	5. 23	4. 45	5. 11
57	000150. SZ	宜华地产	4. 94	5. 21	5. 99	4. 8	4. 67	5. 11
58	000402. SZ	金融街	4. 73	5. 62	2. 96	4. 76	4. 79	5. 1
59	000616. SZ	亿城投资	5. 02	5. 37	3. 79	4. 83	4. 61	5. 09
60	000006. SZ	深振业 A	4. 82	5. 2	4. 72	5. 46	4. 84	5. 09
61	600266. SH	北京城建	4. 84	5. 46	3. 36	4. 93	4. 78	5. 08
62	600657. SH	信达地产	5. 3	5. 48	1. 91	4. 67	4. 4	5. 08
63	600393. SH	东华实业	5. 2	5. 16	4. 78	4. 77	4. 64	5. 08
64	000036. SZ	华联控股	5. 14	5. 23	4. 3	4. 75	4. 78	5. 08
65	600641. SH	万业企业	4. 69	5. 37	4. 16	5. 18	4. 75	5. 07
66	600173. SH	卧龙地产	4. 73	5. 27	5. 04	5. 3	4. 3	5. 07
67	600162. SH	香江控股	5. 1	5. 13	5. 12	4. 94	4. 64	5. 07
68	000502. SZ	绿景控股	4. 56	5. 09	6. 58	5. 49	4. 87	5. 07
69	600895. SH	张江高科	4. 77	5. 02	4. 49	4. 66	8. 36	5. 06
70	000534. SZ	万泽股份	4. 66	5. 16	5. 43	5. 42	4. 53	5. 04
71	000620. SZ	新华联	5. 08	5	5. 94	4. 92	4. 64	5. 04
72	600823. SH	世茂股份	4. 87	5. 5	1. 89	4. 97	4. 68	5. 04
73	000540. SZ	中天城投	4. 97	5. 08	5. 09	5. 17	4. 47	5. 03
74	600647. SH	同达创业	4. 37	5. 12	6. 62	5. 41	4. 83	5. 03
75	600082. SH	海泰发展	4. 93	5. 12	5. 13	4. 83	4. 79	5. 02
76	600684. SH	珠江实业	4. 55	5. 11	5. 27	5. 63	4. 8	5. 02
77	000042. SZ	中洲控股	4. 49	5. 21	5. 34	5. 25	4. 81	5. 01
78	600638. SH	新黄浦	4. 46	5. 35	5. 57	4. 6	4. 83	5. 01

续表

排名	股票代码	公司名称	财务状况	估值与成长性	创值能力	公司治理与社会责任	创新能力与战略资源	综合得分
79	000040. SZ	宝安地产	4. 36	5. 36	4. 99	5. 05	4. 69	5. 01
80	600064. SH	南京高科	4. 68	5. 4	3. 55	4. 5	5. 41	5
81	000631. SZ	顺发恒业	5. 09	5. 16	5. 13	4. 21	4. 83	5
82	000608. SZ	阳光股份	4. 83	5. 4	3. 03	4. 65	4. 82	5
83	600649. SH	城投控股	4. 45	5. 52	4. 04	4. 48	4. 82	5
84	600007. SH	中国国贸	4. 55	5. 37	5. 61	4. 19	4. 83	5
85	000573. SZ	粤宏远 A	4. 25	5. 37	4. 7	5. 08	4. 82	4. 98
86	000024. SZ	招商地产	4. 7	5. 45	3	4. 46	4. 96	4. 98
87	600773. SH	西藏城投	4. 67	5. 01	6. 26	5. 1	4. 53	4. 97
88	600158. SH	中体产业	4. 95	4. 93	6. 33	4. 64	4. 81	4. 97
89	600748. SH	上实发展	4. 86	5. 19	3. 75	4. 84	4. 83	4. 96
90	600777. SH	新潮实业	4. 5	5. 02	5. 82	5. 15	5. 32	4. 96
91	600376. SH	首开股份	5. 07	5. 33	1. 68	4. 64	4. 78	4. 95
92	600604. SH	市北高新	4. 98	4. 74	6. 41	5. 19	4. 83	4. 95
93	000506. SZ	中润资源	5	4. 93	5. 38	4. 92	4. 58	4. 95
94	600675. SH	中华企业	4. 61	5. 21	4. 11	5. 01	4. 79	4. 95
95	000514. SZ	渝开发	5. 02	5. 06	4. 44	4. 61	4. 84	4. 95
96	000011. SZ	深物业 A	4. 35	5. 05	5. 73	5. 5	4. 8	4. 95
97	000670. SZ	S 舜元	5	4. 53	6. 96	5. 68	4. 93	4. 94
98	000803. SZ	金宇车城	4. 34	4. 97	6. 7	5. 3	4. 92	4. 94
99	000736. SZ	中房地产	5. 02	5. 24	2. 17	4. 72	4. 84	4. 93
100	600615. SH	丰华股份	4. 21	5. 11	6. 31	4. 91	4. 84	4. 9
101	000090. SZ	天健集团	5. 02	4. 96	4. 4	4. 42	5. 43	4. 9
102	600736. SH	苏州高新	5. 03	5. 06	3. 43	4. 59	4. 82	4. 89
103	000031. SZ	中粮地产	4. 71	5. 36	1. 98	4. 66	4. 78	4. 89
104	000931. SZ	中关村	4. 13	5. 08	6. 52	4. 9	4. 93	4. 88
105	600322. SH	天房发展	4. 74	5. 32	1. 92	4. 68	4. 81	4. 88
106	000005. SZ	世纪星源	4. 19	5. 12	6. 12	4. 74	4. 76	4. 87
107	600215. SH	长春经开	4. 25	5. 45	2. 47	4. 81	4. 83	4. 87
108	000526. SZ	银润投资	4. 9	4. 73	6. 84	4. 46	4. 82	4. 86
109	000505. SZ	珠江控股	3. 77	5. 05	6. 84	5. 5	4. 82	4. 86
110	000517. SZ	荣安地产	3. 95	5. 31	4. 97	4. 91	4. 7	4. 86

续表

排名	股票代码	公司名称	财务状况	估值与成长性	创值能力	公司治理与社会责任	创新能力与战略资源	综合得分
111	000691. SZ	亚太实业	5. 05	4. 64	6. 82	4. 51	4. 77	4. 86
112	000029. SZ	深深房 A	4. 38	5. 06	5. 69	4. 63	4. 82	4. 85
113	600620. SH	天宸股份	4. 25	4. 84	6. 31	5. 52	4. 82	4. 85
114	002016. SZ	世荣兆业	4. 28	4. 91	5. 59	5. 5	4. 72	4. 85
115	600767. SH	运盛实业	3. 94	4. 99	6. 69	5. 34	4. 63	4. 83
116	000014. SZ	沙河股份	4. 22	4. 99	5. 99	4. 89	4. 86	4. 83
117	000567. SZ	海德股份	4. 6	4. 67	6. 56	4. 89	4. 83	4. 79
118	600503. SH	华丽家族	4. 39	4. 77	5. 49	5. 25	4. 77	4. 77
119	600606. SH	金丰投资	4. 94	4. 63	5. 2	4. 65	4. 85	4. 75
120	600159. SH	大龙地产	4. 38	5. 05	4. 38	4. 42	4. 84	4. 75
121	600807. SH	天业股份	4. 32	4. 83	6. 42	4. 46	4. 56	4. 72
122	600732. SH	上海新梅	4. 24	4. 69	6. 41	5. 02	4. 87	4. 72
123	000609. SZ	绵世股份	7. 03	3. 32	5. 49	5. 12	5. 09	4. 72
124	600696. SH	多伦股份	4. 44	4. 76	6. 27	4. 28	4. 82	4. 7
125	600663. SH	陆家嘴	4. 47	4. 87	5. 28	4. 08	4. 83	4. 69
126	600759. SH	正和股份	4. 03	4. 81	6. 49	4. 72	4. 67	4. 68
127	600639. SH	浦东金桥	4. 48	4. 63	5. 46	4. 65	4. 78	4. 65
128	000981. SZ	银亿股份	4. 38	4. 7	5	4. 73	4. 69	4. 64
129	600745. SH	中茵股份	3. 83	4. 85	5. 44	4. 95	4. 73	4. 62
130	000897. SZ	津滨发展	4. 41	4. 54	6. 02	4. 22	4. 8	4. 56
131	000038. SZ	深大通	3. 89	4. 53	6. 62	5	4. 8	4. 55
132	600094. SH	大名城	4. 48	4. 24	5. 56	5. 49	4. 52	4. 54
133	000863. SZ	三湘股份	6. 68	3. 1	5. 75	5. 32	4. 58	4. 52
134	600076. SH	青鸟华光	3. 36	4. 25	6. 6	5. 19	8. 43	4. 48
135	600113. SH	浙江东日	4. 38	4. 27	6. 31	4. 6	4. 83	4. 48
136	600225. SH	天津松江	3. 9	4. 49	6. 15	4. 97	4. 18	4. 47
137	600890. SH	中房股份	4. 68	3. 58	6. 86	5. 54	4. 84	4. 35
138	600648. SH	外高桥	4. 21	3. 92	6. 28	4. 76	4. 63	4. 27
139	600149. SH	廊坊发展	4. 49	3. 54	6. 92	5. 02	4. 83	4. 22
140	600555. SH	九龙山	3. 95	3. 82	5. 73	4. 46	4. 83	4. 09
141	600753. SH	东方银星	3. 2	3. 25	6. 91	3. 96	4. 81	3. 61
142	000656. SZ	金科股份	4. 04	2. 8	3. 06	4. 59	4. 59	3. 45

（四）采掘

排名	股票代码	公司名称	财务状况	估值与成长性	创值能力	公司治理与社会责任	创新能力与战略资源	综合得分
1	300157. SZ	恒泰艾普	6. 13	5. 75	6. 39	4. 96	8. 01	6. 21
2	300191. SZ	潜能恒信	7. 07	4. 23	6. 64	6. 62	6. 63	5. 92
3	300164. SZ	通源石油	5. 5	4. 68	6. 51	5. 11	7. 68	5. 56
4	002554. SZ	惠博普	5. 58	5. 39	6. 44	4. 94	5. 95	5. 56
5	300084. SZ	海默科技	5. 64	5. 07	6. 49	5. 83	5. 95	5. 53
6	601001. SH	大同煤业	5. 38	5. 71	3. 76	4. 92	6. 1	5. 52
7	601898. SH	中煤能源	5. 54	5. 36	2. 33	4. 74	6. 76	5. 49
8	000571. SZ	新大洲 A	5. 47	5. 43	4. 97	4. 94	5. 58	5. 41
9	600583. SH	海油工程	5. 36	5. 57	5. 77	4. 87	5. 03	5. 37
10	601088. SH	中国神华	5. 65	5. 63	5. 36	4. 89	4. 26	5. 36
11	601857. SH	中国石油	5. 29	5. 76	6. 07	5. 08	4. 54	5. 35
12	002629. SZ	仁智油服	5. 58	4. 85	6. 2	4. 88	5. 83	5. 33
13	000409. SZ	山东地矿	4. 82	5. 68	6. 5	5. 75	5. 03	5. 3
14	600508. SH	上海能源	6. 35	4. 87	3. 31	4. 91	4. 51	5. 29
15	601101. SH	昊华能源	5. 58	5. 28	3. 79	4. 94	5. 11	5. 28
16	002207. SZ	准油股份	5. 51	4. 49	6. 56	4. 97	5. 87	5. 2
17	002128. SZ	露天煤业	5. 54	5. 07	5. 36	4. 94	4. 26	5. 11
18	000655. SZ	金岭矿业	5. 22	4. 92	5. 12	4. 94	5. 23	5. 09
19	600348. SH	阳泉煤业	5. 21	5. 39	4. 48	4. 88	4. 35	5. 09
20	600971. SH	恒源煤电	5. 36	5	3. 59	4. 86	5. 08	5. 08
21	000762. SZ	西藏矿业	5. 44	4. 77	6. 03	5. 01	4. 75	5. 07
22	601808. SH	中海油服	5. 09	5. 19	5. 93	4. 63	4. 74	5. 07
23	601011. SH	宝泰隆	4. 92	5. 37	5. 22	5. 33	4. 41	5. 04
24	000983. SZ	西山煤电	4. 63	5. 37	4. 09	4. 92	5. 5	5. 04
25	000159. SZ	国际实业	5. 38	4. 82	5. 79	4. 82	4. 54	5. 02
26	600121. SH	郑州煤电	4. 68	5. 81	4. 21	4. 92	4. 19	5. 01
27	000780. SZ	平庄能源	5. 44	4. 89	3. 99	4. 97	4. 57	5. 01
28	601666. SH	平煤股份	5. 42	4. 79	3. 69	4. 96	4. 85	5

续表

排名	股票代码	公司名称	财务状况	估值与成长性	创值能力	公司治理与社会责任	创新能力与战略资源	综合得分
29	600123. SH	兰花科创	5. 23	5. 03	4	4. 92	4. 67	5
30	600395. SH	盘江股份	5. 34	4. 72	5. 54	4. 93	4. 51	4. 96
31	000723. SZ	美锦能源	5. 45	4. 29	6. 27	4. 8	4. 96	4. 93
32	600157. SH	永泰能源	3. 85	6. 65	2. 99	4. 89	3. 76	4. 9
33	600188. SH	兖州煤业	4. 55	5. 24	3. 32	4. 88	5	4. 85
34	600882. SH	华联矿业	5. 89	3. 89	5. 89	4. 64	4. 5	4. 85
35	000629. SZ	攀钢钒钛	4. 61	5	4. 76	4. 97	4. 84	4. 82
36	601699. SH	潞安环能	4. 75	4. 62	4. 5	5. 06	5. 31	4. 81
37	600397. SH	安源煤业	4. 57	5. 05	4. 59	5. 46	4. 31	4. 77
38	000835. SZ	四川圣达	5. 33	4. 08	6. 56	4. 99	4. 32	4. 74
39	600997. SH	开滦股份	4. 57	5. 2	2. 91	4. 86	4. 34	4. 72
40	600532. SH	宏达矿业	5. 04	4. 34	6. 14	5. 49	4. 11	4. 71
41	600652. SH	爱使股份	4. 77	4. 32	5. 96	5. 18	4. 88	4. 7
42	000937. SZ	冀中能源	4. 71	4. 78	3. 61	4. 98	4. 52	4. 68
43	601918. SH	国投新集	4. 28	5. 08	4. 06	5. 33	4. 32	4. 65
44	000683. SZ	远兴能源	4. 17	5. 03	3. 23	4. 88	5. 05	4. 64
45	600721. SH	百花村	3. 98	5. 31	5. 27	4. 88	4. 34	4. 64
46	600740. SH	山西焦化	4. 15	5. 08	5. 32	4. 86	4. 31	4. 61
47	600403. SH	大有能源	4. 64	4. 35	4. 91	5. 18	4. 76	4. 61
48	000552. SZ	靖远煤电	4. 28	4. 83	5. 96	4. 89	4. 37	4. 6
49	600792. SH	云煤能源	4. 81	4. 31	5. 58	4. 75	4. 34	4. 58
50	600193. SH	创兴资源	5. 16	3. 63	6. 27	4. 92	4. 72	4. 56
51	000933. SZ	神火股份	3. 66	5. 59	2. 86	4. 72	4. 33	4. 52
52	600714. SH	金瑞矿业	4. 44	4. 28	6. 61	4. 94	4. 47	4. 51
53	600295. SH	鄂尔多斯	3. 87	5. 14	2. 89	4. 85	4. 74	4. 51
54	600546. SH	山煤国际	3. 42	5. 64	3. 16	4. 77	4. 2	4. 44
55	600408. SH	安泰集团	4. 26	4. 51	4. 3	4. 75	4. 49	4. 43
56	000968. SZ	煤气化	3. 91	4. 04	4. 57	4. 89	4. 96	4. 22
57	600179. SH	黑化股份	3. 16	3. 11	6. 7	3. 45	4. 47	3. 51

（五）传媒

排名	股票代码	公司名称	财务状况	估值与成长性	创值能力	公司治理与社会责任	创新能力与战略资源	综合得分
1	300295. SZ	三六五网	5. 98	5. 32	5. 98	6. 55	5. 66	5. 97
2	300052. SZ	中青宝	5. 04	5. 21	5. 57	4. 79	7. 57	5. 92
3	300113. SZ	顺网科技	5. 49	5. 42	6. 07	5. 34	6. 07	5. 66
4	300288. SZ	朗玛信息	6. 58	5. 21	6. 23	5. 37	5. 71	5. 59
5	300291. SZ	华录百纳	4. 94	5. 32	6. 06	5. 83	5. 55	5. 59
6	002148. SZ	北纬通信	6. 04	4. 88	6. 11	5. 7	5. 26	5. 45
7	300336. SZ	新文化	4. 73	5. 45	5. 67	5. 26	5. 62	5. 4
8	002261. SZ	拓维信息	5. 21	4. 83	5. 8	5. 43	5. 44	5. 34
9	002400. SZ	省广股份	4. 55	5. 25	6. 43	5. 75	4. 88	5. 29
10	300059. SZ	东方财富	5. 32	5. 28	5. 18	4. 17	6. 39	5. 28
11	300315. SZ	掌趣科技	5. 42	5. 42	6. 23	4. 88	5. 47	5. 27
12	300104. SZ	乐视网	4. 36	5. 48	6. 4	4. 91	5. 61	5. 27
13	002315. SZ	焦点科技	5. 87	5. 23	4. 26	4. 52	5. 89	5. 22
14	600386. SH	北巴传媒	4. 95	5. 53	4. 46	5. 64	4. 73	5. 2
15	300133. SZ	华策影视	4. 86	5. 38	6. 47	5. 59	4. 62	5. 18
16	300071. SZ	华谊嘉信	4. 3	5. 27	6. 07	5. 73	4. 61	5. 16
17	300058. SZ	蓝色光标	4. 49	5. 43	6. 33	5. 52	4. 64	5. 14
18	300027. SZ	华谊兄弟	4. 42	5. 26	5. 8	5. 54	4. 6	5. 08
19	000503. SZ	海虹控股	5. 76	4. 78	5. 73	4. 75	5. 29	5. 06
20	600880. SH	博瑞传播	4. 85	5. 1	5. 13	5. 31	4. 77	5. 04
21	600637. SH	百视通	5. 46	4. 86	6. 79	5. 06	4. 77	5. 02
22	603000. SH	人民网	5. 53	5. 26	5. 67	4. 49	5. 26	5. 01
23	300148. SZ	天舟文化	5. 11	5. 2	5. 85	4. 81	4. 99	5
24	300251. SZ	光线传媒	5. 5	5. 15	6. 55	5. 02	4. 65	5
25	002292. SZ	奥飞动漫	4. 7	5. 23	6. 21	5. 38	4. 44	4. 99
26	601928. SH	凤凰传媒	4. 89	5. 23	1. 33	5. 31	4. 93	4. 97
27	000719. SZ	大地传媒	5	4. 8	4. 32	5. 5	4. 54	4. 96
28	601999. SH	出版传媒	4. 47	5. 27	3. 27	5. 21	4. 74	4. 92
29	002095. SZ	生意宝	5. 06	4. 89	6. 05	4. 62	5. 07	4. 91
30	601801. SH	皖新传媒	4. 93	5. 27	3. 88	4. 9	4. 84	4. 9
31	000156. SZ	华数传媒	4. 27	4. 62	6. 62	4. 77	5. 09	4. 9
32	601098. SH	中南传媒	5. 08	5. 3	3. 27	4. 88	4. 86	4. 89
33	600633. SH	浙报传媒	4. 97	4. 9	5. 52	4. 61	5	4. 86
34	600757. SH	长江传媒	4. 56	4. 87	3. 81	5. 08	4. 81	4. 86

续表

排名	股票代码	公司名称	财务状况	估值与成长性	创值能力	公司治理与社会责任	创新能力与战略资源	综合得分
35	002238. SZ	天威视讯	5. 09	5. 2	4. 31	4. 58	4. 98	4. 85
36	601929. SH	吉视传媒	5. 12	5. 18	4. 59	4. 55	4. 93	4. 83
37	300226. SZ	上海钢联	3. 99	5. 36	6. 13	4. 86	4. 53	4. 8
38	600831. SH	广电网络	4. 63	5. 39	4. 14	4. 56	4. 85	4. 79
39	000665. SZ	湖北广电	5. 18	5. 09	3. 48	4. 47	4. 91	4. 74
40	600832. SH	东方明珠	4. 88	5. 27	2. 83	4. 72	4. 62	4. 71
41	600804. SH	鹏博士	4. 49	5. 22	3. 48	4. 95	4. 4	4. 7
42	600825. SH	新华传媒	4. 1	5. 15	3. 39	4. 39	5. 07	4. 7
43	600551. SH	时代出版	4. 69	5. 37	3. 51	5. 08	4. 1	4. 68
44	600088. SH	中视传媒	4. 51	4. 85	5. 1	4. 57	4. 7	4. 68
45	000793. SZ	华闻传媒	4. 91	5. 39	5. 87	5	3. 73	4. 63
46	600373. SH	中文传媒	4. 53	5. 37	4. 24	5. 17	3. 75	4. 6
47	600037. SH	歌华有线	4. 78	5. 36	1. 06	3. 81	4. 73	4. 36
48	000917. SZ	电广传媒	4. 51	4. 75	2. 17	4. 67	4. 04	4. 34
49	000673. SZ	当代东方	4. 06	3. 98	6. 67	4. 56	3. 98	4. 3
50	002181. SZ	粤传媒	5. 31	2. 01	4. 12	4. 18	4. 86	4. 16

（六）电气设备

排名	股票代码	公司名称	财务状况	估值与成长性	创值能力	公司治理与社会责任	创新能力与战略资源	综合得分
1	300286. SZ	安科瑞	7. 1	4. 95	5. 98	5. 49	7. 36	6. 09
2	300316. SZ	晶盛机电	7. 01	5. 2	5. 69	5. 23	5. 69	5. 98
3	300124. SZ	汇川技术	6. 15	5. 46	5. 79	5. 32	6. 44	5. 81
4	300215. SZ	电科院	6. 72	5. 23	5. 6	4. 98	5. 01	5. 79
5	002322. SZ	理工监测	6. 2	5. 23	5. 42	5. 12	7. 02	5. 75
6	600353. SH	旭光股份	4. 89	6. 94	4. 92	4. 79	5. 08	5. 69
7	601877. SH	正泰电器	5. 59	5. 09	9. 1	5. 28	5. 07	5. 61
8	600406. SH	国电南瑞	5. 85	5	7. 83	5. 43	5. 18	5. 59
9	300308. SZ	中际装备	6. 56	4. 82	5. 69	4. 84	5. 02	5. 57
10	002546. SZ	新联电子	5. 82	5. 37	5. 77	5. 14	5. 12	5. 54
11	002123. SZ	荣信股份	5. 67	5. 34	4. 68	5. 28	6. 74	5. 52
12	002334. SZ	英威腾	5. 59	5. 27	5. 27	5. 26	6. 89	5. 52
13	600192. SH	长城电工	4. 21	7. 19	4. 91	4. 99	4. 65	5. 5

续表

排名	股票代码	公司名称	财务状况	估值与成长性	创值能力	公司治理与社会责任	创新能力与战略资源	综合得分
14	300274. SZ	阳光电源	5. 11	5. 93	5. 18	5. 25	5. 82	5. 49
15	600525. SH	长园集团	5. 74	5. 21	5. 52	5. 68	5. 43	5. 49
16	300011. SZ	鼎汉技术	5. 24	5. 53	5. 67	5. 04	6. 81	5. 49
17	300356. SZ	光一科技	5. 61	5. 41	5. 83	5. 25	5. 13	5. 48
18	300018. SZ	中元华电	5. 77	5. 11	5. 24	4. 98	6. 63	5. 48
19	002527. SZ	新时达	5. 59	5. 29	5. 74	5. 23	5. 86	5. 48
20	300040. SZ	九洲电气	5. 69	5. 35	4. 48	5. 21	5. 88	5. 44
21	600973. SH	宝胜股份	4. 13	7	5. 13	5. 21	4. 61	5. 43
22	601126. SH	四方股份	5. 33	5. 28	5. 13	5. 23	7. 09	5. 43
23	300222. SZ	科大智能	5. 17	5. 55	5. 62	4. 99	6. 05	5. 4
24	300105. SZ	龙源技术	5. 37	5. 35	5. 65	5. 11	5. 8	5. 4
25	600875. SH	东方电气	5. 06	6. 03	4. 7	5. 11	4. 81	5. 39
26	000400. SZ	许继电气	5. 24	5. 2	6. 4	5. 56	5. 73	5. 38
27	002622. SZ	永大集团	5. 98	4. 86	4. 93	4. 83	5. 96	5. 38
28	002298. SZ	鑫龙电器	5. 39	5. 23	5. 48	5. 37	5. 97	5. 38
29	002358. SZ	森源电气	5. 42	5. 29	6. 18	5. 09	5	5. 37
30	002339. SZ	积成电子	5. 33	5. 33	5. 53	5. 16	5. 66	5. 36
31	300283. SZ	温州宏丰	5. 43	5. 5	5. 65	4. 96	4. 33	5. 36
32	002028. SZ	思源电气	5. 12	5. 49	4. 97	5. 22	6. 41	5. 35
33	002665. SZ	首航节能	5. 23	5. 65	5. 78	5. 1	4. 33	5. 35
34	002364. SZ	中恒电气	5. 58	5	5. 91	5. 1	5. 57	5. 35
35	300048. SZ	合康变频	5. 36	5. 43	5	4. 81	5. 68	5. 34
36	002058. SZ	威尔泰	5. 17	5. 04	5. 93	5. 31	6. 88	5. 32
37	300341. SZ	麦迪电气	5. 6	5. 05	5. 71	5. 11	4. 95	5. 31
38	002335. SZ	科华恒盛	5. 21	5. 22	5. 71	5. 04	6. 13	5. 31
39	600312. SH	平高电气	4. 84	5. 89	4. 97	5. 03	5. 24	5. 3
40	300062. SZ	中能电气	5. 38	5. 3	5. 23	5. 04	5. 08	5. 29
41	300141. SZ	和顺电气	5. 31	5. 36	5. 6	4. 92	4. 86	5. 29
42	600517. SH	置信电气	5. 39	5. 07	6. 28	5. 34	4. 77	5. 28
43	601222. SH	林洋电子	5. 35	5. 18	5. 69	5. 1	5. 16	5. 28
44	300001. SZ	特锐德	5. 15	5. 39	5. 5	5. 1	5. 26	5. 27
45	000682. SZ	东方电子	4. 9	5. 5	4. 73	5. 19	6. 24	5. 24
46	601567. SH	三星电气	5. 14	5. 31	5. 3	4. 88	5. 65	5. 24
47	300069. SZ	金利华电	5. 36	5. 09	5. 69	4. 82	5. 3	5. 24
48	002350. SZ	北京科锐	5. 16	5. 19	5. 37	5. 01	5. 87	5. 23
49	002664. SZ	信质电机	5. 07	5. 38	5. 79	5. 14	4. 68	5. 22
50	300208. SZ	恒顺电气	5. 38	5. 14	5. 62	5. 01	4. 52	5. 21
51	600405. SH	动力源	4. 79	5. 34	5. 65	5. 13	6. 2	5. 2
52	300265. SZ	通光线缆	4. 94	5. 33	5. 63	5. 02	5. 57	5. 2
53	300152. SZ	燃控科技	5. 04	5. 32	4. 7	4. 86	6. 13	5. 19
54	002452. SZ	长高集团	5. 28	5. 02	5. 2	5. 1	5. 33	5. 17

续表

排名	股票代码	公司名称	财务状况	估值与成长性	创值能力	公司治理与社会责任	创新能力与战略资源	综合得分
55	002121. SZ	科陆电子	5. 04	5. 4	5. 2	4. 92	4. 72	5. 16
56	002518. SZ	科士达	4. 99	5. 19	5. 48	4. 9	5. 6	5. 15
57	000967. SZ	上风高科	5. 01	5. 58	5. 22	5. 04	3. 63	5. 14
58	002227. SZ	奥特迅	5. 37	4. 58	5. 63	4. 82	6. 67	5. 14
59	002692. SZ	远程电缆	4. 96	5. 4	5. 51	5. 32	4. 07	5. 13
60	002606. SZ	大连电瓷	5. 11	5. 04	5. 51	5. 1	5. 29	5. 13
61	002531. SZ	天顺风能	4. 91	5. 31	5. 59	4. 97	4. 52	5. 09
62	601908. SH	京运通	5. 36	5. 04	3. 74	4. 96	5. 26	5. 07
63	002323. SZ	中联电气	5. 22	5	5. 16	4. 73	4. 97	5. 07
64	002090. SZ	金智科技	4. 94	4. 94	5. 65	5. 43	5. 35	5. 06
65	002545. SZ	东方铁塔	5. 03	5. 19	4. 66	4. 68	5. 34	5. 06
66	002112. SZ	三变科技	4. 55	5. 39	5. 44	5. 16	5. 27	5. 05
67	002180. SZ	万力达	5. 34	4. 14	5. 76	5. 02	7. 31	5. 04
68	600379. SH	宝光股份	5. 05	4. 83	5. 82	5. 2	5. 07	5. 04
69	002266. SZ	浙富控股	5. 3	4. 73	5. 55	5	4. 81	5. 04
70	002534. SZ	杭锅股份	4. 68	5. 47	5. 09	5. 3	4. 27	5. 03
71	002074. SZ	东源电器	5. 01	4. 92	5. 68	5. 11	4. 97	5. 03
72	002276. SZ	万马电缆	4. 72	5. 26	5. 17	5. 02	5. 23	5. 03
73	300129. SZ	泰胜风能	4. 83	5. 27	5. 2	4. 8	4. 68	5. 02
74	002356. SZ	浩宁达	4. 67	5. 24	5. 28	4. 78	5. 6	5. 02
75	601700. SH	风范股份	4. 83	5. 23	5. 19	4. 96	4. 55	5
76	002168. SZ	深圳惠程	5. 41	4. 22	5. 52	4. 97	6. 31	4. 99
77	002169. SZ	智光电气	5. 04	4. 91	4. 95	4. 96	5. 16	4. 99
78	300153. SZ	科泰电源	4. 78	5. 13	4. 9	4. 83	5. 26	4. 96
79	601727. SH	上海电气	5. 39	5. 33	1. 17	5. 2	4. 55	4. 96
80	002184. SZ	海得控制	4. 4	5. 37	5. 25	5. 28	5. 09	4. 96
81	002630. SZ	华西能源	4. 74	5. 18	5. 15	5. 04	4. 64	4. 96
82	002441. SZ	众业达	4. 48	5. 25	5. 61	5. 37	4. 73	4. 95
83	002212. SZ	南洋股份	4. 79	5. 32	4. 94	5. 17	3. 68	4. 95
84	002255. SZ	海陆重工	4. 91	4. 98	5. 34	4. 94	4. 54	4. 95
85	002300. SZ	太阳电缆	4. 6	5. 23	5. 61	5. 51	4. 03	4. 95
86	002498. SZ	汉缆股份	4. 82	5. 15	4. 63	5. 19	4. 52	4. 94
87	601616. SH	广电电气	5. 02	5. 02	3. 65	4. 94	5. 43	4. 94
88	600268. SH	国电南自	4. 85	5. 07	3. 84	5. 07	5. 47	4. 92
89	002249. SZ	大洋电机	4. 9	4. 9	5. 11	4. 73	5. 02	4. 91
90	601012. SH	隆基股份	4. 61	5. 52	4. 19	4. 64	4. 38	4. 91
91	300068. SZ	南都电源	4. 55	5. 26	4. 78	5. 3	4. 67	4. 91

续表

排名	股票代码	公司名称	财务状况	估值与成长性	创值能力	公司治理与社会责任	创新能力与战略资源	综合得分
92	300120. SZ	经纬电材	4. 78	5. 08	5. 32	5. 01	4. 12	4. 9
93	600112. SH	天成控股	4. 93	4. 71	5. 33	4. 88	5. 3	4. 9
94	002580. SZ	圣阳股份	4. 45	5. 21	5. 32	4. 97	5. 03	4. 89
95	002471. SZ	中超电缆	4. 45	5. 56	4. 85	4. 93	3. 76	4. 89
96	603333. SH	明星电缆	4. 89	4. 98	4. 79	4. 91	4. 41	4. 88
97	600475. SH	华光股份	4. 64	5. 02	4. 83	5. 21	4. 76	4. 85
98	002176. SZ	江特电机	4. 88	4. 69	5. 55	4. 93	4. 62	4. 84
99	600580. SH	卧龙电气	4. 65	5. 42	4. 49	4. 66	3. 29	4. 83
100	002617. SZ	露笑科技	4. 33	5. 28	5. 68	5	4. 02	4. 83
101	300032. SZ	金龙机电	4. 83	4. 85	5. 58	4. 85	3. 9	4. 83
102	002533. SZ	金杯电工	4. 5	5. 26	4. 4	4. 95	4. 55	4. 82
103	002576. SZ	通达动力	4. 48	5. 15	4. 95	4. 81	4. 73	4. 82
104	002309. SZ	中利科技	4. 55	5. 35	5. 04	4. 97	2. 82	4. 79
105	002196. SZ	方正电机	4. 79	4. 87	5. 57	4. 91	3. 44	4. 79
106	002610. SZ	爱康科技	4. 37	5. 57	4. 38	4. 75	3. 28	4. 78
107	002451. SZ	摩恩电气	4. 4	4. 94	5. 57	5	4. 75	4. 77
108	600869. SH	远东电缆	4. 59	4. 89	5. 21	4. 81	4. 32	4. 75
109	002202. SZ	金风科技	4. 73	5. 45	0. 6	5. 13	5. 12	4. 75
110	600468. SH	百利电气	4. 9	4. 25	5. 74	5. 11	5. 1	4. 74
111	002560. SZ	通达股份	4. 33	5. 06	5. 36	5. 36	3. 95	4. 74
112	600290. SH	华仪电气	4. 88	5. 13	4. 78	2. 24	4. 52	4. 74
113	601218. SH	吉鑫科技	4. 66	5. 05	4. 39	4. 62	3. 88	4. 73
114	600089. SH	特变电工	4. 76	5. 44	0. 58	4. 97	4. 85	4. 72
115	000806. SZ	银河投资	4. 59	4. 54	5. 29	5. 33	4. 75	4. 69
116	002359. SZ	齐星铁塔	4. 42	5. 01	5. 41	4. 79	3. 21	4. 66
117	600202. SH	哈空调	4. 66	4. 44	4. 9	4. 62	5. 06	4. 62
118	300242. SZ	明家科技	4. 57	4. 18	5. 86	4. 88	5. 24	4. 59
119	600847. SH	万里股份	3. 89	4. 9	5. 81	5. 22	4. 47	4. 57
120	002218. SZ	拓日新能	3. 55	5. 5	4. 89	4. 8	4. 27	4. 55
121	600885. SH	宏发股份	5. 33	3. 25	6. 4	5. 11	4. 64	4. 54
122	000585. SZ	东北电气	4. 52	4. 4	5. 94	4. 95	3. 54	4. 54
123	600416. SH	湘电股份	4. 07	4. 99	4. 13	4. 82	4. 25	4. 5
124	600110. SH	中科英华	4. 23	4. 88	4. 3	4. 85	3. 73	4. 49
125	601179. SH	中国西电	4. 31	5. 06	0	4. 86	5. 07	4. 37
126	300029. SZ	天龙光电	4. 02	4. 31	3. 65	5. 35	5. 94	4. 35
127	000922. SZ	佳电股份	4. 02	3. 93	5. 69	5. 38	4. 38	4. 24
128	300111. SZ	向日葵	4. 11	4. 05	4. 08	5. 21	3. 41	4. 11
129	300118. SZ	东方日升	3. 47	4. 75	2. 88	4. 93	4. 03	4. 07
130	000862. SZ	银星能源	4. 22	2. 65	4. 76	5	3. 12	3. 63
131	600537. SH	亿晶光电	4. 07	2. 09	2. 53	5. 02	4. 31	3. 28
132	600151. SH	航天机电	3. 65	1. 98	0. 8	5	4. 13	2. 93
133	600401. SH	海润光伏	4. 54	1. 05	1. 8	5. 18	2. 86	2. 91

（七）电子

排名	股票代码	公司名称	财务状况	估值与成长性	创值能力	公司治理与社会责任	创新能力与战略资源	综合得分
1	300327. SZ	中颖电子	5. 5	5. 1	5. 41	6. 03	6. 84	6. 11
2	300183. SZ	东软载波	6. 82	5. 45	5. 83	5. 15	6. 61	5. 88
3	300223. SZ	北京君正	6. 58	4. 41	4. 49	5. 38	6. 95	5. 85
4	300077. SZ	国民技术	5. 57	4. 91	3. 85	4. 88	7. 29	5. 77
5	002587. SZ	奥拓电子	5. 41	5. 35	5. 92	5. 51	6. 23	5. 75
6	002214. SZ	大立科技	4. 86	4. 87	6. 5	5. 64	6. 23	5. 71
7	002161. SZ	远望谷	5. 32	5. 17	5. 19	5. 32	6. 29	5. 65
8	300296. SZ	利亚德	4. 54	5. 45	6. 2	5. 84	5. 54	5. 59
9	300331. SZ	苏大维格	5. 45	4. 98	5. 96	5. 53	5. 82	5. 56
10	300282. SZ	汇冠股份	5. 12	5. 19	6. 02	5. 22	6. 04	5. 54
11	300227. SZ	光韵达	5. 28	5. 24	6. 02	5. 58	5. 63	5. 54
12	600563. SH	法拉电子	6. 14	5. 53	5. 87	5. 76	5. 14	5. 53
13	002139. SZ	拓邦股份	5. 3	5. 01	5. 64	5. 81	5. 46	5. 51
14	002025. SZ	航天电器	5. 03	5. 52	4. 37	5. 44	5. 73	5. 49
15	002371. SZ	七星电子	4. 96	5. 39	5. 35	4. 54	6. 54	5. 46
16	300053. SZ	欧比特	5. 76	5. 26	5. 57	4. 95	5. 9	5. 43
17	300115. SZ	长盈精密	5. 52	5. 5	6. 2	5. 54	5. 14	5. 41
18	300303. SZ	聚飞光电	5. 47	5. 52	6. 04	5. 98	4. 67	5. 39
19	002222. SZ	福晶科技	5. 44	5. 44	5. 3	4. 81	5. 83	5. 34
20	002241. SZ	歌尔声学	4. 92	5. 44	7. 05	5. 64	4. 89	5. 33
21	300241. SZ	瑞丰光电	4. 99	5. 49	5. 78	5. 51	5. 07	5. 32
22	300219. SZ	鸿利光电	5. 23	5. 39	5. 85	5. 4	5. 11	5. 3
23	002635. SZ	安洁科技	5. 92	5. 33	6. 3	5. 47	4. 85	5. 29
24	300220. SZ	金运激光	4. 81	5. 02	5. 8	4. 75	5. 96	5. 28
25	002141. SZ	蓉胜超微	4. 54	5. 47	5. 72	5. 35	5. 22	5. 27
26	300014. SZ	亿纬锂能	4. 82	5. 4	6. 35	5. 38	5. 09	5. 27
27	300083. SZ	劲胜精密	4. 8	5. 55	5. 08	5. 72	4. 82	5. 27
28	002351. SZ	漫步者	7. 1	5. 35	3. 8	5	5. 25	5. 26
29	300162. SZ	雷曼光电	4. 96	5. 53	4. 67	5. 07	5. 44	5. 25
30	002655. SZ	共达电声	4. 92	5. 18	5. 86	5. 29	5. 25	5. 25
31	300317. SZ	珈伟股份	4. 31	5. 32	5. 21	5. 04	5. 62	5. 24
32	300076. SZ	GQY 视讯	5. 26	5. 38	4. 54	5. 06	5. 42	5. 24

续表

排名	股票代码	公司名称	财务状况	估值与成长性	创值能力	公司治理与社会责任	创新能力与战略资源	综合得分
33	300346. SZ	南大光电	6. 29	5. 32	4. 58	5. 1	5. 16	5. 23
34	002436. SZ	兴森科技	5. 11	5. 46	5. 19	5. 24	5. 1	5. 21
35	300078. SZ	中瑞思创	5. 95	5. 32	5. 3	5. 19	5. 02	5. 21
36	002273. SZ	水晶光电	5. 87	5. 27	6. 3	5. 65	4. 49	5. 21
37	002179. SZ	中航光电	4. 65	5. 35	4. 5	5. 08	5. 45	5. 21
38	300269. SZ	联建光电	5. 11	5. 32	6. 13	5. 03	5. 23	5. 2
39	600651. SH	飞乐音响	4. 6	5. 39	5. 46	5. 16	5. 18	5. 17
40	002049. SZ	同方国芯	5. 2	4. 84	5. 9	4. 45	5. 93	5. 16
41	002618. SZ	丹邦科技	5. 26	5. 22	5. 31	4. 95	5. 3	5. 16
42	002654. SZ	万润科技	5. 19	5. 48	5. 44	5. 27	4. 86	5. 16
43	300328. SZ	宜安科技	4. 74	5. 3	5. 39	5. 57	4. 74	5. 15
44	300319. SZ	麦捷科技	5. 14	5. 4	5. 79	5. 25	4. 88	5. 15
45	300340. SZ	科恒股份	5. 2	5. 35	3. 19	5. 7	4. 7	5. 15
46	000541. SZ	佛山照明	5. 45	5. 36	5. 38	4. 94	5. 13	5. 13
47	300088. SZ	长信科技	5. 31	5. 48	6. 28	5. 11	4. 79	5. 11
48	300232. SZ	洲明科技	4. 59	5. 38	5. 23	5. 2	5	5. 11
49	002076. SZ	雪莱特	5. 01	5. 41	5. 75	5. 06	4. 98	5. 11
50	000532. SZ	力合股份	5. 3	5. 06	6	5. 18	4. 91	5. 1
51	601231. SH	环旭电子	5. 71	4. 81	6. 47	5. 18	4. 83	5. 08
52	002660. SZ	茂硕电源	4. 89	5. 36	5. 06	5. 14	4. 94	5. 08
53	002188. SZ	新嘉联	5. 08	4. 71	5. 71	5. 34	4. 9	5. 08
54	300323. SZ	华灿光电	4. 94	4. 79	5. 05	4. 86	5. 41	5. 06
55	002008. SZ	大族激光	4. 93	3. 04	5. 69	5. 31	5. 65	5. 06
56	000988. SZ	华工科技	4. 66	5. 32	4. 31	4. 9	5. 27	5. 06
57	000049. SZ	德赛电池	3. 9	4. 02	7. 1	5. 69	4. 91	5. 06
58	600460. SH	士兰微	4. 8	4. 86	4. 51	5. 05	5. 2	5. 04
59	300139. SZ	福星晓程	5. 33	5. 34	4. 36	4. 76	5. 19	5. 04
60	000733. SZ	振华科技	4. 71	5. 41	3. 73	5. 13	4. 96	5. 03
61	002414. SZ	高德红外	5. 09	4. 97	5. 11	3. 72	6. 31	5. 02
62	600183. SH	生益科技	4. 98	5. 5	3. 58	5. 06	4. 89	5
63	600584. SH	长电科技	4. 62	5. 04	3. 96	5. 33	4. 84	5
64	002045. SZ	国光电器	4. 82	5. 26	2. 98	5. 47	4. 66	5

续表

排名	股票代码	公司名称	财务状况	估值与成长性	创值能力	公司治理与社会责任	创新能力与战略资源	综合得分
65	002484. SZ	江海股份	5. 3	5. 38	5. 09	4. 94	4. 81	4. 99
66	002185. SZ	华天科技	5. 04	5. 24	5. 07	4. 84	5. 01	4. 99
67	600261. SH	阳光照明	4. 77	5. 34	5. 34	4. 89	4. 92	4. 98
68	002402. SZ	和而泰	4. 86	5. 36	5. 02	4. 85	4. 95	4. 98
69	600654. SH	飞乐股份	4. 86	4. 77	5. 35	5. 14	4. 88	4. 98
70	002138. SZ	顺络电子	5. 21	5. 5	5. 69	4. 92	4. 67	4. 97
71	300184. SZ	力源信息	4. 93	5. 48	5. 79	5	4. 64	4. 97
72	000823. SZ	超声电子	4. 96	5. 31	4. 99	5. 28	4. 49	4. 96
73	300128. SZ	锦富新材	4. 71	5. 49	5. 58	5. 18	4. 49	4. 96
74	002475. SZ	立讯精密	5. 53	5. 46	6. 49	4. 81	4. 6	4. 96
75	300046. SZ	台基股份	5. 66	5. 39	3. 82	4. 42	5. 25	4. 95
76	002189. SZ	利达光电	5	5. 02	5. 58	4. 86	4. 87	4. 92
77	002137. SZ	实益达	4. 85	4. 91	5. 6	4. 94	4. 82	4. 91
78	600360. SH	华微电子	4. 95	5. 27	3. 02	4. 95	4. 91	4. 91
79	000413. SZ	东旭光电	4	4. 47	5. 74	5. 52	4. 59	4. 91
80	002056. SZ	横店东磁	5. 21	4. 82	3. 98	5. 57	4. 3	4. 9
81	002341. SZ	新纶科技	4. 26	5. 48	5. 66	5	4. 57	4. 89
82	002636. SZ	金安国纪	5. 01	5. 26	4. 3	4. 7	4. 91	4. 87
83	002106. SZ	莱宝高科	5. 57	4. 97	3. 49	4. 72	4. 95	4. 86
84	300102. SZ	乾照光电	5. 5	5. 4	4. 13	4. 51	4. 91	4. 85
85	002449. SZ	国星光电	5. 19	5. 27	3. 28	4. 71	4. 91	4. 85
86	002388. SZ	新亚制程	5. 6	5. 39	5. 52	5. 41	3. 82	4. 85
87	600602. SH	仪电电子	4. 96	4. 4	4. 73	4. 95	4. 91	4. 84
88	000636. SZ	风华高科	4. 9	5. 35	2. 9	4. 83	4. 82	4. 84
89	000727. SZ	华东科技	4. 55	3. 74	5. 54	5. 31	4. 83	4. 84
90	300207. SZ	欣旺达	4. 13	5. 42	5. 85	4. 92	4. 53	4. 84
91	600206. SH	有研新材	4. 92	3. 78	6. 03	4. 5	5. 46	4. 83
92	002079. SZ	苏州固锝	4. 82	4. 98	5. 13	4. 79	4. 72	4. 81
93	002369. SZ	卓翼科技	4. 87	5. 49	5. 13	4. 76	4. 51	4. 81
94	002579. SZ	中京电子	4. 92	5. 45	5. 48	4. 45	4. 77	4. 8
95	002456. SZ	欧菲光	4. 24	4. 99	5. 83	5. 5	4. 02	4. 8
96	002463. SZ	沪电股份	5. 21	5. 37	2. 88	4. 49	4. 98	4. 8

续表

排名	股票代码	公司名称	财务状况	估值与成长性	创值能力	公司治理与社会责任	创新能力与战略资源	综合得分
97	002156. SZ	通富微电	4. 88	5. 39	3. 42	4. 54	4. 9	4. 79
98	300301. SZ	长方照明	4. 92	5. 43	5. 77	5. 06	4. 08	4. 78
99	002504. SZ	东光微电	4. 04	5. 03	4. 11	4. 77	4. 89	4. 77
100	002512. SZ	达华智能	4. 92	5. 49	4. 73	4. 99	4. 22	4. 77
101	600667. SH	太极实业	5. 05	5. 64	4. 22	4. 82	4. 34	4. 77
102	600363. SH	联创光电	4. 7	5. 5	3. 58	4. 95	4. 37	4. 75
103	600203. SH	福日电子	4. 24	4. 44	5. 77	5. 24	4. 29	4. 71
104	000020. SZ	深华发 A	4. 35	5. 15	6. 45	4. 93	4. 18	4. 71
105	002055. SZ	得润电子	4. 5	5. 09	4. 86	5. 09	4. 17	4. 7
106	300279. SZ	和晶科技	4. 64	5. 4	6. 01	4. 82	4. 06	4. 67
107	002547. SZ	春兴精工	4. 07	5. 18	5. 32	4. 9	4. 2	4. 65
108	002119. SZ	康强电子	4. 5	5. 24	3. 81	4. 8	4. 34	4. 64
109	002384. SZ	东山精密	4. 4	5. 32	5. 89	4. 41	4. 51	4. 64
110	600288. SH	大恒科技	4. 61	5. 15	3. 42	5. 14	4. 06	4. 64
111	600237. SH	铜峰电子	4. 79	4. 73	4. 04	4. 61	4. 63	4. 63
112	002199. SZ	东晶电子	4. 38	4. 34	5. 42	5. 18	4. 16	4. 62
113	300131. SZ	英唐智控	4. 2	5. 25	5. 55	5. 12	3. 82	4. 61
114	600071. SH	凤凰光学	5. 09	5. 13	4. 48	4. 42	4. 49	4. 61
115	600703. SH	三安光电	5. 13	5. 19	5. 37	4. 95	3. 76	4. 59
116	300256. SZ	星星科技	4. 7	3. 05	4. 65	4. 66	5. 03	4. 54
117	002638. SZ	勤上光电	5. 02	5. 4	4. 1	3. 75	4. 87	4. 53
118	002389. SZ	南洋科技	5. 18	5. 4	4. 21	4. 65	3. 91	4. 52
119	002288. SZ	超华科技	4. 39	5. 38	5. 03	4. 43	4. 2	4. 52
120	002289. SZ	宇顺电子	4. 1	4. 82	2. 92	4. 62	4. 42	4. 47
121	000536. SZ	华映科技	4. 92	4. 45	5. 6	4. 7	3. 99	4. 46
122	600171. SH	上海贝岭	5. 1	3. 24	5. 1	3. 63	5. 54	4. 43
123	000050. SZ	深天马 A	4. 82	3. 45	3. 48	4. 62	4. 62	4. 41
124	002005. SZ	德豪润达	4. 3	5. 1	2. 99	4. 82	3. 82	4. 39
125	002129. SZ	中环股份	4. 07	4. 72	4. 09	4. 46	4. 2	4. 36
126	600800. SH	天津磁卡	2. 81	3. 2	6. 85	4. 53	4. 22	4. 16
127	000725. SZ	京东方 A	4. 54	2. 42	1. 36	4. 39	4. 05	3. 85
128	600707. SH	彩虹股份	3. 75	0. 77	2. 99	3. 78	4. 87	3. 67

（八）纺织服装

排名	股票代码	公司名称	财务状况	估值与成长性	创值能力	公司治理与社会责任	创新能力与战略资源	综合得分
1	300005. SZ	探路者	6. 36	6. 12	6. 63	5. 79	6. 81	6. 27
2	002327. SZ	富安娜	6. 36	5. 37	6. 98	5. 75	5. 82	5. 94
3	002269. SZ	美邦服饰	6. 18	4. 95	9. 28	5. 23	5. 75	5. 85
4	002612. SZ	朗姿股份	5. 31	6. 09	5. 02	5. 84	7. 44	5. 8
5	002656. SZ	卡奴迪路	5. 46	6. 03	6. 07	5. 54	6. 19	5. 79
6	000726. SZ	鲁泰 A	5. 6	5. 84	6. 9	5. 1	6. 04	5. 78
7	002029. SZ	七匹狼	5. 52	5. 55	7. 07	5. 65	6. 18	5. 73
8	002293. SZ	罗莱家纺	5. 72	5. 39	6. 99	5. 39	6. 26	5. 71
9	600987. SH	航民股份	6. 31	5. 33	6. 3	4. 88	5. 16	5. 71
10	002003. SZ	伟星股份	6. 04	5. 35	5. 73	6. 06	5. 25	5. 7
11	002699. SZ	美盛文化	6. 21	5. 33	5. 91	5. 6	4. 92	5. 7
12	002503. SZ	搜于特	5. 07	6. 3	6. 47	4. 93	4. 97	5. 61
13	601566. SH	九牧王	5. 86	5. 15	6. 49	5. 31	5. 5	5. 57
14	002687. SZ	乔治白	5. 43	5. 41	5. 52	5. 2	6. 29	5. 48
15	002563. SZ	森马服饰	5. 72	5. 19	5. 98	5. 29	4. 97	5. 44
16	002144. SZ	宏达高科	5. 54	5. 53	5. 22	4. 91	5. 22	5. 42
17	002154. SZ	报喜鸟	5. 02	5. 56	5. 18	5. 87	6. 21	5. 42
18	603001. SH	奥康国际	5. 26	5. 37	6. 45	5. 29	4. 94	5. 38
19	002516. SZ	江苏旷达	5. 17	5. 62	5. 16	5	5. 15	5. 32
20	002634. SZ	棒杰股份	5. 09	5. 36	5. 56	5. 34	5. 59	5. 29
21	002494. SZ	华斯股份	5. 37	5. 14	5. 28	5	5. 93	5. 29
22	600177. SH	雅戈尔	5. 49	5. 41	4. 47	4. 9	4. 56	5. 24
23	002397. SZ	梦洁家纺	4. 89	5. 16	5. 19	5. 32	6. 89	5. 22
24	002394. SZ	联发股份	5. 33	5. 24	5. 1	4. 99	4. 85	5. 2
25	002486. SZ	嘉麟杰	5. 24	4. 9	5. 34	5. 17	5. 62	5. 15
26	002087. SZ	新野纺织	4. 87	5. 91	4. 7	4. 66	3. 89	5. 14
27	600137. SH	浪莎股份	4. 57	5. 72	5. 43	4. 82	5. 11	5. 13
28	002083. SZ	孚日股份	5. 04	5. 51	4. 05	4. 92	5. 18	5. 13
29	002674. SZ	兴业科技	4. 9	5. 17	5. 52	5. 11	5. 36	5. 11
30	002098. SZ	浔兴股份	5	5. 05	5. 4	5. 46	5. 06	5. 1
31	002044. SZ	江苏三友	5. 31	5. 02	5. 77	4. 98	3. 73	5. 08
32	000611. SZ	四海股份	3. 94	6. 53	5. 29	4. 75	3. 73	5. 07
33	600107. SH	美尔雅	4. 87	5. 12	5. 01	4. 76	6. 07	5. 06
34	002425. SZ	凯撒股份	4. 99	4. 8	5. 03	4. 91	6. 62	5. 05

续表

排名	股票代码	公司名称	财务状况	估值与成长性	创值能力	公司治理与社会责任	创新能力与战略资源	综合得分
35	000810. SZ	华润锦华	5. 23	4. 88	5. 2	4. 82	4. 85	5. 03
36	600370. SH	三房巷	4. 93	5. 34	4. 32	4. 62	5. 22	5. 02
37	600398. SH	海澜之家	5. 61	4. 32	5. 08	4. 83	5. 36	4. 99
38	002640. SZ	百圆裤业	4. 68	4. 96	5. 76	5. 5	5. 01	4. 98
39	002070. SZ	众和股份	4. 52	5. 55	4. 46	4. 99	4. 73	4. 96
40	600493. SH	凤竹纺织	5. 09	5	4. 8	5. 16	4. 02	4. 95
41	000045. SZ	深纺织 A	4. 61	5. 25	3. 41	5. 05	6. 38	4. 94
42	600400. SH	红豆股份	4. 59	5. 55	3. 77	4. 82	4. 85	4. 92
43	002485. SZ	希努尔	4. 84	4. 82	4. 3	4. 68	6. 39	4. 9
44	600070. SH	浙江富润	5. 2	4. 94	4. 97	4. 61	3. 67	4. 9
45	002404. SZ	嘉欣丝绸	4. 87	4. 85	4. 89	5. 28	4. 59	4. 88
46	600630. SH	龙头股份	5. 4	4. 49	4. 22	5. 16	4. 53	4. 87
47	002291. SZ	星期六	4. 29	5. 12	4. 74	4. 93	6. 21	4. 86
48	600232. SH	金鹰股份	4. 95	4. 99	4. 29	4. 82	4. 39	4. 85
49	000982. SZ	中银绒业	3. 88	5. 91	6. 1	5. 05	2. 98	4. 85
50	002193. SZ	山东如意	4. 34	5. 11	5. 57	4. 78	4. 99	4. 82
51	002569. SZ	步森股份	4. 42	4. 78	5. 66	5. 17	5. 48	4. 81
52	601599. SH	鹿港科技	4. 54	5. 12	4. 7	4. 92	4. 35	4. 79
53	002517. SZ	泰亚股份	4. 85	4. 37	5. 24	4. 96	5. 7	4. 78
54	600626. SH	申达股份	5. 47	4. 27	4. 19	4. 95	4. 31	4. 78
55	002034. SZ	美欣达	4. 94	4. 35	4. 82	5. 41	4. 72	4. 74
56	002036. SZ	宜科科技	4. 79	4. 67	5. 18	5	4. 09	4. 74
57	600156. SH	华升股份	4. 57	4. 77	4. 78	4. 83	4. 32	4. 66
58	002239. SZ	金飞达	5. 1	4. 03	5. 57	5. 05	3. 81	4. 63
59	600483. SH	福建南纺	4. 33	4. 69	5. 42	4. 7	4. 9	4. 63
60	600272. SH	开开实业	4. 46	4. 5	5. 57	5. 14	4. 36	4. 62
61	000850. SZ	华茂股份	4. 88	5. 06	0. 56	4. 77	5. 32	4. 62
62	601339. SH	百隆东方	4. 92	4. 73	1. 91	4. 9	4. 94	4. 6
63	600233. SH	大杨创世	5. 39	3. 58	4. 94	4. 78	4. 89	4. 58
64	000158. SZ	常山股份	4. 32	5. 14	2. 45	4. 84	4. 75	4. 56
65	601718. SH	际华集团	4. 36	5. 35	1. 66	4. 77	4. 1	4. 52
66	002042. SZ	华孚色纺	4. 28	4. 91	2. 66	5. 34	4. 08	4. 47
67	000955. SZ	欣龙控股	4. 4	3. 73	4. 97	5. 62	5. 2	4. 39
68	600448. SH	华纺股份	4. 46	3. 87	5. 85	4. 81	3. 29	4. 3
69	002072. SZ	德棉股份	4. 42	4. 21	5. 51	2. 02	5. 01	4. 24
70	000902. SZ	中国服装	3. 94	4	5. 34	4. 91	3. 61	4. 15
71	600152. SH	维科精华	4. 11	4. 25	2. 75	4. 99	3. 66	4. 11
72	600510. SH	黑牡丹	3. 51	5. 05	1. 93	4. 8	3. 59	4. 08
73	000971. SZ	蓝鼎控股	3. 14	4. 11	5. 61	5. 46	4. 26	4. 02
74	600273. SH	华芳纺织	4. 31	3. 46	4. 36	4. 65	3. 28	3. 95
75	600220. SH	江苏阳光	4. 4	3. 37	1. 65	4. 92	3. 39	3. 77

（九）钢铁

排名	股票代码	公司名称	财务状况	估值与成长性	创值能力	公司治理与社会责任	创新能力与战略资源	综合得分
1	002318. SZ	久立特材	6. 43	5. 17	6. 39	5. 46	6. 59	5. 88
2	002478. SZ	常宝股份	5. 83	5. 41	6. 13	5. 34	6. 57	5. 71
3	000708. SZ	大冶特钢	5. 66	5. 66	5. 95	5. 23	5. 47	5. 64
4	600507. SH	方大特钢	5. 9	5. 36	6. 48	5. 63	2. 71	5. 47
5	000825. SZ	太钢不锈	5. 5	5. 57	4. 59	5. 09	5. 49	5. 42
6	000778. SZ	新兴铸管	5. 24	5. 6	5. 83	4. 82	5. 21	5. 39
7	002443. SZ	金洲管道	5. 27	5. 34	6. 21	5. 18	5. 33	5. 37
8	600019. SH	宝钢股份	5. 57	5. 77	2. 86	5. 06	5	5. 36
9	000906. SZ	物产中拓	5. 06	5. 69	6. 39	5. 8	3. 22	5. 32
10	002110. SZ	三钢闽光	5. 12	5. 33	5. 82	5. 15	5. 62	5. 3
11	600117. SH	西宁特钢	5. 28	5. 4	5. 33	4. 97	4. 61	5. 25
12	000761. SZ	本钢板材	4. 98	5. 36	5. 34	4. 9	6. 26	5. 25
13	600126. SH	杭钢股份	4. 76	5. 74	5. 69	4. 95	4. 73	5. 22
14	601003. SH	柳钢股份	4. 81	5. 65	5. 95	5. 13	4. 37	5. 21
15	000709. SZ	河北钢铁	5. 08	5. 63	4	5. 09	5	5. 2
16	600399. SH	抚顺特钢	5. 38	5. 14	6. 37	4. 79	3. 68	5. 19
17	600784. SH	鲁银投资	5. 01	5. 23	6. 31	5. 26	4. 41	5. 17
18	600581. SH	八一钢铁	4. 43	5. 52	5. 98	4. 92	5. 96	5. 13
19	600307. SH	酒钢宏兴	4. 73	5. 42	5. 53	4. 94	5. 36	5. 12
20	600005. SH	武钢股份	4. 71	5. 67	4. 24	4. 85	4. 74	5. 06
21	600010. SH	包钢股份	5. 15	4. 91	5. 14	4. 69	4. 83	5
22	600782. SH	新钢股份	4. 5	5. 47	4. 66	4. 47	5. 01	4. 92
23	600022. SH	山东钢铁	4. 85	5. 11	3. 49	5. 25	4. 52	4. 85
24	600231. SH	凌钢股份	4. 29	5. 32	5. 07	4. 72	5. 18	4. 85
25	000959. SZ	首钢股份	5. 09	4. 38	5. 36	4. 42	5. 37	4. 81
26	002075. SZ	沙钢股份	5. 02	4. 23	6	4. 75	5. 49	4. 8
27	000898. SZ	鞍钢股份	4. 65	5. 48	0. 39	4. 67	5. 9	4. 74
28	600808. SH	马钢股份	4. 56	4. 36	2. 1	4. 67	4. 57	4. 31
29	000932. SZ	华菱钢铁	4. 43	3. 77	4. 28	4. 7	3. 88	4. 14
30	000717. SZ	韶钢松山	3. 78	3. 71	5. 18	4. 59	5. 21	4. 03
31	600569. SH	安阳钢铁	4. 22	2. 64	3. 49	4. 64	5. 09	3. 66
32	601005. SH	重庆钢铁	3. 93	2. 01	4. 96	5. 15	5. 41	3. 48

（十）公用事业

排名	股票代码	公司名称	财务状况	估值与成长性	创值能力	公司治理与社会责任	创新能力与战略资源	综合得分
1	300056. SZ	三维丝	4. 85	5. 16	6. 45	7. 44	8. 73	6. 55
2	300070. SZ	碧水源	5. 58	6. 22	6. 66	7. 03	5. 23	6. 47
3	002672. SZ	东江环保	5. 92	4. 72	6. 16	6. 78	6. 04	6. 2
4	300332. SZ	天壕节能	5. 53	6. 43	6	6. 45	4. 58	6. 04
5	300334. SZ	津膜科技	5. 31	5. 34	6. 71	5. 73	6. 86	5. 98
6	300090. SZ	盛运股份	4. 79	5. 34	6. 3	6. 13	7. 21	5. 94
7	300335. SZ	迪森股份	5. 52	6. 31	6. 25	5. 48	6. 57	5. 86
8	002700. SZ	新疆浩源	6. 24	5. 6	6. 6	4. 9	7. 26	5. 86
9	300190. SZ	维尔利	4. 91	5. 71	6. 28	5. 71	7. 12	5. 83
10	300172. SZ	中电环保	5. 06	4. 72	5. 99	6. 05	6. 71	5. 77
11	300262. SZ	巴安水务	4. 32	4. 82	6. 66	5. 57	6. 86	5. 68
12	000925. SZ	众合机电	4. 05	4. 7	6. 36	5. 94	5. 62	5. 59
13	000826. SZ	桑德环境	5. 08	5. 53	6. 31	5. 4	4. 82	5. 59
14	600187. SH	国中水务	5. 43	5. 45	5. 87	5. 47	5. 29	5. 57
15	000690. SZ	宝新能源	5. 46	6. 01	5. 04	6. 21	3. 83	5. 57
16	001896. SZ	豫能控股	5. 58	4. 12	6. 09	5. 23	4. 98	5. 43
17	002479. SZ	富春环保	5. 19	5. 63	5. 66	5. 29	4. 64	5. 38
18	300156. SZ	天立环保	4. 55	5. 32	5. 55	5. 66	5. 18	5. 37
19	300187. SZ	永清环保	4. 64	4. 35	6. 5	4. 88	6. 18	5. 35
20	601199. SH	江南水务	5. 52	4. 99	5. 33	4. 91	7. 75	5. 33
21	600758. SH	红阳能源	5. 27	4. 93	6. 41	4. 78	4. 22	5. 33
22	600900. SH	长江电力	5. 93	5. 99	5. 46	4. 89	4. 27	5. 31
23	600644. SH	乐山电力	3. 89	4. 97	6. 68	5. 08	4. 63	5. 31
24	600167. SH	联美控股	5. 79	5. 2	5. 84	4. 82	4. 32	5. 3
25	300055. SZ	万邦达	5. 33	4. 51	6. 33	4. 61	5. 25	5. 28
26	000712. SZ	锦龙股份	5. 64	4. 28	6. 07	4. 92	4. 04	5. 27
27	600995. SH	文山电力	5. 72	5. 02	5. 15	5. 1	5. 52	5. 24
28	002573. SZ	国电清新	5. 12	4. 37	6. 25	4. 72	5. 2	5. 24

续表

排名	股票代码	公司名称	财务状况	估值与成长性	创值能力	公司治理与社会责任	创新能力与战略资源	综合得分
29	600982. SH	宁波热电	5. 08	4. 82	5. 51	5. 12	5. 66	5. 23
30	000669. SZ	金鸿能源	4. 93	2. 9	6. 07	5. 28	5. 32	5. 23
31	600505. SH	西昌电力	5. 18	5. 05	6. 08	4. 65	5. 02	5. 23
32	600396. SH	金山股份	5. 04	5. 34	5. 58	5. 08	3. 81	5. 17
33	600283. SH	钱江水利	4. 75	4	5. 53	4. 99	7. 23	5. 16
34	601158. SH	重庆水务	6. 19	4. 75	5. 24	4. 73	4. 75	5. 14
35	300125. SZ	易世达	4. 98	4. 65	4. 78	5. 45	6. 05	5. 13
36	000544. SZ	中原环保	5. 13	4. 58	6. 09	4. 66	4. 13	5. 12
37	601139. SH	深圳燃气	4. 86	4. 83	5. 79	4. 4	7. 25	5. 11
38	600292. SH	中电远达	4. 54	3. 96	6. 07	4. 98	4. 64	5. 11
39	600452. SH	涪陵电力	4. 09	4. 26	6. 14	5. 06	4. 41	5. 09
40	000939. SZ	凯迪电力	4. 65	4. 15	5. 03	5. 57	5. 22	5. 09
41	600719. SH	大连热电	5. 07	4. 96	5. 25	5. 11	4. 25	5. 08
42	000695. SZ	滨海能源	4. 54	3. 92	6. 58	4. 54	4. 35	5. 07
43	000598. SZ	兴蓉投资	5. 77	4. 45	5. 5	4. 5	5. 23	5. 06
44	000531. SZ	穗恒运 A	5. 31	4. 63	5. 05	5. 1	4. 49	5. 04
45	600323. SH	瀚蓝环境	5. 31	4. 83	5. 75	4. 46	4. 48	5. 03
46	000899. SZ	赣能股份	4. 56	4. 85	5. 23	5. 16	4. 84	5. 03
47	600674. SH	川投能源	5. 77	5. 5	5. 36	4. 28	4. 89	5. 02
48	600131. SH	岷江水电	4. 92	5. 16	5. 95	4. 36	4. 51	5. 02
49	600979. SH	广安爱众	4. 77	5. 32	5. 2	4. 74	5. 96	5. 01
50	600116. SH	三峡水利	4. 75	5. 27	5. 64	4. 71	4. 04	5
51	002267. SZ	陕天然气	4. 74	5. 06	5. 9	4. 42	4. 29	4. 97
52	600333. SH	长春燃气	4. 47	4. 59	5. 26	4. 59	7. 67	4. 96
53	000600. SZ	建投能源	4. 72	5. 5	5. 08	4. 92	4. 44	4. 96
54	600780. SH	通宝能源	5. 3	4. 98	4. 88	4. 95	4. 21	4. 95
55	000993. SZ	闽东电力	4. 77	6. 08	4. 52	5. 18	4. 37	4. 95
56	000720. SZ	新能泰山	4. 67	4. 83	5. 5	4. 72	4. 54	4. 94
57	600874. SH	创业环保	4. 18	4. 99	5. 89	4. 68	4. 04	4. 94
58	600864. SH	哈投股份	5. 14	5. 05	4. 76	4. 99	4. 52	4. 92
59	000958. SZ	东方热电	4. 7	4. 11	6. 39	4. 13	4. 33	4. 91

续表

排名	股票代码	公司名称	财务状况	估值与成长性	创值能力	公司治理与社会责任	创新能力与战略资源	综合得分
60	000722. SZ	湖南发展	6. 31	3. 89	4. 58	4. 83	4. 18	4. 89
61	600011. SH	华能国际	4. 46	5. 5	4. 94	5. 02	4. 15	4. 89
62	600461. SH	洪城水业	4. 8	5. 75	4. 76	4. 69	5. 63	4. 89
63	600101. SH	明星电力	4. 91	5. 14	4. 68	4. 9	4. 74	4. 85
64	600868. SH	梅雁吉祥	4. 67	4. 29	5. 24	4. 84	4. 43	4. 85
65	000966. SZ	长源电力	4. 7	4. 76	4. 96	4. 84	4. 33	4. 81
66	600236. SH	桂冠电力	5. 8	5. 01	4. 31	4. 86	3. 69	4. 8
67	600509. SH	天富热电	4. 69	5. 12	4. 92	4. 66	4. 32	4. 77
68	600969. SH	郴电国际	4. 88	4. 76	4. 7	4. 83	4. 26	4. 76
69	000791. SZ	甘肃电投	5. 06	4. 93	4. 38	4. 54	6. 69	4. 76
70	600008. SH	首创股份	5. 02	5. 14	4. 51	4. 76	4. 53	4. 75
71	000685. SZ	中山公用	5. 66	4. 82	4. 15	4. 64	5. 4	4. 74
72	600168. SH	武汉控股	4. 88	5. 11	4. 56	4. 51	5. 33	4. 7
73	000601. SZ	韶能股份	5. 03	4. 62	4. 35	4. 78	5. 01	4. 7
74	000692. SZ	惠天热电	4. 28	4. 91	4. 96	4. 49	4. 49	4. 63
75	600578. SH	京能电力	5. 2	5. 29	3. 58	4. 9	4. 21	4. 55
76	600726. SH	华电能源	4. 43	4. 76	4. 6	4. 25	4. 44	4. 45
77	600744. SH	华银电力	4. 29	5. 74	3. 85	4. 55	4. 47	4. 4
78	000539. SZ	粤电力 A	4. 94	5. 37	3. 14	4. 93	4. 17	4. 4
79	000037. SZ	深南电 A	4. 36	4. 23	4. 35	4. 3	4. 33	4. 32
80	600021. SH	上海电力	4. 51	4. 94	2. 96	5. 03	4. 25	4. 27
81	000875. SZ	吉电股份	4. 31	5. 46	3. 27	4. 7	4. 19	4. 25
82	000883. SZ	湖北能源	4. 9	4. 8	3. 39	4. 44	4. 25	4. 23
83	601991. SH	大唐发电	5. 61	5. 44	2. 04	4. 92	4. 39	4. 21
84	600863. SH	内蒙华电	4. 73	4. 96	3. 84	3. 98	4. 2	4. 18
85	002039. SZ	黔源电力	4. 82	5. 81	2. 44	4. 83	4. 18	4. 17
86	600310. SH	桂东电力	4. 58	5. 34	2. 61	4. 82	4. 52	4. 15
87	600098. SH	广州发展	4. 72	5. 14	2. 7	4. 69	4. 61	4. 14
88	000767. SZ	漳泽电力	3. 97	5. 16	4. 14	3. 93	4. 19	4. 13
89	600642. SH	申能股份	4. 96	5. 4	1. 95	5. 09	4. 3	4. 11
90	600027. SH	华电国际	3. 71	5. 5	2. 43	4. 91	4. 15	3. 97
91	000027. SZ	深圳能源	4. 93	4. 97	2. 57	4. 26	4. 4	3. 95
92	600886. SH	国投电力	4. 73	5. 52	2. 25	4. 44	4. 2	3. 93
93	000543. SZ	皖能电力	4. 85	5. 71	1. 9	4. 09	4. 18	3. 73
94	600795. SH	国电电力	4. 83	5. 56	0. 6	4. 56	4. 05	3. 5

（十一）国防军工

排名	股票代码	公司名称	财务状况	估值与成长性	创值能力	公司治理与社会责任	创新能力与战略资源	综合得分
1	002151. SZ	北斗星通	5. 42	6. 36	5. 91	5. 93	5. 77	5. 79
2	300101. SZ	振芯科技	5. 65	5. 23	5. 95	4. 87	5. 83	5. 63
3	600038. SH	哈飞股份	4. 66	4. 7	5. 6	4. 75	6. 46	5. 61
4	600990. SH	四创电子	5. 38	4. 98	5. 81	4. 72	5. 73	5. 48
5	600372. SH	中航电子	6. 08	3. 38	5. 78	4. 95	5. 35	5. 38
6	300123. SZ	太阳鸟	5. 16	7. 12	5. 58	5. 77	4. 95	5. 34
7	600118. SH	中国卫星	5. 94	5. 42	5. 7	4. 75	5. 08	5. 3
8	600435. SH	北方导航	4. 66	4. 42	5. 49	4. 71	5. 57	5. 19
9	002013. SZ	中航机电	5. 78	5. 26	5. 25	5	4. 91	5. 16
10	000738. SZ	中航动控	5. 31	4. 87	5. 49	4. 73	5. 05	5. 11
11	002023. SZ	海特高新	6. 7	5. 53	5. 66	4. 83	4. 15	5. 05
12	600879. SH	航天电子	4. 97	5. 22	5. 13	4. 55	5. 17	5. 03
13	600893. SH	航空动力	4. 99	5. 18	5. 57	4. 72	4. 93	5. 03
14	600343. SH	航天动力	4. 52	5. 85	5. 28	4. 73	5. 14	5. 02
15	600760. SH	中航黑豹	3. 41	7. 29	5. 31	4. 77	5. 34	5
16	601890. SH	亚星锚链	4. 55	4. 05	4. 62	4. 71	5. 54	4. 99
17	600391. SH	成发科技	4. 47	4. 76	5. 24	4. 88	5. 13	4. 97
18	002297. SZ	博云新材	4. 63	5. 3	5. 67	4. 54	4. 9	4. 94
19	002608. SZ	舜天船舶	4. 77	5. 87	5. 05	5. 5	4. 44	4. 85
20	600685. SH	广船国际	4. 73	2. 98	5. 05	4. 69	5	4. 79
21	600316. SH	洪都航空	4. 05	4. 88	5	4. 5	5. 07	4. 77
22	300008. SZ	上海佳豪	5. 8	5. 51	5. 88	7. 58	2. 6	4. 69
23	600677. SH	航天通信	5. 27	5. 95	5. 25	4. 88	3. 95	4. 66
24	000768. SZ	中航飞机	4. 14	4. 48	3. 86	4. 68	5. 12	4. 63
25	600184. SH	光电股份	3. 69	2. 92	5. 73	4. 54	4. 28	4. 38
26	601989. SH	中国重工	4. 99	4. 55	0. 49	4. 67	4. 96	4. 17
27	600150. SH	中国船舶	5. 19	3. 57	1. 36	4. 73	3. 97	3. 87

（十二）化工

排名	股票代码	公司名称	财务状况	估值与成长性	创值能力	公司治理与社会责任	创新能力与战略资源	综合得分
1	600315. SH	上海家化	5. 96	5. 51	5. 43	5. 83	6. 68	5. 79
2	002004. SZ	华邦颖泰	5. 67	5. 89	5. 07	5. 18	6. 46	5. 73
3	600339. SH	天利高新	4. 67	7. 2	4. 89	4. 86	5. 01	5. 7
4	002226. SZ	江南化工	5. 72	5. 73	4. 78	5. 63	5. 59	5. 63
5	002549. SZ	凯美特气	5. 95	5. 16	5. 3	5. 01	6. 93	5. 6
6	600028. SH	中国石化	5. 18	5. 49	8. 6	6. 14	4. 64	5. 6
7	300285. SZ	国瓷材料	5. 9	5. 4	5. 27	5. 26	5. 66	5. 59
8	600182. SH	S 佳通	5. 02	6. 53	5. 14	5. 23	4. 25	5. 57
9	300236. SZ	上海新阳	5. 86	5. 1	5. 21	5. 24	6. 68	5. 53
10	600889. SH	南京化纤	5. 31	6	4. 79	5. 16	4. 37	5. 45
11	002581. SZ	万昌科技	5. 92	5. 03	5. 17	5. 16	5. 68	5. 44
12	300230. SZ	永利带业	5. 62	5. 11	5. 07	5. 21	6. 75	5. 44
13	300072. SZ	三聚环保	5. 65	5. 27	5. 31	5. 13	5. 45	5. 42
14	600309. SH	万华化学	5. 51	5. 44	5. 59	5. 27	4. 72	5. 41
15	002250. SZ	联化科技	5. 4	5. 45	5. 23	5. 52	5. 27	5. 41
16	300305. SZ	裕兴股份	5. 62	5. 3	4. 94	5. 13	5. 44	5. 39
17	300108. SZ	双龙股份	5. 54	5. 13	5. 24	5	6. 4	5. 39
18	002497. SZ	雅化集团	5. 62	5. 17	4. 95	5. 2	5. 8	5. 38
19	600985. SH	雷鸣科化	5. 34	5. 56	4. 88	5. 4	5. 08	5. 37
20	300041. SZ	回天新材	5. 41	5. 17	5. 04	5. 25	6. 53	5. 36
21	002669. SZ	康达新材	5. 46	5. 13	5. 22	5. 13	6. 36	5. 36
22	600155. SH	宝硕股份	5. 63	5. 8	5. 41	2. 25	4. 82	5. 35
23	002450. SZ	康得新	5. 38	5. 69	5. 29	5. 12	3. 73	5. 34
24	300037. SZ	新宙邦	5. 48	5. 19	5. 22	5. 27	5. 57	5. 34
25	600251. SH	冠农股份	5. 6	5. 26	5. 12	5. 02	4. 89	5. 33
26	300019. SZ	硅宝科技	5. 39	5. 2	5. 21	5. 05	6. 02	5. 32
27	000792. SZ	盐湖股份	5. 8	5. 18	3. 92	4. 88	5. 41	5. 32
28	002360. SZ	同德化工	5. 42	5. 24	5. 08	5. 28	5. 41	5. 31
29	002096. SZ	南岭民爆	5. 43	5. 2	4. 93	5. 38	5. 52	5. 31
30	300169. SZ	天晟新材	5. 74	4. 97	5. 09	4. 93	5. 4	5. 31
31	300196. SZ	长海股份	5. 35	5. 25	5. 12	5. 16	5. 63	5. 3
32	300163. SZ	先锋新材	5. 51	5. 14	4. 98	5. 04	5. 59	5. 3

续表

排名	股票代码	公司名称	财务状况	估值与成长性	创值能力	公司治理与社会责任	创新能力与战略资源	综合得分
33	002037. SZ	久联发展	5. 38	5. 42	4. 84	5. 26	4. 77	5. 3
34	002588. SZ	史丹利	5. 49	5. 13	5. 08	5. 06	5. 53	5. 29
35	002643. SZ	烟台万润	5. 41	5. 04	5	5. 25	6. 03	5. 27
36	002648. SZ	卫星石化	5. 32	5. 32	5. 12	5. 24	4. 95	5. 27
37	002054. SZ	德美化工	5. 42	5. 13	4. 72	5. 24	5. 78	5. 27
38	300225. SZ	金力泰	5. 34	5. 13	5. 09	5. 19	5. 83	5. 26
39	300343. SZ	联创节能	5. 26	5. 24	5. 21	5. 28	5. 38	5. 26
40	300054. SZ	鼎龙股份	5. 28	5. 09	5. 22	5. 06	6. 15	5. 25
41	002224. SZ	三力士	5. 15	5. 4	5. 17	5. 21	5. 14	5. 25
42	000584. SZ	友利控股	5. 31	5. 31	4. 79	5. 47	4. 89	5. 25
43	300200. SZ	高盟新材	5. 25	5. 12	5. 13	5. 22	5. 9	5. 24
44	002258. SZ	利尔化学	5. 09	5. 42	4. 92	5. 04	5. 56	5. 23
45	600469. SH	风神股份	5	5. 45	4. 68	5. 31	5. 74	5. 23
46	600636. SH	三爱富	5. 36	5. 02	5. 02	5. 55	5. 52	5. 23
47	002010. SZ	传化股份	4. 96	5. 44	5	5. 2	5. 55	5. 22
48	600352. SH	浙江龙盛	5. 23	5. 33	4. 74	5. 12	5. 11	5. 21
49	002215. SZ	诺普信	5. 48	4. 95	5. 15	5. 1	5. 36	5. 21
50	002683. SZ	宏大爆破	5. 18	5. 2	5. 18	5. 5	5. 11	5. 21
51	300031. SZ	宝通带业	5. 25	5. 11	5. 1	5. 53	5. 25	5. 21
52	300320. SZ	海达股份	5. 32	5. 06	5. 06	5. 24	5. 51	5. 21
53	002632. SZ	道明光学	5. 34	5. 01	4. 99	4. 99	5. 96	5. 21
54	002440. SZ	闰土股份	5. 31	5. 1	5. 04	5. 24	5. 32	5. 2
55	002324. SZ	普利特	5. 08	5. 31	5. 08	5. 15	5. 39	5. 2
56	300192. SZ	科斯伍德	5. 13	5. 21	5. 13	4. 98	5. 75	5. 2
57	002391. SZ	长青股份	5. 22	5. 11	5	5. 07	5. 74	5. 19
58	002068. SZ	黑猫股份	4. 81	5. 72	4. 78	5. 04	4. 99	5. 19
59	600249. SH	两面针	5. 08	5. 3	4. 45	4. 99	6. 11	5. 19
60	002464. SZ	金利科技	5. 41	4. 99	5. 04	4. 99	5. 39	5. 19
61	300180. SZ	华峰超纤	5. 29	5. 1	4. 89	5. 04	5. 38	5. 17
62	002591. SZ	恒大高新	5. 32	5. 04	5. 01	5. 04	5. 37	5. 17
63	300174. SZ	元力股份	5. 03	5. 18	5. 07	4. 99	6. 11	5. 17
64	002381. SZ	双箭股份	5. 23	5. 06	5. 04	5. 24	5. 46	5. 17
65	002165. SZ	红宝丽	4. 92	5. 37	5. 11	5. 2	5. 35	5. 16
66	300214. SZ	日科化学	5. 14	5. 15	4. 83	5. 17	5. 71	5. 16
67	300243. SZ	瑞丰高材	5	5. 13	5. 22	5. 22	6. 02	5. 16

续表

排名	股票代码	公司名称	财务状况	估值与成长性	创值能力	公司治理与社会责任	创新能力与战略资源	综合得分
68	000589. SZ	黔轮胎 A	4. 86	5. 45	4. 87	5. 16	5. 44	5. 15
69	002666. SZ	德联集团	5. 17	5. 17	4. 98	5. 37	4. 97	5. 15
70	000985. SZ	大庆华科	4. 9	5. 43	5. 2	5. 33	4. 83	5. 15
71	601678. SH	滨化股份	5. 36	5. 16	4. 55	5. 16	4. 69	5. 15
72	000553. SZ	沙隆达 A	5. 12	5. 23	5. 27	5. 28	4. 61	5. 15
73	601208. SH	东材科技	5. 3	5. 01	4. 96	5. 19	5. 16	5. 14
74	000819. SZ	岳阳兴长	5. 25	5. 08	5. 29	5. 46	4. 5	5. 14
75	600486. SH	扬农化工	5. 27	5. 03	5. 02	5. 1	5. 26	5. 14
76	603077. SH	和邦股份	5. 3	5. 18	5	5. 01	4. 46	5. 14
77	600527. SH	江南高纤	5. 23	5. 12	5. 02	5. 08	5. 02	5. 14
78	002319. SZ	乐通股份	5. 08	5. 03	5. 04	5. 38	5. 85	5. 14
79	300107. SZ	建新股份	5. 25	5. 03	5. 13	5. 15	5. 09	5. 13
80	600260. SH	凯乐科技	5. 24	5. 12	4. 95	5. 07	4. 92	5. 13
81	300135. SZ	宝利沥青	5. 01	5. 27	5. 1	5. 41	4. 74	5. 13
82	300109. SZ	新开源	5. 11	5. 04	5. 18	4. 97	5. 78	5. 13
83	601216. SH	内蒙君正	5. 23	5. 17	4. 92	5. 1	4. 59	5. 13
84	300325. SZ	德威新材	5. 06	5. 14	5. 07	5. 14	5. 42	5. 13
85	002601. SZ	佰利联	5. 04	5. 2	4. 73	5. 32	5. 29	5. 12
86	002254. SZ	泰和新材	4. 98	5. 1	5	5. 01	6. 14	5. 12
87	002408. SZ	齐翔腾达	5. 07	5. 19	5. 03	5. 07	5. 05	5. 11
88	600143. SH	金发科技	5. 05	5. 16	4. 71	5. 34	5. 33	5. 11
89	002409. SZ	雅克科技	5. 02	5. 12	5. 01	5. 16	5. 5	5. 1
90	002109. SZ	兴化股份	5. 17	5. 08	4. 67	5. 12	5. 28	5. 1
91	002470. SZ	金正大	5	5. 19	5. 16	5. 16	5. 09	5. 1
92	002206. SZ	海利得	4. 92	5. 3	4. 74	5. 01	5. 43	5. 1
93	600589. SH	广东榕泰	5. 05	5. 21	4. 82	4. 97	5. 12	5. 09
94	600378. SH	天科股份	5. 3	4. 79	5. 3	4. 93	5. 51	5. 09
95	300218. SZ	安利股份	4. 99	5. 04	5. 02	5. 24	5. 76	5. 09
96	000637. SZ	茂化实华	5. 05	5. 06	5. 09	5. 52	4. 98	5. 09
97	300132. SZ	青松股份	4. 91	5. 15	5. 24	5. 2	5. 36	5. 08
98	002326. SZ	永太科技	5. 08	5. 12	5. 11	5. 21	4. 71	5. 08
99	601113. SH	华鼎股份	4. 81	5. 38	4. 79	5. 02	5. 2	5. 08
100	002496. SZ	辉丰股份	4. 98	5. 14	4. 94	5. 11	5. 27	5. 07
101	300067. SZ	安诺其	4. 79	5. 18	5. 17	5. 15	5. 73	5. 07
102	600160. SH	巨化股份	5. 41	4. 84	4. 59	5. 08	4. 97	5. 07
103	300321. SZ	同大股份	5. 08	5	5. 02	5. 22	5. 23	5. 07
104	300063. SZ	天龙集团	4. 9	5. 15	4. 92	5. 29	5. 36	5. 07

续表

排名	股票代码	公司名称	财务状况	估值与成长性	创值能力	公司治理与社会责任	创新能力与战略资源	综合得分
105	300073. SZ	当升科技	4. 71	5. 28	5. 07	5. 23	5. 59	5. 06
106	600328. SH	兰太实业	5. 02	5. 35	4. 78	4. 9	4. 25	5. 06
107	600803. SH	威远生化	5. 14	4. 94	5. 12	5. 35	4. 9	5. 06
108	603002. SH	宏昌电子	5	4. 95	5. 12	5. 32	5. 5	5. 06
109	600458. SH	时代新材	4. 89	5. 12	4. 88	5. 11	5. 68	5. 06
110	002411. SZ	九九久	5. 06	4. 91	5. 1	5. 27	5. 49	5. 05
111	600722. SH	金牛化工	4. 43	5. 8	4. 95	4. 96	4. 57	5. 05
112	002343. SZ	禾欣股份	5. 03	4. 95	4. 57	5. 4	5. 75	5. 05
113	002092. SZ	中泰化学	5. 13	5. 21	3. 91	4. 9	5. 1	5. 05
114	600176. SH	中国玻纤	5. 35	5. 03	4. 86	5. 04	3. 76	5. 04
115	300082. SZ	奥克股份	4. 91	5. 17	4. 56	4. 95	5. 64	5. 04
116	000525. SZ	红太阳	4. 77	5. 41	4. 9	5. 1	4. 61	5. 04
117	002201. SZ	九鼎新材	5. 06	4. 91	5. 16	5. 02	5. 41	5. 03
118	300121. SZ	阳谷华泰	4. 95	5. 08	5. 24	5. 09	4. 94	5. 03
119	002637. SZ	赞宇科技	4. 71	5. 34	4. 95	5. 3	4. 9	5. 03
120	002361. SZ	神剑股份	5. 03	5. 11	5. 15	5. 11	4. 42	5. 03
121	600731. SH	湖南海利	4. 94	5. 1	5. 14	5. 17	4. 8	5. 02
122	002108. SZ	沧州明珠	5. 07	5. 13	5. 14	5. 22	3. 92	5. 02
123	601058. SH	赛轮股份	4. 79	5. 35	4. 95	5. 02	4. 61	5. 02
124	000731. SZ	四川美丰	5. 14	5. 08	4. 64	4. 96	4. 57	5. 02
125	002453. SZ	天马精化	4. 99	5. 12	5. 11	5. 03	4. 39	5. 01
126	002053. SZ	云南盐化	4. 89	5. 1	4. 86	5. 07	5. 19	5. 01
127	002246. SZ	北化股份	4. 94	4. 99	5. 07	5. 13	5. 19	5
128	000973. SZ	佛塑科技	5. 02	4. 98	4. 89	5. 13	4. 99	5
129	002407. SZ	多氟多	4. 9	4. 98	4. 94	5. 22	5. 44	5
130	002080. SZ	中材科技	5. 05	4. 76	4. 76	5. 03	6. 07	4. 99
131	002382. SZ	蓝帆股份	4. 86	5. 11	5. 19	4. 9	4. 97	4. 99
132	600426. SH	华鲁恒升	4. 93	5. 12	4. 41	4. 89	5. 35	4. 99
133	600500. SH	中化国际	4. 85	5. 47	3. 96	5. 13	4. 15	4. 99
134	002170. SZ	芭田股份	4. 95	4. 86	5. 14	5. 24	5. 43	4. 99
135	002584. SZ	西陇化工	4. 9	5. 14	5. 11	5. 14	4. 4	4. 99
136	600746. SH	江苏索普	5. 07	4. 95	5. 23	5. 01	4. 45	4. 98
137	000565. SZ	渝三峡 A	4. 83	5. 02	5. 03	5. 08	5. 34	4. 98
138	300221. SZ	银禧科技	4. 83	5. 06	4. 98	5. 44	4. 81	4. 98
139	002442. SZ	龙星化工	4. 92	5. 12	4. 86	5. 11	4. 45	4. 97
140	000698. SZ	沈阳化工	4. 85	5. 35	3. 99	5. 29	4. 33	4. 97
141	002061. SZ	江山化工	4. 86	5. 23	4. 69	5. 08	4. 34	4. 97

续表

排名	股票代码	公司名称	财务状况	估值与成长性	创值能力	公司治理与社会责任	创新能力与战略资源	综合得分
142	000523. SZ	广州浪奇	4. 7	5. 19	5. 17	5. 19	4. 78	4. 97
143	002476. SZ	宝莫股份	5. 12	4. 93	5. 24	5. 02	4. 04	4. 97
144	600230. SH	沧州大化	5. 06	4. 96	4. 83	5. 15	4. 49	4. 96
145	002493. SZ	荣盛石化	4. 83	5. 44	4. 02	5. 02	4. 06	4. 96
146	600227. SH	赤天化	4. 84	5. 47	3. 96	4. 83	4. 03	4. 95
147	002538. SZ	司尔特	4. 85	5. 04	4. 8	5. 04	5. 03	4. 95
148	002395. SZ	双象股份	4. 92	4. 93	4. 89	4. 85	5. 26	4. 95
149	600367. SH	红星发展	5. 1	4. 57	4. 87	5. 03	6. 04	4. 94
150	002221. SZ	东华能源	4. 74	5. 41	5. 11	5. 37	2. 99	4. 94
151	002256. SZ	彩虹精化	5. 04	4. 79	5. 25	5. 09	4. 75	4. 94
152	002597. SZ	金禾实业	4. 96	5. 13	4. 71	4. 79	4. 22	4. 94
153	000554. SZ	泰山石油	5. 46	4. 35	5. 15	5. 15	4. 84	4. 94
154	000950. SZ	建峰化工	4. 88	5. 28	4. 27	4. 91	4. 18	4. 93
155	002513. SZ	蓝丰生化	4. 92	4. 98	4. 86	4. 96	4. 77	4. 93
156	000422. SZ	湖北宜化	4. 99	5. 14	4. 21	4. 99	4. 2	4. 93
157	600423. SH	柳化股份	4. 72	5. 06	4. 51	5. 04	5. 47	4. 92
158	000782. SZ	美达股份	4. 69	5. 24	4. 88	4. 99	4. 37	4. 92
159	000059. SZ	华锦股份	4. 68	5. 24	4. 17	5. 65	4. 46	4. 92
160	002018. SZ	华星化工	4. 88	5. 02	5. 18	4. 98	4. 09	4. 9
161	000599. SZ	青岛双星	4. 58	5. 27	4. 77	4. 95	4. 79	4. 9
162	000096. SZ	广聚能源	5. 11	4. 7	4. 81	4. 9	5	4. 9
163	002539. SZ	新都化工	4. 84	5. 09	4. 7	5. 11	4. 28	4. 9
164	601233. SH	桐昆股份	4. 91	5. 15	3. 97	5. 08	4. 33	4. 9
165	002427. SZ	尤夫股份	4. 57	5. 2	5. 03	5. 27	4. 32	4. 88
166	600141. SH	兴发集团	4. 88	5. 16	4. 2	5	4. 08	4. 88
167	002377. SZ	国创高新	4. 8	5. 03	5. 15	5. 45	3. 67	4. 88
168	600387. SH	海越股份	4. 28	5. 59	5. 04	5. 03	4. 02	4. 88
169	002125. SZ	湘潭电化	4. 67	4. 93	5. 11	5. 09	5	4. 86
170	600727. SH	鲁北化工	4. 83	4. 89	4. 77	5. 06	4. 75	4. 86
171	600389. SH	江山股份	4. 96	4. 61	5. 25	5. 26	4. 69	4. 85
172	002064. SZ	华峰氨纶	4. 35	5. 11	5. 12	5. 35	5. 25	4. 85
173	002274. SZ	华昌化工	4. 62	5. 14	4. 7	4. 92	4. 46	4. 84
174	600623. SH	双钱股份	4. 87	4. 49	5. 08	5. 37	5. 39	4. 82
175	000818. SZ	方大化工	4. 76	4. 99	4. 42	4. 96	4. 52	4. 82
176	000635. SZ	英力特	4. 9	4. 77	4. 29	5. 18	4. 78	4. 82
177	002556. SZ	辉隆股份	4. 5	5. 1	4. 87	5. 47	4. 28	4. 81
178	600078. SH	澄星股份	4. 84	4. 91	4. 87	4. 95	3. 92	4. 81
179	600409. SH	三友化工	4. 77	5. 12	4. 46	5	3. 51	4. 8
180	600470. SH	六国化工	4. 56	5. 11	4. 5	4. 87	4. 67	4. 8
181	000936. SZ	华西股份	4. 74	4. 87	4. 69	5. 1	4. 55	4. 8
182	600061. SH	中纺投资	4. 48	5. 17	5. 24	5. 01	3. 78	4. 79

续表

排名	股票代码	公司名称	财务状况	估值与成长性	创值能力	公司治理与社会责任	创新能力与战略资源	综合得分
183	000627. SZ	天茂集团	4. 8	4. 71	4. 98	4. 8	4. 69	4. 77
184	002386. SZ	天原集团	4. 74	5. 1	4. 05	5. 02	3. 7	4. 77
185	600063. SH	皖维高新	4. 68	5. 08	4. 5	4. 76	3. 91	4. 77
186	000662. SZ	索芙特	5. 21	3. 96	5. 11	4. 97	5. 96	4. 76
187	000830. SZ	鲁西化工	4. 34	5. 24	4. 25	4. 92	4. 63	4. 75
188	600256. SH	广汇能源	5. 34	4. 96	4. 32	2. 06	3. 77	4. 74
189	002562. SZ	兄弟科技	4. 91	4. 91	5. 04	2. 3	5. 12	4. 74
190	000703. SZ	恒逸石化	5. 06	4. 43	4. 29	5. 57	4. 23	4. 73
191	603003. SH	龙宇燃油	4. 42	4. 88	5. 14	5. 45	4. 43	4. 73
192	000953. SZ	河池化工	4. 48	4. 87	5. 03	5. 09	4. 52	4. 72
193	600096. SH	云天化	4. 71	5	3. 71	5. 1	3. 95	4. 72
194	002455. SZ	百川股份	4. 19	5. 07	4. 99	5. 15	4. 78	4. 71
195	002136. SZ	安纳达	4. 47	4. 71	4. 98	4. 9	5. 36	4. 7
196	600596. SH	新安股份	4. 61	4. 64	4. 51	5. 16	5. 2	4. 7
197	600688. SH	上海石化	3. 93	5. 45	3. 39	6. 13	4. 58	4. 69
198	002192. SZ	路翔股份	4. 57	4. 45	5. 28	5. 39	4. 6	4. 64
199	000949. SZ	新乡化纤	4. 62	4. 51	4. 71	4. 86	5. 05	4. 64
200	600810. SH	神马股份	4. 79	4. 49	4. 27	5. 09	4. 3	4. 62
201	000677. SZ	恒天海龙	4. 06	4. 78	4. 9	4. 97	5. 84	4. 61
202	000407. SZ	胜利股份	4. 63	4. 37	5. 01	4. 67	4. 38	4. 54
203	002002. SZ	鸿达兴业	4. 53	4. 83	5. 08	2. 49	4. 63	4. 54
204	600618. SH	氯碱化工	5. 04	3. 63	5. 07	5. 2	4. 77	4. 49
205	000976. SZ	春晖股份	3. 72	4. 93	5. 22	5. 04	4. 65	4. 48
206	000687. SZ	恒天天鹅	4. 74	3. 92	4. 88	4. 79	5. 2	4. 47
207	600538. SH	北海国发	3. 78	4. 69	5. 38	4. 92	5. 52	4. 47
208	002145. SZ	中核钛白	4. 23	4. 52	5. 05	5. 42	3. 44	4. 44
209	000912. SZ	泸天化	4. 68	4. 36	4. 36	4. 99	2. 88	4. 42
210	000510. SZ	金路集团	4. 14	4. 45	5. 11	5. 04	4. 27	4. 42
211	600844. SH	丹化科技	4. 77	3. 9	5. 03	4. 91	4. 05	4. 41
212	000859. SZ	国风塑业	4. 7	3. 66	5. 06	5. 11	5. 34	4. 41
213	600691. SH	阳煤化工	4. 64	4. 11	4. 35	4. 54	4. 18	4. 37
214	002172. SZ	澳洋科技	4. 31	4. 51	5. 12	5. 06	2. 43	4. 36
215	600229. SH	青岛碱业	4. 7	3. 72	4. 78	4. 91	4. 73	4. 35
216	600579. SH	天华院	4. 25	4. 4	5. 14	2. 59	5. 51	4. 35
217	600444. SH	国通管业	4. 05	4. 53	5. 48	2. 4	5. 51	4. 33
218	600281. SH	太化股份	4. 55	3. 64	5. 12	4. 79	3. 84	4. 21
219	000615. SZ	湖北金环	4. 04	3. 69	5. 15	4. 85	4. 94	4. 12
220	000707. SZ	双环科技	4. 89	2. 94	4. 59	5. 03	4. 44	4. 09
221	000155. SZ	川化股份	4. 35	3. 07	5. 12	5. 43	4. 5	4. 01
222	000737. SZ	南风化工	4. 8	2. 28	5. 2	5. 16	5. 03	3. 91
223	000420. SZ	吉林化纤	3. 86	3. 51	5. 28	4. 99	3. 55	3. 89
224	600725. SH	云维股份	4. 38	2. 93	4. 08	5. 07	3. 02	3. 74
225	600769. SH	祥龙电业	4. 54	2. 46	5. 36	3. 14	4. 54	3. 7
226	002211. SZ	宏达新材	4. 18	1. 51	5. 07	5	5. 24	3. 37

（十三）机械设备

排名	股票代码	公司名称	财务状况	估值与成长性	创值能力	公司治理与社会责任	创新能力与战略资源	综合得分
1	300306. SZ	远方光电	7. 33	5. 47	5. 45	5. 39	6. 47	6. 25
2	300354. SZ	东华测试	6. 19	5. 21	5. 66	5. 39	7. 15	5. 78
3	300309. SZ	吉艾科技	6. 52	5. 32	5. 52	5. 13	5. 31	5. 78
4	300099. SZ	尤洛卡	6. 29	5. 17	5. 47	4. 72	7. 3	5. 75
5	300349. SZ	金卡股份	5. 86	5. 68	5. 74	5. 32	6. 02	5. 75
6	300275. SZ	梅安森	5. 95	5. 4	5. 65	5. 29	6. 65	5. 72
7	300165. SZ	天瑞仪器	6. 05	5. 11	4. 98	5. 16	7. 87	5. 68
8	002690. SZ	美亚光电	6. 19	5. 08	5. 72	5. 52	6. 02	5. 66
9	600031. SH	三一重工	5. 86	5. 17	8. 79	5. 32	4. 31	5. 66
10	002667. SZ	鞍重股份	6. 18	5. 17	5. 25	5. 17	6. 05	5. 63
11	300351. SZ	永贵电器	6. 1	5. 2	5. 47	5. 07	5. 83	5. 6
12	002009. SZ	天奇股份	4. 65	7. 07	5. 24	5. 33	3. 61	5. 6
13	002353. SZ	杰瑞股份	5. 47	5. 72	6. 62	5. 47	4. 41	5. 58
14	300259. SZ	新天科技	5. 68	5. 51	5. 58	5. 12	5. 69	5. 57
15	002698. SZ	博实股份	5. 9	5. 11	5. 76	5. 26	5. 53	5. 51
16	300137. SZ	先河环保	5. 65	5. 26	5. 48	5. 27	6. 17	5. 5
17	300203. SZ	聚光科技	5. 56	5. 16	5. 31	5. 2	7. 25	5. 49
18	300210. SZ	森远股份	5. 49	5. 52	5. 63	5. 27	5. 38	5. 48
19	002595. SZ	豪迈科技	5. 92	5. 22	5. 64	4. 98	4. 96	5. 48
20	002658. SZ	雪迪龙	5. 7	5. 22	5. 59	5. 26	5. 6	5. 47
21	002651. SZ	利君股份	5. 84	5. 18	5. 57	5. 36	4. 97	5. 46
22	300338. SZ	开元仪器	5. 54	5. 15	5. 4	5. 27	6. 74	5. 45
23	300007. SZ	汉威电子	5. 49	5. 2	5. 38	5. 21	6. 79	5. 45
24	300195. SZ	长荣股份	5. 55	5. 26	5. 62	5. 28	5. 65	5. 43
25	300307. SZ	慈星股份	5. 33	5. 91	5. 13	5. 29	3. 95	5. 43
26	000157. SZ	中联重科	5. 11	5. 37	8. 35	4. 99	4. 86	5. 43
27	300145. SZ	南方泵业	5. 41	5. 36	5. 62	5. 45	5. 62	5. 43
28	300159. SZ	新研股份	5. 34	5. 61	5. 37	4. 9	5. 4	5. 42
29	300112. SZ	万讯自控	5. 33	5. 17	5. 55	5. 29	6. 93	5. 4
30	600382. SH	广东明珠	6. 4	4. 81	4. 7	5. 2	3. 95	5. 38
31	002691. SZ	石中装备	5. 45	5	5. 44	5. 36	6. 64	5. 36
32	300293. SZ	蓝英装备	5. 07	5. 68	5. 6	5. 35	4. 94	5. 36
33	002621. SZ	大连三垒	5. 95	4. 88	5. 09	4. 89	5. 34	5. 34
34	002598. SZ	山东章鼓	5. 67	4. 92	5. 53	5. 19	5. 52	5. 32

续表

排名	股票代码	公司名称	财务状况	估值与成长性	创值能力	公司治理与社会责任	创新能力与战略资源	综合得分
35	300179. SZ	四方达	5. 55	5. 02	5. 26	5. 16	5. 94	5. 32
36	601002. SH	晋亿实业	4. 6	6. 48	4. 49	4. 97	4. 29	5. 32
37	300103. SZ	达刚路机	5. 25	5. 43	5. 41	5. 13	5. 08	5. 31
38	002444. SZ	巨星科技	5. 7	5. 01	5. 39	5. 31	4. 79	5. 31
39	300097. SZ	智云股份	5. 13	5. 42	5. 55	5. 2	5. 44	5. 3
40	300345. SZ	红宇新材	5. 45	5. 15	5. 39	5. 01	5. 51	5. 3
41	300257. SZ	开山股份	5. 39	5. 31	5. 65	5. 23	4. 48	5. 29
42	601100. SH	恒立油缸	5. 43	5. 39	4. 61	4. 95	5. 1	5. 29
43	300035. SZ	中科电气	5. 44	4. 95	5. 16	5. 32	6. 33	5. 29
44	002158. SZ	汉钟精机	5. 81	4. 64	5. 71	5. 44	5. 24	5. 28
45	300228. SZ	富瑞特装	4. 92	5. 57	5. 86	5. 54	4. 78	5. 28
46	600761. SH	安徽合力	5. 12	5. 45	5. 25	5. 44	5. 01	5. 27
47	601313. SH	江南嘉捷	5. 21	5. 2	5. 34	5. 63	5. 32	5. 26
48	002611. SZ	东方精工	5. 47	5. 08	5. 49	5. 16	4. 92	5. 25
49	002686. SZ	亿利达	5. 23	5. 19	5. 51	5. 39	5. 33	5. 25
50	002509. SZ	天广消防	5. 41	5. 27	5. 55	4. 95	4. 24	5. 24
51	300004. SZ	南风股份	5. 33	5. 09	5. 6	5. 02	5. 41	5. 24
52	002338. SZ	奥普光电	5. 4	5. 02	5. 51	5. 11	5. 29	5. 23
53	002367. SZ	康力电梯	5. 08	5. 34	5. 52	5. 28	5. 09	5. 23
54	300263. SZ	隆华节能	5. 04	5. 4	5. 48	5. 12	5. 15	5. 23
55	002680. SZ	黄海机械	5. 5	4. 91	5. 43	5. 06	5. 26	5. 22
56	300024. SZ	机器人	5. 11	5. 3	5. 65	5. 33	4. 71	5. 21
57	300278. SZ	华昌达	4. 87	5. 7	5. 48	4. 9	4. 5	5. 21
58	300281. SZ	金明精机	5. 16	5. 27	5. 33	5. 16	5	5. 2
59	002438. SZ	江苏神通	5. 14	5. 05	5. 46	5. 12	6. 06	5. 2
60	300276. SZ	三丰智能	5. 02	5. 39	5. 55	5. 01	4. 73	5. 18
61	300114. SZ	中航电测	5	5. 18	5. 31	5. 1	6. 02	5. 18
62	601369. SH	陕鼓动力	5. 11	5. 04	5. 38	5. 27	5. 89	5. 18
63	300064. SZ	豫金刚石	5. 43	5. 31	4. 98	4. 81	3. 74	5. 18
64	601717. SH	郑煤机	5. 02	5. 16	6. 65	5. 09	4. 62	5. 17
65	300154. SZ	瑞凌股份	5. 06	5. 31	5. 02	4. 91	5. 45	5. 17
66	002031. SZ	巨轮股份	5. 45	5. 12	5. 2	5. 1	3. 86	5. 15
67	600582. SH	天地科技	5. 16	5. 11	5. 57	5. 15	4. 89	5. 15
68	300066. SZ	三川股份	5. 11	5. 17	5. 28	5. 08	5. 14	5. 15
69	002175. SZ	广陆数测	4. 95	5. 31	5. 55	5. 07	4. 87	5. 14

续表

排名	股票代码	公司名称	财务状况	估值与成长性	创值能力	公司治理与社会责任	创新能力与战略资源	综合得分
70	600967. SH	北方创业	4. 99	5. 31	5. 27	5. 22	4. 81	5. 14
71	002639. SZ	雪人股份	5. 34	5. 02	4. 95	4. 84	5. 16	5. 14
72	002559. SZ	亚威股份	4. 96	5. 23	5. 12	5. 16	5. 47	5. 13
73	002209. SZ	达意隆	4. 77	5. 38	5. 33	4. 86	5. 66	5. 12
74	300034. SZ	钢研高纳	5. 17	5. 08	5. 48	5. 18	4. 68	5. 12
75	300193. SZ	佳士科技	5. 1	5. 1	4. 74	5. 13	5. 67	5. 12
76	002278. SZ	神开股份	5. 11	4. 91	5. 24	5. 16	6. 07	5. 12
77	300151. SZ	昌红科技	5. 01	5. 36	5. 37	4. 95	4. 24	5. 11
78	002150. SZ	通润装备	4. 81	5. 37	5. 54	5. 4	4. 57	5. 11
79	002520. SZ	日发精机	5. 17	4. 94	5. 74	4. 85	5. 27	5. 11
80	002111. SZ	威海广泰	4. 97	5. 1	5. 38	5. 21	5. 42	5. 1
81	002073. SZ	软控股份	5. 24	5. 27	3. 92	4. 94	4. 91	5. 1
82	000811. SZ	烟台冰轮	5. 08	4. 98	5. 09	5. 21	5. 64	5. 09
83	300095. SZ	华伍股份	4. 99	5. 02	5. 12	5. 4	5. 58	5. 09
84	002532. SZ	新界泵业	5. 05	5. 24	5. 46	5. 13	4. 14	5. 09
85	002270. SZ	法因数控	4. 89	5. 02	5. 31	5. 02	6. 31	5. 09
86	002535. SZ	林州重机	5. 03	5. 37	5. 16	5. 07	3. 88	5. 08
87	002347. SZ	泰尔重工	5. 14	4. 9	5. 25	5. 19	5. 3	5. 07
88	000633. SZ	合金投资	4. 8	5. 49	5. 67	5. 27	3. 47	5. 07
89	300201. SZ	海伦哲	4. 84	5. 02	5. 39	5. 29	5. 84	5. 06
90	002026. SZ	山东威达	4. 73	5. 32	5. 44	5. 01	5. 02	5. 06
91	601798. SH	蓝科高新	5. 11	4. 99	5. 09	4. 96	5. 19	5. 06
92	002530. SZ	丰东股份	4. 98	5. 08	5. 34	5. 07	5. 04	5. 06
93	002689. SZ	博林特	4. 86	5. 08	5. 22	5. 3	5. 48	5. 06
94	600172. SH	黄河旋风	5. 02	5. 22	4. 86	4. 87	4. 72	5. 05
95	600843. SH	上工申贝	4. 93	4. 87	5. 65	5. 88	5. 05	5. 04
96	002097. SZ	山河智能	4. 74	5. 38	4. 54	5. 37	5. 04	5. 04
97	002529. SZ	海源机械	5	4. 78	4. 81	4. 85	6. 75	5. 02
98	300126. SZ	锐奇股份	4. 91	5. 12	5. 21	4. 85	5. 08	5. 02
99	000852. SZ	江钻股份	5. 07	4. 74	5. 65	5. 37	5. 19	5. 02
100	002352. SZ	鼎泰新材	5. 01	5. 02	5. 27	5. 01	4. 83	5. 02
101	600841. SH	上柴股份	4. 68	5. 36	4. 67	5. 17	5. 16	5. 02
102	002426. SZ	胜利精密	4. 8	5. 11	5. 34	5. 64	4. 69	5. 02
103	300266. SZ	兴源过滤	4. 98	5. 09	5. 66	5. 04	4. 14	5. 01
104	002514. SZ	宝馨科技	4. 89	5. 02	5. 56	5. 06	4. 96	5. 01
105	600481. SH	双良节能	4. 91	5. 13	4. 97	5. 44	4. 53	5. 01
106	600835. SH	上海机电	4. 96	5. 02	4. 64	5. 44	5. 11	5. 01
107	000880. SZ	潍柴重机	5. 2	4. 94	4. 9	4. 83	4. 57	5
108	600960. SH	渤海活塞	5. 05	5. 06	5. 47	5. 09	3. 89	5

续表

排名	股票代码	公司名称	财务状况	估值与成长性	创值能力	公司治理与社会责任	创新能力与战略资源	综合得分
109	600560.SH	金自天正	4.56	5.4	5.53	5.13	4.53	5
110	000777.SZ	中核科技	4.86	5.04	5.22	5.04	5.18	5
111	002613.SZ	北玻股份	4.94	4.94	4.74	5	5.77	4.99
112	002131.SZ	利欧股份	4.84	5.18	5.37	5.14	4.25	4.99
113	600558.SH	大西洋	4.64	5.42	5.07	4.97	4.48	4.99
114	601299.SH	中国北车	4.54	5.26	6.34	5.22	4.06	4.97
115	002645.SZ	华宏科技	4.97	4.87	5.37	4.99	5.13	4.97
116	002282.SZ	博深工具	4.83	4.97	5.14	5.07	5.41	4.97
117	002685.SZ	华东重机	4.76	5.03	5.31	5.16	5.17	4.97
118	300116.SZ	坚瑞消防	4.74	5.05	5.32	5.24	5.06	4.97
119	002510.SZ	天汽模	4.66	5.14	5.19	5.15	5.21	4.96
120	002487.SZ	大金重工	5.06	4.92	4.69	4.96	5.01	4.96
121	300260.SZ	新莱应材	4.7	5.16	5.18	4.91	5.14	4.96
122	002445.SZ	中南重工	4.72	5.15	5.43	4.93	4.74	4.96
123	601608.SH	中信重工	5	4.88	3.96	5.2	5.89	4.96
124	300161.SZ	华中数控	4.71	4.78	4.92	5.16	6.9	4.96
125	002480.SZ	新筑股份	5.04	5.12	4.24	5.03	4.19	4.95
126	000920.SZ	南方汇通	4.92	4.86	5.36	5.35	4.6	4.94
127	300080.SZ	新大新材	4.48	5.54	4.11	5.14	4.85	4.94
128	300140.SZ	启源装备	4.88	4.73	5.12	4.93	6.01	4.93
129	600501.SH	航天晨光	4.54	5.27	4.96	5.17	4.91	4.93
130	600577.SH	精达股份	4.66	5.35	5.39	5.62	3.03	4.93
131	600992.SH	贵绳股份	4.41	5.36	4.84	4.59	5.76	4.93
132	002337.SZ	赛象科技	4.76	4.91	4.72	5.1	5.84	4.92
133	002499.SZ	科林环保	4.83	4.89	5.32	5.3	4.8	4.92
134	000901.SZ	航天科技	4.59	5.07	5.3	5.24	5.1	4.92
135	600592.SH	龙溪股份	4.91	4.94	4.86	4.73	5.09	4.91
136	600262.SH	北方股份	4.77	5.11	5.16	5.3	4.01	4.91
137	600566.SH	洪城股份	5.39	3.85	5.52	5.58	6.54	4.91
138	300173.SZ	松德股份	4.85	4.8	5.32	4.81	5.36	4.9
139	000425.SZ	徐工机械	4.84	5.28	3.84	5.13	4.11	4.9
140	600806.SH	昆明机床	5.16	4.6	4.43	4.93	5.38	4.89
141	002046.SZ	轴研科技	4.8	4.73	5.05	4.78	6	4.89

续表

排名	股票代码	公司名称	财务状况	估值与成长性	创值能力	公司治理与社会责任	创新能力与战略资源	综合得分
142	000816. SZ	江淮动力	4.82	5.2	4.83	4.8	3.73	4.88
143	000410. SZ	沈阳机床	4.5	5.11	4.91	5.12	5.4	4.88
144	600375. SH	华菱星马	4.91	4.97	4.27	5.15	4.64	4.88
145	601038. SH	一拖股份	4.76	5.05	4.64	5.12	4.51	4.87
146	600499. SH	科达洁能	4.87	4.94	4.64	5.19	4.37	4.87
147	002483. SZ	润邦股份	4.77	5.22	4.38	5.07	3.86	4.86
148	300280. SZ	南通锻压	4.82	4.86	5.26	4.98	4.62	4.86
149	600862. SH	南通科技	4.94	5.02	4.84	5.09	3.46	4.86
150	002430. SZ	杭氧股份	4.69	5.08	4.91	5.24	4.18	4.86
151	000530. SZ	大冷股份	4.77	4.78	4.7	5.06	5.45	4.85
152	600388. SH	龙净环保	4.82	4.69	5.42	5.37	4.58	4.84
153	601766. SH	中国南车	4.7	5.47	2.36	5.27	4.42	4.84
154	002552. SZ	宝鼎重工	4.98	4.63	5.23	4.83	4.74	4.83
155	002435. SZ	长江润发	4.7	4.97	5.19	4.86	4.19	4.82
156	601028. SH	玉龙股份	4.71	4.87	5.01	5.26	4.41	4.81
157	600495. SH	晋西车轴	4.81	4.83	4.71	5.14	4.46	4.81
158	600218. SH	全柴动力	4.45	5.13	4.93	4.93	4.69	4.8
159	000570. SZ	苏常柴 A	4.62	4.92	4.93	4.85	4.95	4.8
160	300023. SZ	宝德股份	4.6	4.35	5.46	4.91	7.24	4.8
161	000890. SZ	法尔胜	4.42	5.24	4.81	5.02	4.25	4.8
162	600526. SH	菲达环保	4.48	5.11	5.42	5.16	3.85	4.8
163	002523. SZ	天桥起重	4.77	4.8	4.86	4.7	4.79	4.79
164	300091. SZ	金通灵	4.56	4.9	5.29	4.9	4.68	4.78
165	000923. SZ	河北宣工	4.71	4.73	5.16	4.69	4.89	4.76
166	600302. SH	标准股份	4.4	4.96	4.39	5.1	5.37	4.74
167	002342. SZ	巨力索具	4.61	4.83	4.86	4.85	4.52	4.73
168	000519. SZ	江南红箭	4.72	4.51	5.3	5.19	4.65	4.72
169	002122. SZ	天马股份	5	4.62	3.45	4.74	4.9	4.71
170	002537. SZ	海立美达	4.36	5.19	5.03	5.04	3.31	4.7
171	600848. SH	自仪股份	4.56	5.02	5.46	2.46	5.27	4.7
172	002147. SZ	方圆支承	4.71	4.6	4.96	4.54	4.87	4.69
173	002633. SZ	申科股份	4.8	4.43	5.27	5.11	4.36	4.69
174	300185. SZ	通裕重工	4.71	4.88	3.24	4.75	4.71	4.66

续表

排名	股票代码	公司名称	财务状况	估值与成长性	创值能力	公司治理与社会责任	创新能力与战略资源	综合得分
175	600165. SH	新日恒力	4.3	5.42	4.98	4.86	2.18	4.66
176	601177. SH	杭齿前进	4.33	4.85	4.54	5.02	5.03	4.65
177	002526. SZ	山东矿机	4.18	5	4.51	4.95	5.08	4.65
178	002490. SZ	山东墨龙	4.63	4.58	4.95	4.68	4.62	4.64
179	002423. SZ	中原特钢	4.5	4.62	4.41	5.25	4.89	4.63
180	000856. SZ	冀东装备	4.71	4.28	5.45	5.33	4.41	4.62
181	002204. SZ	大连重工	4.39	4.86	4.53	5.27	4.11	4.62
182	000837. SZ	秦川发展	4.42	4.66	4.92	4.84	4.98	4.62
183	002564. SZ	张化机	4.05	5.11	4.68	4.89	4.35	4.6
184	000617. SZ	石油济柴	4.41	4.44	5.23	5.1	5.15	4.59
185	300092. SZ	科新机电	4.57	4.32	5.25	4.8	5.16	4.59
186	000528. SZ	柳工	4.64	5.11	0.85	5.04	4.51	4.55
187	002647. SZ	宏磊股份	4.59	5.1	5.06	2.67	2.34	4.5
188	002021. SZ	中捷股份	4.57	4.18	5.26	5.09	4.29	4.49
189	002132. SZ	恒星科技	4.46	4.71	4.99	5	2.28	4.47
190	000039. SZ	中集集团	4.53	5.26	0.54	5.2	3.32	4.46
191	600243. SH	青海华鼎	4.48	4.42	4.65	4.96	3.76	4.46
192	600765. SH	中航重机	4.57	4.51	2.86	5.16	4.25	4.43
193	000607. SZ	华智控股	5.03	3.39	5.46	5.54	4.47	4.43
194	002272. SZ	川润股份	4.35	4.25	4.82	4.92	4.53	4.4
195	601106. SH	中国一重	4.79	4.65	0	4.85	4.89	4.38
196	600815. SH	厦工股份	4.33	4.64	2.24	4.77	4.5	4.34
197	600984. SH	建设机械	4.11	3.94	5.28	4.69	6.12	4.33
198	600894. SH	广日股份	4.06	4.03	4.71	5.37	4.84	4.26
199	000680. SZ	山推股份	4.34	4.14	2.88	5.19	4.86	4.26
200	600346. SH	大橡塑	4.4	3.61	5.22	5.1	4.16	4.2
201	600169. SH	太原重工	3.76	4.86	1.04	4.7	5.21	4.16
202	000595. SZ	西北轴承	4.34	3.04	5.37	4.71	5.11	4.01
203	000821. SZ	京山轻机	4.17	3.1	4.45	4.8	5.15	3.9
204	600520. SH	中发科技	4.5	2.76	5.61	5.18	3.56	3.9
205	600710. SH	常林股份	4.18	2.94	3.92	4.89	5.13	3.81
206	600320. SH	振华重工	4.51	1.99	0.22	5.15	4.19	3.24
207	000908. SZ	天一科技	3.56	1.8	5.74	2.28	5.41	3.09

（十四）计算机

排名	股票代码	公司名称	财务状况	估值与成长性	创值能力	公司治理与社会责任	创新能力与战略资源	综合得分
1	002279. SZ	久其软件	5.93	5.09	5.19	5.94	6.69	6.05
2	600570. SH	恒生电子	6.24	5.32	5.64	6.23	6.1	6.02
3	002410. SZ	广联达	6.47	5.46	5.73	5.82	6.26	5.97
4	002405. SZ	四维图新	5.64	5.31	4.8	5.35	6.87	5.9
5	002063. SZ	远光软件	6.38	5.64	5.95	5.93	5.54	5.78
6	300333. SZ	兆日科技	7.28	5.57	4.63	5.61	5.65	5.71
7	300079. SZ	数码视讯	6.48	5.06	4.41	4.78	6.82	5.68
8	600571. SH	信雅达	4.84	5.11	5.44	5.89	5.9	5.67
9	002230. SZ	科大讯飞	5.06	4.99	5.47	5.27	6.42	5.64
10	300085. SZ	银之杰	6.1	5.11	5.63	4.86	6.51	5.62
11	601519. SH	大智慧	4.87	4.68	3.53	5.67	6.22	5.57
12	300033. SZ	同花顺	5.63	5.27	4.57	4.15	7.11	5.53
13	300348. SZ	长亮科技	5.6	5.18	5.35	5.11	6.09	5.52
14	300229. SZ	拓尔思	6.09	5.42	5.45	4.88	5.99	5.48
15	002439. SZ	启明星辰	5.23	5.37	5.29	5.11	5.95	5.47
16	300074. SZ	华平股份	6.36	5.28	5.39	5.11	5.71	5.46
17	600588. SH	用友软件	4.66	4.74	4.74	5.83	5.64	5.46
18	300036. SZ	超图软件	4.92	3.7	4.9	5.42	6.41	5.45
19	300188. SZ	美亚柏科	5.2	5.39	5.32	5.47	5.52	5.45
20	300253. SZ	卫宁软件	5.3	5.2	6.04	5.37	5.45	5.39
21	300202. SZ	聚龙股份	5.29	5.26	6.11	5.77	5	5.39
22	002268. SZ	卫士通	5.03	4.71	5.6	5.25	5.84	5.37
23	600271. SH	航天信息	5.59	5.66	6	5.48	4.99	5.36
24	300270. SZ	中威电子	5.27	5.32	5.21	5.24	5.52	5.35
25	300352. SZ	北信源	5.14	5.14	5.81	5.17	5.61	5.35
26	300166. SZ	东方国信	5.02	5.75	5.46	4.74	5.77	5.32
27	300002. SZ	神州泰岳	5.46	5.45	5.35	5.42	5.14	5.32
28	300311. SZ	任子行	5.42	5.45	5.47	5.34	5.19	5.31

续表

排名	股票代码	公司名称	财务状况	估值与成长性	创值能力	公司治理与社会责任	创新能力与战略资源	综合得分
29	300047. SZ	天源迪科	4.81	5.74	4.92	5.24	5.33	5.31
30	300245. SZ	天玑科技	5.44	5.59	5.64	5.67	4.75	5.3
31	300209. SZ	天泽信息	5.29	5	4.45	5.21	5.62	5.3
32	002415. SZ	海康威视	5.48	5.63	8.02	5.18	4.95	5.3
33	300182. SZ	捷成股份	4.96	5.65	5.79	5.37	5	5.26
34	300235. SZ	方直科技	6.66	4.96	5.72	4.95	5.35	5.26
35	002236. SZ	大华股份	4.69	5.48	6.68	5.36	5.01	5.25
36	002657. SZ	中科金财	4.61	5.64	5.24	5.79	4.66	5.25
37	002308. SZ	威创股份	5.64	5.45	4.64	4.99	5.36	5.23
38	300177. SZ	中海达	5.08	5.51	5.44	5.31	5.03	5.23
39	002195. SZ	海隆软件	6.62	4.81	5.92	5.61	4.68	5.23
40	300248. SZ	新开普	5.51	5.51	5.22	5.09	5.19	5.23
41	002065. SZ	东华软件	5	5.76	6.51	5.39	4.71	5.21
42	300045. SZ	华力创通	5.4	4.37	5.67	4.69	6.01	5.21
43	300130. SZ	新国都	4.89	5.56	4.94	4.77	5.56	5.2
44	002153. SZ	石基信息	5.65	4.9	6.13	5.41	4.87	5.18
45	300075. SZ	数字政通	5.67	5.45	5.39	4.59	5.46	5.16
46	300324. SZ	旋极信息	5.15	5.23	5.8	4.9	5.3	5.15
47	002152. SZ	广电运通	5.26	5.62	5.48	4.71	5.31	5.14
48	600536. SH	中国软件	4.19	3.35	3.44	5.6	5.82	5.13
49	002609. SZ	捷顺科技	5.33	5.48	5.32	4.96	5.05	5.12
50	002421. SZ	达实智能	4.35	5.52	5.62	5.52	4.64	5.11
51	002642. SZ	荣之联	5.07	5.54	5.66	5.16	4.82	5.11
52	002177. SZ	御银股份	5.92	5.5	4.55	5.24	4.69	5.11
53	002380. SZ	科远股份	5.41	5.45	4.29	4.92	5.14	5.1
54	600845. SH	宝信软件	4.01	5.69	5.88	4.98	5.06	5.08
55	300096. SZ	易联众	5.45	5.02	5.46	5.01	5.04	5.07
56	300168. SZ	万达信息	4.73	5.62	5.67	5.1	4.81	5.07
57	002376. SZ	新北洋	4.69	5.53	5.17	5.03	4.97	5.07

续表

排名	股票代码	公司名称	财务状况	估值与成长性	创值能力	公司治理与社会责任	创新能力与战略资源	综合得分
58	300264.SZ	佳创视讯	5.86	5.4	4.7	4.62	5.06	5
59	002253.SZ	川大智胜	5.48	5	5.03	4.4	5.5	5
60	300150.SZ	世纪瑞尔	5.31	5.38	4.54	4.62	5.16	4.99
61	300020.SZ	银江股份	4.02	5.63	5.85	5.39	4.41	4.98
62	300155.SZ	安居宝	5.51	5.55	4.88	4.61	5.01	4.98
63	300051.SZ	三五互联	5.12	3.85	5.42	5.47	4.86	4.96
64	300271.SZ	华宇软件	4.53	5.54	5.54	4.2	5.48	4.96
65	300170.SZ	汉得信息	5.98	5.6	5.29	4.78	4.59	4.95
66	300044.SZ	赛为智能	4.58	5.55	5.35	5.11	4.56	4.95
67	002331.SZ	皖通科技	4.62	5.67	4.98	5.2	4.45	4.95
68	002401.SZ	中海科技	4.5	5.44	5.31	5.02	4.7	4.94
69	600850.SH	华东电脑	4.14	5.26	5.67	5.2	4.64	4.94
70	300297.SZ	蓝盾股份	4.94	5.32	5.38	4.95	4.7	4.93
71	300212.SZ	易华录	4	5.02	5.91	4.94	4.95	4.92
72	300290.SZ	荣科科技	4.16	5.4	5.56	5.32	4.39	4.92
73	002528.SZ	英飞拓	5.37	5.05	3.69	3.99	5.8	4.91
74	002368.SZ	太极股份	4.34	5.52	5.37	5.02	4.59	4.91
75	000997.SZ	新大陆	4.58	4.83	5.07	5.37	4.47	4.88
76	002474.SZ	榕基软件	5.45	5.49	4.77	4.95	4.44	4.88
77	600855.SH	航天长峰	3.89	3.98	5.28	4.96	5.36	4.88
78	300010.SZ	立思辰	4.81	5.39	5.57	4.9	4.54	4.86
79	600718.SH	东软集团	4.63	5.65	4.24	4.82	4.66	4.86
80	000948.SZ	南天信息	4.47	5.37	3.08	4.93	4.81	4.85
81	300287.SZ	飞利信	3.78	5.44	6.04	5.08	4.45	4.84
82	002232.SZ	启明信息	4.65	5.42	4.77	4.86	4.6	4.84
83	300302.SZ	同有科技	5	5.16	5.13	4.77	4.69	4.83
84	300330.SZ	华虹计通	4.76	5.35	5.52	4.93	4.43	4.82
85	300231.SZ	银信科技	4.75	5.55	5.73	5.07	4.18	4.82
86	300339.SZ	润和软件	4.91	5.58	5.32	4.82	4.31	4.78

续表

排名	股票代码	公司名称	财务状况	估值与成长性	创值能力	公司治理与社会责任	创新能力与战略资源	综合得分
87	002577.SZ	雷柏科技	5.51	5.25	5.25	4.57	4.57	4.77
88	600756.SH	浪潮软件	4.54	4.39	5.19	5.13	4.55	4.76
89	002383.SZ	合众思壮	4.87	4.43	3.91	5.64	3.97	4.72
90	002362.SZ	汉王科技	5.09	1.63	4.98	4.22	6.42	4.7
91	300065.SZ	海兰信	4.29	4.94	4.62	4.71	4.68	4.7
92	600476.SH	湘邮科技	4.07	2.47	5.59	5.06	5.31	4.69
93	000938.SZ	紫光股份	4.09	5.38	5.01	4.96	4.16	4.67
94	300300.SZ	汉鼎股份	4.51	5.34	5.8	5.01	3.94	4.67
95	300167.SZ	迪威视讯	4.54	5.1	5.28	4.67	4.32	4.62
96	600446.SH	金证股份	4.2	5.21	5.83	5.4	3.52	4.62
97	002296.SZ	辉煌科技	5.1	4.9	5	3.98	4.95	4.6
98	002312.SZ	三泰电子	3.48	5.24	5.75	5.13	3.89	4.59
99	000977.SZ	浪潮信息	4	2.98	5.55	4.83	5.07	4.59
100	300277.SZ	海联讯	4.54	5.39	4.98	3.86	4.86	4.56
101	300042.SZ	朗科科技	5.41	5.48	3.96	4.63	3.92	4.54
102	002197.SZ	证通电子	4.44	5.02	4.91	4.61	4.24	4.54
103	002649.SZ	博彦科技	5.11	5.57	4.97	3.79	4.47	4.47
104	600601.SH	方正科技	4.64	5.45	2.3	4.43	4.22	4.45
105	600797.SH	浙大网新	4.01	5.22	4.06	5.11	3.48	4.41
106	002280.SZ	新世纪	5.21	2.92	5.5	4.9	4.26	4.4
107	600410.SH	华胜天成	3.86	5.4	4.06	4.63	3.88	4.4
108	000748.SZ	长城信息	4.27	4	5.18	4.45	4.4	4.37
109	000066.SZ	长城电脑	3.86	3.79	0	4.66	4.46	4.21
110	600764.SH	中电广通	3.63	4.46	5	4.63	3.71	4.21
111	000021.SZ	长城开发	4.01	5.28	1.7	4.15	4.01	4.18
112	600680.SH	上海普天	4.15	2.58	4.73	4.53	4.42	4.16
113	600100.SH	同方股份	3.91	5.57	0.35	4.57	3.57	4.15
114	600590.SH	泰豪科技	4.06	5.57	2.79	4.81	3.04	4.15
115	002027.SZ	七喜控股	4.67	2.25	5.17	5.07	3.35	3.97
116	600728.SH	佳都科技	4.84	1.56	5.48	4.48	4.08	3.94

（十五）家用电器

排名	股票代码	公司名称	财务状况	估值与成长性	创值能力	公司治理与社会责任	创新能力与战略资源	综合得分
1	600690.SH	青岛海尔	6.06	5.43	9.15	5.88	5.28	6
2	000651.SZ	格力电器	5.53	6.17	9.25	5.37	4.39	5.96
3	002677.SZ	浙江美大	6.96	5.01	5.12	5.3	6.37	5.88
4	603366.SH	日出东方	6.81	5.35	4.88	5.11	5.7	5.85
5	002508.SZ	老板电器	5.97	5.57	5.51	5.14	7.06	5.79
6	300272.SZ	开能环保	6.24	5.52	5.34	5.55	5.15	5.74
7	002032.SZ	苏泊尔	5.69	6.1	5.41	5.23	4.88	5.71
8	002681.SZ	奋达科技	6.06	5.61	5.38	5.32	4.97	5.68
9	600983.SH	合肥三洋	5.19	6	5.63	4.93	6.28	5.59
10	002035.SZ	华帝股份	5.89	5.07	5.29	5.34	6	5.49
11	300249.SZ	依米康	4.35	6.37	5.2	5.64	6.23	5.44
12	300342.SZ	天银机电	5.61	5.29	5.29	5.55	4.52	5.37
13	002050.SZ	三花股份	5.01	5.82	4.97	5.8	4.7	5.36
14	002242.SZ	九阳股份	5.61	4.83	5.64	5.2	5.61	5.28
15	300160.SZ	秀强股份	5.27	5.17	4.72	5.36	5.08	5.18
16	002668.SZ	奥马电器	5.1	5.1	5.1	5.51	5.28	5.16
17	000418.SZ	小天鹅A	5.65	4.78	4.47	4.78	5.7	5.15
18	002519.SZ	银河电子	4.88	5.14	5.21	5.24	5.87	5.12
19	300247.SZ	桑乐金	5.22	4.78	5.12	5.17	6.08	5.11
20	300217.SZ	东方电热	4.52	5.67	5.14	5.23	4.81	5.09
21	600060.SH	海信电器	5.2	4.82	5.57	4.92	5.5	5.08
22	002429.SZ	兆驰股份	4.48	5.83	5.29	4.94	4.38	5.08
23	600336.SH	澳柯玛	4.94	5.22	5.15	5.19	4.82	5.08
24	002543.SZ	万和电气	4.65	5.26	4.97	5.31	5.79	5.06
25	002011.SZ	盾安环境	4.52	5.7	4.69	5.34	3.84	4.99
26	002614.SZ	蒙发利	4.95	4.87	4.81	5.41	5.32	4.98
27	002670.SZ	华声股份	4.72	5.15	5.14	5.25	4.86	4.98
28	002676.SZ	顺威股份	4.82	5.27	4.9	5.16	4.12	4.97
29	002366.SZ	丹甫股份	5.12	4.81	4.88	4.89	5.15	4.97
30	002473.SZ	圣莱达	5.32	4.55	5.37	4.84	4.97	4.96
31	000404.SZ	华意压缩	4.77	5.19	4.72	5.16	4.04	4.9
32	002418.SZ	康盛股份	4.42	5.39	4.69	4.94	4.45	4.85
33	000921.SZ	海信科龙	4.82	5.3	5.48	2.39	5.38	4.85

续表

排名	股票代码	公司名称	财务状况	估值与成长性	创值能力	公司治理与社会责任	创新能力与战略资源	综合得分
34	002403. SZ	爱仕达	4.8	4.73	4.45	5.01	5.79	4.85
35	002616. SZ	长青集团	4.85	4.79	4.88	5.36	3.9	4.81
36	000533. SZ	万家乐	4.5	4.98	4.56	5.04	5.35	4.8
37	002420. SZ	毅昌股份	4.4	5.15	4.43	4.98	5.19	4.8
38	002260. SZ	伊立浦	4.7	4.66	5.4	5.04	4.7	4.78
39	000521. SZ	美菱电器	4.57	5.02	4.33	4.88	4.85	4.77
40	600839. SH	四川长虹	4.74	5.71	1.08	4.83	3.79	4.73
41	600619. SH	海立股份	4.39	4.9	5.08	5.03	4.32	4.7
42	002290. SZ	禾盛新材	4.6	4.65	5.01	5.21	4.18	4.68
43	002413. SZ	常发股份	4.23	5.24	4.67	4.79	3.76	4.65
44	000801. SZ	四川九洲	4.75	4.29	5.06	4.95	4.81	4.63
45	000100. SZ	TCL 集团	4.62	5.72	0.4	4.99	3.25	4.61
46	002052. SZ	同洲电子	4.64	3.45	5.04	5.45	6.7	4.48
47	600854. SH	春兰股份	4.14	4.29	4.21	4.88	5.56	4.39
48	000016. SZ	深康佳 A	3.33	5.03	3.81	4.77	4.15	4.21
49	600234. SH	山水文化	4.9	3.12	5.45	2.22	2.69	3.84
50	600870. SH	厦华电子	4.07	1.09	5.6	4.83	4.19	3.19

（十六）建筑材料

排名	股票代码	公司名称	财务状况	估值与成长性	创值能力	公司治理与社会责任	创新能力与战略资源	综合得分
1	002623. SZ	亚玛顿	5.36	6.62	5.19	5.19	5.55	5.83
2	600318. SH	巢东股份	5.29	6.21	5.64	5.05	4.69	5.6
3	300234. SZ	开尔新材	5.62	5.4	6.24	5.13	6.23	5.59
4	300344. SZ	太空板业	5.61	5.42	5.87	4.98	6.64	5.59
5	002372. SZ	伟星新材	5.65	5.25	6.26	5.26	6.25	5.56
6	300198. SZ	纳川股份	5.57	5.5	6.01	5.19	5.71	5.56
7	000672. SZ	上峰水泥	5.87	5.34	6.14	5.63	4.07	5.53
8	002271. SZ	东方雨虹	5.23	5.59	6.38	5.66	5.68	5.52
9	601636. SH	旗滨集团	4.9	6.67	4.71	5.05	4.01	5.51
10	002671. SZ	龙泉股份	5.48	5.37	6.15	5.55	5.59	5.5
11	002398. SZ	建研集团	5.28	5.47	6.06	5.25	5.84	5.45

续表

排名	股票代码	公司名称	财务状况	估值与成长性	创值能力	公司治理与社会责任	创新能力与战略资源	综合得分
12	600293. SH	三峡新材	4.4	6.66	5.68	4.8	4.74	5.42
13	002205. SZ	国统股份	5.34	5.35	5.62	4.88	6.35	5.41
14	002392. SZ	北京利尔	5.26	5.3	5.46	4.99	6.63	5.38
15	002082. SZ	栋梁新材	5.36	5.28	5.78	5.54	4.85	5.34
16	600585. SH	海螺水泥	5.59	5.38	4.31	5.2	4.74	5.32
17	002619. SZ	巨龙管业	5.26	5.24	5.92	5.01	5.65	5.32
18	002088. SZ	鲁阳股份	5.26	5.21	5.6	4.95	6.09	5.3
19	000786. SZ	北新建材	5.03	5.45	6.58	5.04	4.58	5.28
20	002641. SZ	永高股份	5.14	5.22	6.03	5.18	5.46	5.27
21	002457. SZ	青龙管业	5.23	5.19	5.41	4.96	5.75	5.25
22	002624. SZ	金磊股份	5.09	5.03	5.98	5.19	6.22	5.23
23	600801. SH	华新水泥	5.61	5.09	4.62	5.13	4.55	5.21
24	600552. SH	方兴科技	5.13	5.16	6.35	5.11	4.61	5.19
25	000789. SZ	江西水泥	5.16	5.52	4.99	5.3	3.56	5.17
26	002333. SZ	罗普斯金	5.11	5.06	5.56	4.82	6	5.17
27	600321. SH	国栋建设	4.53	6.41	4.32	4.8	3.36	5.17
28	002225. SZ	濮耐股份	5.08	4.95	5.86	5.26	5.94	5.17
29	002694. SZ	顾地科技	4.94	5.27	5.93	5.09	4.79	5.14
30	600668. SH	尖峰集团	5.03	5.28	5.36	5.04	4.83	5.14
31	300093. SZ	金刚玻璃	5.26	4.91	5.79	5.18	4.8	5.13
32	002233. SZ	塔牌集团	5.07	5.15	5.26	5.38	4.56	5.1
33	600562. SH	国睿科技	5.53	4.15	6.09	5.29	6.42	5.09
34	002043. SZ	兔宝宝	5.03	5.13	5.89	5.05	4.3	5.08
35	000885. SZ	同力水泥	4.93	5.12	5.35	5.43	4.6	5.05
36	002302. SZ	西部建设	4.79	5.3	5.71	4.89	4.56	5.05
37	600629. SH	棱光实业	5.17	4.68	5.29	4.97	5.75	5.02
38	002596. SZ	海南瑞泽	4.93	5.1	5.95	5.11	3.91	5.01
39	000619. SZ	海螺型材	4.57	5.34	5.2	4.96	5.08	4.98
40	000935. SZ	四川双马	4.73	5.59	3.34	5.03	4.53	4.96
41	300117. SZ	嘉寓股份	4.71	5.12	5.55	5.09	4.41	4.94
42	002652. SZ	扬子新材	4.34	5.03	6.09	5.5	5.52	4.92
43	601992. SH	金隅股份	5.18	5.51	0.5	5.16	4.72	4.91
44	000012. SZ	南玻 A	4.59	5.35	3.71	5.14	5.06	4.89
45	600449. SH	宁夏建材	4.85	5.3	3	4.99	4.61	4.87

续表

排名	股票代码	公司名称	财务状况	估值与成长性	创值能力	公司治理与社会责任	创新能力与战略资源	综合得分
46	600720. SH	祁连山	4.92	5.16	2.91	5.02	4.85	4.86
47	002314. SZ	雅致股份	4.74	4.81	4.97	4.86	5.27	4.84
48	002346. SZ	柘中建设	4.45	4.81	5.71	4.73	5.92	4.82
49	002468. SZ	艾迪西	4.37	5.03	5.77	5.04	4.17	4.77
50	000023. SZ	深天地 A	4.53	5.33	6.03	2.52	3.12	4.69
51	600881. SH	亚泰集团	4.84	5.28	1.71	4.93	3.69	4.68
52	000877. SZ	天山股份	4.89	5.05	0.86	4.88	5.02	4.65
53	000401. SZ	冀东水泥	4.94	5.28	0.28	4.99	3.74	4.62
54	600586. SH	金晶科技	4.52	5.07	2.4	4.88	4.47	4.59
55	600425. SH	青松建化	4.87	4.83	0.86	4.81	4.45	4.51
56	600819. SH	耀皮玻璃	4.84	3.89	4.64	4.94	5.12	4.49
57	002162. SZ	斯米克	4.32	3.89	5.2	4.79	4.84	4.3
58	600802. SH	福建水泥	4.43	3.83	4.08	4.92	4.2	4.19
59	002066. SZ	瑞泰科技	4.84	2.25	5.4	5	5.02	3.91
60	600678. SH	四川金顶	4.64	2.66	5.72	5.38	3.23	3.91
61	600217. SH	秦岭水泥	3.29	2.87	5.79	4.9	4.89	3.57
62	600876. SH	洛阳玻璃	3.5	1.4	6.07	4.93	5.12	3.12

（十七）建筑装饰

排名	股票代码	公司名称	财务状况	估值与成长性	创值能力	公司治理与社会责任	创新能力与战略资源	综合得分
1	002310. SZ	东方园林	6.25	5.81	5.46	5.3	5.18	5.86
2	002081. SZ	金螳螂	5.91	5.42	5.49	5.39	5.49	5.62
3	002469. SZ	三维工程	6.1	5.04	5.09	4.97	6.63	5.57
4	300197. SZ	铁汉生态	5.68	5.61	5.07	5.13	5.41	5.54
5	300355. SZ	蒙草抗旱	6.05	5.06	5.19	5.03	5.24	5.46
6	600284. SH	浦东建设	6.09	5.15	4.17	5.07	5.53	5.46
7	300284. SZ	苏交科	5.84	4.97	5	4.92	6.97	5.46
8	002325. SZ	洪涛股份	5.46	5.13	5.15	5.65	6.17	5.38
9	002431. SZ	棕榈园林	5.34	5.45	5.05	5.26	5.5	5.37
10	002663. SZ	普邦园林	5.42	5.32	5.09	5.63	5.11	5.35
11	002375. SZ	亚厦股份	5.17	5.51	5.13	5.26	5.5	5.33

续表

排名	股票代码	公司名称	财务状况	估值与成长性	创值能力	公司治理与社会责任	创新能力与战略资源	综合得分
12	601668. SH	中国建筑	4.84	5.24	8.4	5.21	4.63	5.28
13	600248. SH	延长化建	4.96	5.66	5.09	4.99	5.16	5.26
14	002542. SZ	中化岩土	5.69	5.02	5.09	4.9	4.68	5.24
15	600502. SH	安徽水利	5.19	5.49	5.09	5.44	3.97	5.22
16	002140. SZ	东华科技	5.62	4.7	5.31	4.99	5.75	5.21
17	002051. SZ	中工国际	5.33	5.11	5	4.93	5.53	5.2
18	600039. SH	四川路桥	5.1	5.61	5	4.94	3.86	5.18
19	601186. SH	中国铁建	4.38	5.32	8.61	5.18	4.99	5.18
20	600512. SH	腾达建设	4.77	5.63	4.79	4.74	5.73	5.17
21	002482. SZ	广田股份	4.74	5.5	4.88	5.23	5.78	5.16
22	601390. SH	中国中铁	4.51	5.91	5.1	5.13	4.72	5.16
23	600455. SH	博通股份	5.39	4.76	5.21	4.98	6.09	5.16
24	002116. SZ	中国海诚	5	5.11	5.2	5.36	5.41	5.12
25	000065. SZ	北方国际	5.11	5.08	4.93	5.3	5.17	5.1
26	601117. SH	中国化学	5.07	5.08	5.38	5.01	5	5.09
27	000498. SZ	山东路桥	4.24	5.98	4.85	5.57	4.58	5.09
28	601800. SH	中国交建	4.8	4.82	8.01	5.09	4.85	5.08
29	000055. SZ	方大集团	4.77	5.32	5.05	4.91	5.61	5.08
30	600496. SH	精工钢构	5.42	4.76	4.91	5.04	4.68	5.04
31	002628. SZ	成都路桥	4.82	5.21	4.88	5.47	4.58	5.01
32	002178. SZ	延华智能	4.69	5.15	5.14	5.17	5.51	5
33	002586. SZ	围海股份	5.28	4.89	5.14	5.18	3.82	5
34	002620. SZ	瑞和股份	4.71	5.2	4.89	5.24	4.75	4.96
35	600970. SH	中材国际	4.91	4.83	5.05	5.04	5.31	4.93
36	002541. SZ	鸿路钢构	4.75	5.15	4.74	4.83	5.02	4.93
37	600326. SH	西藏天路	4.54	5.5	4.84	5.06	3.99	4.93
38	600545. SH	新疆城建	4.95	4.96	4.78	4.93	4.52	4.91
39	600068. SH	葛洲坝	4.91	4.97	4.74	4.93	4.69	4.9
40	601886. SH	江河创建	4.83	4.86	4.74	5.09	5.32	4.89
41	600820. SH	隧道股份	4.8	5.02	3.42	4.98	5.39	4.84
42	601669. SH	中国电建	4.86	4.99	4.28	4.9	4.33	4.83
43	600986. SH	科达股份	3.84	5.68	4.95	4.84	5.18	4.82
44	002062. SZ	宏润建设	4.82	4.82	4.62	5.19	4.43	4.8
45	600853. SH	龙建股份	4.46	5.18	4.93	4.9	3.38	4.73

续表

排名	股票代码	公司名称	财务状况	估值与成长性	创值能力	公司治理与社会责任	创新能力与战略资源	综合得分
46	600170. SH	上海建工	4.62	4.87	4.05	5.14	4.7	4.72
47	002135. SZ	东南网架	4.59	4.91	4.8	4.81	4.06	4.71
48	002524. SZ	光正集团	4.64	4.49	5.04	4.61	5.57	4.68
49	002060. SZ	粤水电	4.5	4.87	4.53	4.74	4.67	4.68
50	601789. SH	宁波建工	4.45	4.95	4.88	5.62	3.23	4.67
51	600491. SH	龙元建设	4.58	4.72	4.45	5.08	4.4	4.65
52	002659. SZ	中泰桥梁	4.69	4.23	5.03	4.91	5.85	4.64
53	600528. SH	中铁二局	4.28	4.82	4.59	5.26	4.71	4.62
54	600477. SH	杭萧钢构	4.48	4.32	4.79	5.16	5.69	4.59
55	600681. SH	万鸿集团	5.56	3.58	5.29	4.9	3.7	4.58
56	002307. SZ	北新路桥	4.33	4.63	4.83	5.12	4.11	4.52
57	002200. SZ	绿大地	4.59	4.19	5.17	2.07	6.41	4.42
58	601618. SH	中国中冶	4.16	4.3	0.13	4.99	4.69	4.01
59	600209. SH	罗顿发展	4.63	1	5.06	4.83	4.59	3.28

（十八）交通运输

排名	股票代码	公司名称	财务状况	估值与成长性	创值能力	公司治理与社会责任	创新能力与战略资源	综合得分
1	002320. SZ	海峡股份	6.8	5	5.63	5.09	4.87	5.91
2	600897. SH	厦门空港	6.31	5.18	5.55	5.22	4.8	5.73
3	000916. SZ	华北高速	6.83	5.09	4.66	4.89	4.8	5.72
4	002357. SZ	富临运业	5.62	5.08	6.15	6.15	4.8	5.67
5	000886. SZ	海南高速	6.27	5.21	5.11	5.13	5.52	5.66
6	601006. SH	大秦铁路	5.31	5.2	7.5	5.27	4.84	5.66
7	000088. SZ	盐田港	6.39	4.92	5.6	4.72	4.8	5.64
8	601518. SH	吉林高速	6.32	5.17	4.84	5.21	4.78	5.6
9	600009. SH	上海机场	6.18	5.11	5.24	4.57	4.86	5.5
10	300240. SZ	飞力达	5.21	5.02	5.42	5.92	7.12	5.44
11	002492. SZ	恒基达鑫	5.77	4.88	5.84	4.88	4.66	5.43
12	603167. SH	渤海轮渡	5.63	5.13	5.47	5.22	4.91	5.41
13	300013. SZ	新宁物流	5.12	3.28	6.19	6.58	7	5.36
14	600377. SH	宁沪高速	5.34	5.17	5.9	5.06	4.81	5.34

续表

排名	股票代码	公司名称	财务状况	估值与成长性	创值能力	公司治理与社会责任	创新能力与战略资源	综合得分
15	000548. SZ	湖南投资	5.55	4.65	5.43	5.11	5.57	5.31
16	600270. SH	外运发展	5.68	5.01	5.42	4.57	5.14	5.31
17	600834. SH	申通地铁	5.04	5.1	5.9	5.24	6.01	5.29
18	300350. SZ	华鹏飞	5.01	4.74	6.14	4.97	7.21	5.29
19	600125. SH	铁龙物流	5.43	5.07	5.45	4.95	5.07	5.28
20	600794. SH	保税科技	5.04	5.08	6.26	5.34	3.85	5.25
21	600650. SH	锦江投资	5.16	4.99	5.7	4.88	5.54	5.21
22	600106. SH	重庆路桥	5.48	5.14	5.37	4.56	4.48	5.2
23	600004. SH	白云机场	5.32	5.22	4.88	5.12	5	5.17
24	000828. SZ	东莞控股	5.34	5.21	5.26	4.73	4.7	5.17
25	600012. SH	皖通高速	5.49	5.16	4.74	4.87	4.78	5.16
26	000022. SZ	深赤湾 A	5.18	4.93	5.64	4.85	4.76	5.15
27	002040. SZ	南京港	4.93	4.88	6.09	4.98	4.73	5.13
28	000099. SZ	中信海直	5.14	4.95	5.6	4.77	4.8	5.11
29	002245. SZ	澳洋顺昌	4.78	4.95	6.14	5.22	4.3	5.1
30	600692. SH	亚通股份	4.81	4.56	6.3	5.15	4.82	5.1
31	002627. SZ	宜昌交运	4.98	5.14	5.49	4.96	4.96	5.09
32	601188. SH	龙江交通	5.33	5.19	4.57	4.96	4.84	5.08
33	600676. SH	交运股份	4.77	5.16	5.32	5.07	6.6	5.08
34	601000. SH	唐山港	4.91	5.15	5.33	5	5.15	5.06
35	000421. SZ	南京中北	4.89	5.13	5.31	5.02	5.39	5.05
36	000507. SZ	珠海港	5.22	4.67	5.37	4.74	4.61	5.04
37	600180. SH	瑞茂通	4.36	4.8	6.45	5.46	5.31	5.04
38	000905. SZ	厦门港务	4.9	5.17	5.43	4.93	4.71	5.03
39	600662. SH	强生控股	4.7	4.92	5.95	5.05	4.98	5.03
40	000582. SZ	北部湾港	4.71	5.08	5.87	4.99	4.59	5.02
41	601018. SH	宁波港	5.26	5.09	4.49	4.89	5.01	5.02
42	600611. SH	大众交通	4.86	4.9	5.47	5.06	5	5.02
43	600350. SH	山东高速	5.3	5.2	4.21	4.97	4.96	5.01
44	600018. SH	上港集团	5.1	4.92	5	4.87	5	5.01
45	600077. SH	宋都股份	4.63	4.99	5.35	5.99	3.65	4.99
46	603128. SH	华贸物流	4.45	5.01	5.99	5.37	4.59	4.98
47	600708. SH	海博股份	4.63	4.84	5.9	5.14	4.49	4.97
48	600317. SH	营口港	5.03	5.11	4.87	4.81	4.82	4.97
49	000089. SZ	深圳机场	5.45	5.14	4.08	4.48	4.82	4.96
50	600190. SH	锦州港	4.75	5.17	5.22	5.06	4.78	4.95

续表

排名	股票代码	公司名称	财务状况	估值与成长性	创值能力	公司治理与社会责任	创新能力与战略资源	综合得分
51	600119. SH	长江投资	4.56	3.96	6.02	5.17	6.34	4.93
52	002210. SZ	飞马国际	4.08	5.12	6.43	5.27	4.99	4.92
53	601008. SH	连云港	4.73	5.04	5.08	4.99	5.27	4.92
54	600561. SH	江西长运	4.57	5.24	5.28	5.13	4.71	4.91
55	002682. SZ	龙洲股份	4.67	5.1	5.04	5.14	4.94	4.9
56	000900. SZ	现代投资	4.96	5.21	4.26	4.87	5.21	4.87
57	600279. SH	重庆港九	4.69	4.98	5.31	4.84	4.53	4.87
58	601333. SH	广深铁路	5.24	5.15	3.63	4.9	4.82	4.85
59	600787. SH	中储股份	4.46	4.93	5.65	4.67	4.94	4.82
60	600035. SH	楚天高速	5.19	5.25	3.87	4.53	4.39	4.81
61	600017. SH	日照港	5	5.2	4.1	4.67	4.8	4.81
62	600717. SH	天津港	4.85	5.08	4.09	4.93	5.6	4.8
63	600575. SH	芜湖港	4.09	5.68	5.82	4.65	4.88	4.8
64	600798. SH	宁波海运	4.43	5.7	5.01	4.67	4.62	4.79
65	601107. SH	四川成渝	4.9	5.15	4.27	4.69	4.86	4.79
66	002183. SZ	怡亚通	3.97	4.97	5.72	5.86	4.37	4.78
67	600548. SH	深高速	4.96	5.23	4.1	4.46	4.65	4.75
68	601880. SH	大连港	4.86	5.17	3.93	4.78	4.87	4.73
69	600033. SH	福建高速	4.95	5.19	3.77	4.64	4.8	4.72
70	600368. SH	五洲交通	4.26	5.45	4.85	4.69	4.87	4.67
71	600751. SH	天津海运	4.05	3.47	6.78	5.2	4.29	4.65
72	000429. SZ	粤高速 A	4.73	5.18	3.89	4.8	4.52	4.65
73	601872. SH	招商轮船	4.59	4.47	4.27	5.13	4.8	4.61
74	600269. SH	赣粤高速	4.86	5.2	2.73	4.74	6.57	4.61
75	600153. SH	建发股份	4.17	5.15	5.26	4.67	3.82	4.59
76	600057. SH	象屿股份	3.68	4.94	5.99	4.98	4.46	4.56
77	600221. SH	海南航空	4.42	5.12	4.14	4.63	5.01	4.55
78	600020. SH	中原高速	4.39	5.2	4.04	4.6	5.11	4.53
79	600242. SH	中昌海运	3.88	4.57	6.24	4.7	3.17	4.52
80	601111. SH	中国国航	4.4	5.07	4	4.46	5.54	4.51
81	600428. SH	中远航运	4.43	5.09	3.8	4.58	4.87	4.47
82	600896. SH	中海海盛	4.2	4.78	4.58	4.58	4.77	4.46
83	600115. SH	东方航空	4.21	5.1	3.86	4.36	5.45	4.39
84	600026. SH	中海发展	4.36	5.9	1.62	4.39	4.84	4.15
85	600029. SH	南方航空	4.32	5.07	2.16	4.4	5.54	4.13
86	601866. SH	中海集运	4.44	4.31	2.25	4.54	4.6	4.05
87	601919. SH	中国远洋	4.23	5.23	1.43	4.59	4.49	3.96

（十九）农林牧渔

排名	股票代码	公司名称	财务状况	估值与成长性	创值能力	公司治理与社会责任	创新能力与战略资源	综合得分
1	002385.SZ	大北农	5.78	5.88	6.91	5.58	5.66	5.88
2	300119.SZ	瑞普生物	5.49	5.64	5.61	5.58	8.21	5.79
3	002041.SZ	登海种业	6.33	5.24	6.42	5.17	5.75	5.77
4	300186.SZ	大华农	6.01	5.25	5.63	5.81	6.78	5.74
5	600201.SH	金宇集团	6.26	4.86	6.22	5.44	6.77	5.7
6	002100.SZ	天康生物	5.49	5.94	5.4	5.1	5.06	5.58
7	600195.SH	中牧股份	5.43	5.77	5.53	5.16	5.91	5.57
8	300149.SZ	量子高科	5.84	5.17	5.85	5.06	6.37	5.56
9	002311.SZ	海大集团	5.4	5.77	6.41	5.54	4.42	5.55
10	002505.SZ	大康牧业	5.57	5.8	5.81	5.03	4.02	5.49
11	002124.SZ	天邦股份	5.45	5.53	5.62	5.76	5	5.49
12	002688.SZ	金河生物	5.91	4.99	6.06	5.57	5.13	5.49
13	000639.SZ	西王食品	6.18	4.53	6.18	5.2	6.08	5.47
14	002696.SZ	百洋股份	5.54	5.75	5.42	5.28	4.02	5.46
15	002477.SZ	雏鹰农牧	5.19	5.98	5.29	5.01	4.86	5.45
16	002447.SZ	壹桥苗业	5.27	5.8	6.16	5.21	4	5.43
17	300313.SZ	天山生物	4.95	5.77	5.98	5.37	5.51	5.43
18	002157.SZ	正邦科技	5.13	6.22	4.85	5.05	4.17	5.42
19	002548.SZ	金新农	5.48	5.32	5.52	5.94	4.82	5.42
20	600965.SH	福成五丰	5.17	5.61	5.83	5.05	5.66	5.42
21	600313.SH	农发种业	5.39	5.78	5.15	5.13	4.15	5.39
22	300189.SZ	神农大丰	4.86	5.48	4.94	5.25	7.61	5.36
23	600506.SH	香梨股份	4.06	6.65	5.95	5.05	4.71	5.32
24	000702.SZ	正虹科技	5.65	5.11	5.74	5.14	4.45	5.31
25	600298.SH	安琪酵母	4.86	5.72	4.52	5.02	6.48	5.3
26	002220.SZ	天宝股份	4.93	5.98	5.62	4.95	3.84	5.29
27	002604.SZ	龙力生物	5.87	4.77	5.08	5.29	5	5.27
28	000998.SZ	隆平高科	4.9	5.34	5.68	5.62	5.76	5.27
29	300021.SZ	大禹节水	4.96	5.37	6.12	5.3	5.33	5.27
30	300143.SZ	星河生物	5.33	4.97	5.27	5.38	6.02	5.25
31	300087.SZ	荃银高科	4.65	5.51	5.34	5.18	6.56	5.23
32	600097.SH	开创国际	5.71	4.87	5.03	4.95	5.16	5.23
33	300138.SZ	晨光生物	4.53	5.87	5.22	5.41	4.92	5.2
34	600438.SH	通威股份	5.58	5.05	4.91	5.53	3.82	5.18
35	002567.SZ	唐人神	4.91	5.22	5.33	5.98	4.43	5.13
36	002286.SZ	保龄宝	5.05	4.97	5.56	5.07	5.65	5.12

续表

排名	股票代码	公司名称	财务状况	估值与成长性	创值能力	公司治理与社会责任	创新能力与战略资源	综合得分
37	000930.SZ	中粮生化	5.29	5.44	3.16	5.13	4.68	5.1
38	002069.SZ	獐子岛	4.64	5.6	5.13	5.08	4.84	5.1
39	600108.SH	亚盛集团	5.07	5.42	4.29	4.99	4.14	5.05
40	002679.SZ	福建金森	4.41	5.41	5.75	5.63	4.27	5
41	600354.SH	敦煌种业	5.11	4.91	4.15	5.17	5.33	4.98
42	600371.SH	万向德农	5.17	4.11	6.36	5.32	6.18	4.97
43	000713.SZ	丰乐种业	3.98	5.75	5.23	4.96	5.62	4.97
44	600127.SH	金健米业	4.66	5.08	5.41	5.12	5.07	4.96
45	600226.SH	升华拜克	5.53	4.44	4.69	4.99	4.89	4.95
46	600975.SH	新五丰	4.56	5.34	5.46	4.93	4.49	4.95
47	000798.SZ	中水渔业	5.02	4.76	5.43	5.04	4.86	4.95
48	600467.SH	好当家	4.77	5.39	4.45	4.71	4.5	4.94
49	000860.SZ	顺鑫农业	4.58	5.15	4.52	5.26	5.28	4.91
50	002173.SZ	千足珍珠	4.82	4.65	5.96	5.38	4.55	4.88
51	300106.SZ	西部牧业	4.45	4.96	5.7	4.99	5.01	4.84
52	300175.SZ	朗源股份	4.13	5.2	5.55	5.39	4.75	4.82
53	002086.SZ	东方海洋	4.74	4.85	5.29	4.93	4.22	4.81
54	600257.SH	大湖股份	4.58	4.61	5.72	5.3	4.82	4.78
55	601118.SH	海南橡胶	4.97	5.56	0.84	4.77	4.08	4.76
56	600540.SH	新赛股份	4.66	4.98	4.44	4.89	4.09	4.74
57	002458.SZ	益生股份	4.97	4.17	5.33	5.25	4.51	4.69
58	600189.SH	吉林森工	4.44	4.84	4	5.11	5.19	4.68
59	000893.SZ	东凌粮油	4.37	5	4.33	5.75	3.47	4.66
60	000735.SZ	罗牛山	5.13	5.18	4.05	2.2	3.78	4.65
61	000876.SZ	新希望	6.1	4.11	0.31	5.18	4.18	4.65
62	000048.SZ	康达尔	5.22	4.6	5.79	1.93	4.33	4.63
63	002143.SZ	高金食品	4.68	4.24	5.44	5.15	3.98	4.57
64	002321.SZ	华英农业	4.86	4.11	4.5	4.92	4.02	4.49
65	000911.SZ	南宁糖业	4.52	4.64	3.09	5.16	4.18	4.48
66	600962.SH	国投中鲁	4.1	4.41	4.9	4.86	5.05	4.43
67	000663.SZ	永安林业	4.64	3.66	5.64	5.07	4.56	4.4
68	300094.SZ	国联水产	4	4.67	3.96	5.09	4.4	4.39
69	002299.SZ	圣农发展	4.85	4.04	3.31	4.85	4.13	4.37
70	600695.SH	大江股份	4.42	3.18	5.47	5.5	6.2	4.3
71	600191.SH	华资实业	3.63	4.81	4.03	5.07	4.21	4.29
72	600737.SH	中粮屯河	4.52	4.09	0.51	5.25	5.19	4.16
73	300268.SZ	万福生科	4.56	3.67	5.5	2.4	4.65	4.1
74	600359.SH	新农开发	3.82	2.25	5.82	4.83	4.2	3.54
75	000972.SZ	新中基	3.21	2.79	4.42	2.21	5.14	3.21

（二十）汽车

排名	股票代码	公司名称	财务状况	估值与成长性	创值能力	公司治理与社会责任	创新能力与战略资源	综合得分
1	600660. SH	福耀玻璃	6.17	5.57	6.82	5.24	5.95	5.89
2	000550. SZ	江铃汽车	6.18	5.13	5.95	5.33	6.47	5.71
3	601633. SH	长城汽车	5.59	5.39	9.37	5.13	4.74	5.71
4	600066. SH	宇通客车	5.68	5.62	6.3	5.65	5.54	5.7
5	002662. SZ	京威股份	6.19	5.26	5.51	5.38	4.45	5.57
6	002213. SZ	特尔佳	5.34	5.19	5.72	5.79	7.41	5.53
7	300304. SZ	云意电气	5.81	5.35	5.49	5.05	5.44	5.51
8	600104. SH	上汽集团	5.45	5.36	7.4	5.13	4.82	5.49
9	002553. SZ	南方轴承	5.97	5.02	5.53	5.16	5.81	5.49
10	002448. SZ	中原内配	5.53	5.16	5.16	5.44	7.17	5.49
11	603766. SH	隆鑫通用	5.97	5.16	5.39	5.44	4.66	5.46
12	002101. SZ	广东鸿图	5.05	5.58	5.31	5.12	6.71	5.41
13	600148. SH	长春一东	5.45	5.17	5.61	5.17	6.4	5.41
14	002555. SZ	顺荣股份	5.49	5.09	5.65	5.16	6.54	5.41
15	300258. SZ	精锻科技	5.74	5.23	5.37	4.98	5.24	5.4
16	002406. SZ	远东传动	5.44	5.16	4.92	5.38	6.66	5.39
17	002625. SZ	龙生股份	5.42	5.35	5.56	5.25	5.38	5.39
18	000887. SZ	中鼎股份	5.25	5.5	5.65	5.11	5.31	5.36
19	001696. SZ	宗申动力	5.34	5.67	5.33	5.46	3.87	5.36
20	002454. SZ	松芝股份	5.13	5.19	5.26	5.23	6.83	5.31
21	002592. SZ	八菱科技	5.36	5.33	5.51	5.14	4.93	5.3
22	002472. SZ	双环传动	5.19	5.3	5.27	5.59	5.42	5.3
23	300176. SZ	鸿特精密	5.08	5.39	5.42	5.11	5.84	5.29
24	002602. SZ	世纪华通	5.1	5.37	5.42	5	5.82	5.27
25	600081. SH	东风科技	5.52	5.06	5.53	5.18	4.94	5.27
26	300100. SZ	双林股份	5.23	5.21	5.37	5.71	5.06	5.27
27	300237. SZ	美晨科技	4.71	5.39	5.53	5.25	6.67	5.24
28	002703. SZ	浙江世宝	5.01	5.25	5.73	5.08	5.8	5.23
29	002328. SZ	新朋股份	5.43	5.28	4.98	5.19	4.19	5.21
30	000700. SZ	模塑科技	5.07	5.5	5.47	5.17	4.22	5.2
31	601799. SH	星宇股份	5.1	5.26	5.36	5.14	5.29	5.2

续表

排名	股票代码	公司名称	财务状况	估值与成长性	创值能力	公司治理与社会责任	创新能力与战略资源	综合得分
32	002085. SZ	万丰奥威	5.83	4.64	5.72	5.23	4.33	5.2
33	601311. SH	骆驼股份	5.06	5.25	5.45	5.52	4.88	5.2
34	600093. SH	禾嘉股份	5.16	5.55	5.67	5.02	3.26	5.18
35	600418. SH	江淮汽车	5.72	4.71	4.68	5.22	5.26	5.18
36	002590. SZ	万安科技	4.69	5.29	5.49	5.12	6.34	5.15
37	000957. SZ	中通客车	5.04	5.05	5.55	5.02	5.86	5.15
38	002684. SZ	猛狮科技	4.91	5.2	5.58	5.08	5.59	5.14
39	002284. SZ	亚太股份	4.97	5.22	5.37	5.19	5.09	5.13
40	000581. SZ	威孚高科	5.39	4.99	4.71	4.86	5.2	5.12
41	600480. SH	凌云股份	4.84	5.39	4.82	5.03	5.48	5.11
42	002105. SZ	信隆实业	4.86	5.57	5.48	5.11	3.79	5.11
43	600741. SH	华域汽车	5.62	5.87	0.39	5.18	3.79	5.09
44	002048. SZ	宁波华翔	5.08	5.15	5.13	5.12	4.73	5.09
45	002363. SZ	隆基机械	4.83	5.27	5.38	4.91	5.31	5.09
46	601965. SH	中国汽研	5.26	5.13	5.26	5.03	4.01	5.09
47	000980. SZ	金马股份	4.99	5.5	4.97	4.85	3.95	5.08
48	600699. SH	均胜电子	5.47	4.74	5.66	4.79	4.42	5.06
49	002434. SZ	万里扬	4.86	5.17	4.99	4.96	5.62	5.06
50	600686. SH	金龙汽车	4.95	5.25	4.83	4.92	5.03	5.06
51	000903. SZ	云内动力	4.93	5.24	4.68	5.01	5.1	5.04
52	002536. SZ	西泵股份	4.72	5.06	5.06	5.11	6.2	5.03
53	002126. SZ	银轮股份	4.97	4.72	5.27	5.5	5.43	5
54	000338. SZ	潍柴动力	5.26	5.13	2.8	4.98	5.33	4.99
55	002283. SZ	天润曲轴	4.84	5.13	4.43	4.93	5.68	4.99
56	000868. SZ	安凯客车	4.99	4.82	5.3	5.05	5.34	4.99
57	002488. SZ	金固股份	4.6	5.17	5.35	5.16	5.29	4.98
58	600742. SH	一汽富维	5.27	5.18	4.45	4.99	2.99	4.95
59	002355. SZ	兴民钢圈	4.61	5.26	5.15	4.98	4.79	4.94
60	600482. SH	风帆股份	4.79	4.92	5.31	5.34	4.83	4.94
61	002265. SZ	西仪股份	4.57	5.07	5.52	5.03	5.29	4.94
62	601777. SH	力帆股份	4.45	5.12	4.49	5.65	5.82	4.93
63	000678. SZ	襄阳轴承	4.11	5.49	5.14	4.96	5.63	4.91
64	000025. SZ	特力 A	4.7	5.04	5.73	5.13	4.07	4.9

续表

排名	股票代码	公司名称	财务状况	估值与成长性	创值能力	公司治理与社会责任	创新能力与战略资源	综合得分
65	600715. SH	松辽汽车	4.53	6.09	5.83	2.63	2.81	4.88
66	000913. SZ	钱江摩托	4.46	5.25	4.69	5.13	4.82	4.87
67	600523. SH	贵航股份	4.83	4.66	5.16	5.31	5.1	4.86
68	600099. SH	林海股份	4.47	5.3	5.42	5.01	3.89	4.86
69	000757. SZ	浩物股份	5.6	3.78	5.85	5.69	4.19	4.84
70	002607. SZ	亚夏汽车	4.84	5.22	5.34	4.95	2.5	4.84
71	600698. SH	湖南天雁	5.47	3.56	5.68	5.22	6.35	4.83
72	600653. SH	申华控股	4.28	5.83	4.56	5.09	2.34	4.8
73	000559. SZ	万向钱潮	4.92	4.41	5.28	5.06	4.99	4.78
74	000572. SZ	海马汽车	4.79	4.9	3.49	5.69	4.38	4.78
75	002593. SZ	日上集团	4.11	5.27	5.07	4.95	5.1	4.78
76	600805. SH	悦达投资	5.12	4.8	4.42	5.01	3.1	4.77
77	000800. SZ	一汽轿车	4.91	4.67	2.21	5.49	6.22	4.76
78	600006. SH	东风汽车	4.2	5.4	3.23	5.03	5.47	4.75
79	601258. SH	庞大集团	4.69	5.14	4.57	5.19	2.75	4.74
80	601238. SH	广汽集团	4.73	5.2	0.62	4.91	6.47	4.73
81	000710. SZ	天兴仪表	4.91	4.33	5.76	5.12	4.13	4.72
82	600166. SH	福田汽车	4.74	5.3	1.07	5.04	5.25	4.72
83	000625. SZ	长安汽车	4.68	4.66	1.53	5.06	7.24	4.66
84	002594. SZ	比亚迪	4.88	4.91	1.08	5.13	5.51	4.66
85	000951. SZ	中国重汽	4.52	4.88	4.39	5.02	3.85	4.64
86	600303. SH	曙光股份	4.57	4.81	4.62	5.08	3.62	4.64
87	600679. SH	金山开发	4.96	4.11	5.6	5.13	3.95	4.63
88	002190. SZ	成飞集成	4.7	3.9	4.96	4.96	6.84	4.63
89	600609. SH	金杯汽车	4.48	5.02	5.47	2.22	3.47	4.45
90	000760. SZ	博盈投资	4.07	4.52	5.62	4.87	3.75	4.42
91	600335. SH	国机汽车	4.67	3.85	5.61	5.08	2.77	4.33
92	000927. SZ	一汽夏利	4.17	4.16	3.14	5.12	5.53	4.29
93	600213. SH	亚星客车	3.7	3.74	5.62	5.06	5.87	4.18
94	000622. SZ	恒立实业	4.36	3.58	5.65	4.91	3.65	4.18
95	600656. SH	博元投资	4.06	3.5	5.81	5.12	3.14	4.03
96	600877. SH	中国嘉陵	4.2	2.89	5.36	5.22	5.15	3.99
97	000030. SZ	富奥股份	4.68	2.62	5.39	1.9	4.76	3.71

（二十一）轻工制造

排名	股票代码	公司名称	财务状况	估值与成长性	创值能力	公司治理与社会责任	创新能力与战略资源	综合得分
1	600966. SH	博汇纸业	NA	5.55	NA	4.82	4.22	NA
2	601515. SH	东风股份	6.59	5.07	8.33	5.41	5.59	5.97
3	002572. SZ	索菲亚	5.99	5.64	5.8	5.56	6.08	5.81
4	600612. SH	老凤祥	5.25	5.46	9.27	5.79	3.63	5.56
5	002191. SZ	劲嘉股份	5.72	5.26	6.37	5.39	5.39	5.54
6	300043. SZ	互动娱乐	5.27	5.81	6.06	4.76	5.67	5.53
7	002345. SZ	潮宏基	5.35	5.57	5.71	4.78	6.45	5.5
8	002247. SZ	帝龙新材	5.67	5.4	5.65	4.94	5.48	5.49
9	603008. SH	喜临门	5.57	5.27	5.59	5.17	6.39	5.49
10	002701. SZ	奥瑞金	5.46	5.48	6.59	5.5	4.41	5.47
11	002631. SZ	德尔家居	5.71	5.3	5.01	5	6.01	5.47
12	002117. SZ	东港股份	5.48	5.09	5.75	5.12	6.64	5.41
13	300061. SZ	康耐特	4.89	5.91	5.46	4.91	5.46	5.37
14	300329. SZ	海伦钢琴	5.3	5.28	5.49	5.3	6.14	5.37
15	002615. SZ	哈尔斯	5.28	5.3	5.6	5.15	6.13	5.37
16	002678. SZ	珠江钢琴	5.37	5.25	5.74	5.04	5.83	5.36
17	002014. SZ	永新股份	5.18	5.45	5.69	4.86	5.95	5.36
18	002348. SZ	高乐股份	5.55	5.21	5.33	4.98	5.51	5.35
19	000026. SZ	飞亚达 A	5.2	5.46	5.66	4.97	5.38	5.33
20	002605. SZ	姚记扑克	5.48	5.23	5.99	5.09	4.59	5.32
21	002565. SZ	上海绿新	5.23	5.35	5.59	5.39	5.32	5.32
22	002522. SZ	浙江众成	5.4	5.24	5.33	4.66	5.92	5.32
23	002502. SZ	骅威股份	5.46	5.18	5.47	4.78	5.57	5.31
24	600337. SH	美克股份	5.55	5.45	3.49	5.07	5.32	5.3
25	600086. SH	东方金钰	5.11	5.48	7.01	5.01	3.87	5.29
26	002243. SZ	通产丽星	5.11	5.35	5.36	4.82	6.2	5.28
27	002303. SZ	美盈森	5.27	5.27	5.17	4.9	5.77	5.27
28	002012. SZ	凯恩股份	5.19	5.33	5.31	4.95	5.56	5.27
29	002571. SZ	德力股份	5.02	5.39	5.64	5.01	5.67	5.26
30	600978. SH	宜华木业	5.2	5.51	4.52	4.75	5.3	5.24
31	002575. SZ	群兴玩具	5.13	5.22	5.42	5.04	5.66	5.22
32	000812. SZ	陕西金叶	5.37	5.33	5.32	4.82	4.19	5.22
33	600356. SH	恒丰纸业	4.97	5.51	5.11	4.86	5.42	5.22

续表

排名	股票代码	公司名称	财务状况	估值与成长性	创值能力	公司治理与社会责任	创新能力与战略资源	综合得分
34	002228.SZ	合兴包装	4.83	5.71	5.53	5.02	4.23	5.19
35	600439.SH	瑞贝卡	5.19	5.37	3.99	4.79	5.81	5.19
36	002511.SZ	中顺洁柔	4.99	5.32	5.39	4.84	5.51	5.18
37	002585.SZ	双星新材	4.92	5.8	3.05	5.22	5.39	5.17
38	300057.SZ	万顺股份	4.95	5.56	5.02	4.74	4.78	5.16
39	002084.SZ	海鸥卫浴	4.82	5.27	5.32	5.3	5.93	5.15
40	300089.SZ	长城集团	5	5.31	5.27	4.79	5.16	5.14
41	002229.SZ	鸿博股份	5.22	5.06	5.45	5.01	4.77	5.13
42	002120.SZ	新海股份	5	5.2	5.54	5.06	4.95	5.12
43	601996.SH	丰林集团	5.18	5.23	4.37	4.94	5.17	5.12
44	002599.SZ	盛通股份	4.9	5.27	5.69	4.86	5.04	5.11
45	600599.SH	熊猫烟花	5.24	5.07	5.54	5.25	3.93	5.1
46	002094.SZ	青岛金王	4.84	5.39	5.84	4.94	4.36	5.1
47	002374.SZ	丽鹏股份	4.81	5.4	5.23	4.87	5.03	5.09
48	000910.SZ	大亚科技	4.88	5.49	5.03	5.1	4.14	5.09
49	002521.SZ	齐峰新材	4.82	5.4	4.8	4.91	5.27	5.08
50	002489.SZ	浙江永强	4.98	5.29	4.66	4.72	5.03	5.06
51	002103.SZ	广博股份	4.88	5.18	5.49	4.82	4.98	5.04
52	002301.SZ	齐心文具	4.85	5.3	5.19	4.76	4.74	5.03
53	600210.SH	紫江企业	4.81	5.52	4.4	4.94	4.33	5.02
54	600433.SH	冠豪高新	5.08	5.03	4.93	4.9	4.8	5.02
55	002259.SZ	升达林业	4.85	5.15	5.39	5.11	4.64	5.01
56	002354.SZ	科冕木业	4.88	5.26	5.67	4.7	3.63	4.98
57	000820.SZ	金城股份	5.34	4.74	5.28	4.61	4.4	4.97
58	002078.SZ	太阳纸业	4.85	5.38	4.51	4.93	3.69	4.95
59	600836.SH	界龙实业	4.76	5.24	5.24	4.84	4.2	4.94
60	600567.SH	山鹰纸业	4.57	5.8	3.46	4.84	4.1	4.94
61	002574.SZ	明牌珠宝	4.5	5.41	4.62	5.24	4.65	4.93
62	600235.SH	民丰特纸	4.66	5.4	4.76	4.96	4.06	4.93
63	600308.SH	华泰股份	4.66	5.48	3.52	4.73	4.88	4.91
64	002235.SZ	安妮股份	4.79	4.8	5.66	5.21	4.5	4.87
65	002067.SZ	景兴纸业	4.66	5.37	3.34	4.86	4.4	4.83
66	000592.SZ	平潭发展	4.9	5.03	4.55	4.75	3.61	4.81
67	002102.SZ	冠福家用	4.9	4.72	4.72	4.92	4.77	4.81

续表

排名	股票代码	公司名称	财务状况	估值与成长性	创值能力	公司治理与社会责任	创新能力与战略资源	综合得分
68	000833. SZ	贵糖股份	4.55	4.87	5.12	4.86	5.3	4.8
69	600963. SH	岳阳林纸	4.59	5.31	2.76	4.62	5.32	4.79
70	002174. SZ	梅花伞	4.54	4.72	5.89	4.96	4.6	4.75
71	000488. SZ	晨鸣纸业	4.71	5.54	0	5.22	4.59	4.7
72	600135. SH	乐凯胶片	4.79	4.26	5.05	4.93	5.74	4.69
73	002047. SZ	宝鹰股份	4.56	4.17	5.01	5.42	6.02	4.62
74	000576. SZ	广东甘化	4.16	4.76	5.25	5.23	3.86	4.53
75	002263. SZ	大东南	4.32	5.12	2.62	4.83	3.9	4.5
76	002071. SZ	江苏宏宝	4.44	4.17	5.21	4.73	4.31	4.41
77	002240. SZ	威华股份	4.35	4.34	4.02	4.94	4.34	4.37
78	000587. SZ	金叶珠宝	4.67	3.06	6.61	4.99	3.04	4.1
79	600069. SH	银鸽投资	4.08	4.25	2.65	4.7	4.12	4.08
80	000815. SZ	美利纸业	3.22	3.95	5.69	4.56	3.32	3.8
81	600103. SH	青山纸业	4.22	2.79	2.87	4.63	4.84	3.64
82	600462. SH	石岘纸业	4	1.12	4.88	5.39	5.53	3.18
83	600163. SH	福建南纸	3.37	1.62	2.54	5.02	5.61	2.93

（二十二） 商业贸易

排名	股票代码	公司名称	财务状况	估值与成长性	创值能力	公司治理与社会责任	创新能力与战略资源	综合得分
1	002277. SZ	友阿股份	6.09	5.1	5.32	6.12	4.53	5.77
2	002264. SZ	新华都	4.77	4.27	6.6	6.73	4.84	5.74
3	002416. SZ	爱施德	4.97	4.91	4.99	6.58	5.31	5.72
4	002091. SZ	江苏国泰	5.92	4.5	6.33	5.72	8.08	5.66
5	002024. SZ	苏宁云商	4.76	3.46	3.64	7.22	6.26	5.61
6	601933. SH	永辉超市	5.11	4.91	6.53	5.87	4.76	5.53
7	000061. SZ	农产品	4.95	4.27	5.09	6.27	5.31	5.46
8	600693. SH	东百集团	4.58	4.87	5.38	6.09	4.71	5.42
9	000560. SZ	昆百大 A	4.2	5.21	3.62	6.43	4.61	5.41
10	002561. SZ	徐家汇	6.43	4.65	5.85	5.27	4.52	5.4
11	600122. SH	宏图高科	4.9	5.83	2.52	5.78	4.58	5.28
12	600857. SH	工大首创	5.92	5.13	6.93	4.77	4.91	5.27
13	002344. SZ	海宁皮城	5.88	4.33	7.07	5.14	4.53	5.26

续表

排名	股票代码	公司名称	财务状况	估值与成长性	创值能力	公司治理与社会责任	创新能力与战略资源	综合得分
14	000715. SZ	中兴商业	6.04	4.6	6.02	5.12	4.54	5.25
15	002251. SZ	步步高	4.82	5.29	5.82	5.08	7.8	5.25
16	600814. SH	杭州解百	5.42	5.44	5.91	4.97	4.58	5.22
17	000058. SZ	深赛格	5.74	4.94	5.67	4.75	7.9	5.2
18	600824. SH	益民集团	5.6	4.99	6.28	4.95	4.69	5.2
19	000416. SZ	民生控股	6.75	4.19	6.74	4.73	4.55	5.19
20	600738. SH	兰州民百	5.51	5.62	5.36	4.91	4.29	5.19
21	002697. SZ	红旗连锁	5.68	4.89	5.66	4.99	4.92	5.16
22	000417. SZ	合肥百货	5.14	5.39	3.9	5.36	4.52	5.16
23	600723. SH	首商股份	5.37	5.32	4.21	5.21	4.71	5.15
24	600515. SH	海岛建设	4.34	5.05	6.45	5.34	4.51	5.14
25	600694. SH	大商股份	4.87	5.42	5.26	5.14	4.62	5.13
26	000987. SZ	广州友谊	5.77	5.45	4.92	4.79	4.68	5.13
27	600826. SH	兰生股份	5.84	4.88	5.61	4.84	5.04	5.13
28	600859. SH	王府井	6.18	5.47	3.87	4.79	4.64	5.13
29	002419. SZ	天虹商场	5.11	5.18	5.49	5.07	4.77	5.12
30	600682. SH	南京新百	4.53	4.98	6.15	5.09	6.77	5.12
31	000889. SZ	茂业物流	5.66	5.15	5.05	4.91	4.65	5.11
32	000301. SZ	东方市场	6.24	5.77	3.62	4.65	4.44	5.1
33	000861. SZ	海印股份	4.91	5.06	6.12	4.91	6.08	5.09
34	000151. SZ	中成股份	5.49	5.53	5.59	4.62	4.86	5.08
35	600861. SH	北京城乡	5.56	6.01	3.46	4.68	5.74	5.07
36	002187. SZ	广百股份	5.14	5.65	4.43	4.92	4.75	5.06
37	600605. SH	汇通能源	5.4	5.04	5.99	4.8	4.6	5.06
38	600056. SH	中国医药	4.64	5.08	6.29	4.7	8.17	5.05
39	600735. SH	新华锦	5.99	3.81	6.51	4.94	4.49	5.04
40	000419. SZ	通程控股	5.1	5.35	4.44	5.02	4.59	5.04
41	600778. SH	友好集团	4.46	5.88	4.3	5.05	4.59	5.02
42	600628. SH	新世界	4.97	5.17	5.15	4.97	4.5	5.01
43	601116. SH	三江购物	5.86	4.61	5.18	4.77	4.83	5
44	601010. SH	文峰股份	5.38	5.18	4.15	4.94	4.56	4.99
45	000408. SZ	金谷源	4.87	4.84	7.21	4.71	5.03	4.99
46	600838. SH	上海九百	5.27	4.38	6.53	4.84	5.06	4.99
47	600785. SH	新华百货	5.01	5.58	4.46	4.85	4.56	4.99
48	600729. SH	重庆百货	4.86	5.11	5.68	4.86	4.68	4.98
49	000753. SZ	漳州发展	4.29	5.93	4.82	4.93	4.53	4.97
50	600828. SH	成商集团	5.11	4.95	5.59	4.83	4.66	4.97
51	000062. SZ	深圳华强	5.08	4.44	6.8	4.84	4.68	4.97
52	600865. SH	百大集团	5.3	5.46	4.6	4.72	4.54	4.97

续表

排名	股票代码	公司名称	财务状况	估值与成长性	创值能力	公司治理与社会责任	创新能力与战略资源	综合得分
53	600898. SH	三联商社	5.25	4.3	6.62	4.83	4.58	4.95
54	603123. SH	翠微股份	5.16	5.01	4.49	4.93	4.73	4.94
55	000516. SZ	开元投资	4.78	4.52	6.73	4.92	4.34	4.94
56	000785. SZ	武汉中商	4.57	4.95	4.86	5.13	4.48	4.93
57	600712. SH	南宁百货	5.01	4.62	5.1	5.03	4.58	4.93
58	600128. SH	弘业股份	5.28	5.58	3.84	4.69	4.54	4.91
59	000564. SZ	西安民生	4.36	5.35	3.66	5.23	4.33	4.9
60	600241. SH	时代万恒	4.75	5.19	5.02	4.87	4.3	4.9
61	600278. SH	东方创业	5.26	4.71	4.42	4.88	4.52	4.87
62	600821. SH	津劝业	4.31	4.91	6.03	4.89	4.58	4.86
63	600327. SH	大东方	4.52	5.26	4.85	4.87	4.37	4.86
64	600856. SH	长百集团	4.43	3.75	7.58	5.03	4.69	4.85
65	600790. SH	轻纺城	4.98	5.2	4.54	4.71	4.49	4.84
66	600415. SH	小商品城	4.84	5.05	4.48	4.69	6.04	4.84
67	000501. SZ	鄂武商 A	4.34	5.39	5.93	4.51	4.76	4.79
68	600655. SH	豫园商城	5.33	5.55	3.47	4.47	4.5	4.78
69	600827. SH	友谊股份	4.76	5.12	3.48	4.87	4.81	4.78
70	600981. SH	汇鸿股份	4.02	5.58	5.22	4.69	4.59	4.78
71	600858. SH	银座股份	4.36	5.6	3.57	4.77	4.69	4.75
72	600280. SH	中央商场	3.31	3.92	6.55	5.42	4.33	4.74
73	600287. SH	江苏舜天	4.34	5.03	5.11	4.73	4.53	4.73
74	600891. SH	秋林集团	6.19	5.77	5.47	3.53	4.5	4.73
75	600774. SH	汉商集团	4.63	5.36	5.51	4.37	4.57	4.73
76	600697. SH	欧亚集团	3.8	5.64	4.09	4.86	4.5	4.72
77	000882. SZ	华联股份	5.05	5.62	1.84	4.7	4.59	4.71
78	000829. SZ	天音控股	4.17	3.85	5.69	4.9	7.2	4.7
79	600250. SH	南纺股份	3.26	4.75	6.38	4.9	5.68	4.7
80	000759. SZ	中百集团	4.66	5.22	5.14	4.32	4.75	4.66
81	600120. SH	浙江东方	4.66	5.06	2.76	4.75	4.63	4.62
82	002336. SZ	人人乐	5.14	4.39	2.85	4.8	4.85	4.62
83	600755. SH	厦门国贸	4.05	5.71	3.24	4.65	4.49	4.62
84	000679. SZ	大连友谊	3.87	5.72	2.56	4.79	4.43	4.59
85	300022. SZ	吉峰农机	3.47	3.56	6.21	5.16	4.64	4.56
86	000626. SZ	如意集团	3.4	5.12	4.8	4.76	4.6	4.55
87	600058. SH	五矿发展	3.97	5.27	1.94	4.82	4.69	4.49
88	600822. SH	上海物贸	3.13	4.29	5.85	4.73	4.91	4.42
89	600361. SH	华联综超	4.52	4.46	1.85	4.77	4.86	4.41
90	600704. SH	物产中大	3.72	4.74	3.09	4.77	4.5	4.4
91	000056. SZ	深国商	4.99	5.82	2.26	3.59	5.52	4.29

（二十三）食品饮料

排名	股票代码	公司名称	财务状况	估值与成长性	创值能力	公司治理与社会责任	创新能力与战略资源	综合得分
1	600519.SH	贵州茅台	6.12	6.22	9.36	5.26	4.45	6.2
2	002304.SZ	洋河股份	5.94	6.45	8.32	5.07	4.38	6.11
3	000858.SZ	五粮液	5.82	6.2	8.79	4.9	4.84	6.03
4	300146.SZ	汤臣倍健	5.87	6.46	5.21	5.22	6.48	6.02
5	000568.SZ	泸州老窖	5.78	5.77	7.08	5.28	4.28	5.71
6	002646.SZ	青青稞酒	5.36	6.21	4.85	5.56	4.75	5.6
7	600809.SH	山西汾酒	5.5	5.77	5.64	5.24	5.3	5.57
8	002570.SZ	贝因美	5.28	5.5	5.03	5.85	7.29	5.56
9	002568.SZ	百润股份	6.08	4.83	4.93	5.79	6.64	5.54
10	000895.SZ	双汇发展	6.33	4.94	6.31	5.14	4.12	5.52
11	600887.SH	伊利股份	5.64	5.52	5.17	5.7	4.84	5.49
12	002661.SZ	克明面业	5.53	5.78	4.82	5.25	4.97	5.49
13	600199.SH	金种子酒	5.47	5.64	4.63	5.06	5.29	5.41
14	000596.SZ	古井贡酒	5.4	5.3	4.87	5.36	6.33	5.39
15	000869.SZ	张裕 A	5.53	5.15	5.56	4.85	5.48	5.32
16	600600.SH	青岛啤酒	5.15	5.72	5.22	4.9	4.92	5.32
17	000848.SZ	承德露露	5.59	4.86	5.26	4.75	5.13	5.17
18	002582.SZ	好想你	4.81	5.63	4.34	5.32	5.15	5.15
19	002507.SZ	涪陵榨菜	5.52	5.01	4.94	4.74	4.86	5.15
20	002216.SZ	三全食品	4.67	5.58	4.82	4.93	5.89	5.14
21	002329.SZ	皇氏乳业	4.75	5.63	4.75	4.92	5.24	5.13
22	002702.SZ	海欣食品	4.78	5.34	4.47	5.49	5.95	5.13
23	000799.SZ	酒鬼酒	5.16	4.94	4.58	5.11	6.33	5.12
24	000796.SZ	易食股份	5.42	5.18	4.44	4.88	4.41	5.11
25	002495.SZ	佳隆股份	5.26	5.08	4.46	4.96	5.11	5.09
26	600197.SH	伊力特	5.14	5.35	4.71	4.78	4.3	5.08
27	000752.SZ	西藏发展	6.65	4.08	4.48	4.86	3.4	5.08
28	600872.SH	中炬高新	4.99	5.35	4.72	4.88	4.71	5.06
29	600597.SH	光明乳业	4.9	5.19	4.74	5.16	5.45	5.06
30	002695.SZ	煌上煌	4.97	5.2	4.5	5.66	4.1	5.01

续表

排名	股票代码	公司名称	财务状况	估值与成长性	创值能力	公司治理与社会责任	创新能力与战略资源	综合得分
31	000729. SZ	燕京啤酒	4.67	5.61	3.43	5.07	5.02	4.98
32	002481. SZ	双塔食品	4.6	5.32	5	4.72	5.42	4.98
33	002650. SZ	加加食品	5.05	4.92	4.54	5.3	4.07	4.91
34	600059. SH	古越龙山	4.49	5.37	4.35	4.76	4.81	4.85
35	000019. SZ	深深宝 A	4.25	5.27	4.36	5.27	5.51	4.84
36	002330. SZ	得利斯	4.87	5.17	4.31	4.59	4.04	4.84
37	600090. SH	啤酒花	4.94	4.77	4.64	4.99	4.34	4.81
38	002461. SZ	珠江啤酒	5.08	4.25	4.48	5.13	6	4.8
39	600073. SH	上海梅林	4.52	5.13	4.51	5.33	4.22	4.8
40	002557. SZ	洽洽食品	4.72	4.89	4.48	5.24	4.5	4.79
41	002387. SZ	黑牛食品	4.64	4.93	4.6	5.21	4.52	4.79
42	600616. SH	金枫酒业	4.84	4.28	4.73	5.16	6.53	4.79
43	000929. SZ	兰州黄河	5.23	4.56	3.94	4.87	4.23	4.76
44	600873. SH	梅花生物	4.86	5.04	3.92	5.14	2.88	4.72
45	002515. SZ	金字火腿	4.5	4.72	4.62	5.11	4.67	4.67
46	000716. SZ	南方食品	4.74	4.42	4.77	5.12	4.81	4.67
47	600702. SH	沱牌舍得	4.56	4.52	4.32	4.99	5.19	4.62
48	600573. SH	惠泉啤酒	4.53	4.76	3.99	4.94	4.46	4.61
49	600559. SH	老白干酒	4.03	4.83	5.01	5.19	4.9	4.59
50	600429. SH	三元股份	4.52	4.44	4.65	4.84	5.15	4.58
51	600779. SH	水井坊	4.36	4.21	4.61	5.18	6.44	4.58
52	600305. SH	恒顺醋业	4.37	4.56	5	4.98	4.35	4.55
53	600238. SH	海南椰岛	4.33	4.71	4.77	4.99	4.07	4.55
54	600300. SH	维维股份	4.13	4.87	4.2	4.98	4.81	4.55
55	600132. SH	重庆啤酒	4.67	4.12	4.74	5.12	4.74	4.52
56	600543. SH	莫高股份	4.42	4.29	4.38	4.84	5.72	4.51
57	600084. SH	中葡股份	3.84	4.67	4.72	4.92	5.85	4.49
58	600866. SH	星湖科技	4.13	4.2	3.93	4.95	5.06	4.3
59	600365. SH	通葡股份	4.08	3.38	4.5	5.5	5.12	4.08
60	000995. SZ	皇台酒业	4.04	3.54	5.16	4.95	4.31	4.06
61	600186. SH	莲花味精	3.84	2.77	4.66	1.81	3.54	3.28

（二十四）通信

排名	股票代码	公司名称	财务状况	估值与成长性	创值能力	公司治理与社会责任	创新能力与战略资源	综合得分
1	300353. SZ	东土科技	6.47	5.41	5.36	5.88	6.6	6.09
2	002396. SZ	星网锐捷	5.19	5.44	5.25	5.76	6.43	5.89
3	002583. SZ	海能达	4.78	5.19	5.23	5.81	6.27	5.78
4	600485. SH	中创信测	5.6	4.77	5.42	5.04	6.63	5.63
5	300213. SZ	佳讯飞鸿	5.49	5.28	5.36	5.63	5.77	5.61
6	002465. SZ	海格通信	5.98	5.4	5.02	4.79	6.49	5.61
7	300050. SZ	世纪鼎利	6.24	4.72	4.88	4.01	7.51	5.6
8	300205. SZ	天喻信息	4.65	5.33	5.43	5.64	5.72	5.54
9	300017. SZ	网宿科技	6.42	5.3	5.74	5.81	5.02	5.48
10	002467. SZ	二六三	6.11	5.18	5.32	4.76	5.99	5.4
11	300310. SZ	宜通世纪	4.95	5.37	5.47	5.96	4.84	5.37
12	002104. SZ	恒宝股份	5.95	5.34	5.61	5.62	4.85	5.32
13	300098. SZ	高新兴	4.97	5.11	5.22	4.97	5.79	5.3
14	300136. SZ	信维通信	5.65	4.3	5.43	5.29	5.63	5.29
15	600498. SH	烽火通信	4.71	5.51	4.57	4.94	5.64	5.25
16	000561. SZ	烽火电子	5.09	5.34	5.28	5.32	5.17	5.25
17	300250. SZ	初灵信息	5.28	5.3	5.38	5.4	5.05	5.24
18	600289. SH	亿阳信通	5.2	5.37	5	5.47	4.99	5.24
19	002093. SZ	国脉科技	4.7	5.37	5.18	4.82	5.63	5.21
20	002281. SZ	光迅科技	5.17	5.37	5.24	5.02	5.32	5.21
21	002115. SZ	三维通信	4.7	5.29	5.13	4.97	5.5	5.2
22	002417. SZ	三元达	4.76	5.1	4.95	4.88	5.65	5.19
23	002231. SZ	奥维通信	4.91	5.21	5.41	4.95	5.4	5.17
24	002017. SZ	东信和平	5.54	4.89	5.41	5.32	4.98	5.15
25	300322. SZ	硕贝德	5.1	5.37	5.48	5.19	4.92	5.13
26	300025. SZ	华星创业	4.69	5.4	5.42	5.34	4.78	5.1
27	002313. SZ	日海通讯	4.7	5.4	4.48	5.21	4.96	5.08
28	300134. SZ	大富科技	4.98	5.18	5.28	4.65	5.44	5.07
29	000063. SZ	中兴通讯	4.14	5.09	5.28	4.84	5.4	5.05
30	002194. SZ	武汉凡谷	5.71	5.53	5.07	4.77	4.97	5.04

续表

排名	股票代码	公司名称	财务状况	估值与成长性	创值能力	公司治理与社会责任	创新能力与战略资源	综合得分
31	002544. SZ	杰赛科技	5.14	5.43	5.32	4.98	4.89	5.04
32	300211. SZ	亿通科技	5.28	5.32	5.11	5.02	4.84	5.03
33	600198. SH	大唐电信	3.94	5.35	5.28	5.14	4.9	5
34	600355. SH	精伦电子	5.16	3.71	5.36	4.74	5.7	4.98
35	000032. SZ	深桑达 A	4.68	4.91	4.76	5.74	4.31	4.97
36	002446. SZ	盛路通信	5.24	5.31	5.38	4.8	4.82	4.95
37	300299. SZ	富春通信	5.6	5.3	5.35	4.94	4.49	4.9
38	300292. SZ	吴通通讯	4.89	5.26	5.46	5	4.53	4.88
39	600776. SH	东方通信	5.05	5.29	5.36	4.83	4.62	4.86
40	300081. SZ	恒信移动	4.36	5.23	4.63	4.77	4.82	4.83
41	000070. SZ	特发信息	4.65	5.61	4.92	4.6	4.62	4.78
42	002089. SZ	新海宜	4.82	5.13	5.2	5.1	4.23	4.77
43	000034. SZ	深信泰丰	3.89	4.88	5.71	5.41	4.08	4.74
44	600522. SH	中天科技	4.83	5.61	4.58	4.83	4.25	4.73
45	002316. SZ	键桥通讯	4.44	5.25	5.36	4.89	4.32	4.72
46	300252. SZ	金信诺	4.36	5.33	5.45	4.67	4.4	4.68
47	002491. SZ	通鼎光电	4.42	5.49	5.01	4.86	4.17	4.68
48	300312. SZ	邦讯技术	4.97	4.54	5.36	4.04	5.16	4.65
49	300038. SZ	梅泰诺	4.6	5.37	5.12	4.73	4.21	4.65
50	600050. SH	中国联通	4.74	5.72	0	4.8	4.5	4.65
51	300028. SZ	金亚科技	5.31	4.88	5.47	4.17	4.78	4.64
52	600487. SH	亨通光电	4.3	5.57	4.77	5.04	3.89	4.64
53	600345. SH	长江通信	4.85	5.32	4.75	4.67	4.16	4.6
54	600775. SH	南京熊猫	4.73	4.64	5.05	4.96	4.11	4.59
55	000851. SZ	高鸿股份	4.29	5.18	4.98	5.05	3.77	4.55
56	600105. SH	永鼎股份	4.77	4.38	4.61	4.83	4.08	4.47
57	000035. SZ	中科健	4.84	2.18	5.9	4.7	4.95	4.45
58	600130. SH	波导股份	5.31	5.49	5.34	4.61	3.48	4.42
59	000586. SZ	汇源通信	4.27	3.27	5.49	4.93	3.86	4.25
60	000555. SZ	神州信息	4.06	2.45	5.46	3.9	4.56	3.98
61	000836. SZ	鑫茂科技	4.37	4.56	4.44	4.75	2.75	3.95

（二十五）休闲服务

排名	股票代码	公司名称	财务状况	估值与成长性	创值能力	公司治理与社会责任	创新能力与战略资源	综合得分
1	002306. SZ	湘鄂情	4.4	5.01	6.91	7.78	4.89	6.38
2	300178. SZ	腾邦国际	5.85	5.3	5.35	6.18	8.17	6.03
3	300144. SZ	宋城演艺	6.53	5.34	5.81	5.56	4.81	5.81
4	000008. SZ	宝利来	6.04	5.22	6.4	5.13	4.4	5.53
5	000430. SZ	张家界	5.65	6.03	6.51	4.99	4.52	5.43
6	601888. SH	中国国旅	5.26	5.34	6.64	4.87	5.53	5.3
7	000802. SZ	北京旅游	5.57	3.17	5.78	5.33	4.63	5.29
8	002186. SZ	全聚德	4.79	4.84	6.44	5.18	5.14	5.23
9	600640. SH	号百控股	6.58	3.83	4.59	4.75	4.61	5.17
10	000888. SZ	峨眉山 A	5.79	5.39	5.22	4.78	4.75	5.16
11	002558. SZ	世纪游轮	6.5	4.74	4.28	4.72	4.67	5.15
12	000613. SZ	大东海 A	4.92	3.76	7.54	4.62	4.76	5.08
13	002033. SZ	丽江旅游	5.23	5.51	5.31	4.8	4.74	5.03
14	600258. SH	首旅酒店	4.89	5.12	5.23	4.96	5.34	5.01
15	000524. SZ	东方宾馆	5.53	5.41	4.75	4.71	4.78	4.99
16	600054. SH	黄山旅游	4.83	5.43	5.18	4.81	4.71	4.9
17	600358. SH	国旅联合	4.25	5.26	6.05	4.81	4.53	4.85
18	600593. SH	大连圣亚	4.37	5.77	5.58	4.74	4.63	4.82
19	000721. SZ	西安饮食	5.15	4.6	4.59	4.66	4.78	4.79
20	600754. SH	锦江股份	5.03	5.29	3.42	4.76	4.78	4.67
21	600749. SH	西藏旅游	4.81	5.37	4.17	4.63	4.62	4.66
22	002059. SZ	云南旅游	5.06	4.69	3.59	4.65	5.18	4.64
23	000610. SZ	西安旅游	4.09	5.85	4.88	4.64	5.3	4.63
24	600138. SH	中青旅	3.96	5.5	4.12	4.74	4.74	4.48
25	600706. SH	曲江文旅	3.73	3.86	4.77	4.7	5.27	4.42
26	002159. SZ	三特索道	4.26	4.49	4.41	4.25	4.53	4.3
27	000978. SZ	桂林旅游	4.57	5.44	1.84	4.67	4.7	4.28
28	000428. SZ	华天酒店	3.07	5.31	4.17	4.75	4.24	4.21
29	601007. SH	金陵饭店	4.56	5.36	1.08	4.6	4.66	4.12

（二十六）医药生物

排名	股票代码	公司名称	财务状况	估值与成长性	创值能力	公司治理与社会责任	创新能力与战略资源	综合得分
1	300326. SZ	凯利泰	6.46	4.68	6.61	4.67	5.7	6.01
2	300298. SZ	三诺生物	6.03	5.09	6.43	6.49	5.5	5.93
3	300347. SZ	泰格医药	5.76	4.96	6.62	7.01	5.43	5.88
4	002653. SZ	海思科	5.89	4.71	6.76	6	5.47	5.87
5	300003. SZ	乐普医疗	6.06	5.23	6.14	5.37	5.66	5.86
6	600276. SH	恒瑞医药	5.54	5.09	6.71	5.13	6.82	5.85
7	300238. SZ	冠昊生物	5.59	4.99	6.69	4.88	6.99	5.85
8	000661. SZ	长春高新	5.84	4.65	6.44	6.39	6.16	5.82
9	002219. SZ	恒康医疗	5.87	4.58	7.02	5.68	4.15	5.81
10	300267. SZ	尔康制药	5.5	5.27	6.73	6.06	4.88	5.79
11	300199. SZ	翰宇药业	5.72	4.66	6.61	6.11	5.53	5.76
12	600594. SH	益佰制药	5.51	5.23	6.55	5.26	5.77	5.76
13	002038. SZ	双鹭药业	5.95	4.18	6.6	5.18	5.82	5.73
14	002022. SZ	科华生物	5.62	5.06	6.64	4.73	5.24	5.73
15	300039. SZ	上海凯宝	5.74	5.3	5.88	5.25	6.4	5.72
16	002294. SZ	信立泰	5.58	5.22	6.35	4.41	5.89	5.7
17	300016. SZ	北陆药业	5.64	5.14	5.84	6.53	6.14	5.67
18	300246. SZ	宝莱特	5.43	4.92	6.52	5.36	5.83	5.66
19	002432. SZ	九安医疗	5.05	5.45	6.65	5.6	5.45	5.64
20	300122. SZ	智飞生物	5.65	4.52	6.46	5.22	5.64	5.63
21	002287. SZ	奇正藏药	5.76	5.02	6.11	4.3	5.59	5.63
22	300015. SZ	爱尔眼科	5.33	5	6.63	6.39	4.48	5.62
23	300314. SZ	戴维医疗	5.88	5.06	5.66	6.01	5.24	5.61
24	300244. SZ	迪安诊断	5.08	4.71	6.96	6.47	4.98	5.6
25	600763. SH	通策医疗	5.55	4.8	6.84	4.69	3.65	5.6
26	300009. SZ	安科生物	5.39	5.02	6.04	6.13	6.33	5.6
27	002030. SZ	达安基因	5.22	4.76	6.6	5.11	6.38	5.6
28	600436. SH	片仔癀	5.95	5.11	5.81	4.42	4.83	5.59
29	002390. SZ	信邦制药	5.17	5.01	6.53	6.82	4.68	5.57
30	002262. SZ	恩华药业	5.19	4.88	6.7	5.24	5.26	5.56
31	300181. SZ	佐力药业	5.67	5.08	5.56	5.84	6.04	5.55
32	300289. SZ	利德曼	5.76	5.12	5.52	5.83	5.56	5.55
33	002437. SZ	誉衡药业	5.57	5.02	6.02	4.41	5.46	5.52

续表

排名	股票代码	公司名称	财务状况	估值与成长性	创值能力	公司治理与社会责任	创新能力与战略资源	综合得分
34	002223. SZ	鱼跃医疗	5.19	4.98	6.58	4.52	5.25	5.52
35	600557. SH	康缘药业	5.07	5.1	6.11	5.17	7.04	5.52
36	002252. SZ	上海莱士	5.32	3.76	7.42	4.53	4.41	5.51
37	002198. SZ	嘉应制药	5.69	3.94	6.36	5.24	5.67	5.5
38	000423. SZ	东阿阿胶	5.55	5.32	5.75	4.48	5.35	5.5
39	300318. SZ	博晖创新	5.78	5.07	5.43	4.51	6.04	5.49
40	300204. SZ	舒泰神	5.63	5.49	5.21	5.38	5.95	5.49
41	002626. SZ	金达威	5.75	5.29	5.59	4.57	4.71	5.48
42	002007. SZ	华兰生物	5.74	5.09	5.48	4.66	5.16	5.45
43	002275. SZ	桂林三金	5.49	5.42	5.43	4.89	5.66	5.44
44	600535. SH	天士力	4.65	5.01	6.9	5.6	4.91	5.43
45	300294. SZ	博雅生物	5.95	5.08	5.18	4.68	4.97	5.43
46	300026. SZ	红日药业	4.49	5.27	6.64	6.04	5.78	5.43
47	300216. SZ	千山药机	5.72	5.35	5.12	6.52	4.48	5.42
48	300261. SZ	雅本化学	5.53	5.22	5.59	5.74	4.3	5.41
49	002317. SZ	众生药业	5.49	5.23	5.3	5.21	5.9	5.4
50	300239. SZ	东宝生物	5.2	5.41	5.91	4.46	4.97	5.4
51	000915. SZ	山大华特	5.58	5.03	5.53	4.58	5.3	5.39
52	300254. SZ	仟源制药	5.75	5.49	4.81	5.72	4.88	5.37
53	300206. SZ	理邦仪器	5.99	5.13	4.21	6.12	6.69	5.36
54	600422. SH	昆明制药	5.35	5.29	5.37	6.18	4.81	5.34
55	300030. SZ	阳普医疗	5.35	5.17	5.44	6.25	4.75	5.34
56	300049. SZ	福瑞股份	5.02	4.99	5.74	5.87	6.16	5.34
57	300255. SZ	常山药业	5.31	5.39	5.16	6.38	5.31	5.33
58	600645. SH	中源协和	4.64	4.59	6.81	4.81	5.6	5.33
59	000963. SZ	华东医药	4.63	5.23	6.56	4.61	4.82	5.32
60	002020. SZ	京新药业	5.1	5.12	5.9	5.33	4.7	5.31
61	002412. SZ	汉森制药	5.48	5.1	5.3	4.14	5.79	5.31
62	000004. SZ	国农科技	4.61	5.13	6.46	4.57	5.09	5.28
63	002107. SZ	沃华医药	5.41	5.2	4.8	4.34	7.18	5.27
64	600572. SH	康恩贝	5.12	5.16	5.44	5.52	5.54	5.27
65	600513. SH	联环药业	5.17	5.28	5.42	4.45	5.61	5.26
66	002603. SZ	以岭药业	5.16	5.09	5.17	5.8	6.31	5.26
67	300147. SZ	香雪制药	4.86	5.27	5.95	5.13	4.55	5.24
68	002551. SZ	尚荣医疗	4.84	5.12	6.13	4.43	4.75	5.24

续表

排名	股票代码	公司名称	财务状况	估值与成长性	创值能力	公司治理与社会责任	创新能力与战略资源	综合得分
69	002370. SZ	亚太药业	5.28	5.1	5.63	4.24	4.3	5.23
70	600479. SH	千金药业	5.91	5.24	4.35	4.3	5.52	5.23
71	600055. SH	华润万东	5.07	5.31	5.43	4.39	5.53	5.22
72	600211. SH	西藏药业	4.55	5.33	6.48	4.36	4.13	5.22
73	002424. SZ	贵州百灵	5.09	5.08	5.71	6.22	3.73	5.22
74	600781. SH	辅仁药业	4.49	5.11	6.31	5.69	4.7	5.2
75	600252. SH	中恒集团	5.41	4.92	5.21	4.53	5.18	5.2
76	002550. SZ	千红制药	5.94	5.32	4.03	5.43	5.26	5.2
77	600587. SH	新华医疗	4.77	5.3	5.88	4.45	4.83	5.19
78	300006. SZ	莱美药业	4.8	4.99	5.7	6.01	4.99	5.16
79	002693. SZ	双成药业	5.92	4.85	4.32	4.52	5.57	5.16
80	000790. SZ	华神集团	4.93	4.79	5.75	5.81	4.71	5.16
81	002019. SZ	鑫富药业	4.57	4.45	6.61	4.73	4.8	5.16
82	000518. SZ	四环生物	5.06	4.93	5.53	4.55	5.08	5.15
83	000590. SZ	紫光古汉	4.99	3.29	6.81	4.5	5.02	5.14
84	002349. SZ	精华制药	4.85	5.11	5.64	4.4	4.96	5.12
85	002675. SZ	东诚生化	5.65	5.55	4.19	4.56	4.83	5.1
86	300194. SZ	福安药业	5.69	5.13	4.15	5.74	4.92	5.08
87	002001. SZ	新和成	6.04	5.35	3.67	4.75	4.92	5.08
88	600867. SH	通化东宝	5.41	3.63	5.75	4.38	4.73	5.05
89	600329. SH	中新药业	4.82	5.3	5.23	4.4	5.22	5.04
90	000513. SZ	丽珠集团	4.84	5.27	5.05	4.4	5.89	5.04
91	600161. SH	天坛生物	4.79	5.14	5.37	4.41	5.21	5.04
92	000766. SZ	通化金马	4.98	4.78	5.17	4.61	5.9	5.04
93	000545. SZ	金浦钛业	5.44	4.49	4.9	4.06	5.39	5.03
94	600833. SH	第一医药	4.6	5.52	5.39	4.44	4.83	5.02
95	600511. SH	国药股份	4.63	5.39	5.5	4.33	4.6	5.02
96	600285. SH	羚锐制药	5.16	4.94	4.75	5.2	5.41	5.02
97	000605. SZ	渤海股份	4.3	5.15	5.98	4.77	4.81	5.01
98	002399. SZ	海普瑞	6.41	5.91	2.48	5.46	4.57	5.01
99	300171. SZ	东富龙	5.2	5.45	4.31	5.21	5.3	5
100	000538. SZ	云南白药	3.71	5.17	6.72	4.47	4.93	4.99
101	300110. SZ	华仁药业	5.11	5.38	4.7	5.64	3.64	4.97
102	300273. SZ	和佳股份	3.57	4.76	6.94	4.73	5.55	4.97
103	002644. SZ	佛慈制药	5.2	4.58	4.99	4.34	5.1	4.97

续表

排名	股票代码	公司名称	财务状况	估值与成长性	创值能力	公司治理与社会责任	创新能力与战略资源	综合得分
104	600518. SH	康美药业	4.99	5.7	4.65	4.43	4.23	4.96
105	600420. SH	现代制药	4.7	5.59	4.96	4.4	4.95	4.96
106	600521. SH	华海药业	5.39	5.14	4.12	6.5	4.43	4.96
107	000999. SZ	华润三九	4.59	5.42	5.05	4.35	5.57	4.95
108	600993. SH	马应龙	5.13	5.08	4.84	4.39	4.12	4.93
109	002566. SZ	益盛药业	5.31	5.03	3.81	6.05	6.29	4.92
110	600062. SH	华润双鹤	6.16	5.38	2.92	4.45	4.97	4.91
111	600351. SH	亚宝药业	4.86	5.33	4.79	4.47	4.72	4.91
112	002332. SZ	仙琚制药	4.65	5.21	4.96	4.76	4.76	4.86
113	600613. SH	神奇制药	4.17	5.42	5.29	5.17	5.07	4.86
114	000028. SZ	国药一致	3.74	5.24	6.39	4.35	3.99	4.85
115	600976. SH	武汉健民	4.67	5.22	4.84	4.69	4.8	4.84
116	600079. SH	人福医药	4.82	5.35	4.39	5.44	4.77	4.83
117	600332. SH	白云山	4.23	5.08	5.41	4.57	5.18	4.83
118	000788. SZ	北大医药	4.09	4.77	6.07	4.22	4.2	4.81
119	300233. SZ	金城医药	5.12	5.18	3.87	6.19	4.93	4.81
120	600297. SH	美罗药业	5.51	5.22	4.15	4.37	2.58	4.81
121	000989. SZ	九芝堂	5.18	5.3	3.77	4.38	5.58	4.79
122	000566. SZ	海南海药	4.69	4.94	4.67	5.77	4.72	4.79
123	600750. SH	江中药业	5.39	5.35	3.66	4.27	4.69	4.79
124	002433. SZ	太安堂	5.03	5.39	4.16	4.47	4.35	4.78
125	000739. SZ	普洛药业	4.6	5.25	4.89	4.57	4.09	4.78
126	600200. SH	江苏吴中	3.93	5.06	6.04	4.39	3.83	4.78
127	600080. SH	金花股份	5.27	3.81	4.7	4.4	4.83	4.74
128	600666. SH	西南药业	3.68	5.61	5.76	4.39	4.13	4.73
129	002118. SZ	紫鑫药业	4.52	5.3	4.93	4.64	3.44	4.73
130	600796. SH	钱江生化	4.86	5.1	4.31	4.26	4.77	4.72
131	600085. SH	同仁堂	4.62	5.22	4.48	4.46	4.96	4.72
132	600671. SH	天目药业	3.78	3.49	7.04	4.48	3.97	4.7
133	002099. SZ	海翔药业	4.23	5.37	5.09	5.93	2.88	4.69
134	600222. SH	太龙药业	4.8	4.83	4.53	4.36	4.46	4.69
135	300142. SZ	沃森生物	4.74	4.96	4.05	4.56	6.21	4.68
136	600998. SH	九州通	3.98	5.16	5.46	4.96	3.84	4.68
137	600466. SH	迪康药业	3.89	5.39	4.98	4.55	5.51	4.65
138	000650. SZ	仁和药业	4.67	5.38	3.89	5.48	4.95	4.65

续表

排名	股票代码	公司名称	财务状况	估值与成长性	创值能力	公司治理与社会责任	创新能力与战略资源	综合得分
139	000705. SZ	浙江震元	5. 05	5. 44	3. 6	4. 26	4. 53	4. 64
140	002393. SZ	力生制药	5. 7	5. 16	2. 61	4. 5	5. 31	4. 63
141	000919. SZ	金陵药业	4. 99	5. 33	3. 45	4. 25	4. 58	4. 56
142	002589. SZ	瑞康医药	4. 12	5. 4	4. 59	4. 51	4. 39	4. 55
143	600829. SH	三精制药	5. 22	5. 69	2. 63	4. 45	5. 39	4. 55
144	002462. SZ	嘉事堂	3. 85	5. 33	4. 78	5. 42	4. 56	4. 54
145	600568. SH	中珠控股	4. 59	5. 13	4. 18	4. 28	4. 01	4. 53
146	000153. SZ	丰原药业	4. 74	5. 63	3. 03	5. 77	4. 93	4. 49
147	300086. SZ	康芝药业	5. 44	5. 39	2. 13	4. 76	5. 17	4. 43
148	000591. SZ	桐君阁	3. 16	5. 58	5. 62	4. 42	3. 3	4. 42
149	000952. SZ	广济药业	4. 68	4. 75	3. 8	4. 32	4. 64	4. 42
150	000606. SZ	青海明胶	4. 93	3. 53	4. 08	4. 5	4. 8	4. 37
151	600488. SH	天药股份	5. 16	5. 43	2. 38	4. 36	4. 72	4. 35
152	600196. SH	复星医药	4. 98	3. 94	3. 44	4. 42	5. 42	4. 33
153	000990. SZ	诚志股份	4. 84	5. 6	2. 71	4. 91	4. 01	4. 33
154	002365. SZ	永安药业	5. 42	5. 48	1. 6	5. 63	5. 04	4. 32
155	002422. SZ	科伦药业	5. 12	5. 39	2. 19	4. 43	5. 24	4. 31
156	600530. SH	交大昂立	5. 18	5. 09	1. 95	4. 47	6. 11	4. 27
157	600529. SH	山东药玻	5. 69	5. 53	1. 15	4. 26	4. 61	4. 22
158	600267. SH	海正药业	4. 61	5. 38	2. 59	4. 42	4. 99	4. 21
159	002166. SZ	莱茵生物	2. 93	3. 06	6. 61	5. 86	3. 82	4. 2
160	000078. SZ	海王生物	3. 46	5. 61	4. 42	4. 49	3. 16	4. 2
161	600216. SH	浙江医药	5. 38	5. 46	0. 99	5. 33	4. 93	4. 11
162	600789. SH	鲁抗医药	4. 47	5. 2	2. 4	4. 18	5. 03	4. 05
163	600771. SH	广誉远	2. 88	0. 85	7. 43	4. 69	5. 12	4
164	600713. SH	南京医药	2. 88	5. 33	4. 55	4. 36	3. 76	3. 98
165	300158. SZ	振东制药	3. 78	5. 32	2. 73	4. 41	3. 87	3. 83
166	601607. SH	上海医药	4. 85	5. 56	0. 76	4. 4	4. 68	3. 79
167	000756. SZ	新华制药	4. 64	5. 65	0. 88	4. 34	4. 83	3. 77
168	600380. SH	健康元	5. 17	5. 46	0. 4	4. 37	3. 82	3. 73
169	600664. SH	哈药股份	4. 61	5. 72	0. 68	4. 46	4. 98	3. 73
170	600129. SH	太极集团	2. 99	5. 14	3. 54	4. 38	4. 1	3. 73
171	000411. SZ	英特集团	3. 26	5. 64	2. 42	4. 5	4. 42	3. 64
172	600812. SH	华北制药	3. 99	4. 62	2. 08	4. 47	4. 33	3. 62
173	000597. SZ	东北制药	3. 37	4. 91	1. 61	4. 55	4. 84	3. 34

（二十七）有色金属

排名	股票代码	公司名称	财务状况	估值与成长性	创值能力	公司治理与社会责任	创新能力与战略资源	综合得分
1	300127.SZ	银河磁体	6.73	5.18	5.84	5.38	6.31	5.96
2	002130.SZ	沃尔核材	5.15	5.26	6	7.25	7.95	5.82
3	002428.SZ	云南锗业	6.36	5.09	5.94	5.43	5.65	5.7
4	002540.SZ	亚太科技	6.26	5.27	4.72	5.43	5.73	5.69
5	002057.SZ	中钢天源	5.61	5.19	5.53	4.76	6.49	5.53
6	002460.SZ	赣锋锂业	5.56	5.17	5.94	5.5	6.19	5.53
7	600980.SH	北矿磁材	5.64	5.13	6.17	4.86	6.24	5.51
8	000970.SZ	中科三环	5.8	5.01	5.64	4.75	6.22	5.49
9	600114.SH	东睦股份	4.98	5.09	6	6.71	6.8	5.48
10	300224.SZ	正海磁材	5.61	5.25	5.54	4.79	5.97	5.47
11	000975.SZ	银泰资源	6.34	5.08	4.71	5.1	4.65	5.46
12	002600.SZ	江粉磁材	5.78	5.11	5.08	5.35	5.64	5.45
13	300337.SZ	银邦股份	5.56	5.24	5.35	5.46	5.67	5.45
14	002578.SZ	闽发铝业	5.72	5.35	4.86	5.39	5.01	5.42
15	000007.SZ	零七股份	5.03	5.17	6.33	4.77	6.72	5.38
16	600139.SH	西部资源	5.67	4.95	6.09	5.01	5.48	5.34
17	601958.SH	金钼股份	6.48	4.96	3.69	4.76	4.24	5.33
18	000693.SZ	华泽钴镍	4.37	6.23	6.29	3.38	6.06	5.31
19	600888.SH	新疆众和	4.95	5.23	2.35	4.78	7.27	5.31
20	002167.SZ	东方锆业	4.87	5.09	5.62	6.81	6.03	5.31
21	002155.SZ	辰州矿业	5.53	5.06	5.18	4.82	5.41	5.27
22	601137.SH	博威合金	5.51	5.25	4.53	4.77	5.09	5.26
23	600219.SH	南山铝业	5.47	5.36	1.06	4.59	5.79	5.24
24	600490.SH	鹏欣资源	5.37	5.5	5.5	5.6	4.06	5.23
25	002501.SZ	利源精制	5.41	5.28	4.92	5.12	4.85	5.23
26	600516.SH	方大炭素	5.21	5.19	4.95	6.12	5	5.23
27	603993.SH	洛阳钼业	5.55	5.19	5.06	4.76	4.79	5.22
28	000697.SZ	炼石有色	5.87	4.92	6.49	5.45	3.93	5.21
29	600478.SH	科力远	5.17	4.9	6.14	6.76	5.03	5.2
30	000688.SZ	建新矿业	6.1	4.81	6.18	4.88	3.92	5.2

续表

排名	股票代码	公司名称	财务状况	估值与成长性	创值能力	公司治理与社会责任	创新能力与战略资源	综合得分
31	600366.SH	宁波韵升	4.88	5.01	5.19	5.38	6.16	5.18
32	002295.SZ	精艺股份	5.17	5.38	4.93	5.61	4.56	5.17
33	600255.SH	鑫科材料	5.13	5.31	5.24	4.78	4.99	5.15
34	002378.SZ	章源钨业	4.95	5.07	6.01	4.85	5.7	5.15
35	000969.SZ	安泰科技	5.27	5.04	4.18	5.4	5.19	5.14
36	600687.SH	刚泰控股	5.12	5.76	5.69	4.83	3.72	5.13
37	002466.SZ	天齐锂业	5.09	4.82	6.5	4.71	5.77	5.12
38	600459.SH	贵研铂业	5.34	5.12	4.92	4.76	4.71	5.1
39	000603.SZ	盛达矿业	6.19	4.4	6.59	5.17	3.78	5.09
40	601677.SH	明泰铝业	5.54	5.22	3.45	4.71	4.37	5.09
41	002340.SZ	格林美	4.58	5.22	5.48	5.02	5.88	5.08
42	000962.SZ	东方钽业	4.95	5.06	4.21	4.78	5.63	5.06
43	601388.SH	怡球资源	5.11	5.29	4.49	4.81	4.58	5.04
44	002171.SZ	精诚铜业	4.87	5.03	5.74	4.75	5.41	5.04
45	002149.SZ	西部材料	4.63	4.86	4.79	4.79	6.3	5
46	601899.SH	紫金矿业	5.04	5.43	5.29	4.8	3.91	5
47	600111.SH	包钢稀土	5.23	4.94	5.81	4.81	4.43	4.99
48	600456.SH	宝钛股份	5.08	4.99	3.57	4.79	5.21	4.99
49	600330.SH	天通股份	4.84	4.11	6.08	4.85	7.13	4.99
50	000831.SZ	五矿稀土	5.71	4.3	6.28	5.16	4.4	4.97
51	600711.SH	盛屯矿业	5.28	5.32	4.11	4.85	3.62	4.95
52	002203.SZ	海亮股份	4.73	5.19	5.71	4.97	4.68	4.95
53	000426.SZ	兴业矿业	5.24	4.94	4.25	4.81	4.39	4.93
54	600146.SH	大元股份	4.92	4.19	6.34	4.88	6.22	4.91
55	600549.SH	厦门钨业	4.77	4.85	5.37	5.23	5.11	4.91
56	000612.SZ	焦作万方	5.03	5.1	4.28	5.89	3.89	4.91
57	002182.SZ	云海金属	4.7	5.12	4.84	5.23	4.74	4.91
58	000060.SZ	中金岭南	4.87	5.16	4.53	4.7	4.57	4.9
59	002237.SZ	恒邦股份	4.39	5.1	4.56	4.91	5.71	4.9

续表

排名	股票代码	公司名称	财务状况	估值与成长性	创值能力	公司治理与社会责任	创新能力与战略资源	综合得分
60	600547. SH	山东黄金	4.93	5.19	5.56	4.86	3.98	4.89
61	600673. SH	东阳光铝	4.57	5.14	5.7	5.37	4.64	4.89
62	002114. SZ	罗平锌电	4.84	5.06	5.3	4.83	4.48	4.88
63	600362. SH	江西铜业	4.99	5.21	2.5	4.7	4.53	4.88
64	600390. SH	金瑞科技	5.08	4.55	5.86	4.66	4.99	4.87
65	600392. SH	盛和资源	5.13	4.48	6.14	4.96	4.6	4.84
66	601168. SH	西部矿业	4.81	5.38	2.51	4.8	4.01	4.8
67	603399. SH	新华龙	4.7	5.2	5.34	4.84	3.96	4.8
68	600489. SH	中金黄金	5.01	4.95	5.1	4.75	3.92	4.8
69	600311. SH	荣华实业	5.99	3.77	5.69	4.74	3.91	4.75
70	600497. SH	驰宏锌锗	4.6	5.17	3.17	4.86	3.99	4.67
71	000630. SZ	铜陵有色	4.48	5.12	2.96	4.76	4.45	4.67
72	000795. SZ	太原刚玉	3.75	4.91	6.43	4.81	5.66	4.66
73	000878. SZ	云南铜业	4.35	5.23	4.09	4.8	4.04	4.65
74	000657. SZ	中钨高新	4.48	5.05	4.55	3.67	4.55	4.64
75	600988. SH	赤峰黄金	4.08	5.12	6.31	5.7	3.93	4.64
76	000960. SZ	锡业股份	4.42	4.82	4.54	4.73	4.12	4.55
77	000758. SZ	中色股份	4.46	4.66	3.94	4.79	4.26	4.51
78	002379. SZ	鲁丰环保	4.27	4.64	4.48	4.81	4.56	4.5
79	600595. SH	中孚实业	4.17	5.05	2.68	4.74	4.2	4.48
80	600531. SH	豫光金铅	3.85	5.17	4.63	4.63	3.9	4.43
81	600432. SH	吉恩镍业	3.81	5.32	5.51	3.36	3.83	4.39
82	600331. SH	宏达股份	3.65	5.17	5.46	3.39	4.46	4.38
83	600768. SH	宁波富邦	3.72	5.19	6.48	3.39	3.96	4.37
84	600961. SH	株冶集团	3.49	5.01	5.77	4.79	4.12	4.33
85	000807. SZ	云铝股份	4.16	4.54	2.3	4.71	4.31	4.29
86	600259. SH	广晟有色	4.11	4.18	6.49	4.93	4.13	4.29
87	601600. SH	中国铝业	4.27	4.65	0.45	4.72	4.25	4.29
88	600766. SH	园城黄金	3.54	4	6.78	4.77	4.44	4.07
89	600338. SH	西藏珠峰	3.27	4.24	6.66	5	4.07	4.01

（二十八）综合

排名	股票代码	公司名称	财务状况	估值与成长性	创值能力	公司治理与社会责任	创新能力与战略资源	综合得分
1	300012. SZ	华测检测	7.39	4.86	6.16	6.62	8.72	6.52
2	000681. SZ	远东股份	5.79	5.99	6.7	5.92	5.56	5.9
3	000892. SZ	星美联合	6.49	5.97	6.76	3.57	4.2	5.65
4	000547. SZ	闽福发 A	5.17	5.42	4.96	5.38	7.57	5.58
5	600883. SH	博闻科技	6.2	5.57	4.54	5.28	4.3	5.53
6	000593. SZ	大通燃气	5.03	5.98	5.02	5.42	4.79	5.38
7	600733. SH	S 前锋	5.74	5.13	6.29	5.42	4.58	5.37
8	000010. SZ	深华新	4.87	5.46	5.86	5.53	5.97	5.35
9	600624. SH	复旦复华	4.9	5.3	5.84	5.38	6.35	5.34
10	600730. SH	中国高科	5.4	5.43	4.65	5.36	5.01	5.32
11	600136. SH	道博股份	5.41	5.45	6.27	5.33	4.31	5.32
12	000551. SZ	创元科技	4.84	5.37	4.13	5.4	6.69	5.3
13	000018. SZ	中冠 A	5.33	5.98	6.41	3.49	4.61	5.28
14	600892. SH	宝诚股份	5.09	5.2	6.66	5.32	5.1	5.24
15	600818. SH	中路股份	4.76	5.28	6.34	5.96	4.85	5.19
16	600701. SH	工大高新	4.78	5.41	4.54	5.34	5.24	5.12
17	000009. SZ	中国宝安	4.8	5.29	3.57	5.56	5.58	5.1
18	000628. SZ	高新发展	4.78	5.25	6.03	5.32	4.84	5.09
19	600851. SH	海欣股份	4.77	5.31	4.42	5.42	5	5.05
20	600576. SH	万好万家	4.78	5.11	5.71	5.34	4.93	5.04
21	600212. SH	江泉实业	5.28	5.21	3.82	5.36	4.06	5.03
22	000529. SZ	广弘控股	5.17	4.82	5.64	5.37	4.56	5.02
23	600846. SH	同济科技	4.92	5.33	4.04	5.38	4.47	5.01
24	600614. SH	鼎立股份	4.61	5.25	5.7	5.33	4.64	4.99
25	600770. SH	综艺股份	4.69	4.91	4.1	5.33	6.01	4.99
26	000701. SZ	厦门信达	4.71	5.34	4.93	5.32	4.3	4.96
27	600608. SH	上海科技	4.03	4.69	6.64	5.61	6.83	4.96
28	600095. SH	哈高科	4.84	5.07	4.57	5.43	4.62	4.95
29	600884. SH	杉杉股份	4.78	4.92	3.47	5.36	5.64	4.94
30	000839. SZ	中信国安	4.78	5.28	2.84	5.29	5	4.94
31	000711. SZ	天伦置业	5.01	4.97	5.01	5.32	4.18	4.93
32	000813. SZ	天山纺织	4.95	4.72	4.69	5.45	4.74	4.89
33	000881. SZ	大连国际	5	5.34	1.43	5.5	4.26	4.89

续表

排名	股票代码	公司名称	财务状况	估值与成长性	创值能力	公司治理与社会责任	创新能力与战略资源	综合得分
34	600811.SH	东方集团	4.96	5.36	1.02	5.36	4.57	4.89
35	600622.SH	嘉宝集团	4.87	5.31	2.3	5.25	4.35	4.86
36	600083.SH	博信股份	4.98	5.2	6.67	3.56	4.12	4.85
37	600051.SH	宁波联合	4.68	5.29	2.74	5.4	4.45	4.85
38	600053.SH	中江地产	4.88	5.28	5.42	3.04	5.15	4.85
39	002113.SZ	天润控股	4.78	4.78	6.41	5.27	4.08	4.84
40	000632.SZ	三木集团	4.65	5.29	3.43	5.39	4.2	4.84
41	600421.SH	国药科技	5.06	5.24	6.72	2.62	4.51	4.83
42	600661.SH	新南洋	4.73	4.38	6.06	5.37	5.04	4.81
43	600617.SH	联华合纤	4.94	4.84	6.11	3.23	5.16	4.77
44	600277.SH	亿利能源	4.75	5.03	2.42	5.36	4.24	4.73
45	600634.SH	中技控股	4.97	4.96	4.29	3.34	4.87	4.71
46	600419.SH	天润乳业	4.68	4.94	5.92	3.19	4.95	4.68
47	600133.SH	东湖高新	4.56	4.52	4.96	5.37	4.33	4.65
48	600603.SH	大洲兴业	4.58	4.91	6.56	3.32	4.04	4.57
49	600207.SH	安彩高科	4.22	3.46	4.52	5.55	4.67	4.21
50	000652.SZ	泰达股份	4.67	2.56	4.62	5.35	4.12	3.96
51	000068.SZ	华控赛格	4.14	3.12	6.43	3.16	4.92	3.89
52	600275.SH	武昌鱼	4.22	3.18	6.21	3.1	4.52	3.87

B.14 后　记

《中国上市公司发展报告（2014）》是由中国社会科学院上市公司研究中心、中航资本控股股份有限公司和中航证券有限公司联合组织编写的，着力于全面、真实、客观反映当前中国上市公司财务状况和价值评估的综合性年度报告。

在刚刚过去的2013年，中国金融市场历经剧烈变化。银行间市场受困于6月“钱荒”，天弘基金拔得“互联网金融”头筹，ST超日违约打破债券全部刚性兑付的历史。这一年，市场存量资金大迁徙，离开传统行业，进入代表未来发展方向的新兴产业。在这个充满变化的时代，如何识清并规避风险、发现并抓住机遇，成为每一位投资者思考的问题。在这样的背景下，对上市公司的整体研究和把握变得尤为重要。也正是出于为投资者提供一份投资参考的目的，联合课题组着手这本《中国上市公司发展报告（2014）》的编写。

这本书的一个创新之处，就是提出了对上市公司价值评估的“五因素”评价指标体系。结合国内外公司价值评估理论，我们认为，公司价值评估应该综合考虑内在价值、外在价值、企业治理等。因此，我们设计了衡量各驱动因素的“五因素”评价指标体系，分别在财务业绩、估值与成长性、创值能力、公司治理与社会责任以及创新能力与战略资源这五个方面设立若干指标，对企业价值进行评估和排名。

非常感谢张卓元先生专门为这本书作序推荐。同时，我们在项目研究和报告编写的过程中，还非常高兴地得到了中航资本孟祥泰董事长、杨圣军总经理的大力支持。作为中国社会科学院经济研究所创新项目“中国经济新增长阶段的主要特征与结构调整研究”的一项阶段性成果，得益于中国社会科学院正在实施的创新工程资助，联合课题组的每一个成员，都为此书的编写做出了贡献，值此付梓之际，一并致以衷心的感谢！

本书结合了行业实践优势和理论研究优势，在编写中特别注重“实际、实用、实效”。但由于国内外证券市场纷繁芜杂、变化较多，本书难免出现纰漏和不尽如人意之处，恳请企业界、经济界和其他各界人士、专家、广大读者提出宝贵的意见和建议。